Die Formalisierung des Gegenantragsrechts am Beispiel der virtuellen Hauptversammlung der börsennotierten Aktiengesellschaft

Europäische Hochschulschriften Recht

European University Studies in Law

Publications Universitaires Européennes de Droit

Band/ Volume **6700**

Tom Schäfer

Die Formalisierung des Gegenantragsrechts am Beispiel der virtuellen Hauptversammlung der börsennotierten Aktiengesellschaft

PETER LANG

Bibliografische Information der Deutschen Nationalbibliothek
Die Deutsche Nationalbibliothek verzeichnet diese Publikation in der Deutschen Nationalbibliografie; detaillierte bibliografische Daten sind im Internet über http://dnb.d-nb.de abrufbar.

Zugl.: Kiel, Univ., Diss., 2022

Gedruckt auf alterungsbeständigem, säurefreiem Papier.
Druck und Bindung: CPI books GmbH, Leck

D 8
ISSN 0531-7312
ISBN 978-3-631-88995-4 (Print)
E-ISBN 978-3-631-88997-8 (E-PDF)
E-ISBN 978-3-631-88998-5 (EPUB)
DOI 10.3726/b20183

Diese Publikation wurde begutachtet.

www.peterlang.com

Meinen Eltern

Vorwort

Die vorliegende Arbeit wurde im Sommersemester 2022 von der Rechtswissenschaftlichen Fakultät der Christian-Albrechts-Universität zu Kiel als Dissertation angenommen. Gesetzgebung, Rechtsprechung und Literatur konnten bis Ende Januar 2022 Berücksichtigung finden.

Mein herzlicher Dank gilt meinem Doktorvater, Herrn Professor Dr. Timo Fest, der die Arbeit stets mit Wohlwollen begleitet und gefördert hat. Ihm verdanke ich sowohl wertvolle Anregungen als auch die Gewährung großer Freiheit bei der Erstellung der Arbeit.

Herrn Professor Dr. Joachim Jickeli danke ich für die zügige Erstellung des Zweitgutachtens.

Ein ganz besonderer Dank gebührt meiner langjährigen Lebensgefährtin, Frau WP/StB Carina Goertz. Ihre bedingungslose Unterstützung hat zu dem Gelingen der Arbeit wesentlich beigetragen.

Der weitaus größte Dank gilt meinen Eltern, die mich auf meinem bisherigen Lebensweg stets unterstützt und mir eine sorgenfreie akademische Ausbildung ermöglicht haben. Ihr Beitrag kann nicht hoch genug bewertet werden. In Dankbarkeit ist ihnen diese Arbeit gewidmet.

Düsseldorf, im August 2022
Tom Schäfer

Inhaltsverzeichnis

Vorwort 7

Abkürzungsverzeichnis 19

A. Einleitung 25

B. Die Hauptversammlung und das Gegenantragsrecht 31

I. Die Hauptversammlung im aktienrechtlichen Kompetenzgefüge 31
1. Begriffsbestimmung 31
a) Hauptversammlung als Willensbildungsorgan 33
b) Hauptversammlung als tatsächliche Zusammenkunft 34
2. Beschlusskompetenz der Hauptversammlung 36
a) Geschriebene Hauptversammlungskompetenzen 36
b) Ungeschriebene Hauptversammlungskompetenzen 37
3. Ordentliche und außerordentliche Hauptversammlung 39
4. Ausübung von Aktionärsrechten in der Hauptversammlung 40
a) Versammlungsgebundene Aktionärsrechte 40
b) Nicht versammlungsgebundene Aktionärsrechte 42

II. Missstände der Hauptversammlung und Einsatz neuer Medien 43
1. Die Bedeutung der Präsenz-Hauptversammlung im Wandel der Zeit 43
a) Internationalisierung der Aktionärsstruktur und Präsenzproblem 43
b) Qualität der Hauptversammlung 44
c) Aufwand der Hauptversammlung 45
d) Beschlussanfechtungsrisiken 46
2. Einsatz neuer Medien in der Hauptversammlung 47
a) Historische Entwicklungen im Überblick 48
aa) NaStrG, FormAnpG und TransPuG 48

bb) UMAG ... 49
cc) Aktionärsrechterichtlinien ... 50
b) Elektronische Zuschaltung von Aktionären, § 118 Abs. 1 Satz 2 AktG ... 51
c) (Elektronische) Briefwahl, § 118 Abs. 2 AktG ... 55
d) Elektronische Teilnahme des Aufsichtsrats, § 118 Abs. 3 Satz 2 AktG ... 56
e) Elektronische Teilnahme von sonstigen Beteiligten ... 57
f) Ton- und Bildübertragung der Hauptversammlung, § 118 Abs. 4 AktG ... 57

III. Das Gegenantragsrecht ... 59
1. Rechtstatsächliche Bedeutung des Gegenantragsrechts ... 59
2. Grundlagen des Gegenantragsrechts ... 61
a) Herleitung des Gegenantragsrechts ... 61
b) Bestimmung des Inhalts des Gegenantrags ... 62
c) Gegenantragsberechtigung ... 67
d) Gegenantragstellung ... 68
e) Behandlung von Gegenanträgen ... 70
aa) Rechtmäßigkeitsprüfung durch den Versammlungsleiter ... 70
bb) Abstimmung über Gegenanträge ... 70
cc) Beschlussanfechtungsrisiken infolge fehlerhafter Behandlung von Gegenanträgen ... 72
3. Publizität von Gegenanträgen, § 126 AktG ... 73
a) Normzweck ... 73
b) Voraussetzungen der Publizitätspflicht ... 74
aa) Gegenantragsberechtigung ... 74
bb) Form ... 75
cc) Begründung ... 78
(1) Erforderlichkeit einer Begründung ... 78
(2) Inhalt der Begründung ... 80
dd) Frist ... 81
c) Zugänglichmachen des Gegenantrags ... 83

d) Ausnahmen von der Publizitätspflicht, § 126 Abs. 2 AktG 85
aa) Allgemeines 85
bb) Europarechtskonformität 86
cc) Strafbarer Inhalt, § 126 Abs. 2 Satz 1 Nr. 1 AktG 88
dd) Gesetz- oder satzungswidriger Beschluss, § 126 Abs. 2 Satz 1 Nr. 2 AktG 89
ee) Falsche oder irreführende Angaben, Beleidigungen, § 126 Abs. 2 Satz 1 Nr. 3 AktG 90
ff) Sachverhaltsgleicher Gegenantrag, § 126 Abs. 2 Satz 1 Nr. 4 AktG 91
gg) Wiederholtes Vorbringen, § 126 Abs. 2 Satz 1 Nr. 5 AktG 92
hh) Rechtsmissbräuchliches Verhalten, § 126 Abs. 2 Satz 1 Nr. 6 und 7 AktG 93
ii) Überlange Begründung, § 126 Abs. 2 Satz 2 AktG 95
e) Zusammenfassen mehrerer Gegenanträge, § 126 Abs. 3 AktG 96
f) Rücknahme der Gegenantragsankündigung 97
g) Beschlussanfechtungsrisiken bei Verstößen gegen die Publizitätspflicht 98
4. Sonstige Antrags- und Vorschlagsrechte in der Hauptversammlung 99
a) Wahlvorschläge 99
b) Verfahrensanträge 100
c) Ergänzende Sachanträge 102

C. Die virtuelle Hauptversammlung 105
I. Begriffsbestimmung und -abgrenzung 105
II. Virtuelle Hauptversammlung nach dem COVID-19-G 108
1. Ausgangslage der Gesetzgebung 108
2. Anwendungsbereich der Gesetzgebung 108
a) Zeitlicher Anwendungsbereich 108
b) Sachlicher Anwendungsbereich 109

3. Allgemeine Erleichterungen der Hauptversammlungsdurchführung 110
a) Geänderte Hauptversammlungsfristen und -termine 110
aa) Verschiebung des Endtermins für die Hauptversammlung 110
bb) Verlängerung der Einberufungs-, Anmelde- und Nachweisfrist 111
cc) Verlängerung der Frist für Aktionärsmitteilungen und Ergänzungsverlangen 113
b) Vorstandsermächtigung für die elektronischen Möglichkeiten des § 118 AktG 114
4. Konzept der virtuellen Hauptversammlung nach dem COVID-19-G 115
a) Präsenzversammlung der Funktionsträger als Ausgangspunkt 115
b) Einberufung der virtuellen Hauptversammlung 118
aa) Einberufungszuständigkeit 118
bb) Einberufungsentscheidung 118
c) Mindestanforderungen an die virtuelle Hauptversammlung 121
aa) Bild- und Tonübertragung der Hauptversammlung 121
bb) Stimmrechtsausübung im Wege der elektronischen Kommunikation 123
cc) Fragemöglichkeit bzw. -recht 125
(1) Fragemöglichkeit nach dem COVID-19-G a. F. 125
(a) Gegenstand der Fragemöglichkeit 126
(b) Einreichung von Fragen 126
(c) Beantwortung von Fragen 127
(aa) Vorstandsermessen 127
(bb) Europarechtskonforme Auslegung des Vorstandsermessens 129
(2) Fragerecht nach dem COVID-19-G n. F. 129
dd) Widerspruchsmöglichkeit gegen Hauptversammlungsbeschlüsse 131

d) (Gegen-)Anträge ... 132
aa) Gesetzeslage nach dem COVID-19-G a. F. ... 132
(1) Fortbestehen der Versammlungsgebundenheit ... 133
(2) (Gegen-)Antragsrecht des Stimmrechtsvertreters vor Ort ... 135
(3) Fiktionslösung ... 137
(4) Publizitätspflicht von Gegenanträgen und Wahlvorschlägen, §§ 126, 127 AktG ... 139
(5) Behandlung von (Gegen-)Anträgen in der Praxis ... 142
bb) Gesetzeslage nach dem COVID-19-G n. F. ... 144
5. Zustimmungsvorbehalt des Aufsichtsrats ... 146
a) Zustimmung des Aufsichtsrats ... 146
b) Besonderheiten für die Fragemöglichkeit bzw. das Fragerecht ... 147
6. Eingeschränktes Anfechtungsrecht ... 148
a) Bestätigung der elektronischen Stimmrechtsausübung ... 149
b) Technische Störungen ... 149
c) Aktionärsmitteilungen ... 151
d) Grundsatzentscheidung über die virtuelle Hauptversammlung ... 152
7. Praktische Erfahrungen mit der virtuellen Hauptversammlung ... 153
8. Ausblick ... 155

D. Die Formalisierung des Gegenantragsrechts ... 157

I. Formalisierungsgedanke ... 157
1. Allgemeines ... 157
2. Stand der Formalisierung des Gegenantragsrechts und erste Überlegungen ... 158

II. Rechtliche Anforderungen an die Formalisierung des Gegenantragsrechts ... 159
1. Verfassungsrechtliche Anforderungen ... 160

a) Eigentumsgrundrecht, Art. 14 GG 160
aa) Schutzbereich 160
(1) Aktieneigentum als Schutzgut 160
(2) Reichweite des Schutzes 162
bb) Beeinträchtigungen des Aktieneigentums 163
(1) Inhalts- und Schrankenbestimmung 164
(2) Legal- bzw. Administrativenteignung 164
(3) Rechtliche Qualifizierung der Formalisierungsbestrebungen 165
cc) Verfassungsrechtliche Rechtfertigung 166
(1) Formelle Anforderungen 166
(2) Materielle Anforderungen 167
(a) Verhältnismäßigkeitsgrundsatz und Sozialbindung des Eigentums 167
(aa) Belange der Allgemeinheit 168
(bb) Aktionärsinteressen 170
(cc) Unternehmensinteressen 173
(b) Gleichbehandlung der Aktionäre 173
(c) Vertrauensschutzprinzip 175
b) Berufsfreiheit, Art. 12 GG 176
aa) Unternehmerische Freiheit als Schutzgut 176
bb) Eingriff und Rechtfertigung 178
cc) Konkurrenzverhältnis zu Art. 14 GG 179
c) Vereinigungsfreiheit, Art. 9 GG 181
aa) Schutzbereich 181
(1) Aktiengesellschaft als Vereinigung 181
(2) Schutzumfang 182
bb) Konkurrenzverhältnis zu Art. 14 GG und Art. 12 GG 183
d) Allgemeine Handlungsfreiheit, Art. 2 Abs. 1 GG 184
2. Europarechtliche Anforderungen 185
a) Gewährleistung des Beschlussvorschlagsrechts 186

b) Ausgestaltung des Beschlussvorschlagsrechts ... 189

III. Gestaltungsmöglichkeiten des Gegenantragsrechts ... 190

1. Ausschluss des Gegenantragsrechts ... 190

a) Ausschluss des Gegenantragsrechts nach dem COVID-19-G a. F. ... 190

aa) Vereinbarkeit mit Art. 14 GG ... 190

(1) Legitimer Zweck ... 191

(2) Geeignetheit und Erforderlichkeit ... 191

(3) Angemessenheit ... 192

(a) Interesse an dem Fortbestand des Gegenantragsrechts ... 192

(b) Interesse an der Funktionsfähigkeit der virtuellen Hauptversammlung ... 193

(c) Abwägung der Interessen ... 194

bb) Vereinbarkeit mit Art. 6 Abs. 1 lit. b ARRL ... 197

b) Ausschluss des Gegenantragsrechts nach Beendigung der Pandemie ... 197

aa) Vereinbarkeit mit Art. 14 GG ... 198

(1) Ausschluss des Gegenantragsrechts in der Präsenz-Hauptversammlung ... 198

(2) Ausschluss des Gegenantragsrechts in der virtuellen Hauptversammlung ... 199

bb) Vereinbarkeit mit Art. 6 Abs. 1 lit. b ARRL ... 200

2. Fingierung und Vorverlagerung der Gegenantragstellung ... 200

a) Fingierung der Gegenantragstellung nach dem COVID-19-G n. F. ... 201

aa) Vereinbarkeit mit Art. 14 GG ... 202

bb) Vereinbarkeit mit Art. 6 Abs. 1 lit. b ARRL ... 202

b) Vorverlagerung der Gegenantragstellung nach Beendigung der Pandemie ... 203

aa) Vorverlagerung der Gegenantragstellung in der Präsenz-Hauptversammlung ... 203

(1) Vereinbarkeit mit Art. 14 GG ... 203

(a) Ausschluss spontaner Gegenanträge 204

(b) Zeitpunkt der Gegenantragstellung 206

(c) Bindung der Gegenantragstellung an die Publizitätspflicht 208

(2) Vereinbarkeit mit Art. 6 Abs. 1 lit. b ARRL 210

bb) Vorverlagerung der Gegenantragstellung in der virtuellen Hauptversammlung 210

3. Gegenantragstellung und Kapitalschwelle 211

a) Einführung einer Kapitalschwelle für das Gegenantragsrecht 211

aa) Vereinbarkeit mit Art. 14, Art. 3 Abs. 1 GG 211

bb) Vereinbarkeit mit Art. 6 Abs. 1 lit. b ARRL 214

cc) Ausgestaltung der Kapitalschwelle 214

(1) Quorum und Mindestbeteiligung 214

(2) Höhe des Quorums und der Mindestbeteiligung 215

(3) Vorbesitzzeit 218

(4) Zeitpunkt der Gegenantragstellung und des Kapitalnachweises 219

b) Kommunikation der Aktionäre zur Erreichung der Kapitalschwelle 221

aa) Aktionärsforum 221

(1) Allgemeines 221

(2) Bedeutung und Aktivierung des Aktionärsforums für das Gegenantragsrecht 223

bb) Bereitstellung eines Kommunikationsforums durch die Gesellschaft 224

4. Einführung einer Aktiengattung ohne Gegenantragsrecht 226

a) Keine gesetzliche Grundlage zur Schaffung von Aktien ohne Gegenantragsrecht 226

b) Einführung einer gesetzlichen Grundlage zur Schaffung einer Aktiengattung ohne Gegenantragsrecht 227

aa) Vorzugsaktie ohne Stimmrecht als Ausgangspunkt 228

(1) Begriffsbestimmung und Zweck 228
(2) Praktische Bedeutung 228
bb) Aktiengattung ohne Gegenantragsrecht 229
(1) Vorzugsaktie ohne Gegenantragsrecht 229
(a) Rechtliche Ausgestaltung 229
(b) Potenzielle Bedeutung in der Praxis und rechtspolitische Erwägungen 230
(2) Vorzugsaktie ohne Stimm- und Gegenantragsrecht 231
(a) Rechtliche Ausgestaltung 231
(b) Potenzielle Bedeutung in der Praxis und rechtspolitische Erwägungen 232
5. Abwägung der Formalisierungsmöglichkeiten des Gegenantragsrechts 233
6. Formalisierung des Wahlvorschlagsrechts und sonstiger Antragsrechte 235
a) Wahlvorschläge 235
b) Verfahrensanträge 236
c) Ergänzende Sachanträge 237
7. Formalisierung kraft Gesetz 238
IV. Vorschlag zur Neuregelung des AktG 239
1. Wortlaut der Neuregelung im AktG 240
2. Steigerung der Effizienz und Funktionsfähigkeit der Hauptversammlung 240
3. Vereinbarkeit mit dem Verfassungs- und Europarecht 242

E. Schlussbetrachtung in Thesen 243

Literatur- und Quellenverzeichnis 247

Abkürzungsverzeichnis

a. A.	anderer Ansicht
a. F.	alte Fassung
Abs.	Absatz
ABl.EU	Amtsblatt der Europäischen Union
AEUV	Vertrag über die Arbeitsweise der Europäischen Union
AG	Aktiengesellschaft, Die Aktiengesellschaft (Zeitschrift)
AktFoV	Verordnung über das Aktionärsforum nach § 127a des Aktiengesetzes
AktG	Aktiengesetz
AktG-E	Entwurf eines Aktiengesetzes und eines Einführungsgesetzes zum Aktiengesetz
AktR	Aktienrecht
Alt.	Alternative
AöR	Archiv des öffentlichen Rechts (Zeitschrift)
Arbeitshdb.	Arbeitshandbuch
Art.	Artikel
ARRL	Richtlinie 2007/36/EG des Europäischen Parlaments und des Rates v. 11.07.2007 über die Ausübung bestimmter Rechte von Aktionären in börsennotierten Gesellschaften (Aktionärsrechterichtlinie), ABl.EU L 184/17
ARRL II	Richtlinie 2017/828 des Europäischen Parlaments und des Rates v. 17.05.2017 zur Änderung der Richtlinie 2007/36/EG im Hinblick auf die Förderung der langfristigen Mitwirkung der Aktionäre (Aktionärsrechterichtlinie II), ABl.EU L 132/1
ARUG	Gesetz zur Umsetzung der Aktionärsrechterichtlinie Gesetz zur Umsetzung der Aktionärsrechterichtlinie
ARUG-E	Entwurf zum Gesetz zur Umsetzung der Aktionärsrechterichtlinie
ARUG II	Gesetz zur Umsetzung der zweiten Aktionärsrechterichtlinie
Aufl.	Auflage
Az.	Aktenzeichen
BAnz	Bundesanzeiger
BB	Der Betriebsberater (Zeitschrift)
BGBl.	Bundesgesetzblatt

Begr.	Begründer
Beschl.	Beschluss
Bd.	Band
BGB	Bürgerliches Gesetzbuch
BGH	Bundesgerichtshof
BGHZ	Entscheidungen des Bundesgerichtshofes in Zivilsachen
BMJV	Bundesministerium der Justiz und für Verbraucherschutz
BT-Drs.	Bundestags-Drucksache
BVerfG	Bundesverfassungsgericht
BVerfGE	Entscheidungen des Bundesverfassungsgerichts
BVerwGE	Entscheidungen des Bundesverwaltungsgerichts
bzw.	beziehungsweise
COVID-19-InsAbG-E	Entwurf eines Gesetzes zur insolvenzrechtlichen Abmilderung der Folgen der COVID-19-Pandemie
COVID-19-G	Gesetz zur Abmilderung der Folgen der COVID-19-Pandemie im Zivil-, Insolvenz- und Strafverfahrensrecht
COVID-19-G-E	Entwurf zum Gesetz zur Abmilderung der Folgen der COVID-19-Pandemie im Zivil-, Insolvenz- und Strafverfahrensrecht
COVRSPÄndG	Gesetz zur weiteren Verkürzung des Restschuldbefreiungsverfahrens und zur Anpassung pandemiebedingter Vorschriften im Gesellschafts-, Genossenschafts-, Vereins- und Stiftungsrecht sowie im Miet- und Pachtrecht
CR	Computer und Recht (Zeitschrift)
DAX, DAX30	Deutscher Aktienindex
DB	Der Betrieb (Zeitschrift)
DCGK 2017	Deutscher Corporate Governance Kodex v. 07.02.2017
DCGK 2019	Deutscher Corporate Governance Kodex v. 16.12.2019
ders.	derselbe
d. h.	das heißt
dies.	dieselben
Digi-RL	Richtlinie 2019/1151 des Europäischen Parlaments und des Rates zur Änderung der RL 2017/1132/EU im Hinblick auf den Einsatz digitaler Werkzeuge und Verfahren im Gesellschaftsrecht v. 20.06.2019, ABl.EU L 186/80
DIRK	Deutscher Investor Relations Verband
Diss.	Dissertation

DNotZ	Deutsche Notar-Zeitschrift
DSGVO	Datenschutz-Grundverordnung
DStR	Deutsches Steuerrecht (Zeitschrift)
DZWIR	Deutsche Zeitschrift für Wirtschafts- und Insolvenzrecht
Einl.	Einleitung
EL	Ergänzungslieferung
ErwGr	Erwägungsgrund
EU	Europäische Union
EUV	Vertrag über die Europäische Union
e. V.	eingetragener Verein
EWiR	Entscheidungen zum Wirtschaftsrecht (Zeitschrift)
f., ff.	folgend, folgende
FormAnpG	Gesetz zur Anpassung der Formvorschriften des Privatrechts und anderer Vorschriften an den modernen Rechtsverkehr
FormAnpG-E	Entwurf zum Gesetz zur Anpassung der Formvorschriften des Privatrechts und anderer Vorschriften an den modernen Rechtsgeschäftsverkehr
FS	Festschrift
GBRH-E	Entwurf eines Gesetzes zur Bekämpfung des Rechtsextremismus und der Hasskriminalität
GesR	Gesellschaftsrecht
GG	Grundgesetz für die Bundesrepublik Deutschland
ggf.	gegebenenfalls
gem.	gemäß
GroßkommAktG	Großkommentar zum Aktiengesetz
GWR	Gesellschafts- und Wirtschaftsrecht (Zeitschrift)
HdB	Handbuch
HGB	Handelsgesetzbuch
Hrsg.	Herausgeber
hrsg. v.	herausgegeben von
Hs.	Halbsatz
insb.	insbesondere
i. S. d.	im Sinne des, im Sinne der
i. S. e.	im Sinne einer
i. S. v.	im Sinne von
i. V. m.	in Verbindung mit
JZ	Juristenzeitung (Zeitschrift)

KGaA	Kommanditgesellschaft auf Aktien
KölnerKommAktG	Kölner Kommentar zum Aktiengesetz
KonTraG-E	Entwurf eines Gesetzes zur Kontrolle und Transparenz im Unternehmensbereich
lit.	littera
LG	Landgericht
MAH	Münchener Anwaltshandbuch
MDAX	Mid-Cap-Deutscher Aktienindex
MHdB GesR	Münchener Handbuch des Gesellschaftsrechts
MitbestErgG	Gesetz zur Ergänzung des Gesetzes über die Mitbestimmung der Arbeitnehmer in den Aufsichtsräten und Vorständen der Unternehmen des Bergbaus und der Eisen und Stahl erzeugenden Industrie
MitbestG	Gesetz über die Mitbestimmung der Arbeitnehmer
MMR	Zeitschrift für IT-Recht und Recht der Digitalisierung
MMVO	Verordnung 596/2014 des Europäischen Parlaments und des Rates v. 16.04.2014 über Marktmissbrauch (Marktmissbrauchsverordnung) und zur Aufhebung der Richtlinie 2003/6/EG des Europäischen Parlaments und des Rates und der Richtlinien 2003/124/EG, 2003/125/EG und 2004/72/EG der Kommission, ABl.EU L 173/1
MotanMitbestG	Gesetz über die Mitbestimmung der Arbeitnehmer in den Aufsichtsräten und Vorständen der Unternehmen des Bergbaus und der Eisen und Stahl erzeugenden Industrie
MüKoAktG	Münchener Kommentar zum Aktiengesetz
MüKoBGB	Münchener Kommentar zum Bürgerlichen Gesetzbuch
NaStraG	Gesetz zur Namensaktie und zur Erleichterung der Stimmrechtsausübung
NJW	Neue Juristische Wochenschrift (Zeitschrift)
N. N.	nomen nescio
Nr.	Nummer
NZG	Neue Zeitschrift für Gesellschaftsrecht
OLG	Oberlandesgericht
RIW	Recht der internationalen Wirtschaft (Zeitschrift)
RL	Richtlinie
Rn.	Randnummer, Randnummern
RNotZ	Rheinische Notar-Zeitschrift
S.	Seite

SDAX	Small-Cap-Deutscher Aktienindex
SdK	Schutzgemeinschaft der Kapitalanleger
SE	Societas Europaea
sog.	so genannter, so genanntes
StGB	Strafgesetzbuch
TecDax	Deutscher Aktienindex Technology
TransPuG	Gesetz zur weiteren Reform des Aktien- und Bilanzrechts zu Transparenz und Publizität
TransPuG-E	Entwurf eines Gesetzes zur weiteren Reform des Aktien- und Bilanzrechts zu Transparenz und Publizität
UAbs.	Unterabsatz
u. a.	unter anderem
UMAG	Gesetz zur Unternehmensintegrität und Modernisierung des Anfechtungsrechts
UMAG-E	Entwurf eines Gesetzes zur Unternehmensintegrität und Modernisierung des Anfechtungsrechts
UmwG	Umwandlungsgesetz
u. U.	unter Umständen
v.	von, vom
Var.	Variante
VGR	Wissenschaftliche Vereinigung für Unternehmens- und Gesellschaftsrecht e. V.
Vorb.	Vorbemerkung
VRS-G-E	Entwurf zum Gesetz der weiteren Verkürzung des Restschuldbefreiungsverfahrens
VVaG	Versicherungsverein auf Gegenseitigkeit
WM	Wertpapiermitteilungen – Zeitschrift für Wirtschafts- und Bankrecht
WpHG	Wertpapierhandelsgesetz
WpÜG	Wertpapiererwerbs- und Übernahmegesetz
WpÜG-E	Entwurf eines Gesetzes zur Regelung von öffentlichen Angeboten zum Erwerb von Wertpapieren und von Unternehmensübernahmen
z. B.	zum Beispiel
ZfPW	Zeitschrift für die gesamte Privatrechtswissenschaft
ZGR	Zeitschrift für Unternehmens- und Gesellschaftsrecht
ZHR	Zeitschrift für das gesamte Handels- und Wirtschaftsrecht
ZIP	Zeitschrift für Wirtschaftsrecht

A. Einleitung

Die Digitalisierung ist in Deutschland in vollem Gange und betrifft viele Lebens- und Rechtsbereiche. Die stetige Entwicklung und Verbesserung der technischen Gegebenheiten fordern den Gesetzgeber verstärkt heraus, die bestehenden Normen auf den Prüfstand zu stellen und ggf. an das digitale Zeitalter anzupassen. Durch die sog. Digi-RL der EU zur Online-Gründung von Kapitalgesellschaften und dem gesetzgeberischen Handlungsbedarf zur Abmilderung der Folgen der Corona-Pandemie hat vor allem das Gesellschaftsrecht kürzlich eine beachtliche Digitalisierung erfahren. Als revolutionär können die gesetzgeberischen Bestrebungen in Bezug auf die Digitalisierung des Hauptversammlungswesens der Aktiengesellschaft bezeichnet werden. Die zur Eindämmung der Corona-Pandemie verhängten Kontakt- und Versammlungsverbote verhinderten weitgehend die Durchführung einer Präsenz-Hauptversammlung aus rechtlicher und tatsächlicher Sicht. Der Gesetzgeber sah sich hierdurch in der Pflicht, eine virtuelle Form der Hauptversammlungsdurchführung einzuführen, um die Handlungsfähigkeit der Aktiengesellschaften schnellstmöglich wiederherzustellen. Durch das COVID-19-G hat der Gesetzgeber befristete Erleichterungen für die Einberufung und Durchführung der Hauptversammlung geschaffen. Die erstmalige Ermöglichung einer virtuellen Hauptversammlung ohne physische Präsenz der Aktionäre und ihrer Bevollmächtigten stellt das Herzstück dieser Erleichterungen dar.

Die virtuelle Hauptversammlung nach dem COVID-19-G ist vor allem bei Aktionärsvereinigungen und -verbänden auf erhebliche Kritik gestoßen. Nicht zuletzt, weil der Gesetzgeber den Verwaltungsorganen der Aktiengesellschaft einen weitreichenden Gestaltungspielraum hinsichtlich der Gewährung und Ausgestaltung versammlungsgebundener Rechte in der virtuellen Hauptversammlung eingeräumt und zugleich das Beschlussanfechtungsrecht der Aktionäre erheblich beschränkt hat. Die Gestaltungsfreiheit der Verwaltung ist derart weitreichend, dass das Recht auf Teilnahme an und das Frage-, Auskunfts-, Antrags- sowie Widerspruchsrecht der Aktionäre in der virtuellen Hauptversammlung empfindlich beschnitten bzw. vollständig versagt werden kann. Wenngleich das COVID-19-G zeitlich nur vorübergehenden Charakter besitzt und der Gesetzgeber mit Ablauf der Befristung voraussichtlich zunächst zu der alten Rechtslage zurückkehrt, ist zu erwarten, dass er die praktischen Erfahrungen mit der virtuellen Hauptversammlung zu dem Anlass nehmen wird, um die herkömmliche Hauptversammlung mittel- oder langfristig zu reformieren.

Die Vorteile einer virtuellen Hauptversammlung liegen auf der Hand: Einerseits wird die Teilnahme an der Hauptversammlung wesentlich erleichtert und andererseits ist ihre Durchführung im Vergleich zu einer Präsenz-Hauptversammlung mit deutlich geringeren Kosten verbunden. Der Großteil der Kosten für die Durchführung einer Hauptversammlung entfällt zumindest bei großen Aktiengesellschaften auf die Miete des Veranstaltungsraums, die Veranstaltungstechnik, die Kosten für das erforderliche organisatorische Personal und die Bewirtungskosten der Aktionäre.[1] Während eine Präsenz-Hauptversammlung insoweit die Anmietung riesiger Veranstaltungssäle an zentralen Standorten erfordert, verlangt die virtuelle Hauptversammlung lediglich einen entsprechend technisch ausgestatteten Raum in einer Größe, die der Zusammenkunft der Funktionsträger gerecht wird. Einlasskontrollen, Ordnungspersonal und Aktionärsbewirtung entfallen weitgehend und ohne Kompensation. Vor diesem Hintergrund können die Kosten der Hauptversammlungsdurchführung bei einer virtuellen Hauptversammlung spürbar gesenkt werden. Diese Aufwandsersparnis wird zwangsläufig auch dazu führen, dass die praktische Bedeutung von außerordentlichen Hauptversammlungen zunehmen wird. Aufwand und Nutzen von außerordentlichen Hauptversammlungen stehen oftmals außer Verhältnis. Die Durchführung einer virtuellen Hauptversammlung beugt diesem Missverhältnis vor und ermöglicht dem Vorstand eine höhere Flexibilität in der Unternehmensführung. Sofern der Vorstand folglich beabsichtigt wichtige Strukturmaßnahmen beschließen zu lassen, könnte ein Zuwarten auf die ordentliche Hauptversammlung regelmäßig außer Verhältnis zu der Abhaltung einer zeitnahen, außerordentlichen Hauptversammlung stehen.

Die Einführung einer zukunftsfähigen virtuellen Hauptversammlung stellt die Gesetzgebung vor große Herausforderungen. Bei einer virtuellen Hauptversammlung sieht der Gesetzgeber insbesondere die Gefahr begründet, dass versammlungsgebundene Aktionärsrechte aufgrund der virtuellen Umgebung stärker in Anspruch und ggf. vermehrt missbraucht werden (z. B. Flut von Fragen oder inakzeptablen Einwürfen).[2] Seine Besorgnis stützt er im Wesentlichen auf vergleichbare Verhaltensmuster in sozialen Medien, in denen entsprechende Verhaltensweisen häufiger zu beobachten sind als bei einem physischen Zusammentreffen.[3] Die Erfahrungen aus den virtuellen Hauptversammlungssaisons

1 *Biedermann*, Die Hauptversammlung – Kür, Pflicht oder Qual?, in: Deutscher Investor Relations Kreis, Handbuch Investor Relations, S. 204; *Seeger*, Die Online-Hauptversammlung, S. 50 f.

2 BT-Drs. 19/18110, S. 26 zum COVID-19-G-E.

3 BT-Drs. 19/18110, S. 26 zum COVID-19-G-E.

2020 und 2021 haben gezeigt, dass die gesetzgeberischen Bedenken nicht völlig unbegründet sind. Bei den durchgeführten virtuellen Hauptversammlungen ist insgesamt ein erheblicher Anstieg der eingereichten Fragen zu verzeichnen. Vergleicht man die durchgeführten Präsenz-Hauptversammlungen der DAX30-Gesellschaften im Jahr 2019 mit den durchgeführten virtuellen Hauptversammlungen der DAX30-Gesellschaften im Jahr 2020, ist ein Anstieg im Durchschnitt von fast 30 Prozent zu verzeichnen.[4] Dabei reichten neben den bekannten Aktionären auch bislang weniger in Erscheinung getretene Aktionäre Fragen ein.[5] Die Zahl der Fragesteller hat sich mehr als verdoppelt.[6]

Das potenziell erhöhte Missbrauchsrisiko von Aktionärsrechten in der virtuellen Hauptversammlung stellt den Gesetzgeber vor die Herausforderung, die Funktionsfähigkeit der Hauptversammlung zu gewährleisten und zugleich den berechtigten Aktionärsinteressen in Bezug auf den Fortbestand ihrer Rechte hinreichend Rechnung zu tragen. Das COVID-19-G zeigt insoweit bereits einige interessante Gestaltungsansätze auf. Im Wesentlichen verfolgt es jedoch einen lösungsorientierten Weg, dessen Rechtfertigung vielmehr einer erhöhten Vorsicht hinsichtlich der Gewährleistung der Funktionsfähigkeit der virtuellen Hauptversammlung geschuldet ist. Der Ausschluss bedeutender Aktionärsrechte ist zwar effektiv, jedoch verfassungs- und europarechtlich sowie aus Corporate Governance Gesichtspunkten äußerst bedenklich.

Die Frage der Neugestaltung von Aktionärsrechten beschränkt sich nicht nur auf den Umstand, eine zukunftsfähige virtuelle Hauptversammlung in das AktG einzuführen, sondern betrifft auch die Steigerung der Funktionsfähigkeit der Präsenz-Hauptversammlung. Seit Jahrzehnten leidet die Hauptversammlung an einem Qualitätsdefizit in Bezug auf eine übermäßige, nicht selten eigennützige Ausübung von Aktionärsrechten, insbesondere zulasten der Rechtssicherheit gefasster Hauptversammlungsbeschlüsse. Die Einführung einer zukunftsfähigen virtuellen Hauptversammlung sollte daher generell zum Anlass genommen werden, bestehende Aktionärsrechte entsprechend zu überprüfen und ggf. zu reformieren. Dabei ist vor allem das Recht, Gegenanträge in der Hauptversammlung zu stellen, von zentraler Bedeutung. Während viele Aktionärsrechte im AktG bereits stark formalisiert sind, hat das Gegenantragsrecht eine vergleichbare

4 LINK Market Services, Hauptversammlung 2020 und der Coronavirus – 7. Update, Vorbereitungen und aktuelle Empfehlungen, 08.05.2020, S. 5.

5 LINK Market Services, Hauptversammlung 2020 und der Coronavirus – 7. Update, Vorbereitungen und aktuelle Empfehlungen, 08.05.2020, S. 3.

6 *Redenius-Hövermann/Bannier*, ZIP 2020, 1885 (1891).

Formalisierung noch nicht erfahren. Formalisierung meint insoweit die Ausübung des Aktionärsrechts an strenge gesetzliche Anforderungen hinsichtlich Verfahren, Frist und Form sowie Inhalt und Gegenstand zu knüpfen. Die Notwendigkeit der Formalisierung des Gegenantragsrechts wird durch die Hauptversammlungspraxis deutlich. Die überwiegende Mehrheit der großen, deutschen börsennotierten Gesellschaften wird alljährlich mit Gegenanträgen gegen bekanntgemachte Beschlussvorschläge der Verwaltung regelrecht überzogen.[7] Dabei ist die Zahl der Gegenantragsteller in der Hauptversammlung sowie ihr Anteilsbesitz an der Gesellschaft regelmäßig gering.[8] Oftmals ist die Gegenantragsankündigung bzw. -stellung Ausdruck einer (vermeintlichen) Ohnmacht bzw. eines Protests einzelner Kleinst- und Kleinaktionäre oder ihrer Vereinigungen zur Erzielung eines Öffentlichkeitseffekts.[9] Aber auch die bloße Verfolgung eines selbstdarstellerischen Zwecks ist nicht unüblich. Zudem befinden sich unter den Opponenten nicht selten sog. berufsmäßige Gegenantragsteller.[10] Sie versuchen durch die Ankündigung von Gegenanträgen im Vorfeld der Hauptversammlung oder die Gegenantragstellung in der Hauptversammlung und dessen anschließender Behandlung durch die Gesellschaft bzw. den Versammlungsleiter gezielt formelle oder materielle Verstöße herbeizuführen, um diese zur Befriedigung eigennütziger Zwecke im Wege von Anfechtungsklagen nutzen zu können.[11] Die übermäßige (eigennützige) Inanspruchnahme des Gegenantragsrechts hat dabei nicht nur Auswirkungen auf die Rechtssicherheit gefasster Beschlüsse, sondern beeinträchtigt auch die Effizienz der Hauptversammlung als solche. Zudem geht sie stets zulasten der begrenzten Ressourcen der teilnehmenden Mitaktionäre, versammlungsgebundene Aktionärsrechte und insbesondere das Rede- und Fragerecht im Interesse der Gesellschaft wahrzunehmen.[12]

Die nachfolgende Untersuchung befasst sich mit der Frage, ob es rechtlich zulässig und rechtspolitisch zu begrüßen ist, das Gegenantragsrecht in der Präsenz- und vor allem in Bezug auf eine zukunftsfähige virtuelle Hauptversammlung zu formalisieren. Aus Sicht der Gesellschaft bzw. der Großaktionäre kann eine (fortgeschrittene) Formalisierung von Aktionärsrechten grundsätzlich den Formalaufwand der Gesellschaft reduzieren und zugleich eine ungehinderte

---

7 MüKoAktG/*Kubis*, 5. Aufl. 2022, § 126 Rn. 2; *Sünner*, AG 2000, 492 (495).
8 *Rieckers* in: Spindler/Stilz, AktG, 4. Aufl. 2019, § 126 Rn. 4; *Sünner*, AG 2000, 492 (495).
9 *Rieckers* in: Spindler/Stilz, AktG, 4. Aufl. 2019, § 126 Rn. 4; *Sünner*, AG 2000, 492 (495).
10 *Sünner*, AG 2000, 492 (495).
11 *Sünner*, AG 2000, 492 (495).
12 BVerfG, NJW 2000, 349 (351).

Unternehmensführung aufgrund geringerer Anfechtungsrisiken fördern.[13] Insoweit leistet sie einen nicht unerheblichen Beitrag zur Steigerung der Funktionsfähigkeit der Hauptversammlung. Die Bindung des Gegenantragsrechts an strenge formelle Voraussetzungen beugt zudem einer missbräuchlichen Inanspruchnahme vor, indem sie die Ausübung des Gegenantragsrechts in geordnete Bahnen lenkt. Aus Sicht der Aktionäre und vor allem der Kleinanleger führt eine Formalisierung von Aktionärsrechten aber regelmäßig zu Einbußen ihrer Rechtsposition. Dementsprechend besteht durch eine Formalisierung die Gefahr, dass die Ausübung von Aktionärsrechten durch Minderheits- bzw. Kleinaktionäre derart erschwert wird, dass ihnen ihre Rechte faktisch entzogen werden. Die Herausforderung des Gesetzgebers besteht daher darin, die Ausübung des Gegenantragsrechts weder an zu hohe Anforderungen noch an zu niedrige Voraussetzungen zu knüpfen, um einen angemessenen Interessensausgleich zwischen den Beteiligten herbeizuführen. Die Grenzen der Formalisierung des Gegenantragsrechts werden durch verfassungs- und europarechtliche Vorgaben gezogen. Darüber hinaus spielen rechtspolitische Erwägungen bei der Ausgestaltung des Gegenantragsrechts eine bedeutende Rolle. Die Gestaltungsmöglichkeiten des Gegenantragsrechts sind äußerst vielfältig. Sie reichen von einem vollständigen Ausschluss des Gegenantragsrechts über eine Verlagerung der Gegenantragstellung auf einen Zeitpunkt vor der Hauptversammlung und einer Bindung der Ausübung des Gegenantragsrechts an eine Kapitalschwelle bis hin zur Einführung einer neuen Aktiengattung ohne Gegenantragsrecht. Unter Würdigung der verfassungs- und europarechtlichen Grenzen sowie rechtspolitischer Erwägungen bilden sie den Schwerpunkt dieser Arbeit.

13 *Grzimek* in: Angerer/Geibel/Süßmann, WpÜG, 3. Aufl. 2017, § 327a AktG Rn. 2.

B. Die Hauptversammlung und das Gegenantragsrecht

I. Die Hauptversammlung im aktienrechtlichen Kompetenzgefüge

1. Begriffsbestimmung

Die Hauptversammlung ist ein notwendiges Rechtsgebilde im aktienrechtlichen Kompetenzgefüge.[14] Sie ist neben dem Vorstand und dem Aufsichtsrat das dritte Organ der Aktiengesellschaft.[15] Obwohl sie an verschiedenen Stellen im AktG Erwähnung findet, hat der Gesetzgeber eine Begriffsbestimmung i. S. e. Legaldefinition nicht vorgenommen. Aus der Gesamtschau der aktienrechtlichen Normen ist dem Begriff der Hauptversammlung eine duale Bedeutung beizumessen.[16] Einerseits ist die Hauptversammlung das Organ, durch das die Aktionäre kraft ihres Mitgliedschaftsrechts für die Gesellschaft willensbildend tätig werden und die Gesellschaft in Ausnahmefällen im Außenverhältnis vertreten.[17] Andererseits stellt sie die tatsächliche Zusammenkunft der Aktionäre zu dem Zwecke der Ausübung ihrer Mitgliedschaftsrechte dar.[18] Beide Funktionen sind eng miteinander verwoben, wodurch eine trennscharfe Differenzierung nur schwer möglich ist.[19]

---

14 *Hoffmann* in: Spindler/Stilz, AktG, 4. Aufl. 2019, § 118 Rn. 5 f.; *Koch* in: Hüffer/Koch, AktG, 15. Aufl. 2021, § 118 Rn. 1; MüKoAktG/*Kubis*, 5. Aufl. 2022, § 118 Rn. 8; *Spindler* in: Schmidt/Lutter, AktG, 4. Aufl. 2020, § 118 Rn. 10.

15 *Herrler* in: Grigoleit, AktG, 2. Aufl. 2020, § 118 Rn. 1; MüKoAktG/*Kubis*, 5. Aufl. 2022, § 118 Rn. 8; *Spindler* in: Schmidt/Lutter, AktG, 4. Aufl. 2020, § 118 Rn. 10.

16 *Koch* in: Hüffer/Koch, AktG, 15. Aufl. 2021, § 118 Rn. 6; *Liebscher* in: Henssler/Strohn, GesR, 5. Aufl. 2021, AktG § 118 Rn. 2; MüKoAktG/*Kubis*, 5. Aufl. 2022, § 118 Rn. 1; GroßkommAktG/*Mülbert*, 5. Aufl. 2017, Vorb. § 118 Rn. 13 ff.; *Spindler* in: Schmidt/Lutter, AktG, 4. Aufl. 2020, § 118 Rn. 6.

17 *Hoffmann* in: Spindler/Stilz, AktG, 4. Aufl. 2019, § 118 Rn. 1; MüKoAktG/*Kubis*, 5. Aufl. 2022, § 118 Rn. 1; GroßkommAktG/*Mülbert*, 5. Aufl. 2017, Vorb. § 118 Rn. 15; *Spindler* in: Schmidt/Lutter, AktG, 4. Aufl. 2020, § 118 Rn. 6.

18 *Herrler* in: Grigoleit, AktG, 2. Aufl. 2020, § 118 Rn. 2; *Koch* in: Hüffer/Koch, AktG, 15. Aufl. 2021, § 118 Rn. 6; MüKoAktG/*Kubis*, 5. Aufl. 2022, § 118 Rn. 1; GroßkommAktG/*Mülbert*, 5. Aufl. 2017, Vorb. § 118 Rn. 15.

19 *Koch* in: Hüffer/Koch, AktG, 15. Aufl. 2021, § 118 Rn. 6; *Spindler* in: Schmidt/Lutter, AktG, 4. Aufl. 2020, § 118 Rn. 6.

Die Hauptversammlung ist, wie auch der Vorstand und der Aufsichtsrat, ein ständiges Organ der Gesellschaft, jedoch mit der Besonderheit, dass sie als Organisationsform nur punktuell, d. h. grundsätzlich erst nach ordnungsgemäßer Einberufung, handlungsfähig ist.[20] Als notwendiges Organ ist die Hauptversammlung mit der Gründung der Aktiengesellschaft einzurichten und entsteht funktional bereits mit der Feststellung der Satzung.[21] Da das Wesen der Hauptversammlung satzungsfest ist, kann das Organ Hauptversammlung nicht durch Satzungsbestimmung, z. B. in Form der Festlegung einer abweichenden Kompetenzverteilung, in ihrer Aufgabenwahrnehmung beschränkt werden.[22] Im aktienrechtlichen Organgefüge ist sie mit Blick auf Vorstand und Aufsichtsrat als gleichgeordnetes Organ anzusehen.[23] Zwar wird die Hauptversammlung vereinzelt noch als „oberstes Organ" bezeichnet,[24] dies erscheint jedoch aufgrund der erfolgten Reformierung des Aktienrechts unangemessen zu sein. Die Bezeichnung der Hauptversammlung als oberstes Organ ist auf das HGB von 1897 zurückzuführen, in dem die Generalversammlung mit umfassender Beschlusskompetenz über jeden Gegenstand ausgestattet war.[25] Durch das Inkrafttreten des AktG im Jahr 1937 ist die zwingende allumfassende Kompetenzzuweisung jedoch zugunsten des Vorstands und Aufsichtsrats abgelöst worden.[26] Wenngleich die Hauptversammlung die alleinige Satzungsänderungskompetenz innehat und zudem die personelle Ausstattung von Vorstand und Aufsichtsrat mittelbar beeinflusst, darf nicht verkannt werden, dass nunmehr jedem aktienrechtlichen Organ eigene und zwingende Kompetenzbereiche zugewiesen

---

20 *Herrler* in: Grigoleit, AktG, 2. Aufl. 2020, § 118 Rn. 1; MüKoAktG/*Kubis*, 5. Aufl. 2022, § 118 Rn. 11; GroßkommAktG/*Mülbert*, 5. Aufl. 2017, Vorb. § 118 Rn. 25; differenzierter *Koch* in: Hüffer/Koch, AktG, 15. Aufl. 2021, § 118 Rn. 6.

21 MüKoAktG/*Kubis*, 5. Aufl. 2022, § 118 Rn. 8; *Spindler* in: Schmidt/Lutter, AktG, 4. Aufl. 2020, § 118 Rn. 10.

22 *Hoffmann* in: Spindler/Stilz, AktG, 4. Aufl. 2019, § 118 Rn. 5; MüKoAktG/*Kubis*, 5. Aufl. 2022, § 118 Rn. 8; GroßkommAktG/*Mülbert*, 5. Aufl. 2017, Vorb. § 118 Rn. 26.

23 BVerfG, NJW 2000, 349 (350).

24 So z. B. *Reichert* in: Drinhausen/Eckstein, Beck'sches Hdb. der AG, 3. Aufl. 2018, § 5 Rn. 2.

25 *Hoffmann* in: Spindler/Stilz, AktG, 4. Aufl. 2019, § 118 Rn. 6; MüKoAktG/*Kubis*, 5. Aufl. 2022, § 118 Rn. 10; *Spindler* in: Schmidt/Lutter, AktG, 4. Aufl. 2020, § 118 Rn. 5.

26 *Hoffmann* in: Spindler/Stilz, AktG, 4. Aufl. 2019, § 118 Rn. 6; MüKoAktG/*Kubis*, 5. Aufl. 2022, § 118 Rn. 10; GroßkommAktG/*Mülbert*, 5. Aufl. 2017, Vorb. § 118 Rn. 43; *Spindler* in: Schmidt/Lutter, AktG, 4. Aufl. 2020, § 118 Rn. 5.

sind,[27] welche in einer ausgewogenen Machtbalance zueinander stehen und keinem Hierarchieverhältnis unterliegen.[28]

a) Hauptversammlung als Willensbildungsorgan

Während der Vorstand und der Aufsichtsrat als Leitungs- bzw. Aufsichtsorgan der Gesellschaft fungieren, kommt der Hauptversammlung als Willensbildungsorgan die Aufgabe der kollektiven Willensbildung der Aktionäre in den Angelegenheiten der Gesellschaft zu.[29] Die Vorbereitung und Durchführung der Hauptversammlung ist auf diesen Zweck zu richten, mit dem Ziel, eine Degradierung zu einem Forum der Kundgabe von Weltanschauungen oder politischen Ansichten der Aktionäre sowie der Verfolgung eigennütziger Interessen zu vermeiden.[30] Die kollektive Willensbildung in der Hauptversammlung erfolgt durch ein formalisiertes Beschlussverfahren.[31] Der Hauptversammlungsbeschluss stellt ein mehrseitiges, nicht-vertragliches Rechtsgeschäft dar.[32] Die Beschlussfassung setzt im Wesentlichen zunächst eine nach den §§ 121 ff. AktG ordnungsgemäß einberufene Hauptversammlung voraus. Sodann können Aktionäre durch Ausübung ihres Stimmrechts in oder unter Umständen außerhalb der Hauptversammlung über gestellte Beschlussanträge, dessen Reichweite durch die ordnungsgemäß bekanntgemachten Tagesordnungspunkte begrenzt wird, abstimmen.[33] Auf die Abstimmung folgt eine Feststellung des Abstimmungsergebnisses durch den Versammlungsleiter und eine entsprechende Protokollierung, in der Regel durch einen Notar.[34] Hauptversammlungsbeschlüsse können positiven oder negativen Inhalt haben, d. h. einen zugrundeliegenden Beschlussantrag annehmen oder ablehnen.[35]

---

27 *Hoffmann* in: Spindler/Stilz, AktG, 4. Aufl. 2019, § 118 Rn. 6.

28 *Koch* in: Hüffer/Koch, AktG, 15. Aufl. 2021, § 118 Rn. 4; MüKoAktG/*Kubis*, 5. Aufl. 2022, § 118 Rn. 10.

29 *Drinhausen* in: Hölters/Weber, AktG, 4. Aufl. 2022, § 118 Rn. 5; MüKoAktG/*Kubis*, 5. Aufl. 2022, § 118 Rn. 9.

30 *Koch* in: Hüffer/Koch, AktG, 15. Aufl. 2021, § 119 Rn. 2; *Spindler* in: Schmidt/Lutter, AktG, 4. Aufl. 2020, § 119 Rn. 4.

31 GroßkommAktG/*Mülbert*, 5. Aufl. 2017, Vorb. § 118 Rn. 29 f.; *Drinhausen* in: Hölters/Weber, AktG, 4. Aufl. 2022, § 119 Rn. 3; MüKoAktG/*Kubis*, 5. Aufl. 2022, § 119 Rn. 3 f.

32 GroßkommAktG/*Mülbert*, 5. Aufl. 2017, Vorb. § 118 Rn. 30; *Spindler* in: Schmidt/Lutter, AktG, 4. Aufl. 2020, § 119 Rn. 6.

33 *Koch* in: Hüffer/Koch, AktG, 15. Aufl. 2021, § 133 Rn. 7.

34 *Koch* in: Hüffer/Koch, AktG, 15. Aufl. 2021, § 133 Rn. 7.

35 *Koch* in: Hüffer/Koch, AktG, 15. Aufl. 2021, § 133 Rn. 5.

Die gefassten Beschlüsse werden der Gesellschaft aufgrund der organrechtlichen Stellung der Hauptversammlung zugerechnet.[36] Dabei entfalten Hauptversammlungsbeschlüsse grundsätzlich nur interne Wirkung und müssen zwecks Außenwirkung tatsächlich umgesetzt werden.[37] Zur Ausführung bzw. Umsetzung der Beschlüsse ist nur der Vorstand oder Aufsichtsrat, soweit letzterer die Gesellschaft gegenüber Vorstandsmitgliedern vertritt (§§ 78, 112 AktG), verpflichtet. Die Hauptversammlung stellt insoweit kein Vertretungs- oder Handlungsorgan der Gesellschaft dar.[38] Nur in Ausnahmefällen ist die Hauptversammlung zur Vertretung der Gesellschaft berufen. Eine rechtsgeschäftliche Vertretungsbefugnis kommt der Hauptversammlung bei der Bestellung von Sonderprüfern (§ 142 Abs. 1 AktG) zu.[39] Für rein verbandsinterne Maßnahmen verfügt die Hauptversammlung über eine organschaftliche Vertretungsmacht, insbesondere mit Blick auf die Bestellung, Abberufung und Entlastung von Organmitgliedern.[40] Gleiches gilt für die Bestellung besonderer Vertreter (§ 147 Abs. 2 AktG) im Rahmen der Geltendmachung von Ersatzansprüchen gegenüber Mitgliedern des Vorstands oder Aufsichtsrats.[41]

b) Hauptversammlung als tatsächliche Zusammenkunft

Nach der gesetzgeberischen Vorstellung ist die Hauptversammlung auch die tatsächliche Zusammenkunft der Aktionäre an einem bestimmten Ort zu einer bestimmten Zeit zur Ausübung ihrer Mitgliedschaftsrechte.[42] Dieses Leitbild wird maßgeblich geprägt durch § 118 Abs. 1 Satz 1 AktG, wonach Aktionäre ihre Rechte in den Angelegenheiten der Gesellschaft in der Hauptversammlung

---

36 GroßkommAktG/*Mülbert*, 5. Aufl. 2017, Vorb. § 118 Rn. 19; *Spindler* in: Schmidt/Lutter, AktG, 4. Aufl. 2020, § 118 Rn. 12.

37 *Herrler* in: Grigoleit, AktG, 2. Aufl. 2020, § 119 Rn. 4; *Liebscher* in: Henssler/Strohn, GesR, 5. Aufl. 2021, AktG § 119 Rn. 11.

38 *Binge/Thölke* in: Schüppen/Schaub, MAH AktR, 3. Aufl. 2018, § 25 Rn. 2; *Spindler* in: Schmidt/Lutter, AktG, 4. Aufl. 2020, § 118 Rn. 12.

39 *Drinhausen* in: Hölters/Weber, AktG, 4. Aufl. 2022, § 118 Rn. 5; MüKoAktG/*Kubis*, 5. Aufl. 2022, § 119 Rn. 19; GroßkommAktG/*Mülbert*, 5. Aufl. 2017, Vorb. § 118 Rn. 37.

40 *Koch* in: Hüffer/Koch, AktG, 15. Aufl. 2021, § 119 Rn. 12; MüKoAktG/*Kubis*, 5. Aufl. 2022, § 119 Rn. 19; *Spindler* in: Schmidt/Lutter, AktG, 4. Aufl. 2020, § 118 Rn. 13.

41 *Drinhausen* in: Hölters/Weber, AktG, 4. Aufl. 2022, § 118 Rn. 5; *Koch* in: Hüffer/Koch, AktG, 15. Aufl. 2021, § 119 Rn. 12; MüKoAktG/*Kubis*, 5. Aufl. 2022, § 119 Rn. 19.

42 MüKoAktG/*Kubis*, 5. Aufl. 2022, § 118 Rn. 1; *Noack*, BB 1998, 2533 (2534 f.); *Schwarz*, MMR 2003, 23 (26).

auszuüben haben und durch § 121 Abs. 3 Satz 1 AktG, der vom Ort der Hauptversammlung spricht.[43] Hintergrund dieser physischen Zusammenkunft ist, dass jeder Aktionär mit Auge und Ohr an der Hauptversammlung teilnehmen kann und soll.[44] Die Möglichkeit der Interaktion und vor allem Kommunikation mit den übrigen Versammlungsteilnehmern ist daher eine wesentliche Voraussetzung für die Bildung eines kollektiven Aktionärswillens.[45] In den §§ 118–147 AktG wird der Begriff Hauptversammlung ausschließlich bezogen auf das tatsächliche Element verstanden.[46] Teilweise wird daher für diesen Normenbereich vertreten, dass die Hauptversammlung eine unter dieser Bezeichnung nach den gesetzlichen Vorgaben ordnungsgemäß einberufene und unter Berücksichtigung der §§ 129 f. AktG durchgeführte Zusammenkunft der Aktionäre ist.[47] Fraglich ist, ob dieser formalen Beschreibung zu folgen ist. Die starre Anknüpfung an die Voraussetzungen der Einberufung ist mit § 121 Abs. 6 AktG nur schwer vereinbar.[48] Aus § 121 Abs. 6 AktG folgt gerade, dass die Nichteinhaltung von Einberufungsvorschriften im Rahmen der Vollversammlung, bei der sämtliche Aktionäre oder ihre Vertreter zusammenkommen, unschädlich ist.[49] Darüber hinaus schafft eine Begriffsbestimmung, die enger als der duale Hauptversammlungsbegriff konzipiert ist, weder einen Mehrwert, noch wird die ohnehin schon geringe praktische Bedeutung einer Hauptversammlungsdefinition gesteigert.[50] Grund hierfür ist, dass, sofern es um die Wirksamkeit von Beschlussfassungen geht, nicht das Vorliegen von Definitionsmerkmalen, sondern allein die Schwere des Beschlussmangels, die der Gesetzgeber in den §§ 241 ff. AktG näher klassifiziert hat, ausschlaggebend ist.[51]

---

43 *Beck*, RNotZ 2014, 160 (162); *Hasselbach/Schumacher*, ZGR 2000, 258 (262 ff.).

44 *Noack*, BB 1998, 2533 (2535); *Schwarz*, MMR 2003, 23 (27).

45 *Schwarz*, MMR 2003, 23 (27).

46 MüKoAktG/*Kubis*, 5. Aufl. 2022, § 118 Rn. 1; *Reger* in: Bürgers/Körber/Lieder, AktG, 5. Aufl. 2021, § 118 Rn. 1.

47 *Hoffmann* in: Spindler/Stilz, AktG, 4. Aufl. 2019, § 118 Rn. 1; MüKoAktG/*Kubis*, 5. Aufl. 2022, § 118 Rn. 1.

48 *Herrler* in Grigoleit, AktG, 2. Aufl. 2020, § 118 Rn. 2; *Koch* in: Hüffer/Koch, AktG, 15. Aufl. 2021, § 118 Rn. 6, § 121 Rn. 20; GroßkommAktG/*Mülbert*, 5. Aufl. 2017, Vorb. § 118 Rn. 14; *Spindler* in: Schmidt/Lutter, AktG, 4. Aufl. 2020, § 118 Rn. 6.

49 GroßkommAktG/*Mülbert*, 5. Aufl. 2017, Vorb. § 118 Rn. 14.

50 *Herrler* in: Grigoleit, AktG, 2. Aufl. 2020, § 118 Rn. 2; *Hoffmann* in: Spindler/Stilz, AktG, 4. Aufl. 2019, § 118 Rn. 1; MüKoAktG/*Kubis*, 5. Aufl. 2022, § 118 Rn. 1; *Spindler* in: Schmidt/Lutter, AktG, 4. Aufl. 2020, § 118 Rn. 6.

51 *Hoffmann* in: Spindler/Stilz, AktG, 4. Aufl. 2019, § 118 Rn. 1; MüKoAktG/*Kubis*, 5. Aufl. 2022, § 118 Rn. 1; *Spindler* in: Schmidt/Lutter, AktG, 4. Aufl. 2020, § 118 Rn. 6.

2. Beschlusskompetenz der Hauptversammlung

Die Beschlussfassungskompetenz der Hauptversammlung ist durch ihren zuerkannten Aufgabenbereich begrenzt.[52] Aus der rechtlichen Stellung der Hauptversammlung im aktienrechtlichen Organgefüge folgt bereits, dass der Hauptversammlung keine Allzuständigkeit zukommt. Nach § 119 Abs. 1 AktG kann die Hauptversammlung nur in den im Gesetz und in der Satzung der Gesellschaft ausdrücklich bestimmten Fällen beschließen. Für die Aufzählung der gesetzlich normierten Zuständigkeiten bildet der Katalog des § 119 Abs. 1 AktG die zentrale Zuständigkeitsnorm. Die Aufzählung der normierten Zuständigkeiten in § 119 Abs. 1 AktG ist aber keineswegs abschließend.[53] Weitere Zuständigkeiten sind einer Vielzahl verschiedener Normen und Gesetze zu entnehmen.[54] Die Rechtsprechung hat zudem den Kompetenzbereich der Hauptversammlung um ungeschriebene Zuständigkeiten erweitert.

a) Geschriebene Hauptversammlungskompetenzen

Die gesetzlich normierten Zuständigkeiten der Hauptversammlung beziehen sich im Wesentlichen auf regelmäßige Beschlüsse, Kapitalmaßnahmen, Strukturänderungen, Kontroll- und Prüfungsbeschlüsse, Ermächtigungs- und Zustimmungsbeschlüsse, Ersatz- bzw. Hilfskompetenzen sowie die Regelung eigener Angelegenheiten.[55] Dabei ist die Fassung regelmäßig wiederkehrender Beschlüsse von besonderer Bedeutung. Dazu zählen insbesondere die Wahl des Aufsichtsrats (§§ 119 Abs. 1 Nr. 1 i. V. m. 101 Abs. 1 AktG), die Verwendung des Bilanzgewinns (§§ 119 Abs. 1 Nr. 2 i. V. m. 174 Abs. 1 Satz 1 AktG), die Entlastung von Vorstand und Aufsichtsrat, die Abstimmung über das Vergütungssystem und den Vergütungsbericht von Mitgliedern der Verwaltungsorgane börsennotierter Gesellschaften (§§ 119 Abs. 1 Nr. 3 i. V. m. 120 AktG) und die Wahl des Abschlussprüfers (§§ 119 Abs. 1 Nr. 4 i. V. m. 318 Abs. 1 Satz 1 HGB).[56]

---

52 GroßkommAktG/*Mülbert*, 5. Aufl. 2017, Vorb. § 118 Rn. 26; *Liebscher* in: Henssler/Strohn, GesR, 5. Aufl. 2021, AktG § 119 Rn. 1.

53 MüKoAktG/*Kubis*, 5. Aufl. 2022, § 119 Rn. 9.

54 *Bohnet* in: Schüppen/Schaub, MAH AktR, 3. Aufl. 2018, § 26 Rn. 10.

55 *Bohnet* in: Schüppen/Schaub, MAH AktR, 3. Aufl. 2018, § 26 Rn. 10; für eine umfassende Aufzählung siehe GroßkommAktG/*Mülbert*, 5. Aufl. 2017, § 119 Rn. 12 ff.; *Spindler* in: Schmidt/Lutter, AktG, 4. Aufl. 2020, § 119 Rn. 17 ff.

56 *Bohnet* in: Schüppen/Schaub, MAH AktR, 3. Aufl. 2018, § 26 Rn. 10; *Spindler* in: Schmidt/Lutter, AktG, 4. Aufl. 2020, § 119 Rn. 8; *Koch* in: Hüffer/Koch, AktG, 15. Aufl. 2021, § 119 Rn. 5.

Hinsichtlich der Kapitalmaßnahmen sind vor allem Beschlüsse zur Kapitalbeschaffung (§§ 119 Abs. 1 Nr. 7 i. V. m. 182 Abs. 1 Satz 1, 192 Abs. 1, 202 Abs. 2 Satz 2, 207 Abs. 1, 221 Abs. 1 AktG) und -herabsetzung (§§ 119 Abs. 1 Nr. 7 i. V. m. 222 Abs. 1, 229 Abs. 1, 237 Abs. 2 AktG) praxisrelevant.[57] Außerdem sind sonstige Strukturmaßnahmen wie z. B. Satzungsänderungen (§§ 119 Abs. 1 Nr. 6 i. V. m. 179 AktG), die Zustimmung zu Unternehmensverträgen und deren Änderung (§§ 292 Abs. 1, 295 Abs. 1 AktG), der Beschluss zur Eingliederung der Gesellschaft (§§ 319 Abs. 1, 2, 320 Abs. 1 AktG), Beschlüsse zu Maßnahmen nach dem Umwandlungsgesetz (insb. §§ 65 Abs. 1, 73, 193 Abs. 1, 226 ff. UmwG) sowie *Squeeze-out*-Beschlüsse (§§ 327a ff. AktG) zu erwähnen.[58] Daneben ist die Hauptversammlung auch dazu berufen, ihre inneren Angelegenheiten im Wege einer Geschäftsordnung zu regeln (§ 129 Abs. 1 Satz 1 AktG).

Neben den gesetzlich normierten Zuständigkeiten kann die Satzung der Gesellschaft weitere Kompetenzen der Hauptversammlung bestimmen. Sofern der Satzungsgeber davon Gebrauch macht, ist jedoch zu beachten, dass die satzungsmäßigen Hauptversammlungskompetenzen dem zwingenden Kompetenzgefüge des AktG (§ 23 Abs. 5 Satz 1 AktG) nicht zuwiderlaufen dürfen.[59] Satzungsmäßige Hauptversammlungskompetenzen sind daher nur insoweit zulässig, wenn dies durch das AktG ausdrücklich zugelassen ist. Die gesetzlich restriktive Handhabung der Kompetenzerweiterung der Hauptversammlung durch Satzungsbestimmung führt dazu, dass sie aus praktischer Sicht von äußerst geringer Bedeutung ist.[60]

b) *Ungeschriebene Hauptversammlungskompetenzen*

Der Kompetenzbereich der Hauptversammlung wird durch ungeschriebene Kompetenzen erweitert. Obwohl die Hauptversammlung nach § 119 Abs. 1 AktG nur in den im Gesetz und in der Satzung der Gesellschaft ausdrücklich bestimmten Fällen beschließen kann, hat die Rechtsprechung den Umfang der

---

57 *Marsch-Barner* in: Marsch-Barner/Schäfer, HdB börsennotierte AG, 4. Aufl. 2017, § 31 Rn. 2.6; *Spindler* in: Schmidt/Lutter, AktG, 4. Aufl. 2020, § 119 Rn. 10.

58 *Koch* in: Hüffer/Koch, AktG 15. Aufl. 2021, § 119 Rn. 6 f.; *Marsch-Barner* in: Marsch-Barner/Schäfer, HdB börsennotierte AG, 4. Aufl. 2017, § 31 Rn. 2.7; *Spindler* in: Schmidt/Lutter, AktG, 4. Aufl. 2020, § 119 Rn. 10 f.

59 *Bohnet* in: Schüppen/Schaub, MAH AktR, 3. Aufl. 2018, § 26 Rn. 11; *Koch* in: Hüffer/Koch, AktG, 15. Aufl. 2021, § 119 Rn. 10.

60 MüKoAktG/*Kubis*, 5. Aufl. 2022, § 119 Rn. 17; *Marsch-Barner* in: Marsch-Barner/Schäfer, HdB börsennotierte AG, 4. Aufl. 2017, § 31 Rn. 3.0.

Hauptversammlungskompetenzen restriktiv erweitert. Dabei handelt es sich um ungeschriebene Kompetenzen, welche die Leitungsbefugnis des Vorstands betreffen. Die Leitungsbefugnisse stehen nach § 76 Abs. 1 AktG grundsätzlich ausschließlich in dem Ermessen des Vorstands. Nach § 119 Abs. 2 AktG kann die Hauptversammlung über Geschäftsführungsangelegenheiten insoweit nur beschließen, sofern der Vorstand die Hauptversammlung mit entsprechenden Leitungsaufgaben beauftragt. Dies hat die Rechtsprechung in der sog. Holzmüller-Entscheidung[61] sowie den darauffolgenden sog. Gelatine-Entscheidungen[62] teilweise aufgehoben. Gegenstand dieser Entscheidungen war jeweils eine Geschäftsführungsmaßnahme des Vorstands hinsichtlich der Ausgliederung von Betriebsteilen, die teilweise den Kerngeschäftsbereich der Gesellschaft betrafen. In diesem Zusammenhang hat der BGH im Wesentlichen zu dem Ausdruck gebracht, dass grundlegende Geschäftsführungsmaßnahmen des Vorstands in eng begrenzten Ausnahmefällen der Zustimmung der Hauptversammlung bedürfen. Den Entscheidungen liegt zugrunde, dass der BGH Aktionäre vor massiven Eingriffen in ihre Mitgliedschaftsrechte und den damit verbundenen Vermögensinteressen, durch eine übermäßig in Anspruch genommene Leitungsbefugnis des Vorstands, schützen möchte.[63] Konkret wird nach dem BGH eine ungeschriebene Zustimmungspflicht der Hauptversammlung ausgelöst, wenn die Umstrukturierungsmaßnahme an die Kernkompetenz der Hauptversammlung, über die Verfassung der Gesellschaft zu bestimmen, rührt, weil sie Veränderungen nach sich zieht, die denjenigen zumindest nahe kommen, welche allein durch eine Satzungsänderung herbeigeführt werden können.[64] Größentechnisch verlangt der BGH, dass die Umstrukturierungsmaßnahme einen erheblichen Teil des Gesellschaftsvermögens betrifft.[65] Während der BGH Schwellenwerte zwischen zehn und 50 Prozent in den Gelatine-Entscheidungen verworfen hat, hat er in der Holzmüller-Entscheidung einen Wert von etwa 80 Prozent des Gesellschaftsvermögens als ausreichend anerkannt.[66] Inwieweit Geschäftsführermaßnahmen vor diesem Hintergrund der Zustimmung der Hauptversammlung unterliegen, ist in der Literatur umfassend diskutiert

61 BGHZ 83, 122.

62 BGH, NJW 2004, 1860 (Gelantine I) sowie das am selben Tag ergangene, im Wesentlichen inhaltsgleiche Urteil BGH, NZG 2004, 575 (Gelantine II).

63 *Koch* in: Hüffer/Koch, AktG, 15. Aufl. 2021, § 119 Rn. 19.

64 BGH, NJW 2004, 1860 (1864).

65 BGH, NJW 2004, 1860 (1864).

66 BGH, NJW 2004, 1860 (1864).

worden. Im Ergebnis sind etwaige Anwendungsfälle aber weiterhin mit erheblichen Unsicherheiten verbunden, weswegen die Praxis in Zweifelsfällen eine Vorlage an die Hauptversammlung vorzieht.[67]

3. Ordentliche und außerordentliche Hauptversammlung

Bei der Hauptversammlung ist begrifflich zwischen der ordentlichen und außerordentlichen Hauptversammlung zu differenzieren. Als ordentliche Hauptversammlung wird die alljährliche, in den ersten acht Monaten des Geschäftsjahres (§ 175 Abs. 1 Satz 2 AktG) stattfindende Versammlung bezeichnet, in der insbesondere der Jahresabschluss und der Lagebericht (§ 175 Abs. 1 Satz 1 AktG) vorgelegt wird und sog. Regularbeschlüsse über die Verwendung des Bilanzgewinns (§ 175 Abs. 1 Satz 1 AktG), über die Entlastung der Organmitglieder (§ 120 Abs. 1 Satz 1, Abs. 3 AktG) und – sofern erforderlich – über die Wahl des Abschlussprüfers (§ 318 Abs. 1 HGB) gefasst werden.[68] Bei börsennotierten Gesellschaften zählt neuerdings auch die Billigung des nach § 162 AktG erstellten und geprüften Vergütungsberichts dazu. Die vorgenannten Beschlussgegenstände charakterisieren die ordentliche Hauptversammlung aber lediglich und sind nicht abschließender Natur. Weitere Tagesordnungspunkte wie z. B. Satzungsänderungen und Kapitalmaßnahmen können ebenfalls Gegenstand der ordentlichen Hauptversammlung sein. Jede weitere Hauptversammlung neben der ordentlichen Hauptversammlung ist als außerordentliche Hauptversammlung zu qualifizieren.[69] Sowohl die außerordentliche als auch die ordentliche Hauptversammlung unterliegen grundsätzlich denselben formellen Einberufungsvoraussetzungen.[70] In der Praxis wird von der Möglichkeit der Einberufung einer außerordentlichen Hauptversammlung aufgrund des zusätzlichen organisatorischen und finanziellen Aufwands aber nur selten Gebrauch gemacht. Dennoch bietet die Möglichkeit, eine außerordentliche Hauptversammlung abzuhalten, dem Vorstand die erforderliche Flexibilität, sofern die Notwendigkeit der

---

67 *Koch* in: Hüffer/Koch, AktG, 15. Aufl. 2021, § 119 Rn. 16 ff.; MüKoAktG/*Kubis*, 5. Aufl. 2022; § 119 Rn. 40 ff.

68 *Herrler* in: Grigoleit, AktG, 2. Aufl. 2020, § 118 Rn. 2; *Koch* in: Hüffer/Koch, AktG, 15. Aufl. 2021, § 175 Rn. 1; MüKoAktG/*Kubis*, 5. Aufl. 2022, § 118 Rn. 2; *Liebscher* in: Henssler/Strohn, GesR, 5. Aufl. 2021, AktG § 118 Rn. 8; GroßkommAktG/*Mülbert*, 5. Aufl. 2017, Vorb. § 118 Rn. 16.

69 *Herrler* in: Grigoleit, AktG, 2. Aufl. 2020, § 118 Rn. 2; *Spindler* in: Schmidt/Lutter, AktG, 4. Aufl. 2020, § 118 Rn. 7.

70 *Liebscher* in: Henssler/Strohn, GesR, 5. Aufl. 2021, AktG § 118 Rn. 3.

Fassung dringender Hauptversammlungsbeschlüsse ein Zuwarten auf die turnusmäßig stattfindende ordentliche Hauptversammlung widerspricht.[71]

4. Ausübung von Aktionärsrechten in der Hauptversammlung

Nach § 118 Abs. 1 Satz 1 AktG üben Aktionäre ihre Rechte in den Angelegenheiten der Gesellschaft in der Hauptversammlung aus. Die Ausübung von Aktionärsrechten und die Teilnahme an der Hauptversammlung stehen daher in einem engen Zusammenhang. Wenngleich der Wortlaut des § 118 Abs. 1 Satz 1 AktG anderes suggeriert, erstreckt die Versammlungsgebundenheit der Ausübung von Aktionärsrechten sich nicht auf sämtliche Aktionärsrechte. Zu unterscheiden ist insoweit zwischen versammlungsgebundenen und nicht versammlungsgebundenen Aktionärsrechten.

a) Versammlungsgebundene Aktionärsrechte

Für die Qualifizierung eines Aktionärsrechts als versammlungsgebunden ist maßgeblich auf die Rechtsnatur des jeweiligen Aktionärsrechts abzustellen. Aus der Rechtsposition des Aktionärs werden mitgliedschaftliche Rechte und vermögensrechtliche Ansprüche abgeleitet.[72] Nur erstere unterliegen in ihrer Ausübung der Teilnahme an der Hauptversammlung, sofern sie unmittelbar aus der Mitgliedschaft resultieren und aufgrund gesetzlicher Anordnung oder kraft Natur der Sache eine Versammlungsgebundenheit aufweisen.[73] Mit der Bindung bestimmter Aktionärsrechte an die Hauptversammlung verfolgt der Gesetzgeber den Zweck, die Einflussnahme der Aktionäre auf die Gesellschaft in formalisierter Weise in geordnete Bahnen zu lenken.[74] Die Versammlungsgebundenheit kann nicht durch den Satzungsgeber abbedungen werden.[75] Erfolgt die Ausübung von versammlungsgebundenen Rechten außerhalb der Hauptversammlung, ist sie

---

71 *Reichert* in: Semler/Volhard/Reichert, Arbeitshdb. für die Hauptversammlung, 5. Aufl. 2021, § 1 Rn. 1.

72 *Papier/Shirvani* in: Dürig/Herzog/Scholz, GG, 95. EL Juli 2021, Art. 14 Rn. 310.

73 MüKoAktG/*Kubis*, 5. Aufl. 2022, § 118 Rn. 32; *Liebscher* in: Henssler/Strohn, GesR, 5. Aufl. 2021, AktG § 118 Rn. 5.

74 *Koch* in: Hüffer/Koch, AktG, 15. Aufl. 2021, § 118 Rn. 1; MüKoAktG/*Kubis*, 5. Aufl. 2022, § 118 Rn. 32 f.

75 *Drinhausen* in: Hölters/Weber, AktG, 4. Aufl. 2022, § 118 Rn. 12; MüKoAktG/*Kubis*, 5. Aufl. 2022, § 118 Rn. 52.

mangels Tatbestandserfüllung unwirksam und unbeachtlich.[76] Die Versammlungsgebundenheit erfordert keine höchstpersönliche Ausübung des jeweiligen Aktionärsrechts, sodass insbesondere die Einschaltung eines Legitimationsaktionärs oder die Inanspruchnahme einer Stellvertretung möglich sind.[77] Zu den versammlungsgebundenen Rechten zählt in erster Linie das aus der Mitgliedschaft resultierende Recht, an der Hauptversammlung teilnehmen zu können.[78] Ohne das Recht, an der Hauptversammlung teilzunehmen, wäre die Ausübung von versammlungsgebundenen Rechten faktisch und rechtlich weitgehend unmöglich.[79] Inhaltlich beschränkt sich die Teilnahme nicht nur auf das Recht, physisch – oder im Falle des § 118 Abs. 1 Satz 2 AktG elektronisch – an der Hauptversammlung teilzunehmen, sondern umfasst auch das Rederecht des Aktionärs sowie das Recht, in der Hauptversammlung Beschlussanträge bzw. Gegenanträge zu stellen.[80] Zu den versammlungsgebundenen Rechten ist zudem das Stimmrecht des Aktionärs (§§ 12, 134 ff. AktG) zu fassen.[81] Außerdem sind das Recht auf Einsichtnahme in das Teilnehmerverzeichnis (§ 129 Abs. 4 AktG), das Recht, Widerspruch gegen Hauptversammlungsbeschlüsse zur Niederschrift zu erklären (§ 245 Nr. 1 AktG), das Auskunftsrecht (§ 131 AktG) mit Ausnahme des gerichtlichen Auskunftsverlangens (§ 132 Abs. 1 AktG) sowie einige an bestimmte Quoren geknüpfte Minderheitenrechte in der Hauptversammlung auszuüben.[82] Zu letzterem zählen insbesondere das Recht, Widerspruch gegen Beschlüsse der Hauptversammlung zu erheben, die sich auf den Verzicht oder Vergleich von Ersatzansprüchen beziehen (§§ 93 Abs. 4 Satz 3, 116, 302 Abs. 3 Satz 3, 309 Abs. 3 Satz 1, 310 Abs. 4, 317 Abs. 4, 318 Abs. 4, 323 Abs. 1 Satz 2

---

76 *Koch* in: Hüffer/Koch, AktG, 15. Aufl. 2021, § 118 Rn. 8; *Liebscher* in: Henssler, GesR, 5. Aufl. 2021, AktG § 118 Rn. 7; *Reger* in: Bürgers/Körber/Lieder, AktG, 5. Aufl. 2021, § 118 Rn. 4.

77 MüKoAktG/*Kubis*, 5. Aufl. 2022, § 118 Rn. 36; *Spindler* in: Schmidt/Lutter, AktG, 4. Aufl. 2020, § 118 Rn. 17.

78 MüKoAktG/*Kubis*, 5. Aufl. 2022, § 118 Rn. 38; *Liebscher* in: Henssler/Strohn, GesR, 5. Aufl. 2021, AktG § 118 Rn. 10; GroßkommAktG/*Mülbert*, 5. Aufl. 2017, § 118 Rn. 25; *Spindler* in: Schmidt/Lutter, AktG, 4. Aufl. 2020, § 118 Rn. 25.

79 *Hoffmann* in: Spindler/Stilz, AktG, 4. Aufl. 2019, § 118 Rn. 1; *Liebscher* in: Henssler/Strohn, GesR, 5. Aufl. 2021, AktG § 118 Rn. 9.

80 *Hoffmann* in: Spindler/Stilz, AktG, 4. Aufl. 2019, § 118 Rn. 12; MüKoAktG/*Kubis*, 5. Aufl. 2022, § 118 Rn. 43, 45.

81 MüKoAktG/*Kubis*, 5. Aufl. 2022, § 118 Rn. 47; GroßkommAktG/*Mülbert*, 5. Aufl. 2017, § 118 Rn. 25.

82 GroßkommAktG/*Mülbert*, 5. Aufl. 2017, § 118 Rn. 25.

AktG) sowie das Recht, Widerspruch gegen die Wahl des Abschlussprüfers zu erklären (§ 318 Abs. 3 Satz 2 HGB).[83]

b) Nicht versammlungsgebundene Aktionärsrechte

Zu den nicht versammlungsgebundenen Aktionärsrechten gehören alle Rechte, bei denen die Ausübung in der Hauptversammlung *per se*, entweder aufgrund gesetzlicher Anordnung oder kraft Natur der Sache, entgegensteht.[84] An oberster Stelle der nicht versammlungsgebundenen Rechte stehen sämtliche Vermögensrechte der Aktionäre, wie z. B. das Dividendenzahlrecht nach beschlossener Gewinnausschüttung (§ 174 AktG), das Bezugsrecht nach beschlossener Kapitalerhöhung (§ 186 AktG) oder individuelle Schadensersatzansprüche, wie z. B. die Geltendmachung von Schadensersatz wegen Verletzung der *Adhoc*-Publizitätspflicht nach §§ 97, 98 WpHG.[85] Zudem unterliegen einzelne Mitgliedschafts- und Hilfsrechte keiner Versammlungsgebundenheit.[86] Besonders hervorzuheben sind Individualrechte, wie das Recht zur Erhebung der Anfechtungs- (§ 245 Nr. 1 AktG) oder Nichtigkeitsklage (§§ 249 Abs. 1 und 275 Abs. 1 AktG), sowie bestimmte versammlungsvorbereitende Rechte, wie z. B. das Recht, bestimmte Gegenanträge oder Wahlvorschläge (§§ 126, 127 AktG), die der Gesellschaft im Vorfeld der Hauptversammlung übermitteltet worden sind, einem bestimmten Adressatenkreis zugänglich zu machen.[87] Auch sind Minderheitenrechte überwiegend nicht an die Ausübung in der Hauptversammlung gebunden.[88] In diesem Zusammenhang sind insbesondere das Recht auf Einberufung der Hauptversammlung (§ 122 Abs. 1 AktG) und auf Ergänzung der Tagesordnung (§ 122 Abs. 2 AktG) zu erwähnen.[89] Außerdem unterliegen

---

83 MüKoAktG/*Kubis*, 5. Aufl. 2022, § 118 Rn. 49; GroßkommAktG/*Mülbert*, 5. Aufl. 2017, § 118 Rn. 25; *Spindler* in: Schmidt/Lutter, AktG, 4. Aufl. 2020, § 118 Rn. 16.

84 *Spindler* in: Schmidt/Lutter, AktG, 4. Aufl. 2020, § 118 Rn. 18.

85 *Hoffmann* in: Spindler/Stilz, AktG, 4. Aufl. 2019, § 118 Rn. 9; *Koch* in: Hüffer/Koch, AktG, 15. Aufl. 2021, § 118 Rn. 9; MüKoAktG/*Kubis*, 5. Aufl. 2022, § 118 Rn. 52 ff.

86 GroßkommAktG/*Mülbert*, 5. Aufl. 2017, § 118 Rn. 28 ff.; *Spindler* in: Schmidt/Lutter, 4. Aufl. 2020, § 118 Rn. 18.

87 MüKoAktG/*Kubis*, 5. Aufl. 2022, § 118 Rn. 54; *Spindler* in: Schmidt/Lutter, AktG, 4. Aufl. 2020, § 118 Rn. 18.

88 *Koch* in: Hüffer/Koch, AktG, 15. Aufl. 2021, § 118 Rn. 9; *Spindler* in: Schmidt/Lutter, AktG, 4. Aufl. 2020, § 118 Rn. 18.

89 *Koch* in: Hüffer/Koch, AktG, 15. Aufl. 2021, § 118 Rn. 9; GroßkommAktG/*Mülbert*, 5. Aufl. 2017, § 118 Rn. 30; *Spindler* in: Schmidt/Lutter, AktG, 4. Aufl. 2020, § 118 Rn. 18.

schuldrechtliche Sonderrechte, wie z. B. Rechte aus Wandel- und Gewinnschuldverschreibungen, die unabhängig von der Mitgliedschaft gegenüber der Gesellschaft bestehen, keiner Versammlungsgebundenheit.[90]

II. Missstände der Hauptversammlung und Einsatz neuer Medien

1. Die Bedeutung der Präsenz-Hauptversammlung im Wandel der Zeit

a) *Internationalisierung der Aktionärsstruktur und Präsenzproblem*

Die fortschreitende Internationalisierung und Digitalisierung des Wirtschaftsgeschehens lassen das Leitbild der Hauptversammlung als reine Präsenzversammlung weitgehend als überholt erscheinen.[91] Aktien von börsennotierten Unternehmen befinden sich regelmäßig in weitem Streubesitz, mit der Folge, dass die Inhaber oftmals nicht in räumlicher Nähe zu dem Ort der Hauptversammlung residieren und dadurch sowohl die Teilnahme an der Hauptversammlung als auch der allgemeine Informationsaustausch zwischen Gesellschaft und Aktionär erschwert ist.[92] Vor allem bei ausländischen Aktionären, aber auch bei nationalen Investoren, stellt sich die Frage, ob der Aufwand an Zeit und Geld, der für die Teilnahme an der Hauptversammlung aufzubringen ist, mit dem Mehrwert einer Hauptversammlungsteilnahme in Einklang steht.[93] Dies dürfte zumindest auch einen Grund der seit Jahrzehnten andauernden geringen Hauptversammlungsteilnahmepräsenz des vertretenden Grundkapitals darstellen. In dem Zeitraum 1998–2005 sank das durchschnittliche in den Hauptversammlungen vertretene Grundkapital bei den DAX30-Gesellschaften von 60,95 Prozent (1998) auf ein historisches Tief von 45,87 Prozent (2005).[94] Dieser Trend setze sich zwar anschließend nicht fort, änderte im Ergebnis aber wenig an dem Umstand, dass das vertretene Grundkapital in den Hauptversammlungen großer

90 *Drinhausen* in: Hölters/Weber, AktG, 4. Aufl. 2022, § 118 Rn. 13 f.; *Hoffmann* in: Spindler/Stilz, AktG, 4. Aufl. 2019, § 118 Rn. 10.

91 *Seeger*, Die Online-Hauptversammlung, S. 3.

92 *Beck*, RNotZ 2014, 160 (160); ErwGr Nr. 1, 2 und 5 ARRL.

93 *Claussen*, AG 2001, 161 (164).

94 Deutsche Schutzvereinigung für Wertpapierbesitz e. V., HV-Präsenzen der DAX 30 Unternehmen (1998–2005) in Prozent.

deutscher Publikumsgesellschaften weiterhin als gering einzustufen ist.[95] In dem Zeitraum von 2005 bis einschließlich 2015 lag das vertretene Grundkapital in den Hauptversammlungen der DAX30-Gesellschaften im Durchschnitt bei etwa 54,26 Prozent.[96] Eine Steigerung der Hauptversammlungspräsenz zeichnete sich allerdings in den darauffolgenden Jahren ab. Während im Jahr 2016 die Hauptversammlungspräsenz bei den DAX30-Gesellschaften bei 63 Prozent lag, erreichte sie im Jahr 2019 ihren bisher höchsten Stand mit 67 Prozent.[97] Die Gründe für die Steigerung des vertretenen Kapitals sind weitgehend spekulativer Natur und dürften auf ein Wechselspiel verschiedener Faktoren zurückzuführen sein. Vor allem die gesetzgeberischen Reformen hinsichtlich der Digitalisierung des Hauptversammlungswesens und insbesondere die schrittweise Öffnung des Aktienrechts für moderne Kommunikationsmedien, die eine elektronische Ausübung des Stimmrechts ermöglichen, dürften mit der Stabilisierung bzw. Steigerung der Hauptversammlungspräsenz in Verbindung stehen.[98] Niedrige Präsenzquoten stehen grundsätzlich in einem Widerspruch zu einer gelebten Aktionärsdemokratie und begründen das Risiko, dass sich in der Hauptversammlung Zufallsmehrheiten bilden, die zu unvorhersehbaren Abstimmungsergebnissen führen.[99] Bei niedrigen Hauptversammlungspräsenzen reicht ein Anteilsbesitz i. H. v. 15 oder 20 Prozent unter Umständen bereits aus, um die beschlussfähigen Gegenstände der Tagesordnung in einem Alleingang zu entscheiden.[100]

b) Qualität der Hauptversammlung

Obwohl das vertretene Grundkapital in der Hauptversammlung grundsätzlich niedrig ist, suggerieren die absoluten Teilnehmerzahlen in den Hauptversammlungen der großen deutschen Publikumsgesellschaften ein anderes Bild. In den Hauptversammlungen der DAX30-Gesellschaften sind regelmäßig

95 MüKoAktG/*Kubis*, 5. Aufl. 2022, § 118 Rn. 25; *Ratschow*, DStR 2007, 1402 (1402); *Teichmann*, ZfPW 2019, 247 (259 f.).

96 Schutzgemeinschaft der Kapitalanleger e. V., SdK-Präsenzstatistik DAX, 30.09.2015.

97 *N. N.*, 15. Locations-Studie 2019, Bewegung in der Szene, GoingPublic HV-Magazin Sonderausgabe September 2019, S. 23.

98 *Marsch-Barner* in: Marsch-Barner/Schäfer, HdB börsennotierte AG, 4. Aufl. 2017, § 31 Rn. 7.

99 *Ratschow*, DStR 2007, 1402 (1402).

100 *Teichmann*, ZfPW 2019, 247 (260).

Teilnehmerzahlen im vierstelligen Bereich vorzufinden.[101] Die absoluten Teilnehmerzahlen sind jedoch weder repräsentativ für eine lebendige Aktionärsdemokratie noch sind sie Anhaltspunkt für eine ausgiebige Aktionärsteilnahme, gemessen am Grundkapital der Gesellschaft.[102] Wird das vertretene Grundkapital in der Hauptversammlung um Bankenvertreter und Aktionärsvereinigungen bereinigt, so zeigt sich regelmäßig, dass die tausenden in der Hauptversammlung erschienenen Aktionäre oftmals nur zwischen zwei und fünf Prozent des Grundkapitals der Gesellschaft vertreten.[103] Dieser Umstand befeuert seit Jahren Diskussionen hinsichtlich der tatsächlichen Qualität, Effizienz und Funktionsfähigkeit der Hauptversammlung. Während der Großteil der erschienenen Aktionäre überwiegend passiv an der Hauptversammlung teilnimmt,[104] wird die Hauptversammlung nicht selten von Kleinst- und Kleinaktionären als Plattform genutzt, um durch unqualifizierte Rede- und Wortbeiträge ihren Drang zur öffentlichen Selbstdarstellung zu befriedigen.[105] Die Wahrnehmung der eigentlichen Funktion und Aufgabe der Hauptversammlung kann vielmals nur unter erschwerten Bedingungen erfolgen, wodurch nicht nur die Qualität und Effizienz der Hauptversammlung, sondern auch ihre Funktionsfähigkeit leidet.[106]

c) *Aufwand der Hauptversammlung*

Die Durchführung einer Präsenz-Hauptversammlung ist regelmäßig mit einem hohen organisatorischen und finanziellen Aufwand für die Gesellschaft verbunden. Im Durchschnitt liegen die Kosten für die Vorbereitung und Durchführung der Hauptversammlung in etwa zwischen 50.000 Euro (bei kleineren Aktiengesellschaften) und mehreren Millionen Euro (bei DAX30-Gesellschaften).[107] Als Ausreißer ist die Hauptversammlung der Daimler AG (vormals Daimler-Chrysler AG) im Mai 1999 zu nennen, die mit fast 20.000 Aktionären und einer Übertragung der Hauptversammlung in sieben Zelte, Kosten in Höhe von rund neun Millionen Euro verursacht hat.[108] Der Großteil der Kosten, die für die

101 MüKoAktG/*Kubis*, 5. Aufl. 2022, § 118 Rn. 27; *Sünner*, AG 2000, 492 (494).

102 *Sünner*, AG 2000, 492 (494).

103 *Sünner*, AG 2000, 492 (494).

104 *Sünner*, AG 2000, 492 (494).

105 MüKoAktG/*Kubis*, 5. Aufl. 2022, § 118 Rn. 27.

106 *Sünner*, AG 2000, 492 (494).

107 *Biedermann*, Die Hauptversammlung – Kür, Pflicht oder Qual?, in: Deutscher Investor Relations Kreis, Handbuch Investor Relations, S. 204.

108 *Seeger*, Die Online-Hauptversammlung, S. 51.

Durchführung einer Hauptversammlung großer Publikumsgesellschaften entstehen, entfallen auf die Raummiete, die Veranstaltungstechnik, die Bewirtung von Aktionären sowie auf personelle Kosten für die organisatorische Abwicklung der Hauptversammlung.[109] Im Gegensatz dazu, bilden formale Kosten der Hauptversammlungsdurchführung, wie z. B. Notarkosten regelmäßig nicht den Hauptanteil der Gesamtkosten.[110]

d) Beschlussanfechtungsrisiken

Nicht selten befinden sich unter den teilnehmenden Aktionären sog. berufsmäßige Anfechtungskläger. Sie versuchen durch eine intensive Ausübung ihrer Mitgliedschaftsrechte, insbesondere des Frage-, Rede und Gegenantragsrechts, gezielt formelle oder materielle Rechtsverstöße bei der Gesellschaft bzw. dem Versammlungsleiter herbeizuführen, um diese anschließend für die Befriedigung eigener Zwecke im Wege der Erhebung von Anfechtungsklagen nutzen zu können.[111] Ein klägerseitiges Angebot an die Gesellschaft, die Anfechtungsklage nach Zahlung eines unverhältnismäßig hohen Geldbetrages zurückzunehmen, stellt dabei keine Seltenheit dar.[112] Wenngleich der Gesetzgeber durch Reformen, wie z. B. die Einführung eines Freigabeverfahrens für Anfechtungsklagen (§ 246 a AktG), die Etablierung von Mindestbesitzzeiten für Anfechtungskläger (§ 245 Nr. 1 und 3 AktG), die Beschränkung von Anfechtungsmöglichkeiten in Bezug auf die Verweigerung von Informationen (§ 243 Abs. 4 Satz 2 AktG) sowie die Einführung einer Schadensersatzhaftung für die Erhebung missbräuchlicher Beschlussanfechtungsklagen weitreichende Maßnahmen zur Bekämpfung missbräuchlicher Anfechtungsklagen unternommen hat, wurde das Problem zwar drastisch verringert, aber nicht gänzlich gelöst.[113] Die Bekanntmachungen in der Rubrik „Klagen" im Bundesanzeiger zählten im Jahr 2019 noch 60 Beschlussanfechtungsklagen sowie 66 Beschlussanfechtungsklagen für das Jahr 2020.[114] Wenngleich die Anzahl der Beschlussanfechtungsklagen mittlerweile

---

109 *Biedermann*, Die Hauptversammlung – Kür, Pflicht oder Qual?, in: Deutscher Investor Relations Kreis, Handbuch Investor Relations, S. 204; *Seeger*, Die Online-Hauptversammlung, S. 50 f.

110 *Biedermann*, Die Hauptversammlung – Kür, Pflicht oder Qual?, in: Deutscher Investor Relations Kreis, Handbuch Investor Relations, S. 204.

111 *Sünner*, AG 2000, 492 (495).

112 *Englisch* in: Hölters/Weber, AktG, 4. Aufl. 2022, § 245 Rn. 28.

113 MüKoAktG/*Kubis*, 5. Aufl. 2022, § 118 Rn. 28.

114 *Bayer/Hoffmann*, AG 2021, R147 (R147).

aufgrund der gesetzgeberischen Restriktionen stark zurückgegangen ist, sind sog. Berufskläger nach wie vor für den Großteil der Beschlussanfechtungsklagen verantwortlich.[115]

2. Einsatz neuer Medien in der Hauptversammlung

Neue Medien wecken zunehmend die Hoffnung, die Voraussetzungen für die Teilnahme an der Hauptversammlung zu erleichtern, neue Anreize für die Mitwirkung an der Entscheidungsfindung der Gesellschaft zu setzen[116] und bei einer entsprechenden Gestaltung der Aktionärsrechte, die Effektivität und Qualität der Hauptversammlung sowie die Rechtssicherheit gefasster Beschlüsse zu steigern.[117] Angesichts der heutzutage vorhandenen Informationstechnologie kann die Aufgabe der Hauptversammlung grundsätzlich auch ohne eine physische Zusammenkunft der Aktionäre angemessen wahrgenommen werden.[118] Vielversprechende Informationstechnologien wie die sog. Distributed-Ledger- oder Blockchain-Technologie können bereits jetzt eine manipulationsfeste Datenspeicherung und Kommunikation bei einer Vielzahl von Beteiligten gewährleisten.[119] Die fortschreitende Internationalisierung der Aktionärsstruktur deutscher börsennotierter Unternehmen sowie die zunehmende gesellschaftliche Akzeptanz neuer Medien setzen den Gesetzgeber verstärkt unter Druck, die herkömmliche Präsenz-Hauptversammlung zu hinterfragen und zumindest teilweise für die Nutzung neuer Medien zu öffnen. Dennoch schreitet der Gesetzgeber bei der Digitalisierung des Hauptversammlungswesens nur zurückhaltend voran. Nicht zuletzt, weil er nach wie vor von seinen tradierten Vorstellungen hinsichtlich der Hauptversammlung als Präsenzversammlung nicht abzuweichen vermag. Der Fortschritt der Digitalisierung des Wesens der Hauptversammlung beruht insoweit maßgeblich auf rechtspolitischen Erwägungen.[120] Der verstärkte Einsatz neuer Medien in der Vorbereitung und Durchführung der Hauptversammlung scheint aber unausweichlich zu sein, um die Herausforderungen des zeitlichen Wandels meistern zu können.

---

115 *Bayer/Hoffmann*, AG 2019, R113 (R114); AG 2021, R147 (R148 ff.); *Grigoleit*, AG 2018, 645 (650).

116 *Spindler/Hüther*, RIW 2000, 329 (329); *Zetzsche*, ZIP 2001, 682 (682).

117 *Seeger*, Die Online-Hauptversammlung, S. 47.

118 *Noack*, BB 1998, 2533 (2535); *Schwarz*, MMR 2003, 23 (23).

119 *Zetzsche*, AG 2019, 1 (3 ff.).

120 *Noack*, BB 1998, 2533 (2533); *Teichmann*, ZfPW 2019, 247 (263).

a) Historische Entwicklungen im Überblick

aa) NaStrG, FormAnpG und TransPuG

Erste Digitalisierungsschritte hat das Hauptversammlungswesen zunächst durch das NaStraG vom 18.01.2001, das FormAnpG vom 13.07.2001 und das TransPuG vom 19.07.2002 erfahren.

Das NaStraG führte in digitaler Hinsicht vor allem zu einer Erschließung des Internets als Kommunikations- und Informationsmittel in bestimmten Bereichen der Hauptversammlungsabwicklung.[121] Hierzu hat der Gesetzgeber im Wesentlichen Schriftformerfordernisse in Bezug auf die Kommunikation zwischen Gesellschaft und Aktionär sowie Depotbank und Aktionär liberalisiert.[122] Hervorzuheben sind die Eröffnung der elektronischen Übermittlung von Mitteilungen über die Einberufung der Hauptversammlung nach § 125 Abs. 2 AktG, über gefasste Hauptversammlungsbeschlüsse nach § 125 Abs. 4 AktG, über Abstimmungsvorschläge von Kreditinstituten nach § 135 Abs. 2 Satz 1 i. V. m. Abs. 6 AktG und die Möglichkeit, das Teilnehmerverzeichnis im Wege der Monitordarstellung in der Hauptversammlung zu visualisieren (§ 129 Abs. 4 Satz 3 AktG a. F.).[123] Auch führte das NaStraG zu Lockerungen von Formerfordernissen im Rahmen der Erteilung von Stimmrechtsvollmachten und zur Kodifizierung der Zulässigkeit des sog. Stimmrechtsvertretermodells (§ 134 Abs. 3 Satz 5 AktG).[124] Darüber hinaus ist die Beschlussfassung des Aufsichtsratsorgans durch die Implementierung des § 108 Abs. 4 AktG in der Form vereinfacht worden, dass sie ohne Aufsichtsratssitzung unter dem Einsatz elektronischer Medien gefasst werden können, sofern die Satzung oder Geschäftsordnung entsprechendes regelt.[125]

Durch das FormAnpG ist die elektronische Form und Textform in das BGB implementiert worden, wodurch auch der Weg für den Einsatz neuer Medien in weiteren Bereichen des AktG geebnet worden ist.[126] Änderungen hat insbesondere das Hauptversammlungswesen derart erfahren, dass die Form der Einberufung der Hauptversammlung zumindest im Fall, in dem die Aktionäre der Gesellschaft namentlich bekannt sind (§ 121 Abs. 4 Satz 2 AktG), nicht zwangsläufig über die Gesetzesblätter zu erfolgen hat, sondern auf jedwede

121 MüKoAktG/*Kubis*, 5. Aufl. 2022, § 118 Rn. 15.
122 *Hüther*, MMR 2000, 521 (524); *Noack*, ZIP 2001, 57 (57).
123 MüKoAktG/*Kubis*, 5. Aufl. 2022, § 118 Rn. 15.
124 Dazu ausführlich *Kindler*, NJW 2001, 1678 (1686 ff.); *Noack*, ZIP 2001, 57 (57 f.).
125 MüKoAktG/*Habersack*, 5. Aufl. 2019, § 108 Rn. 60.
126 *Wilken*, Die virtuelle Mitgliederversammlung, S. 94.

satzungsmäßige Form der Einberufung zurückgegriffen werden kann.[127] Zudem hat das FormAnpG zu einer Abdingbarkeit des Schriftformerfordernisses für die Einberufung einer Hauptversammlung durch eine Minderheit nach § 122 Abs. 1 Satz 2 AktG durch Satzungsbestimmung geführt.[128] Diese Änderung erfolgte insbesondere in der gesetzgeberischen Erwartung, dass ein elektronisches Forum, in dem opponierende Aktionäre sich austauschen und verbünden können, in naher Zukunft eingeführt werden würde.[129]

Im Zuge des TransPuG eröffnete der Gesetzgeber mit Einfügung des Abs. 3 in § 118 AktG a. F. (jetzt: § 118 Abs. 4 AktG) erstmalig die Möglichkeit einer reinen Bild- und Tonübertragung der Hauptversammlung.[130] Außerdem ermöglichte er durch die Ergänzung des § 118 Abs. 2 AktG a. F. um Satz 2 (jetzt: § 118 Abs. 3 Satz 2 AktG) die Zulassung der elektronischen Teilnahme von Mitgliedern des Aufsichtsrats an der Präsenz-Hauptversammlung durch eine entsprechende Satzungsregelung.[131] Der Einsatz neuer Medien wurde zudem dadurch verstärkt, dass die Gesellschaft neuerdings Bekanntmachungen, die nach Gesetz oder Satzung in den Bundesblättern zu erfolgen haben, alternativ im neugeschaffenen elektronischen Bundesanzeiger veröffentlicht werden können (§ 25 Satz 1 AktG).[132]

bb) UMAG

Weitere Digitalisierungsschritte hat das AktG durch das UMAG vom 22.09.2005 erfahren. Das UMAG führte vor allem zu weiteren Erleichterungen in der Hauptversammlungsabwicklung mit Blick auf den fortschreitenden Einsatz elektronischer Mittel im Wirtschaftsleben. Dabei hat insbesondere das Wesen der Inhaberaktien eine Veränderung erfahren. In diesem Zusammenhang schaffte der Gesetzgeber das Hinterlegungserfordernis als Teilnahmevoraussetzung für Hauptversammlungsanmeldung ab und knüpfte den Nachweis des Anteilsbesitzes an einen bestimmten Stichtag (*record date*) mit kurzen Fristen, welche für den elektronischen Verkehr angemessen sind.[133] Darüber hinaus normierte der

---

127 MüKoAktG/*Kubis*, 5. Aufl. 2022, § 121 Rn. 83; *Wilken*, Die virtuelle Mitgliederversammlung, S. 94.

128 *Wilken*, Die virtuelle Mitgliederversammlung, S. 95.

129 BT-Drs. 14/4987, S. 30 zum FormAnpG-E; *Wilke*, Die virtuelle Mitgliederversammlung, S. 95.

130 MüKoAktG/*Kubis*, 5. Aufl. 2022, § 118 Rn. 15.

131 BT-Drs. 14/8769, S. 19 zum TransPuG-E; *Seibert*, NZG 2002, 608 (611).

132 BT-Drs. 14/8769, S. 11 zum TransPuG-E.

133 *Marsch-Barner* in: Marsch-Barner/Schäfer, HdB börsennotierte AG, 4. Aufl. 2017, § 31 Rn. 7; *Wilken*, Die virtuelle Mitgliederversammlung, S. 93.

Gesetzgeber das bereits im Rahmen des FormAnpG in Aussicht gestellte elektronische Aktionärsforum in § 127a AktG.[134] Das neu geschaffene Aktionärsforum dient als Reaktion auf den zunehmenden Streubesitz und die fortschreitende Internationalisierung der Aktionärsstruktur und soll die Kontaktaufnahme zwischen den Aktionären, insbesondere mit Blick auf die Ausübung von Aktionärsrechten, die an ein Quorum gebunden sind, erleichtern und die Einwerbung von Stimmrechtsvollmachten ermöglichen.[135]

cc) Aktionärsrechterichtlinien

Wenngleich das AktG im Wesentlichen durch das NaStraG, TransPuG sowie UMAG einige Änderungen digitaler Art erfahren hat, sind diese bezogen auf das Wesen der Hauptversammlung eher von geringer Bedeutung. Der ausschlaggebende Faktor für eine weitreichende Digitalisierung der Hauptversammlung ist vielmehr auf europäischer Ebene zu finden. Mit der ARRL vom 11.07.2007 haben die EU-Mitgliedsstaaten vor dem Hintergrund der Internationalisierung der Aktionärsstruktur den jeweiligen nationalen Gesetzgebern eine wesentliche Umsetzungsaufgabe hinsichtlich der Art und Weise der Hauptversammlungsdurchführung einer börsennotierten Aktiengesellschaft, die in einem geregelten Markt innerhalb der EU gehandelt wird, auferlegt. Sinn und Zweck der Richtlinie war es, vor allem die Möglichkeit der Teilnahme an Hauptversammlungen auf elektronischem Wege sowie die Gewährleistung der grenzüberschreitenden Stimmrechtsausübung zu stärken.[136] Art. 8 Abs. 1 ARRL gewährt den Gesellschaften insoweit ihren Aktionären jede Form der Teilnahme an der Hauptversammlung auf elektronischem Wege anzubieten, z. B. durch eine Zweiwege-Direktverbindung, die den Aktionären die Möglichkeit gibt, sich von einem entfernten Ort aus an die Hauptversammlung zu wenden, Art. 8 Abs. 1 lit. b, d ARRL. Zudem gestattet Art. 12 ARRL den Gesellschaften, ihren Aktionären die Möglichkeit einzuräumen, per Brief vor der Hauptversammlung abzustimmen.

Der deutsche Gesetzgeber hat die Vorgaben der ARRL mit dem Gesetz zur Umsetzung der Aktionärsrechterichtlinie vom 20.06.2009 (ARUG) umgesetzt und die elektronische Zuschaltung von Aktionären zur Hauptversammlung sowie die Ausübung sämtlicher oder einzelner versammlungsgebundener Aktionärsrechte in diesem Zusammenhang (§ 118 Abs. 1 Satz 2 AktG) ermöglicht.

---

134 BT-Drs. 15/5092, S. 15 zum UMAG-E.
135 BT-Drs. 15/5092, S. 15 zum UMAG-E.
136 ErwGr Nr. 2 ARRL.

Darüber hinaus hat der Gesetzgeber die Möglichkeit der Stimmrechtsausübung in der Form der (elektronischen) Briefwahl (§ 118 Abs. 2 AktG) geschaffen.

Neuste Änderungen hat das Hauptversammlungswesen durch die ARRL II vom 17.05.2017 zur Änderung der ARRL im Hinblick auf die Förderung der langfristigen Mitwirkung der Aktionäre erfahren, die der Gesetzgeber durch das ARUG II vom 12.12.2019 in nationales Recht umgesetzt hat. Der Gesellschaft obliegt neuerdings die Pflicht, den Zugang der elektronischen Stimmabgabe nach § 118 Abs. 1 Satz 3–5 AktG zu bestätigen, sofern die Stimmrechtsausübung im Rahmen der elektronischen Zuschaltung erfolgt. Darüber hinaus wurde die Kommunikation zwischen der Gesellschaft und ihren Aktionären unter verstärkter Inpflichtnahme zwischengeschalteter Intermediäre durch die Neueinführung der §§ 67a–67f AktG verbessert. Insbesondere werden Intermediäre nach §§ 67a, 67b, 67c AktG dazu verpflichtet, bestimmte Informationen von der Gesellschaft an die Aktionäre, aber auch von den Aktionären an die Gesellschaft weiterzuleiten und zu übermitteln. Außerdem können Gesellschaften nach § 67d Abs. 1 AktG von einem Intermediär, der Aktien der Gesellschaft verwahrt, Informationen über die Identität der Aktionäre sowie über den nächsten Intermediär verlangen. Die Neuregelungen der §§ 67a–67f AktG gelten jedoch nur für börsennotierte Gesellschaften.

b) *Elektronische Zuschaltung von Aktionären, § 118 Abs. 1 Satz 2 AktG*

Mit der Zulassung der elektronischen Zuschaltung von Aktionären und ihren Bevollmächtigten zur Präsenz-Hauptversammlung hat das Wesen der Hauptversammlung einen wichtigen Schritt zur Öffnung der Hauptversammlung für den Einsatz neuer Kommunikationswege erfahren. Nach § 118 Abs. 1 Satz 2 AktG kann die Satzung vorsehen oder den Vorstand dazu ermächtigen, dass die Aktionäre an der Hauptversammlung auch ohne Anwesenheit an deren Ort und ohne einen Bevollmächtigten teilnehmen und sämtliche oder einzelne ihrer Rechte ganz oder teilweise im Wege elektronischer Kommunikation ausüben können. Die Vorschrift ermöglicht eine zur Präsenzteilnahme gleichwertige Teilnahmemöglichkeit,[137] ohne ihre Nachteile (insbesondere An- und Abreise) in Kauf nehmen zu müssen.[138] Die Gesellschaft ist jedoch nicht dazu verpflichtet, die

---

137 *Hoffmann* in: Spindler/Stilz, AktG, 4. Aufl. 2019, § 118 Rn. 35 f.; *Koch* in: Hüffer/Koch, AktG, 15. Aufl. 2021, § 118 Rn. 12; *Noack*, NZG 2008, 441 (444).

138 *Claussen*, AG 2001, 161 (171).

elektronische Zuschaltung zur Hauptversammlung und die elektronische Ausübung sonstiger versammlungsgebundener Aktionärsrechte zu ermöglichen.[139] Der Gesetzgeber hat dem Satzungsgeber insoweit eine Entscheidungskompetenz unter Anerkennung eines weitreichenden Ausgestaltungspielraums der versammlungsgebundenen Aktionärsrechte eingeräumt.[140] Der Satzungsgeber kann in freier Entscheidung bestimmen, ob und in welcher Ausgestaltung die herkömmliche Präsenzversammlung durch eine elektronische Zuschaltung der Aktionäre erweitert wird.[141] Die Entscheidung kann ferner nach § 118 Abs. 1 Satz 2 AktG durch Satzungsbestimmung auf den Vorstand delegiert werden. Sofern die Möglichkeit der elektronischen Zuschaltung der Aktionäre eröffnet wird, hat die Übertragung der Präsenz-Hauptversammlung in Bild und Ton im Wege einer interaktiven Zwei-Wege-Kommunikation und in Echtzeit zu erfolgen.[142] Die Einführung der elektronischen Zuschaltung der Aktionäre zur Hauptversammlung hat keinesfalls zu einem Abrücken von der gesetzlichen Vorstellung geführt, dass die Hauptversammlung eine tatsächliche Zusammenkunft der Aktionäre oder ihrer Bevollmächtigten ist.[143] Der weitreichende Gestaltungsspielraum des § 118 Abs. 1 Satz 2 AktG erlaubt dem Satzungsgeber zwar eine Präsenz-Hauptversammlung der Funktionsträger ohne jegliche physische Anwesenheit von Aktionären und ihren Bevollmächtigten abzuhalten, die tatsächliche Umsetzung verlangt rechtlich jedoch einen Verzicht aller Aktionäre auf ihr Recht auf körperliche Anwesenheit am Versammlungsort.[144] Das Recht der Aktionäre auf physische Teilnahme an der Hauptversammlung ist insoweit nicht durch Satzungsbestimmung abdingbar.[145]

Die weite Satzungsautonomie hinsichtlich der Gewährung und Ausgestaltung versammlungsgebundener Aktionärsrechte ermöglicht den Gesellschaften eine bedürfnisgerechte Ausgestaltung der elektronischen Teilnahmeform. Ein Gleichlauf der Gewährung versammlungsgebundener Rechte wie bei einer physischen

---

139 *Koch* in: Hüffer/Koch, AktG, 15. Aufl. 2021, § 118 Rn. 11; *Spindler* in: Schmidt/Lutter, AktG, 4. Aufl. 2020, § 118 Rn. 52.

140 *Kersting*, NZG 2010, 130 (130); *von Holten/Bauerfeind*, AG 2015, 489 (489).

141 *Bohnet* in: Schüppen/Schaub, MAH AktR, 3. Aufl. 2018, § 27 Rn. 126; *Hoffmann* in: Spindler/Stilz, AktG, 4. Aufl. 2019, § 118 Rn. 35 f.

142 *Hoffmann* in: Spindler/Stilz, AktG, 4. Aufl. 2019 § 118 Rn. 44; *Koch* in: Hüffer/Koch, AktG, 15. Aufl. 2021, § 118 Rn. 10.

143 *Drinhausen* in: Hölters/Weber, AktG, 4. Aufl. 2022, § 118 Rn. 15; *Dubovitskaya*, NZG 2020, 647 (648); GroßkommAktG/*Mülbert*, 5. Aufl. 2017, § 118 Rn. 99.

144 GroßkommAktG/*Mülbert*, 5. Aufl. 2017, § 118 Rn. 99; *Schäfer*, NZG 2020, 481 (482).

145 *Beck*, RNotZ 2014, 160 (161).

Hauptversammlungsteilnahme ist nicht erforderlich.[146] Dem Satzungsgeber steht es insoweit frei, elektronisch zugeschalteten Aktionären nur einzelne Aktionärsrechte wie z. B. das Stimmrecht zu gewähren.[147] Darüber hinaus besteht die Möglichkeit, dass der Umfang der elektronischen Ausübung von versammlungsgebundenen Rechten modifiziert bzw. eingeschränkt wird.[148] Die Inanspruchnahme der elektronischen Teilnahme an der Hauptversammlung kann je nach Ausgestaltung daher mit einem erheblichen Rechtsverlust einhergehen. Aufgrund des durch § 118 Abs. 1 Satz 2 AktG eröffneten Satzungsspielraums stellt die Ungleichbehandlung von physisch und elektronisch teilnehmenden Aktionären aber keinen Verstoß gegen den Gleichbehandlungsgrundsatz des § 53a AktG dar.[149] Der Grundsatz der Präsenz-Hauptversammlung verbietet jedoch eine satzungsmäßige Privilegierung von elektronisch zugeschalteten Aktionären gegenüber Präsenzteilnehmern, soweit sie über den bloßen Verzicht auf die physische Präsenz hinausgeht.[150] Zugeschaltete Aktionäre i. S. d. § 118 Abs. 1 Satz 2 AktG sind – ungeachtet des Umfangs der Gewährung von Aktionärsrechten – wie physisch an der Hauptversammlung teilnehmende Aktionäre zu betrachten. Sie gelten rechtlich trotz ihrer physischen Abwesenheit als erschienen, solange sie der Hauptversammlung zugeschaltet sind.[151] Von besonderer Bedeutung ist dieser Umstand, soweit ein zugeschalteter Aktionär eine Anfechtungsklage gegen einen Hauptversammlungsbeschluss in Erwägung zieht. Denn die Anfechtungsbefugnis aus § 243 Nr. 2 AktG knüpft insbesondere auch an das Erscheinen in der Hauptversammlung an. Ferner können versammlungsgebundene Aktionärsrechte grundsätzlich nur ausgeübt werden, sofern der Aktionär als in der Hauptversammlung erschienen qualifiziert wird.[152]

---

146 *Spindler* in: Schmidt/Lutter, AktG, 4. Aufl. 2020, § 118 Rn. 50; *von Holten/Bauerfeind*, AG 2015, 489 (490).

147 *Spindler* in: Schmidt/Lutter, AktG, 4. Aufl. 2020, § 118 Rn. 50; *von Holten/Bauerfeind*, AG 2015, 489 (490).

148 BT-Drs. 16/11642, S. 26 zum ARUG-E; *Beck*, RNotZ 2014, 160 (161 f.); *Koch* in: Hüffer/Koch, AktG, 15. Aufl. 2021, § 118 Rn. 12.

149 *Drinhausen/Keinath*, BB 2008, 1238 (1240); *Spindler* in: Schmidt/Lutter, AktG, 4. Aufl. 2020, § 118 Rn. 50; *von Holten/Bauerfeind*, AG 2015, 489 (493).

150 *Beck*, RNotZ 2014, 160 (161 f.); MüKoAktG/*Kubis*, 5. Aufl. 2022, § 118 Rn. 86.

151 BT-Drs. 16/11642, S. 26 zum ARUG-E; *Reger* in: Bürgers/Körber/Lieder, AktG, 5. Aufl. 2021, § 118 Rn. 5c.

152 MüKoAktG/*Kubis*, 5. Aufl. 2022, § 118 Rn. 39; *Liebscher* in: Henssler/Strohn, GesR, 5. Aufl. 2021, AktG § 118 Rn. 6–8.

Die Hauptversammlungspraxis gewährt die Möglichkeit der elektronischen Zuschaltung von Aktionären i. S. d. § 118 Abs. 1 Satz 2 AktG nur zurückhaltend.[153] Sofern in der Praxis diese Teilhabemöglichkeit eröffnet wird, gewähren die Gesellschaften grundsätzlich nur die elektronische Ausübung des Stimmrechts.[154] Insoweit bleibt die physische Teilnahme an der Hauptversammlung für die Ausübung der sonstigen versammlungsgebundenen Rechte unausweichlich. Ein Grund für die allgemeine Zurückhaltung von internetbasierten Hauptversammlungen dürfte vor allem in der Besorgnis um eine höhere Stör- und Fehleranfälligkeit der elektronischen Hauptversammlungsteilnahme liegen.[155] Zudem stellt die Eröffnung der elektronischen Teilnahmemöglichkeit an der Hauptversammlung die Gesellschaften grundsätzlich vor einen Mehraufwand, da sie von der Pflicht zur Abhaltung einer Präsenz-Hauptversammlung nicht entbunden werden. Das mit dem Einsatz neuer Medien potenziell einhergehende technische Störungsrisiko hat der Gesetzgeber erkannt und eine Beschränkung der Beschlussanfechtungsmöglichkeit vorgenommen. Nach § 243 Abs. 3 Nr. 1 AktG kann eine Anfechtungsklage nicht auf die durch eine technische Störung verursachte Verletzung von elektronisch wahrgenommenen Aktionärsrechten gestützt werden, es sei denn, der Gesellschaft ist grobe Fahrlässigkeit oder Vorsatz vorzuwerfen. Nach der allgemeinen Darlegungs- und Beweislastverteilung trägt der Anfechtende die Darlegungs- und Beweislast.[156] Zwar schafft die Regelung ein Stück weit Rechtssicherheit, im Einzelfall liegt jedoch eine Schwierigkeit in der Klassifizierung, ob eine Beschlussfassung lediglich gestört, oder das Teilnahmerecht eines Aktionärs aufgrund eines technischen Fehlers verletzt wurde.[157] Im letzteren Fall obliegt der Gesellschaft die Darlegungs- und Beweislast für die ordnungsgemäße Gewährung des Zugangs zur Hauptversammlung (§ 245 Nr. 2 AktG analog).[158] Nicht zuletzt lässt dieser Umstand viele Gesellschaften zögern, die elektronische Zuschaltung von Aktionären i. S. d. § 118 Abs. 1 Satz 2 AktG in Anspruch zu nehmen.[159]

---

153 *Herrler* in: Grigoleit, AktG, 2. Aufl. 2020, § 118 Rn. 7; *von Holten/Bauerfeind*, AG 2018, 729 (731 f.).

154 *von Holten/Bauerfeind*, AG 2018, 729 (733 f.).

155 *Teichmann*, ZfPW 2019, 247 (247).

156 MüKoAktG/*Kubis*, 5. Aufl. 2022, § 118 Rn. 101; *Sattler*, BB 2018, 2243 (2247).

157 *Sattler*, BB 2018, 2243 (2247).

158 *Sattler*, BB 2018, 2243 (2247).

159 *Sattler*, BB 2018, 2243 (2247).

c) (Elektronische) Briefwahl, § 118 Abs. 2 AktG

Die Möglichkeit der Stimmrechtsausübung durch Briefwahl hat in § 118 Abs. 2 AktG Niederschlag gefunden. Nach § 118 Abs. 2 AktG kann die Satzung vorsehen oder den Vorstand dazu ermächtigen vorzunehmen, dass Aktionäre ihre Stimmen schriftlich oder einzelne ihrer Stimmen ganz oder teilweise im Wege elektronischer Kommunikation ausüben können (Briefwahl). Die Vorschrift beschränkt sich auf die aktionärsseitige Stimmrechtsausübung in Bezug auf die Hauptversammlung.[160] Die Briefwahl ist streng von der Stimmabgabe durch einen elektronisch zugeschalteten Hauptversammlungsteilnehmer (§ 118 Abs. 1 Satz 2 AktG) zu trennen.[161] Anders als der zugeschaltete Hauptversammlungsteilnehmer ist der Briefwähler rechtlich nicht an dem Ort der Hauptversammlung erschienen und somit kein echter Hauptversammlungsteilnehmer.[162] Briefwähler können daher – mit Ausnahme der Ausübung des Stimmrechts – keine weiteren versammlungsgebundenen Aktionärsrechte wahrnehmen.[163] Mangels rechtlicher Qualifizierung des Briefwählers als Hauptversammlungsteilnehmer steht ihm kein Anfechtungsrecht nach § 245 Nr. 1 AktG zu.[164] Die rechtliche Abgrenzung zwischen der elektronischen Stimmabgabe im Wege der Briefwahl (§ 118 Abs. 2 AktG) und der elektronischen Stimmabgabe durch einen zur Hauptversammlung zugeschalteten Aktionär (§ 118 Abs. 1 Satz 2 AktG) ist daher von großer Bedeutung. Um Abgrenzungsschwierigkeiten zu vermeiden, sollte die rechtliche Qualität der elektronischen Stimmabgabe in der Satzung deutlich benannt werden.[165]

Der vom Gesetzgeber im Rahmen der Legaldefinition festgelegte Begriff „Briefwahl" ist in zweifacher Sicht missverständlich.[166] Zunächst erfasst die Vorschrift nicht nur Wahlen und Abstimmungen, sondern auch die Ausübung

---

160 *Spindler* in: Schmidt/Lutter, AktG, 4. Aufl. 2020, § 118 Rn. 57.

161 *Drinhausen* in: Hölters/Weber, AktG, 4. Aufl. 2022, § 118 Rn. 18; *Koch* in: Hüffer/Koch, AktG, 15. Aufl. 2021, § 118 Rn. 15a; *Spindler* in: Schmidt/Lutter, AktG, 4. Aufl. 2020, § 118 Rn. 57.

162 BT-Drs. 16/11642, S. 26 zum ARUG-E; *Koch* in: Hüffer/Koch, AktG, 15. Aufl. 2021, § 118 Rn. 14; MüKoAktG/*Kubis*, 5. Aufl. 2022, § 118 Rn. 102.

163 MüKoAktG/*Kubis*, 5. Aufl. 2022, § 118 Rn. 102; *Reichert* in: Semler/Volhard/Reichert, Arbeitshdb. für die Hauptversammlung, 5. Aufl. 2021, § 8 Rn. 19.

164 MüKoAktG/*Kubis*, 5. Aufl. 2022, § 118 Rn. 102.

165 *Koch* in: Hüffer/Koch, AktG, 15. Aufl. 2021, § 118 Rn. 17a; MüKoAktG/*Kubis*, 5. Aufl. 2022, § 118 Rn. 103; *Reichert* in: Semler/Volhard/Reichert, Arbeitshdb. für die Hauptversammlung, 5. Aufl. 2021, § 8 Rn. 22.

166 *Hoffmann* in: Spindler/Stilz, AktG, 4. Aufl. 2019, § 118 Rn. 42.

des Stimmrechts im Wege der Briefwahl, sowohl schriftlich (§ 126 BGB) als auch elektronisch.[167] Elektronisch meint dabei weitgehend jede Form einseitiger elektronischer Willensäußerung, insbesondere in Form der §§ 126a, 126b BGB oder der Verwendung eines von der Gesellschaft vorgehaltenen Internetformulars.[168] Bei der Stimmabgabe muss eine eindeutige Identifikation des Abstimmenden gewährleistet sein, um doppelte Stimmabgaben z. B. in der Präsenz-Hauptversammlung und durch ein Online-Medium zu verhindern.[169] In zeitlicher Hinsicht ist die Briefwahl nach § 118 Abs. 2 AktG nicht auf die Stimmrechtsausübung im Vorfeld der Hauptversammlung beschränkt, sodass die elektronische Ausübung des Stimmrechts bis in die Hauptversammlung hinein angeboten werden kann.[170] Sofern die Stimmrechtsabgabe vor der Hauptversammlung erfolgt, setzt dies voraus, dass die Hauptversammlung bereits unter Bekanntgabe der Tagesordnungspunkte einberufen worden ist.[171] Nur dann kann – aufgrund der Kenntnis der Beschlussgegenstände – ein rechtlich relevanter Wille gebildet werden.[172]

d) Elektronische Teilnahme des Aufsichtsrats, § 118 Abs. 3 Satz 2 AktG

Für Mitglieder des Aufsichtsrats sieht § 118 Abs. 3 Satz 2 AktG eine vereinfachte Form der Teilnahme an der Hauptversammlung vor. Demnach können Aufsichtsratsmitglieder bei entsprechender Satzungsregelung im Wege der Bild- und Tonübertragung zur Präsenz-Hauptversammlung zugeschaltet werden. Die elektronische Zuschaltung hat in diesem Zusammenhang im Wege einer Zwei-Wege-Kommunikation zu erfolgen, die eine Ausübung der mandatsgebundenen Rechte erlaubt.[173] Bei der Lockerung der grundsätzlichen Präsenzpflicht von Aufsichtsratsmitgliedern hatte der Gesetzgeber vor allem

---

167 *Drinhausen* in: Hölters/Weber, AktG, 4. Aufl. 2022, § 118 Rn. 18; *Spindler* in: Schmidt/Lutter, AktG, 4. Aufl. 2020, § 118 Rn. 58.

168 *Koch* in: Hüffer/Koch, AktG, 15. Aufl. 2021, § 118 Rn. 17a; *Noack*, NZG 2008, 441 (445); *Spindler* in: Schmidt/Lutter, AktG, 4. Aufl. 2020, § 118 Rn. 58.

169 *Spindler* in: Schmidt/Lutter, AktG, 4. Aufl. 2020, § 118 Rn. 58.

170 MüKoAktG/*Kubis*, 5. Aufl. 2022, § 118 Rn. 102; *Spindler* in: Schmidt/Lutter, AktG, 4. Aufl. 2020, § 118 Rn. 58.

171 *Arnold/Carl/Götze*, AG 2011, 349 (358); *Koch* in: Hüffer/Koch, AktG, 15. Aufl. 2021, § 118 Rn. 17a; MüKoAktG/*Kubis*, 5. Aufl. 2022, § 118 Rn. 102; *Spindler* in: Schmidt/Lutter, AktG, 4. Aufl. 2020, § 118 Rn. 58.

172 *Koch* in: Hüffer/Koch, AktG, 15. Aufl. 2021, § 118 Rn. 17a.

173 *Hoffmann* in: Spindler/Stilz, AktG, 4. Aufl. 2019, § 118 Rn. 44.

Aufsichtsratsmitglieder ohne Wohnsitz in Deutschland im Blick.[174] Die Möglichkeit der elektronischen Zuschaltung zur Hauptversammlung erleichtert diesem Personenkreis die pflichtgemäße Ausübung des Aufsichtsratsmandats unter Aufbringung eines Aufwands, der der eher passiven Rolle des Aufsichtsrats in der Hauptversammlung gerecht wird.[175]

e) Elektronische Teilnahme von sonstigen Beteiligten

Das AktG sieht, neben den bereits dargestellten Möglichkeiten, keine weiteren Lockerungen des Grundsatzes der physischen Teilnahme an der Hauptversammlung für sonstige Personen vor, die zur Teilnahme an der Hauptversammlung verpflichtetet oder berechtigt sind. Aufgrund des eindeutigen Wortlauts des § 118 Abs. 3 Satz 2 AktG, der die Ausnahme von der Präsenzpflicht nur für Aufsichtsratsmitglieder bestimmt, scheidet eine entsprechende Anwendung auf Vorstandsmitglieder aus.[176] Entsprechendes gilt für die notwendige physische Anwesenheit des Versammlungsleiters, des ggf. erforderlichen beurkundenden Notars (§ 130 Abs. 1 AktG) und – falls gesetzlich vorgeschrieben – für den Abschlussprüfer (§ 176 Abs. 2 AktG).[177] Die Teilnahme dieses Personenkreises hat in physischer Form an dem Ort der Präsenzversammlung zu erfolgen.

f) Ton- und Bildübertragung der Hauptversammlung, § 118 Abs. 4 AktG

Die Ton- und Bildübertragung der Hauptversammlung nach § 118 Abs. 4 AktG ist ein weiteres digitales Element in der Hauptversammlungsdurchführung. Demnach kann die Satzung oder die Geschäftsordnung der Hauptversammlung vorsehen oder den Vorstand oder den Versammlungsleiter dazu ermächtigen vorzusehen, die Bild- und Tonübertragung der Versammlung zuzulassen. Im Gegensatz zu der elektronischen Teilnahme an der Hauptversammlung von Aktionären (§ 118 Abs. 1 Satz 2 AktG) und Mitgliedern des Aufsichtsrats (§ 118 Abs. 3 Satz 2 AktG) beschränkt sich die Bild- und Tonübertragung der Hauptversammlung nach § 118 Abs. 4 AktG auf eine bloße einseitige Bild- und

---

174 BT-Drs. 14/8769, S. 19 zum TransPuG-E; *Spindler* in: Schmidt/Lutter, AktG, 4. Aufl. 2020, § 118 Rn. 42.

175 *Koch* in: Hüffer/Koch, AktG, 15. Aufl. 2021, § 118 Rn. 22; MüKoAktG/*Kubis*, 5. Aufl. 2022, § 118 Rn. 113.

176 *Reger* in: Bürgers/Körber/Lieder, AktG, 5. Aufl. 2021, § 118 Rn. 9.

177 MüKoAktG/*Kubis*, 5. Aufl. 2022, § 118 Rn. 114–116; *Unmuth*, NZG 2020, 448 (448); *Wicke*, DStR 2020, 885 (885).

Tonübertragung des Versammlungsgeschehens.[178] Die Vorschrift ermöglicht insoweit eine rein passive Beteiligungsmöglichkeit an der Hauptversammlung. Die Ausübung von versammlungsgebundenen Rechten ist mangels rechtlicher Teilnahme an der Hauptversammlung nicht möglich. Insoweit begründet diese Beteiligungsform auch keine Anfechtungsbefugnis nach § 245 Nr. 2 AktG.[179]

Die Übertragung kann jedermann zugänglich gemacht werden.[180] Insoweit kann durch § 118 Abs. 4 AktG der Grundsatz der Hauptversammlung als nicht öffentliche Versammlung erheblich relativiert werden.[181] Der Umfang der Übertragung und die Wahl des Übertragungsmediums obliegen dem Satzungs- bzw. Geschäftsordnungsgeber oder bei entsprechender Ermächtigung dem Vorstand oder Versammlungsleiter.[182] Die Übertragung der Hauptversammlung kann insbesondere über das Internet oder im Firmen-Fernsehen übertragen werden.[183] Dabei ist zu beachten, dass diejenigen Aktionäre, die Rede- und Wortbeiträge in der Präsenzversammlung leisten, einer darauf bezogenen Bild- und Tonübertragung nicht widersprechen können.[184] Verfassungsrechtliche Bedenken (Eingriff in den Schutzbereich des allgemeinen Persönlichkeitsrechts der entsprechenden Aktionäre nach Art. 2 Abs. 1 GG i. V. m. Art. 1 Abs. 1 GG) oder auch datenschutzrechtliche Bedenken sind nach allgemeiner Auffassung aufgrund des überwiegenden Interesses der Gesellschaft und der Mehrheit der Mitaktionäre an der umfassenden Übertragung der Hauptversammlung nicht durchgreifend.[185]

---

178 *Herrler* in: Grigoleit, AktG, 2. Aufl. 2020, § 118 Rn. 35; *Hoffmann* in: Spindler/Stilz, AktG, 4. Aufl. 2019, § 118 Rn. 44; GroßkommAktG/*Mülbert*, 5. Aufl. 2017, § 118 Rn. 122.

179 *Herrler* in: Grigoleit, AktG, 2. Aufl. 2020, § 118 Rn. 35; GroßkommAktG/*Mülbert*, 5. Aufl. 2017, § 118 Rn. 122.

180 *Koch* in: Hüffer/Koch, AktG, 15. Aufl. 2021, § 118 Rn. 30; GroßkommAktG/*Mülbert*, 5. Aufl. 2017, § 118 Rn. 124.

181 MüKoAktG/*Kubis*, 5. Aufl. 2022, § 118 Rn. 127; *Spindler* in: Schmidt/Lutter, AktG, 4. Aufl. 2020, § 118 Rn. 64.

182 MüKoAktG/*Kubis*, 5. Aufl. 2022, § 118 Rn. 128; *Spindler* in: Schmidt/Lutter, AktG, 4. Aufl. 2020, § 118 Rn. 65.

183 MüKoAktG/*Kubis*, 5. Aufl. 2022, § 118 Rn. 128; *Herrler* in: Grigoleit, AktG, 2. Aufl. 2020, § 118 Rn. 35.

184 *Herrler* in: Grigoleit, AktG, 2. Aufl. 2020, § 118 Rn. 36; MüKoAktG/*Kubis*, 5. Aufl. 2022, § 118 Rn. 128; *Seibert*, NZG 2002, 608 (611).

185 Ausführlich: MüKoAktG/*Kubis*, 5. Aufl. 2022, § 118 Rn. 127; *Spindler* in: Schmidt/Lutter, AktG, 4. Aufl. 2020, § 118 Rn. 66.

Große Publikumsgesellschaften nehmen die Übertragungsmöglichkeit nach § 118 Abs. 4 AktG regelmäßig in Anspruch.[186] Die Übertragung beschränkt sich dabei grundsätzlich auf das Hauptversammlungsgeschehen bis zu der Rede des Vorstands, vereinzelt auch bis zu dem Ende der Generaldebatte.[187] Bemerkenswert ist, dass der DCGK 2017 in Ziffer 2.3.3 noch empfohlen hat, dass die Gesellschaft den Aktionären die (bloße) Verfolgung der Hauptversammlung über moderne Kommunikationsmedien (z. B. Internet) ermöglichen soll. Die aktuelle Fassung des DCGK 2019 schweigt nun gänzlich hinsichtlich einer Empfehlung zur Übertragung der Hauptversammlung im Wege moderner Kommunikationsmedien. Weitergehende Empfehlungen insbesondere bezüglich der Gestattung einer elektronischen Teilnahme an der Hauptversammlung nach § 118 Abs. 1 Satz 2 AktG sucht man ebenfalls vergebens.

III. Das Gegenantragsrecht

1. Rechtstatsächliche Bedeutung des Gegenantragsrechts

Das Recht, Gegenanträge in der Hauptversammlung zu stellen, ist ein zentrales Vehikel der Aktionäre für die Willensbildung der Gesellschaft.[188] Rechtstatsächlich gewährt es den an der Hauptversammlung teilnehmenden Aktionären und ihren Stellvertretern eine wesentliche Gestaltungsmacht hinsichtlich der Fassung von Hauptversammlungsbeschlüssen.[189] Die Gegenantragstellung ist grundsätzlich die einzige Möglichkeit des Aktionärs, um auf Beschlussvorschläge bzw. -anträge der Verwaltung oder auch der übrigen Aktionäre in Form eines eigenen Beschlussvorschlags bzw. -antrags unmittelbar gestalterischen Einfluss zu nehmen.[190] Das Gegenantragsrecht ist vor allem in Hauptversammlungen großer Publikumsgesellschaften von erheblicher Bedeutung.[191] Die überwiegende Mehrheit der großen deutschen börsennotierten Gesellschaften wird alljährlich mit Gegenanträgen gegen bekanntgemachte Beschlussvorschläge der

186 *Rieckers*, DB 2019, 107 (108); *Spindler* in: Schmidt/Lutter, AktG, 4. Aufl. 2020, § 118 Rn. 64.

187 *Rieckers*, DB 2019, 107 (108); *Spindler* in: Schmidt/Lutter, AktG, 4. Aufl. 2020, § 118 Rn. 64.

188 MüKoAktG/*Kubis*, 5. Aufl. 2022, § 118 Rn. 109.

189 *Herrler*, GWR 2020, 191 (193).

190 *Herrler*, DNotZ 2020, 468 (499).

191 MüKoAktG/*Kubis*, 5. Aufl. 2022, § 126 Rn. 2; *Rieckers* in: Spindler/Stilz, AktG, 4. Aufl. 2019, § 126 Rn. 4.

Verwaltung regelrecht überzogen.[192] Die Vielzahl der Gegenanträge bezieht sich auf die Entlastung der Verwaltungsorgane und die Verwendung des Bilanzgewinns, seltener sind sie auf spezifische Beschlussvorschläge, wie z. B. Kapitalmaßnahmen, gerichtet.[193] Oftmals ist die Gegenantragsankündigung und -stellung Ausdruck einer (vermeintlichen) Ohnmacht bzw. eines Protests der Klein- und Kleinstaktionäre oder ihrer Vereinigungen zur Erzielung eines Öffentlichkeitseffekts.[194] Aber auch die bloße Verfolgung eines selbstdarstellerischen Zwecks ist nicht unüblich.[195] Insoweit wird die Reichweite der Hauptversammlung nicht selten für die Darstellung eigener weltverbesserischer Ansichten missbraucht.[196] Bemerkenswert ist in diesem Zusammenhang, dass die Zahl der Gegenantragsteller in den Hauptversammlungen großer Publikumsgesellschaften regelmäßig gering ist, das Auftreten derselben Gegenantragsteller in verschiedenen Hauptversammlungen jedoch einer gewissen Häufigkeit unterliegt.[197] Dass sich unter diesen Gegenantragstellern auch sog. berufsmäßige Gegenantragsteller befinden, ist keine Seltenheit. Sie versuchen durch die vorherige Ankündigung von Gegenanträgen (§ 126 AktG) und/oder die Gegenantragstellung in der Hauptversammlung und die anschließende Behandlung durch die Gesellschaft bzw. den Versammlungsleiter, gezielt formelle oder materielle Verstöße herbeizuführen, um diese zur Befriedigung eigener Zwecke mithilfe einer Anfechtungsklage nutzen zu können.[198] Die übermäßige Inanspruchnahme des Gegenantragsrechts hat nicht nur Auswirkungen auf die Rechtssicherheit gefasster Beschlüsse, sondern trägt auch einen bedenklichen Beitrag zur zeitlichen, effektiven und qualitativen Komponente der Hauptversammlung bei. Die eigennützige Ausübung des Gegenantragsrechts geht schlussendlich stets zulasten der begrenzten Ressourcen der übrigen redlichen Hauptversammlungsteilnehmer, insbesondere in Bezug auf die Ausübung ihres Rede- und Fragerechts.[199]

---

192 MüKoAktG/*Kubis*, 5. Aufl. 2022, § 126 Rn. 2; *Sünner*, AG 2000, 492 (495).
193 *Sünner*, AG 2000, 492 (495).
194 GroßkommAktG/*Butzke*, 5. Aufl. 2017, § 126 Rn. 7; MüKoAktG/*Kubis*, 5. Aufl. 2022, § 126 Rn. 2; *Rieckers* in: Spindler/Stilz, AktG, 4. Aufl. 2019, § 126 Rn. 4.
195 GroßkommAktG/*Butzke*, 5. Aufl. 2017, § 126 Rn. 7; *Rieckers* in: Spindler/Stilz, AktG, 4. Aufl. 2019, § 126 Rn. 4.
196 *Sünner*, AG 2000, 492 (495).
197 *Rieckers* in: Spindler/Stilz, AktG, 4. Aufl. 2019, § 126 Rn. 4; *Sünner*, AG 2000, 492 (495).
198 *Sünner*, AG 2000, 492 (495).
199 BVerfG, NJW 2000, 349 (351).

2. Grundlagen des Gegenantragsrechts

a) Herleitung des Gegenantragsrechts

Trotz seiner erheblichen praktischen Bedeutung hat der Gesetzgeber das Gegenantragsrecht nicht explizit im AktG geregelt, sondern dessen Existenz in § 126 Abs. 1 AktG vielmehr als Selbstverständlichkeit vorausgesetzt.[200] Nach § 126 Abs. 1 AktG sind Anträge von Aktionären einschließlich des Namens des Aktionärs, der Begründung und einer etwaigen Stellungnahme der Verwaltung den in § 125 Abs. 1–3 AktG genannten Berechtigten unter den dortigen Voraussetzungen zugänglich zu machen, wenn der Aktionär mindestens 14 Tage vor der Versammlung der Gesellschaft einen Gegenantrag gegen einen Vorschlag von Vorstand und Aufsichtsrat zu einem bestimmten Punkt der Tagesordnung mit Begründung an die in der Einberufung hierfür mitgeteilte Adresse übersandt hat. Die Vorschrift des § 126 Abs. 1 Satz 1 AktG kann für die Bestimmung des Gegenantragsrechts aber nur bedingt herangezogen werden, da sie im Kern lediglich normiert, unter welchen Voraussetzungen angekündigte Gegenanträge von Aktionären im Vorfeld der Hauptversammlung von der Gesellschaft zu veröffentlichen sind, nicht aber das Gegenantragsrecht als solches.[201] Für die Herleitung des Gegenantragsrechts ist an § 118 Abs. 1 Satz 1 AktG anzuknüpfen, wonach Aktionäre ihre Rechte in den Angelegenheiten der Gesellschaft in der Hauptversammlung ausüben.[202] Das Recht, Gegenanträge in der Hauptversammlung zu stellen, wird nach allgemeiner Auffassung unmittelbar aus dem Teilnahmerecht an der Hauptversammlung abgeleitet, welches wiederum als wesentliches Aktionärsrecht der mitgliedschaftlichen Komponente des Anteilseigentums entstammt.[203] Neben dem Recht, Gegenanträge in der Hauptversammlung zu stellen, folgt aus dem Teilnahmerecht zudem das Recht, in der Hauptversammlung Anträge zu dem Verfahren der Hauptversammlung und zur Sache zu stellen.[204] Die Verfahrens- und Sachanträge sind eng mit den Gegenanträgen verbunden. Aktionäre können theoretisch sowohl gegen die in der Hauptversammlung gestellten Verfahrens- als auch Sachanträge Gegenanträge

200 *Hoffmann* in: Spindler/Stilz, AktG, 4. Aufl. 2019, § 118 Rn. 11 f.; *Simons*, NZG 2019, 127 (128).

201 *Koch* in: Hüffer/Koch, AktG, 15. Aufl. 2021, § 126 Rn. 1; *Rieckers* in: Spindler/Stilz, AktG, 4. Aufl. 2019, § 126 Rn. 1; *Simons*, NZG 2019, 127 (128).

202 MüKoAktG/*Kubis*, 5. Aufl. 2022, § 118 Rn. 39, 45.

203 *Hoffmann* in: Spindler/Stilz, AktG, 4. Aufl. 2019, § 118 Rn. 12; *Koch* in: Hüffer/Koch, AktG, 15. Aufl. 2021, § 118 Rn. 20.

204 MüKoAktG/*Kubis*, 5. Aufl. 2022, § 118 Rn. 45.

stellen und zwar unabhängig davon, ob sie von Mitaktionären oder der Verwaltung gestellt worden sind.[205] Von praktischer Bedeutung ist im Wesentlichen jedoch nur der Gegenantrag, der von der Publizitätspflicht von Gegenanträgen nach § 126 AktG erfasst ist, d. h. nur das Verhältnis zwischen ordnungsgemäß bekanntgemachten Beschlussvorschlägen der Verwaltung (§ 124 Abs. 3 Satz 1 AktG) und der darauf bezogene Gegenantrag.[206] Die Erkenntnisse und Ausführungen aus diesem Verhältnis können grundsätzlich auch auf das Verhältnis zwischen Aktionär und Mitaktionär übertragen werden.[207]

b) Bestimmung des Inhalts des Gegenantrags

Für die inhaltliche Bestimmung des Gegenantragsrechts kann der Wortlaut der Publizitätspflicht von Gegenanträgen nach § 126 AktG dem Grundsatz nach herangezogen werden.[208] Nach § 126 Abs. 1 Satz 1 AktG ist ein Gegenantrag ein Antrag gegen einen Vorschlag von Vorstand und Aufsichtsrat zu einem bestimmten Punkt der Tagesordnung. Nach dem Wortlaut zeichnet der Gegenantrag sich dadurch aus, dass er von einem ordnungsgemäß bekannt gemachten Beschlussvorschlag der Verwaltung (§ 124 Abs. 3 Satz 1 AktG) inhaltlich abweicht.[209] Daraus folgen zunächst zwei wesentliche Merkmale des Gegenantrags. Zum einen ist ohne eine ordnungsgemäße Bekanntgabe eines Beschlussvorschlags der Verwaltung keine Gegenantragstellung möglich, und zum anderen muss der Gegenantrag zu einem bestimmten Gegenstand der Tagesordnung angebracht werden.[210] Letzteres zielt darauf, dass der Gegenantrag sich auf einen Beschlussgegenstand des Verwaltungsvorschlags bezieht, inhaltlich jedoch vom Beschlussvorschlag der Verwaltung abweicht.[211] Der Begriff des Gegenantrags umfasst zudem

---

205 *Austmann* in: Hoffmann-Becking, MHdB GesR, Bd. 4, 5. Aufl. 2020, § 40 Rn. 9.

206 *Austmann* in: Hoffmann-Becking, MHdB GesR, Bd. 4, 5. Aufl. 2020, § 40 Rn. 9.

207 *Austmann* in: Hoffmann-Becking, MHdB GesR, Bd. 4, 5. Aufl. 2020, § 40 Rn. 9.

208 *Simons*, NZG 2019, 127 (128).

209 *Becker* in: Bürgers/Körber/Lieder, AktG, 5. Aufl. 2021, § 126 Rn. 5; *Bungert* in: Hoffmann-Becking, MHdB GesR, Bd. 4, 5. Aufl. 2020, § 36 Rn. 109; GroßkommAktG/*Butzke*, 5. Aufl. 2017, § 126 Rn. 18; *Koch* in: Hüffer/Koch, AktG, 15. Aufl. 2021, § 126 Rn. 2; MüKoAktG/*Kubis*, 5. Aufl. 2022, § 126 Rn. 9; *Rieckers* in: Spindler/Stilz, AktG, 4. Aufl. 2019, § 126 Rn. 8.

210 GroßkommAktG/*Butzke*, 5. Aufl. 2017, § 126 Rn. 18 f.; MüKoAktG/*Kubis*, 5. Aufl. 2022, § 126 Rn. 9.

211 *Drinhausen* in: Hölters/Weber, AktG, 4. Aufl. 2022, § 126 Rn. 6.

Verfahrensanträge, die der Beschlussfassung als solche entgegentreten wollen.[212] Davon umfasst sind Anträge, die auf die Absetzung oder Vertagung von Tagesordnungspunkten gerichtet sind.[213]

Im Allgemeinen wird der beschlussfähige Gegenstand des Gegenantrags nach § 124 Abs. 4 AktG von der Reichweite der ordnungsgemäß bekannt gemachten Gegenstände der Tagesordnung der Hauptversammlung begrenzt.[214] Hintergrund ist, dass Aktionäre, die bewusst von der Teilnahme an der Hauptversammlung absehen, gegen überraschende Beschlussfassungen zu unbekannten Themen geschützt werden sollen.[215] Für die konkrete Bestimmung des Gegenstands eines Gegenantrags über den die Hauptversammlung befinden kann, sind die Überschriften der Tagesordnungspunkte und – soweit vorhanden – die dazugehörigen Erläuterungen heranzuziehen.[216] Je konkreter der Tagesordnungspunkt formuliert ist, desto enger ist die inhaltliche Reichweite derjenigen Anträge, die zu ihm gestellt werden können.[217] Das Gesetz stellt aber grundsätzlich keine Anforderungen an den Konkretisierungsgrad des jeweiligen Tagesordnungspunkts.[218] Ausnahmen bestehen insoweit nur für Satzungsänderungen und zustimmungsbedürftige Verträge (§ 124 Abs. 2 Satz 2 AktG), Sachkapitalerhöhungen (§ 183 Abs. 1 Satz 2 AktG), Kapitalerhöhungen mit Bezugsrechtsausschluss (§ 186 Abs. 4 Satz 1 AktG), sowie Mehrheitseingliederungen (§ 320 Abs. 2 AktG).[219] Um einen angemessenen Überraschungsschutz der Aktionäre zu gewährleisten, wird jedoch überwiegend vertreten, dass die bekanntgemachten Beschlussvorschläge der Verwaltung auch zur Konkretisierung und

212 GroßkommAktG/*Butzke*, 5. Aufl. 2017, § 126 Rn. 18; *Herrler* in: Grigoleit, AktG, 2. Aufl. 2020, § 126 Rn. 6; *Koch* in: Hüffer/Koch, AktG, 15. Aufl. 2021, § 126 Rn. 2; MüKoAktG/*Kubis*, 5. Aufl. 2022, § 126 Rn. 13; KölnerKommAktG/*Noack/Zetzsche*, 3. Aufl. 2010, § 126 Rn. 25; *Reger* in: Bürgers/Körber/Lieder, AktG, 5. Aufl. 2021, § 126 Rn. 5; *Rieckers* in: Spindler/Stilz, AktG, 4. Aufl. 2019, § 126 Rn. 10; a. A. ohne Begründung: *Ziemons* in: Schmidt/Lutter, AktG, 4. Aufl. 2020, § 126 Rn. 9.

213 *Herrler* in: Grigoleit, AktG, 2. Aufl. 2020, § 126 Rn. 6; *Noack*, BB 2003, 1393 (1393); KölnerKommAktG/*Noack/Zetzsche*, 3. Aufl. 2010, § 126 Rn. 25; *Reger* in: Bürgers/Körber/Lieder, AktG, 5. Aufl. 2021, § 126 Rn. 5; *Rieckers* in: Spindler/Stilz, AktG, 4. Aufl. 2019, § 126 Rn. 10.

214 *Austmann* in: Hoffmann-Becking, MHdB GesR, Bd. 4, 5. Aufl. 2020, § 40 Rn. 7.

215 *Austmann* in: Hoffmann-Becking, MHdB GesR, Bd. 4, 5. Aufl. 2020, § 40 Rn. 7; *Rieckers* in: Spindler/Stilz, AktG, 4. Aufl. 2019, § 133 Rn. 14; *Scholz*, AG 2008, 11 (12).

216 *Austmann* in: Hoffmann-Becking, MHdB GesR Bd. 4, 5. Aufl. 2020, § 40 Rn. 7.

217 OLG Rostock, AG 2013, 768 (770); MüKoAktG/*Kubis*, 5. Aufl. 2022, § 124 Rn. 65.

218 *Rieckers* in: Spindler/Stilz, AktG, 4. Aufl. 2019, § 121 Rn. 28.

219 *Rieckers* in: Spindler/Stilz, AktG, 4. Aufl. 2019, § 121 Rn. 28.

Auslegung der Tagesordnungspunkte heranzuziehen sind, mit dem Ziel, dass die Hauptversammlung in Bezug auf die Beschlussvorschläge der Verwaltung lediglich wirtschaftlich gleichwertige Beschlüsse herbeiführen kann.[220] Dieses Vorgehen begründet aber die Gefahr, dass die Grenze zwischen Tagesordnungspunkt und Beschlussvorschlag verwischt und dadurch das Sachantragsrecht der Aktionäre ausgehöhlt sowie die Flexibilität der Hauptversammlung unangemessen beschränkt wird.[221] Deshalb kann der Wortlaut der Beschlussvorschläge der Verwaltung nur ein Kriterium in der Gesamtschau der thematischen Bestimmung des Gegenstandes des Tagesordnungspunkts im Einzelfall sein.[222] Mangelt es trotz der Beschlussvorschlagspflicht (§ 124 Abs. 3 Satz 1 AktG) an der Bekanntmachung eines entsprechenden Beschlussvorschlags durch die Verwaltung, ist jeder zu dem jeweiligen Tagesordnungsgegenstand gestellte Beschlussantrag eines Aktionärs als Gegenantrag zu werten.[223] Für den Fall, dass Vorstand und Aufsichtsrat unterschiedliche Beschlussvorschläge bekannt geben und der Aktionär die Ablehnung und Zustimmung des einen oder anderen Beschlussvorschlags vorträgt, ist die Gegenantragsqualität ebenfalls zu bejahen.[224] An der Antragsqualität mangelt es, wenn der Gegenantrag auf reine Unmutsäußerungen basiert oder inhaltlich nicht hinreichend bestimmt ist.[225] Außerdem ist die Antragsqualität zu verneinen, wenn ein Aktionär lediglich in Aussicht

---

220 OLG Rostock, AG 2013, 768 (770); *Austmann* in: Hoffmann-Becking, MHdB GesR, Bd. 4, 5. Aufl. 2020, § 40 Rn. 7; *Scholz*, AG 2008, 11 (12 f.); GroßkommAktG/*Butzke*, 5. Aufl. 2017, § 124 Rn. 31, 110; *Kocher*, AG 2013, 406 (407); MüKoAktG/*Kubis*, 5. Aufl. 2022, § 121 Rn. 46; a. A. *Reger* in: Bürgers/Körber/Lieder, AktG, 5. Aufl. 2021, § 124 Rn. 2; *Rieckers* in: Spindler/Stilz, AktG, 4. Aufl. 2019, § 124 Rn. 51.

221 *Kocher*, AG 2013, 406 (407).

222 *Kocher*, AG 2013, 406 (408); GroßkommAktG/*Butzke*, 5. Aufl. 2017, § 121 Rn. 63; *Rieckers* in: Spindler/Stilz, AktG, 4. Aufl. 2019, § 121 Rn. 28, 31.

223 *Drinhausen* in: Hölters/Weber, AktG, 4. Aufl. 2022, § 126 Rn. 6; MüKoAktG/*Kubis*, 5. Aufl. 2022, § 126 Rn. 10; *Reger* in: Bürgers/Körber/Lieder, AktG, 5. Aufl. 2021, § 126 Rn. 6; *Ziemons* in: Schmidt/Lutter, AktG, 4. Aufl. 2020, § 126 Rn. 10.

224 MüKoAktG/*Kubis*, 5. Aufl. 2022, § 126 Rn. 12; *Reger* in: Bürgers/Körber/Lieder, AktG, 5. Aufl. 2021, § 126 Rn. 7; a. A. die wohl nur die Publizitätspflicht nach § 126 Abs. 1 AktG verneinen: *Drinhausen* in: Hölters/Weber, AktG, 4. Aufl. 2022, § 126 Rn. 6; *Herrler* in: Grigoleit, AktG, 2. Aufl. 2020, § 126 Rn. 6; *Koch* in: Hüffer/Koch, AktG, 15. Aufl. 2021, § 126 Rn. 2; *Rieckers* in: Spindler/Stilz, AktG, 4. Aufl. 2019, § 126 Rn. 10.

225 *Reger* in: Bürgers/Körber/Lieder, AktG, 5. Aufl. 2021, § 126 Rn. 6.

stellt, gegen einen Beschlussvorschlag der Verwaltung stimmen zu wollen.[226] Mit Blick auf den inhaltlichen Widerspruch zu dem Verwaltungsvorschlag ist anzumerken, dass bereits die bloße Ablehnung eines Verwaltungsvorschlags grundsätzlich ausreicht, um das Vorliegen eines Gegenantrags zu bejahen.[227] Die bloße Ablehnung eines Verwaltungsvorschlags reicht aber nicht aus, wenn von Gesetzes wegen eine Entscheidung in der Sache zu ergehen hat (z. B. Entlastung der Mitglieder der Verwaltungsorgane, § 120 Abs. 1 Satz 1 AktG oder Verwendung des Bilanzgewinns, § 174 Abs. 1 Satz 1 AktG) und mit der Antragstellung der Zweck verfolgt wird, eine Entscheidung zu dem jeweiligen Tagesordnungspunkt gänzlich zu vermeiden.[228] Dementsprechend ist die Gegenantragsqualität zu bejahen, wenn der Antragsteller es dem Verlauf der Hauptversammlung überlassen will, welcher Antrag an die Stelle des abgelehnten Verwaltungsvorschlags treten soll, da dem opponierenden Aktionär zumindest daran gelegen ist, eine vom Beschlussvorschlag abweichende Sachentscheidung herbeizuführen.[229] Die Qualifizierung von Anträgen, die auf die bloße Ablehnung von Verwaltungsvorschlägen gerichtet sind, als Gegenanträge, hat zur Folge, dass Aktionären der Weg zu einer förmlichen Beschlussfeststellung der Ablehnung des Beschlussvorschlags der Verwaltung im Wege der positiven Beschlussfeststellungklage geebnet wird, sofern die zugrundeliegende Beschlussfassung der Anfechtbarkeit oder Nichtigkeit unterliegt.[230] Die positive Beschlussfeststellungklage zielt insoweit auf den ablehnenden oder negativen Hauptversammlungsbeschluss und ergänzt die dagegen gerichtete Anfechtungs- bzw. Nichtigkeitsklage um die Feststellung des richtigen Beschlussergebnisses.[231] Die Erforderlichkeit der Klagenhäufung

---

226 *Koch* in: Hüffer/Koch, AktG, 15. Aufl. 2021, § 126 Rn. 2; KölnerKommAktG/*Noack/Zetzsche*, 3. Aufl. 2010, § 126 Rn. 23; *Rieckers* in: Spindler/Stilz, AktG, 4. Aufl. 2019, § 126 Rn. 8.

227 *Rieckers* in: Spindler/Stilz, AktG, 4. Aufl. 2019, § 126 Rn. 6; a. A. KölnerKommAktG/*Noack/Zetzsche*, 3. Aufl. 2010, § 126 Rn. 23; *Ziemons* in: Schmidt/Lutter, AktG, 4. Aufl. 2020, § 126 Rn. 7, die auf das Aktionärsforum (§ 127a AktG) als vom Gesetzgeber vorgesehener Ort für die Abgabe von Stellungsnahmen zu den Beschlussvorschlägen der Verwaltung verweisen.

228 *Reger* in: Bürgers/Körber/Lieder, AktG, 5. Aufl. 2021, § 126 Rn. 7; *Rieckers* in: Spindler/Stilz, AktG, 4. Aufl. 2019, § 126 Rn. 8.

229 *Reger* in: Bürgers/Körber/Lieder, AktG, 5. Aufl. 2021, § 126 Rn. 7; *Rieckers* in: Spindler/Stilz, AktG 4. Aufl. 2019, § 126 Rn. 8.

230 *Englisch* in: Hölters/Weber, AktG, 4. Aufl. 2022, § 246 Rn. 65 ff.; MüKoAktG/*Schäfer*, 5. Aufl. 2021, § 246 Rn. 84.

231 MüKoAktG/*Schäfer*, 5. Aufl. 2021, § 246 Rn. 84.

ist dem Umstand geschuldet, dass durch die Erhebung einer Anfechtungs- bzw. Nichtigkeitsklage zwar ein anfechtbarer bzw. nichtiger Beschluss beseitigt werden kann, das Gericht aufgrund der negativen Urteilswirkung den wirklich gefassten Beschluss aber nicht feststellen kann.[232] Die Gegenantragstellung in Form der bloßen Ablehnung des Verwaltungsvorschlags versetzt das Gericht unter Umständen in die Lage, eine für den Erfolg der positiven Feststellungsklage erforderliche Willensbildung der Aktionäre in die entsprechende Richtung feststellen zu können.[233] Die Bestimmung des ablehnenden Aktionärswillens ist zumindest bei entsprechenden Zählfehlern oder entsprechender Berücksichtigung von nichtigen Stimmen möglich.[234] Falls dies nicht möglich ist, hat das Gericht die positive Feststellungsklage zwingend abzuweisen, da es ansonsten seine eigene Willensbildung an die Stelle der Willensbildung der Aktionäre setzen würde.[235]

Fraglich ist, ob ein Gegenantrag auch gegen einen Beschlussvorschlag gerichtet werden kann, der aufgrund eines Minderheitenverlangens gem. § 122 Abs. 2 AktG auf die Tagesordnung gesetzt wurde und zu welchem die Verwaltung keinen eigenen Beschlussvorschlag unterbreitet hat.[236] Unstreitig liegt jedenfalls ein Gegenantrag vor, wenn die Verwaltung hinsichtlich eines durch ein Minderheitenverlangen auf die Tagesordnung gesetzten Gegenstandes, einen eigenen freiwilligen Beschlussvorschlag unterbreitet hat und der Antrag des Aktionärs sich auf diesen Tagesordnungspunkt bezieht und inhaltlich vom Beschlussvorschlag der Verwaltung abweicht.[237] Unterbreitet die Verwaltung jedoch keinen eigenen Beschlussvorschlag, so steht der Wortlaut des § 126 Abs. 1 Satz 1 AktG, wonach der Gegenantrag sich gegen einen Vorschlag von Vorstand und Aufsichtsrat richtet, einer Bejahung der Gegenantragsqualität grundsätzlich entgegen. Unter Verweis auf eine richtlinienkonforme Auslegung des § 126 Abs. 1 Satz 1 AktG wird die Antragsqualität gegen bekanntgemachte Beschlussvorschläge aufgrund eines

232 MüKoAktG/*Schäfer*, 5. Aufl. 2021, § 246 Rn. 84.

233 LG Köln, Urteil v. 07.09.2011, Az. 91 O 162/09, juris Rn. 42.

234 LG Köln, Urteil v. 07.09.2011, Az. 91 O 162/09, juris Rn. 42.

235 LG Köln, Urteil v. 07.09.2011, Az. 91 O 162/09, juris Rn. 42.

236 *Herrler* in: Grigoleit, AktG, 2. Aufl. 2020, § 126 Rn. 6; MüKoAktG/*Kubis*, 5. Aufl. 2022, § 126 Rn. 10; KölnerKommAktG/*Noack/Zetzsche*, 3. Aufl. 2010, § 126 Rn. 27; *Ziemons* in: Schmidt/Lutter, AktG, 4. Aufl. 2020, § 126 Rn. 10; kritisch: *Rieckers* in: Spindler/Stilz, AktG, 4. Aufl. 2019, § 126 Rn. 9a; a. A. *Drinhausen* in: Hölters/Weber, AktG, 4. Aufl. 2022, § 126 Rn. 6.

237 MüKoAktG/*Kubis*, 5. Aufl. 2022, § 126 Rn. 10; *Rieckers* in: Spindler/Stilz, AktG, 4. Aufl. 2019, § 126 Rn. 9a.

Minderheitenverlangens gem. § 122 Abs. 2 AktG nach überwiegender Ansicht zumindest für börsennotierte Gesellschaften bejaht.[238] Dem ist zu folgen, denn die europäischen Vorgaben an die Einbringung von Beschlussvorschlägen beschränken sich nicht nur auf Beschlussvorschläge der Verwaltung. Abzustellen ist insoweit auf Art. 5 Abs. 4 Satz 1 lit. d sowie Art. 6 Abs. 1 UAbs. 1 lit. b ARRL. Sowohl Art. 5 Abs. 4 Satz 1 lit. d ARRL, wonach die Gesellschaft eingebrachte Beschlussvorschläge von Aktionären so bald wie möglich auf ihrer Internetseite veröffentlichen muss, als auch Art. 6 Abs. 1 UAbs. 1 lit. b ARRL, wonach Aktionäre das Recht haben, Beschlussvorschläge zu Punkten einzubringen, die ergänzend in die Tagesordnung aufgenommen wurden, stehen einer gegenständlichen Beschränkung des Gegenantrags auf Vorschläge von Vorstand und Aufsichtsrat entgegen. Wenngleich der Anwendungsbereich des Art. 6 Abs. 1 UAbs. 1 lit. b ARRL nur börsennotierte Gesellschaften umfasst, ist die richtlinienkonforme Auslegung auch gleichermaßen auf nicht börsennotierte Unternehmen zu übertragen, um eine gespaltene Rechtsausübung zu verhindern.[239]

c) Gegenantragsberechtigung

Grundsätzlich ist jeder Aktionär oder derjenige, der gemäß § 67 Abs. 2 AktG als Aktionär gilt, unabhängig von der Höhe seiner Beteiligung am Grundkapital der Gesellschaft und dem Umstand, ob ihm ein Stimmrecht zusteht, berechtigt, Gegenanträge zu stellen.[240] Die Antragsberechtigung setzt jedoch voraus, dass dem Aktionär ein Teilnahmerecht an der Hauptversammlung zusteht und er an der Hauptversammlung teilnimmt.[241] Das Recht, Gegenanträge in der Hauptversammlung zu stellen, stellt aber kein höchstpersönliches Recht dar

---

238 *Herrler* in: Grigoleit, AktG, 2. Aufl. 2020, § 126 Rn. 6; *Koch* in: Hüffer/Koch, AktG, 15. Aufl. 2021, § 126 Rn. 2; MüKoAktG/*Kubis*, 5. Aufl. 2022, § 126 Rn. 10; KölnerKommAktG/*Noack/Zetzsche*, 3. Aufl. 2010, § 126 Rn. 8; *Rieckers* in: Spindler/Stilz, AktG, 4. Aufl. 2019, § 126 Rn. 9a; *Ziemons* in: Schmidt/Lutter, AktG, 4. Aufl. 2020, § 126 Rn. 10; a. A. GroßkommAktG/*Butzke*, 5. Aufl. 2017, § 126 Rn. 17; offenlassend OLG Düsseldorf, AG 2013, 264 (266 f.).

239 MüKoAktG/*Kubis*, 5. Aufl. 2022, § 126 Rn. 10; a. A. *Koch* in: Hüffer/Koch, AktG, 15. Aufl. 2021, § 126 Rn. 2; a. A. *Rieckers* in: Spindler/Stilz, AktG, 4. Aufl. 2019, § 126 Rn. 9a, der ausführt, dass eine richtlinienkonforme Auslegung, bei nichtbörsennotierten Gesellschaften nicht in Betracht gezogen werden kann, da der Anwendungsbereich der Richtlinie nur börsennotierte Gesellschaften umfasse.

240 *Bungert* in: Hoffmann-Becking, MHdB GesR Bd. 4, 5. Aufl. 2020, § 36 Rn. 117; KölnerKommAktG/*Noack/Zetzsche*, 3. Aufl. 2010, § 126 Rn. 16.

241 *Bungert* in: Hoffmann-Becking, MHdB GesR Bd. 4, 5. Aufl. 2020, § 36 Rn. 117.

und unterliegt somit den gesetzlichen Regelungen zur Stellvertretung.[242] Kein Teilnahmerecht an der Hauptversammlung und somit auch kein Gegenantragsrecht in der Hauptversammlung vermitteln Aktien, deren Mitgliedschaftsrechte ruhen, wie z. B. bei eigenen Aktien der Gesellschaft (§§ 71b, 71d Satz 4, 71e Abs. 1 Satz 1 AktG).[243] Das Teilnahmerecht ist ferner nach § 44 WpHG ausgeschlossen, wenn Inhaber von Aktien gegen bestimmte Meldepflichten nach §§ 33, 34 WpHG verstoßen haben.[244] Darüber hinaus führt die Verletzung von Mitteilungspflichten nach §§ 20 Abs. 7, 20 Abs. 4 AktG zum Verlust des Teilnahmerechts. Gleiches gilt nach § 59 WpÜG bei Verstößen von Pflichten zur Veröffentlichung des Kontrollerwerbs (§ 35 Abs. 1 WpÜG) und zur Abgabe eines Pflichtangebots (§ 35 Abs. 2 WpÜG).

d) Gegenantragstellung

Als versammlungsgebundenes Recht kann das Gegenantragsrecht nur in der Hauptversammlung wirksam ausgeübt werden.[245] An die Ausübung werden jedoch keine hohen Anforderungen gestellt. In zeitlicher Hinsicht kann die Gegenantragstellung solange erfolgen, bis über den jeweils zugrundeliegenden Beschlussvorschlag der Verwaltung ein Beschluss gefasst worden ist.[246] Der Versammlungsleiter hat insoweit dafür Sorge zu tragen, dass allen Aktionären zu Abstimmungsbeginn, über den jeweils zugrundeliegenden Beschlussvorschlag der Verwaltung, die Gelegenheit gegeben worden ist, Gegenanträge zu formulieren und diese vorzubringen.[247] Die Gegenantragstellung hat zwingend in deutscher Sprache zu erfolgen.[248] Die weitere Form der Gegenantragstellung wird durch den Versammlungsleiter bestimmt.[249] Er kann anordnen, dass Aktionäre

---

242 *Liebscher* in: Henssler/Strohn, GesR, 5. Aufl. 2021, AktG § 118 Rn. 14.

243 *Marsch-Barner* in: Marsch-Barner/Schäfer, HdB börsennotierte AG, 4. Aufl. 2017, § 33 Rn. 2.

244 *Marsch-Barner* in: Marsch-Barner/Schäfer, HdB börsennotierte AG, 4. Aufl. 2017, § 33 Rn. 2.

245 *Hoffmann* in: Spindler/Stilz, AktG, 4. Aufl. 2019, § 118 Rn. 12; *Koch* in: Hüffer/Koch, 15. Aufl. 2021, § 126 Rn. 1; *Marsch-Barner* in: Marsch-Barner/Schäfer, HdB börsennotierte AG, 4. Aufl. 2017, § 34 Rn. 7.1.

246 MüKoAktG/*Hüffer/Schäfer*, 5. Aufl. 2021, § 241 Rn. 13.

247 MüKoAktG/*Kubis*, 5. Aufl. 2022, § 119 Rn. 154; GroßkommAktG/*Mülbert*, 5. Aufl. 2017, §129 Rn. 153.

248 *Rieckers* in: Spindler/Stilz, AktG, 4. Aufl. 2019, § 126 Rn. 17.

249 *Gehling* in: Semler/Volhard/Reichert, Arbeitshdb. für die Hauptversammlung, 5. Aufl. 2021, § 9 Rn. 174.

ihre Gegenanträge mündlich oder auch schriftlich vorbringen können.[250] Ordnet der Versammlungsleiter die Mündlichkeit der Gegenantragstellung an, können diese nur durch Wortmeldung im Rahmen der Generaldebatte gestellt werden.[251] Sofern der Versammlungsleiter in der Hauptversammlung schriftliche Gegenanträge entgegennimmt, sind diese durch den Versammlungsleiter zu verlesen.[252]

Der Gegenantrag muss nicht juristisch präzise formuliert sein, sondern vielmehr den Willen zum Ausdruck bringen, einen abweichenden Beschluss herbeiführen zu wollen.[253] Bei unklaren oder unpräzisen Gegenanträgen trifft dem Versammlungsleiter aber eine Aufklärungs- bzw. Präzisierungspflicht gegenüber dem Antragsteller.[254] Der Gegenantrag bedarf keiner Begründung.[255] Dennoch ist eine Begründung regelmäßig empfehlenswert, um die Erfolgsaussichten eines Gegenantrags zu erhöhen. Mangels hinreichender Bestimmtheit ist die Stellung von Alternativgegenanträgen, d. h. die Stellung mehrerer Gegenanträge, die in einem Alternativverhältnis zueinanderstehen, nicht zulässig.[256] Darüber hinaus sind Gegenanträge bedingungsfeindlich, sofern sie nicht als Haupt- und Hilfsanträge gestellt werden, deren Stufenverhältnis an ein bestimmtes in der Hauptversammlung eintretendes Ereignis (insbesondere Ablehnung des Hauptantrags durch die Hauptversammlung) geknüpft ist.[257]

---

250 *Gehling* in: Semler/Volhard/Reichert, Arbeitshdb. für die Hauptversammlung, 5. Aufl. 2021, § 9 Rn. 174.

251 *Gehling* in: Semler/Volhard/Reichert, Arbeitshdb. für die Hauptversammlung, 5. Aufl. 2021, § 9 Rn. 175.

252 MüKoAktG/*Kubis*, 5. Aufl. 2022, § 119 Rn. 154.

253 *Rieckers* in: Spindler/Stilz, AktG, 4. Aufl. 2019, § 126 Rn. 8.

254 MüKoAktG/*Kubis*, 5. Aufl. 2022, § 119 Rn. 154.

255 *Bungert* in: Hoffmann-Becking, MHdB GesR, Bd. 4, 5. Aufl. 2020, § 36 Rn. 104; MüKoAktG/*Kubis*, 5. Aufl. 2022, § 126 Rn. 1.

256 *Drinhausen* in: Hölters/Weber, AktG, 4. Aufl. 2022, § 126 Rn. 6; *Reger* in: Bürgers/Körber/Lieder, AktG, 5. Aufl. 2021, § 126 Rn. 7.

257 *Drinhausen* in: Hölters/Weber, AktG, 4. Aufl. 2022, § 126 Rn. 6; MüKoAktG/*Kubis*, 5. Aufl. 2022, § 126 Rn. 13; *Reger* in: Bürgers/Körber/Lieder, AktG, 5. Aufl. 2021, § 126 Rn. 7.

e) *Behandlung von Gegenanträgen*

aa) *Rechtmäßigkeitsprüfung durch den Versammlungsleiter*

Der Versammlungsleiter prüft gestellte Gegenanträge zunächst auf ihre Rechtmäßigkeit.[258] Angesichts des zur Verfügung stehenden kurzen zeitlichen Fensters für die Prüfung der Zulässigkeit des Gegenantrags und die drohenden Rechtsfolgen bei einer fehlerhaften Versagung der Abstimmung über den Gegenantrag, beschränkt sich die rechtliche Prüfung des Versammlungsleiters grundsätzlich auf eine summarische Prüfung.[259] Insbesondere bei schwierigen Sach- und Rechtsfragen, die keine kurzfristige, zuverlässige und eindeutige Entscheidung erlauben, wird der Versammlungsleiter regelmäßig großzügig verfahren, um etwaige Beschlussanfechtungsrisiken zu minimieren.[260] Eine Zurückweisung des Gegenantrags durch den Versammlungsleiter wird aber regelmäßig erfolgen, wenn er an gravierenden bzw. evidenten Mängeln leidet.[261] Von einem solchen Mangel ist insbesondere bei einem offenbar fehlendem Teilnahmerecht auszugehen und bei Gegenanträgen, deren Inhalt außerhalb der bekannt gemachten Tagesordnung (§ 124 Abs. 4 AktG) liegt oder auf einen offenbar rechtswidrigen oder nichtigen Beschluss gerichtet sind (§§ 243 Abs. 1, 241 AktG).[262] Zumindest bei Gegenanträgen, die auf eine nichtige Beschlussfassung gerichtet sind, obliegt dem Versammlungsleiter die Pflicht, den Gegenantrag zurückzuweisen.[263]

bb) *Abstimmung über Gegenanträge*

Über gestellte Gegenanträge wird in der Hauptversammlung nur dann abgestimmt, wenn der Versammlungsleiter sie zur Abstimmung stellt.[264] Maßgeblichen Einfluss darauf hat nicht zuletzt die Reihenfolge der Abstimmungen

---

258 *Austmann* in: Hoffmann-Becking, MHdB GesR, Bd. 4, 5. Aufl. 2020, § 40 Rn. 13; *Gehling* in: Semler/Volhard/Reichert, Arbeitshdb. für die Hauptversammlung, 5. Aufl. 2021, § 9 Rn. 178; MüKoAktG/*Kubis*, 5. Aufl. 2022, § 119 Rn. 155.

259 *Austmann* in: Hoffmann-Becking, MHdB GesR, Bd. 4, 5. Aufl. 2020, § 40 Rn. 13.

260 *Austmann* in: Hoffmann-Becking, MHdB GesR, Bd. 4, 5. Aufl. 2020, § 40 Rn. 13; MüKoAktG/*Kubis*, 5. Aufl. 2022, § 119 Rn. 155.

261 *Austmann* in: Hoffmann-Becking, MHdB GesR, Bd. 4, 5. Aufl. 2020, § 40 Rn. 13; MüKoAktG/*Kubis*, 5. Aufl. 2022, § 119 Rn. 155.

262 *Austmann* in: Hoffmann-Becking, MHdB GesR, Bd. 4, 5. Aufl. 2020, § 40 Rn. 13.

263 *Gehling* in: Semler/Volhard/Reichert, Arbeitshdb. für die Hauptversammlung, 5. Aufl. 2021, § 9 Rn. 185; MüKoAktG/*Kubis*, 5. Aufl. 2022, § 119 Rn. 155.

264 *Austmann* in: Hoffmann-Becking, MHdB GesR, Bd. 4, 5. Aufl. 2020, § 40 Rn. 13; *Reichert* in: Drinhausen/Eckstein, Beck'sches Hdb. der AG, 3. Aufl. 2018, § 5 Rn. 170.

über die Beschlussanträge. Die Festlegung der Abstimmungsreihenfolge erfolgt durch den Versammlungsleiter.[265] Dabei steht ihm ein weites Ermessen zu.[266] Dennoch wird die Ermessenausübung durch den Grundsatz der Festlegung einer sachdienlichen Abstimmungsreihenfolge beschränkt.[267] Sofern mehrere konkurrierende Sachanträge zu demselben Tagesordnungspunkt vorliegen, wird der Versammlungsleiter aus Sachmäßigkeitsgründen grundsätzlich zunächst die bekannt gemachten Verwaltungsvorschläge zur Abstimmung stellen, da die gestellten Gegenanträge, die inhaltlich mit dem gefassten Beschluss unvereinbar sind, sich bei positiver Beschlussfassung über den Verwaltungsvorschlag erledigen.[268] Auf diese Vorgehensweise muss der Versammlungsleiter ausdrücklich hinweisen, damit sich auch unerfahrene Aktionäre vollumfänglich auf die (bloße) Beschlussfassung über den Verwaltungsvorschlag fokussieren können.[269] Sofern sowohl Verfahrens- als auch Sachanträge in der Hauptversammlung gestellt worden sind, hat der Versammlungsleiter den Vorrang von Verfahrensanträgen gegenüber Sachanträgen zu berücksichtigen.[270] Insoweit hat er der Abstimmung über gestellte Verfahrensanträge, die in den Kompetenzbereich der Hauptversammlung fallen, einen zeitlichen Vorrang gegenüber den Sachanträgen einzuräumen.[271] Wird z. B. ein Gegenantrag über die Absetzung eines Gegenstandes von der Tagesordnung gestellt, hat der Versammlungsleiter diesen vorrangig zur Abstimmung zu stellen. Grund dafür ist, dass Verfahrensanträge oftmals darauf abzielen, wie mit einer Sachfrage umzugehen ist.[272] Zudem stellt der Versammlungsleiter mit der vorrangigen Abstimmung über einen entsprechenden Gegenantrag sicher, dass die Hauptversammlung ggf. nicht über einen Sachantrag abstimmt, dessen Gegenstand von der Tagesordnung gesetzt

265 OLG Stuttgart, AG 2009, 204 (210); *Austmann* in: Hoffmann-Becking, MHdB GesR, Bd. 4, 5. Aufl. 2020, § 40 Rn. 15; *Gehling* in: Semler/Volhard/Reichert, Arbeitshdb. für die Hauptversammlung, 5. Aufl. 2021, § 9 Rn. 178.

266 *Gehling* in: Semler/Volhard/Reichert, Arbeitshdb. für die Hauptversammlung, 5. Aufl. 2021, § 9 Rn. 185.

267 BGHZ 220, 36 (55); *Koch* in: Hüffer/Koch, AktG, 15. Aufl. 2021, § 129 Rn. 23.

268 *Gehling* in: Semler/Volhard/Reichert, Arbeitshdb. für die Hauptversammlung, 5. Aufl. 2021, § 9 Rn. 185; MüKoAktG/*Kubis*, 5. Aufl. 2022, § 119 Rn. 157.

269 MüKoAktG/*Kubis*, 5. Aufl. 2022, § 119 Rn. 157.

270 MüKoAktG/*Kubis*, 5. Aufl. 2022, § 119 Rn. 156.

271 *Koch* in: Hüffer/Koch, AktG, 15. Aufl. 2021, § 129 Rn. 23; MüKoAktG/*Kubis*, 5. Aufl. 2022, § 119 Rn. 156; GroßkommAktG/*Mülbert*, 5. Aufl. 2017, § 129 Rn. 159; KölnerKommAktG/*Noack*/*Zöllner*, 3. Aufl. 2010, § 129 Rn. 58.

272 *Austmann* in: Hoffmann-Becking, MHdB GesR, Bd. 4, 5. Aufl. 2020, § 40 Rn. 17.

worden ist und andererseits die Aktionäre in der zweiten Abstimmung über den Sachantrag – sofern es dazu kommt – das Abstimmergebnis und insbesondere die Stimmverhältnisse der Abstimmung über den Gegenantrag auf Absetzung berücksichtigen können.[273]

cc) Beschlussanfechtungsrisiken infolge fehlerhafter Behandlung von Gegenanträgen

Die fehlerhafte Behandlung von Gegenanträgen durch den Versammlungsleiter stellt die Gesellschaft grundsätzlich vor Beschlussanfechtungsrisiken. Zwar sind die Maßnahmen des Versammlungsleiters nicht isoliert anfechtbar, ihre Rechtmäßigkeit kann aber inzident im Wege der Beschlussanfechtungsklage einer gerichtlichen Kontrolle unterzogen werden.[274] Die Erfolgsaussichten der Beschlussanfechtungsklage hängen in diesem Fall davon ab, ob die fehlerhafte Leitungsmaßnahme des Versammlungsleiters eine Relevanz für die zugrundeliegende Beschlussfassung aufweist.[275] Eine Relevanz zu der zugrundeliegenden Beschlussfassung ist zumindest dann zu bejahen, wenn der Fehler des Versammlungsleiters einen Eingriff in das Gegenantragsrecht darstellt.[276] Von besonderer Bedeutung ist der Fall, in dem der Versammlungsleiter einen in der Hauptversammlung ordnungsgemäß gestellten und zulässigen Gegenantrag fehlerhaft nicht zur Abstimmung gestellt hat.[277] Der Grund dafür kann nicht nur in einer unzulässigen Zurückweisung eines Gegenantrags liegen, sondern auch dem Umstand geschuldet sein, dass ein vorgebrachter Gegenantrag in der Dynamik des Hauptversammlungsverlaufs dem Versammlungsleiter versehentlich untergegangen ist.

---

273 *Austmann* in: Hoffmann-Becking, MHdB GesR, Bd. 4, 5. Aufl. 2020, § 40 Rn. 17.

274 MüKoAktG/*Kubis*, 5. Aufl. 2022, § 119 Rn. 181; GroßkommAktG/*Mülbert*, 5. Aufl. 2017, § 129 Rn. 229.

275 MüKoAktG/*Kubis*, 5. Aufl. 2022, § 119 Rn. 182; GroßkommAktG/*Mülbert*, 5. Aufl. 2017, § 129 Rn. 239.

276 MüKoAktG/*Kubis*, 5. Aufl. 2022, § 119 Rn. 182 ff.; GroßkommAktG/*Mülbert*, 5. Aufl. 2017, § 129 Rn. 239.

277 *Baums/Drinhausen/Keinath*, ZIP 2011, 2329 (2339).

3. Publizität von Gegenanträgen, § 126 AktG

a) Normzweck

§ 126 Abs. 1 AktG regelt die Publizitätspflicht von Gegenanträgen. Anträge von Aktionären einschließlich des Namens des Aktionärs, der Begründung und einer etwaigen Stellungnahme der Verwaltung sind den in § 125 Abs. 1–3 AktG genannten Berechtigten unter den dortigen Voraussetzungen zugänglich zu machen, wenn der Aktionär mindestens 14 Tage vor der Versammlung der Gesellschaft einen Gegenantrag gegen einen Vorschlag von Vorstand und Aufsichtsrat zu einem bestimmten Punkt der Tagesordnung mit Begründung an die in der Einberufung hierfür mitgeteilten Adresse übersandt hat. Zweck der Publizitätspflicht ist die möglichst frühzeitige Unterrichtung der Aktionäre über die angekündigte Opposition.[278] Die Informationsverschaffung hat in der Regel zur Folge, dass die in der Hauptversammlung anwesenden Aktionäre von der tatsächlichen Stellung eines Gegenantrags nicht überrascht werden und so die potenzielle Einflussnahme der Gegenantragstellung auf ihr Abstimmverhalten vergrößert wird.[279] Als Nebenzweck ermöglicht die Veröffentlichung von Gegenanträgen zudem, dass vertretene Aktionäre ihren Vertretern entsprechende Weisungen hinsichtlich der Abstimmung über die angekündigten Gegenanträge erteilen können.[280]

Die Übermittlung eines Gegenantrags nach § 126 Abs. 1 AktG ist von der eigentlichen Gegenantragstellung in der Hauptversammlung streng zu unterscheiden.[281] Ein nach § 126 Abs. 1 AktG im Vorfeld der Hauptversammlung an die Gesellschaft übermittelter Gegenantrag bedarf zu seiner Wirksamkeit einer Antragstellung in der Hauptversammlung.[282] Für die Antragstellung in der Hauptversammlung ist es unerheblich, ob ein Gegenantrag gemäß § 126 Abs. 1

---

278 *Drinhausen* in: Hölters/Weber, AktG, 4. Aufl. 2022, § 126 Rn. 1; *Koch* in: Hüffer/Koch, AktG, 15. Aufl. 2021, § 126 Rn. 1; *Reger* in: Bürgers/Körber/Lieder, AktG, 5. Aufl. 2021, § 126 Rn. 1.

279 GroßkommAktG/*Butzke*, 5. Aufl. 2017, §126 Rn. 2; MüKoAktG/*Kubis*, 5. Aufl. 2022, § 126 Rn. 1.

280 GroßkommAktG/*Butzke*, 5. Aufl. 2017, §126 Rn. 2; MüKoAktG/*Kubis*, 5. Aufl. 2022, § 126 Rn. 1.

281 *Hoffmann* in: Spindler/Stilz, AktG, 4. Aufl. 2019, § 118 Rn. 12; *Reger* in: Bürgers/Körber/Lieder, AktG, 5. Aufl. 2021, § 126 Rn. 1.

282 *Herrler* in: Grigoleit, AktG, 2. Aufl. 2020, § 126 Rn. 2; *Hoffmann* in: Spindler/Stilz, AktG, 4. Aufl. 2019, § 118 Rn. 12; *Rieckers* in: Spindler/Stilz, AktG, 4. Aufl. 2019, § 126 Rn. 2a.

AktG rechtzeitig angekündigt worden ist oder nicht.[283] Die Stellung spontaner Beschlussanträge in der Hauptversammlung wird insofern nicht berührt.[284]

b) Voraussetzungen der Publizitätspflicht

aa) Gegenantragsberechtigung

Die Berechtigung, Gegenanträge an die Gesellschaft mit dem Ziel der Veröffentlichung zu übermitteln, unterliegt grundsätzlich denselben Voraussetzungen wie die Gegenantragstellung in der Hauptversammlung. Insbesondere muss in dem Zeitpunkt des Eingangs des Gegenantrags bei der Gesellschaft die Aktionärseigenschaft des Übermittelnden vorliegen.[285] Ebenso wie die Gegenantragstellung in der Hauptversammlung ist die Gegenantragübermittlung weder von der Existenz des Stimmrechts noch von einem Mindestbesitz an Aktien abhängig.[286] Auch eine Stellvertretung hinsichtlich der Übermittlung eines Gegenantrages ist zulässig.[287] Bei Inhaberaktien hat der Ankündigende ähnlich wie bei der Anmeldung zur Hauptversammlung seine Aktionärseigenschaft durch einen Legitimationsnachweis zu belegen.[288] An den Nachweis werden keine hohe Anforderungen gestellt, sodass insbesondere eine Bankbescheinigung oder – anders als es bei der Anmeldung zur Hauptversammlung der Fall ist – auch ein Depotausdruck ausreicht.[289] Darüber hinaus ist die sog. Bescheinigung zur Rechtsausübung nach § 6 Abs. 2 DepotG, die der Gesetzgeber im Zuge der Einführung elektronischer Wertpapiere in das DepotG aufgenommen hat, als Nachweis der Aktionärseigenschaft anzusehen. Anders als bei der Gegenantragstellung in der Hauptversammlung ist aber umstritten, ob die Ankündigung eines Gegenantrags voraussetzt, dass der Ankündigende zu der Teilnahme an der vom Gegenantrag betroffenen Hauptversammlung berechtigt sein muss. Nach überwiegender Auffassung wird dies mit einem Verweis auf § 126 Abs. 2

---

283 *Austmann* in: Hoffmann-Becking, MHdB GesR, Bd. 4, 5. Aufl. 2020, § 40 Rn. 12.

284 *Bungert* in: Hoffmann-Becking, MHdB GesR, Bd. 4, 5. Aufl. 2020, § 36 Rn. 104.

285 *Herrler* in: Grigoleit, AktG, 2. Aufl. 2020, § 126 Rn. 4; MüKoAktG/*Kubis*, 5. Aufl. 2022, § 126 Rn. 4.

286 MüKoAktG/*Kubis*, 5. Aufl. 2022, § 126 Rn. 4.

287 *Ziemons* in: Schmidt/Lutter, AktG, 4. Aufl. 2020, § 126 Rn. 16.

288 *Drinhausen* in: Hölters/Weber, AktG, 4. Aufl. 2022, § 126 Rn. 5; MüKoAktG/*Kubis*, 5. Aufl. 2022, § 126 Rn. 6; *Ziemons* in: Schmidt/Lutter, AktG, 4. Aufl. 2020, § 126 Rn. 14.

289 *Rieckers* in: Spindler/Stilz, AktG, 4. Aufl. 2019, § 126 Rn. 7; *Ziemons* in: Schmidt/Lutter, AktG, 4. Aufl. 2020, § 126 Rn. 14.

Satz 1 Nr. 6 AktG analog bejaht.[290] Dem ist im Ergebnis zuzustimmen. Nach § 126 Abs. 2 Satz 1 Nr. 6 AktG braucht ein Gegenantrag und dessen Begründung nicht zugänglich gemacht zu werden, wenn der Aktionär zu erkennen gibt, dass er an der Hauptversammlung nicht teilnehmen und sich nicht vertreten lassen wird. Wenngleich die Vorschrift nach ihrem direkten Wortlaut lediglich auf die Teilnahmeabsicht des Gegenantragstellers an der vom angekündigten Gegenantrag betroffenen Hauptversammlung abstellt und zugleich keine Pflicht zur Verweigerung der Gegenantragsveröffentlichung und dessen Begründung enthält, kann ihr Grundgedanke bei der Auslegung herangezogen werden. Der Grundgedanke des beabsichtigten Fernbleibens von der Hauptversammlung kann einer objektiven Unmöglichkeit der Hauptversammlungsteilnahme aufgrund einer fehlenden Berechtigung (z. B. Erwerb der Aktien nach dem sog. *record date*) grundsätzlich gleichgestellt werden.[291] Unabhängig von dem Grundgedanken des § 126 Abs. 2 Satz 1 Nr. 6 AktG spricht auch der Sinn und Zweck des § 126 AktG für die Bindung der Publizitätsplicht an ein bestehendes Teilnahmerecht. Denn die Publizität soll gerade Mitaktionäre über eine beabsichtigte Gegenantragstellung in der Hauptversammlung informieren und dadurch das Überraschungsmoment für viele Aktionäre verhindern.[292] Ist eine Gegenantragstellung in der Hauptversammlung mangels Teilnahmerechts aber überhaupt nicht möglich, kann der Zweck des § 126 Abs. 1 AktG nur bedingt erreicht werden. Im Ergebnis kann offenbleiben, ob das Erfordernis eines bestehenden Teilnahmerechts der Analogie zu § 126 Abs. 2 Satz 1 Nr. 6 AktG oder dem fehlenden Gegenantragsrecht in der Hauptversammlung geschuldet ist.[293]

bb) Form

Die Publizität des Gegenantrags setzt nach § 126 Abs. 1 Satz 1 AktG voraus, dass der Gegenantrag an die in der Einberufung hierfür mitgeteilte Adresse übersandt worden ist. Das Übermittlungserfordernis lässt zunächst die Vermutung aufkommen, dass die Übermittlung des Gegenantrags der Schriftform (§ 126 Abs. 1

290 *Drinhausen* in: Hölters/Weber, AktG, 4. Aufl. 2022, § 126 Rn. 5; MüKoAktG/*Kubis*, 5. Aufl. 2022, § 126 Rn. 6; GroßkommAktG/*Butzke* 5. Aufl. 2017; § 126 Rn. 10, 79; a. A. *Ziemons* in: Schmidt/Lutter, AktG, 4. Aufl. 2020, § 126 Rn. 15.

291 MüKoAktG/*Kubis*, 5. Aufl. 2022, § 126 Rn. 6; *Rieckers* in: Spindler/Stilz, AktG, 4. Aufl. 2019, § 126 Rn. 5; a. A. *Ziemons* in: Schmidt/Lutter, AktG, 4. Aufl. 2020, § 126 Rn. 15.

292 MüKoAktG/*Kubis*, 5. Aufl. 2022, § 126 Rn. 1.

293 *Rieckers* in: Spindler/Stilz, AktG, 4. Aufl. 2019, § 126 Rn. 5.

BGB) unterliegt.[294] Diese Vermutung ist aber nur bedingt zutreffend, denn die Vorschrift verlangt nur eine Übermittlung des Gegenantrags in schriftlich verkörperter Form.[295] Grund dafür ist, dass der Gegenantrag der Gesellschaft in einer Form zugehen soll, der eine Materialisierung und Zugänglichmachung des Antrags ohne Schwierigkeiten ermöglicht.[296] Neben einer schriftformwahrenden Übermittlung des Gegenantrags ist daher auch die Übermittlung mittels Telefax oder E-Mail erlaubt.[297] Ferner erfüllt eine persönliche Aushändigung des verkörperten Gegenantrags (auch durch Boten) an eine zu dem Empfang berechtigte Person, die Anforderungen des Übermittlungserfordernisses.[298] Mangels Verkörperung reicht eine mündliche Übermittlung des Gegenantrags jedoch nicht aus.[299]

Die Gesellschaft kann durch die Bestimmung der Adresse für die Entgegennahme von Gegenanträgen in der Einberufung einen gewissen Einfluss auf die Übermittlungsform nehmen.[300] Die mitgeteilte Adresse stellt insoweit eine ausschließliche Zugangsmöglichkeit für die wirksame Übermittlung von Gegenanträgen dar.[301] So kann die Gesellschaft durch die bloße Angabe einer postalischen Adresse, die Übermittlung in Textform ausschließen, oder durch die Angabe weiterer oder die Beschränkung auf sonstige Adressen, wie z.B. einer E-Mail-Adresse oder einer Fax-Nummer, zusätzliche Zugangsmöglichkeiten schaffen oder diese beschränken.[302] Für den Fall, dass die Übermittlung von Gegenanträgen zulässigerweise auf die bloße Angabe einer Fax-Nummer und/oder E-Mail-Adresse beschränkt wird, soll nach überwiegender Ansicht ein Zugang an dem Verwaltungssitz (per Post oder durch Aushändigung) weiterhin möglich bleiben.[303] Dem ist zu folgen, da ansonsten die Gefahr begründet würde, dass die

---

294 MüKoAktG/*Kubis*, 5. Aufl. 2022, § 126 Rn. 19.

295 MüKoAktG/*Kubis*, 5. Aufl. 2022, § 126 Rn. 19.

296 *Rieckers* in: Spindler/Stilz, AktG, 4. Aufl. 2019, § 126 Rn. 14.

297 MüKoAktG/*Kubis*, 5. Aufl. 2022, § 126 Rn. 19; KölnerKommAktG/*Noack/Zetzsche*, 3. Aufl. 2010, § 126 Rn. 47; *Rieckers* in: Spindler/Stilz, AktG, 4. Aufl. 2019, § 126 Rn. 14.

298 MüKoAktG/*Kubis*, 5. Aufl. 2022, § 126 Rn. 19; *Rieckers* in: Spindler/Stilz, AktG, 4. Aufl. 2019, § 126 Rn. 14.

299 *Herrler* in: Grigoleit, AktG, 2. Aufl. 2020, § 126 Rn 8; *Rieckers* in: Spindler/Stilz, AktG, 4. Aufl. 2019, § 126 Rn. 14.

300 *Rieckers* in: Spindler/Stilz, AktG, 4. Aufl. 2019, § 126 Rn. 14.

301 MüKoAktG/*Kubis*, 5. Aufl. 2022, § 126 Rn. 19; *Rieckers* in: Spindler/Stilz, AktG, 4. Aufl. 2019, § 126 Rn. 15.

302 *Herrler* in: Grigoleit, AktG, 2. Aufl. 2020, § 126 Rn 8.

303 *Drinhausen* in: Hölters/Weber, AktG, 4. Aufl. 2022, § 126 Rn. 8; *Herrler* in: Grigoleit, AktG, 2. Aufl. 2020, § 126 Rn 8; *Koch* in: Hüffer/Koch, AktG, 15. Aufl. 2021, § 126

Bestimmung der Zugangsmöglichkeit zu einer nicht jedermann oder nur unter erschwerten Bedingungen zugänglichen Übermittlungsform führen könnte.[304]

Fehlt die Angabe der Adresse für die Übermittlung von Gegenanträgen in der Einberufung, ist anzunehmen, dass die Gesellschaft sich der Möglichkeit begibt, die Form der Einreichung selbst zu bestimmen.[305] Die Übermittlung des Gegenantrags kann dann an die Sitzanschrift der Gesellschaft nach den allgemeinen Vertretungsregelungen erfolgen.[306] Aber auch auf sämtliche von der Gesellschaft im Geschäftsverkehr benutzten Postanschriften und Fax-Nummern als Empfangsstellen für Gegenanträge kann zurückgegriffen werden.[307] Auf E-Mail-Adressen, die von der Gesellschaft im Geschäftsverkehr genutzt werden, kann ohne ausdrückliche Bestimmung als Zugangsmöglichkeit für Gegenanträge nicht zurückgegriffen werden.[308] Der Wortlaut des § 126 Abs. 1 Satz 1 AktG („übersandt hat") widerspricht nämlich einer bloßen Übermittlung des Gegenantrags per E-Mail.[309]

Mit Blick auf die steigende Internationalisierung der Aktionärsstrukturen großer deutscher Publikumsgesellschaften ist zu beachten, dass der Gegenantrag in deutscher Sprache zu verfassen ist.[310] Außerdem muss der Gegenantrag angesichts des Informationsbedarfs der Mitaktionäre sowie zu Prüfungszwecken zwingend unter Angabe des vollständigen Namens des opponierenden Aktionärs

---

Rn. 5; MüKoAktG/*Kubis*, 5. Aufl. 2022, § 126 Rn. 19; a. A. KölnerKommAktG/*Noack/Zetzsche*, 3. Aufl. 2010, § 126 Rn. 50; *Rieckers* in: Spindler/Stilz, AktG, 4. Aufl. 2019, § 126 Rn. 16.

304 *Herrler* in: Grigoleit, AktG, 2. Aufl. 2020, § 126 Rn 8; *Ziemons* in: Schmidt/Lutter, AktG, 4. Aufl. 2020, § 126 Rn. 21.

305 *Sasse*, NZG 2004, 153 (155).

306 *Sasse*, NZG 2004, 153 (155).

307 KölnerKommAktG/*Noack/Zetzsche*, 3. Aufl. 2010, § 126 Rn. 52; *Rieckers* in: Spindler/Stilz, AktG, 4. Aufl. 2019, § 126 Rn. 16; *Sasse*, NZG 2004, 153 (155); *Ziemons* in: Schmidt/Lutter, AktG, 4. Aufl. 2020, § 126 Rn. 20.

308 KölnerKommAktG/*Noack/Zetzsche*, 3. Aufl. 2010, § 126 Rn. 52; *Rieckers* in: Spindler/Stilz, AktG, 4. Aufl. 2019, § 126 Rn. 16; *Sasse*, NZG 2004, 153 (155), *Ziemons* in: Schmidt/Lutter, AktG, 4. Aufl. 2020, § 126 Rn. 20; a. A. *Herrler* in: Grigoleit, AktG, 2. Aufl. 2020, § 126 Rn. 8.

309 KölnerKommAktG/*Noack/Zetzsche*, 3. Aufl. 2010, § 126 Rn. 52; *Rieckers* in: Spindler/Stilz, AktG, 4. Aufl. 2019, § 126 Rn. 16; *Sasse*, NZG 2004, 153 (155), *Ziemons* in: Schmidt/Lutter, AktG, 4. Aufl. 2020, § 126 Rn. 20; a. A. *Herrler* in: Grigoleit, AktG, 2. Aufl. 2020, § 126 Rn. 8.

310 *Rieckers* in: Spindler/Stilz, AktG, 4. Aufl. 2019, § 126 Rn. 17; *Ziemons* in: Schmidt/Lutter, AktG, 4. Aufl. 2020, § 126 Rn. 19.

übermittelt werden.[311] Ist die Identifikation des opponierenden Aktionärs nicht möglich, unterliegt der übermittelte Gegenantrag nicht der Publizitätspflicht des § 126 AktG.[312]

cc) Begründung

(1) Erforderlichkeit einer Begründung

Äußerst fraglich ist, ob ein publizitätspflichtiger Gegenantrag mit einer Begründung zu versehen ist. Nach § 126 Abs. 1 Satz 1 AktG wird die Publizitätspflicht begründet, wenn der Gegenantrag gegen einen Vorschlag von Vorstand und Aufsichtsrat zu einem bestimmten Punkt der Tagesordnung mit Begründung an die in der Einberufung hierfür mitgeteilte Adresse übersandt worden ist. Umstritten ist, ob daraus eine Begründungspflicht oder lediglich eine Begründungsmöglichkeit des Gegenantrags abzuleiten ist. Nach der früher überwiegend und teilweise heute noch vertretenden Ansicht bedarf die Ankündigung eines publizitätspflichtigen Gegenantrags – unabhängig von der Börsennotierung der Gesellschaft – einer kurzen Begründung.[313] Gestützt wird diese Ansicht insbesondere auf den Wortlaut des § 126 Abs. 1 Satz 1, Abs. 2 Satz 1 und 2 AktG, in dem die Begründung explizit Erwähnung findet.[314] Zudem stellt die Ansicht auf einen Umkehrschluss aus § 127 Satz 2 AktG ab.[315] Während § 127 Satz 2 AktG ausdrücklich besagt, dass Wahlvorschläge nicht begründet werden müssen, ist ein solcher Verzicht in § 126 AktG nicht zu finden. Aus dem Umstand, dass die Publizitätspflicht für Gegenanträge nach § 126 Abs. 1 AktG sinngemäß auch für Wahlvorschläge gilt (§ 127 Satz 1 AktG), folgern die Vertreter dieser Ansicht, dass ein publizitätspflichtiger Gegenantrag mit einer Begründung zu versehen

---

311 *Bungert* in: Hoffmann-Becking, MHdB GesR, Bd. 4, 5. Aufl. 2020, § 36 Rn. 108; MüKoAktG/*Kubis*, 5. Aufl. 2022, § 126 Rn. 15; KölnerKommAktG/*Noack/Zetzsche*, 3. Aufl. 2010, § 126 Rn. 32; *Rieckers* in: Spindler/Stilz, AktG, 4. Aufl. 2019, § 126 Rn. 13.

312 MüKoAktG/*Kubis*, 5. Aufl. 2022, § 126 Rn. 15; *Rieckers* in: Spindler/Stilz, AktG, 4. Aufl. 2019, § 126 Rn. 13.

313 *Bungert* in: Hoffmann-Becking, MHdB GesR, Bd. 4, 5. Aufl. 2020, § 36 Rn. 110; *Drinhausen* in: Hölters/Weber, AktG, 4. Aufl. 2022, § 126 Rn. 7; *Koch* in: Hüffer/Koch, AktG, 15. Aufl. 2021, § 126 Rn. 3; MüKoAktG/*Kubis*, 5. Aufl. 2022, § 126 Rn. 16; *Reger* in: Bürgers/Körber/Lieder, AktG, 5. Aufl. 2021, § 126 Rn. 11.

314 *Bungert* in: Hoffmann-Becking, MHdB GesR, Bd. 4, 5. Aufl. 2020, § 36 Rn. 110; *Liebscher* in: Henssler/Strohn, GesR, 5. Aufl. 2021, AktG § 126 Rn. 3; *Rieckers* in: Spindler/Stilz, AktG, 4. Aufl. 2019, § 126 Rn. 11.

315 MüKoAktG/*Kubis*, 5. Aufl. 2022, § 126 Rn. 16; *Reger* in: Bürgers/Körber/Lieder, AktG, 5. Aufl. 2021, § 126 Rn. 11.

ist. Außerdem führen sie aus, dass der Gesetzgeber bei der Änderung des § 126 Abs. 1 AktG durch das TransPuG in Bezug auf den Einsatz neuer Medien im Rahmen der Veröffentlichung von Gegenanträgen durch die Gesellschaft von einem Fortbestehen der Begründungspflicht ausgeht.[316]

Nach dem Erlass der ARRL hat die Meinung sich aufgrund einer für erforderlich erachteten richtlinienkonformen Auslegung des § 126 Abs. 1 AktG überwiegend verschoben. Die heute überwiegende Ansicht verlangt zumindest bei börsennotierten Gesellschaften keine Begründung mehr.[317] Dem ist zu folgen, denn die Vorschriften in der ARRL, insbesondere Art. 5 Abs. 4 lit. d und Art. 6 Abs. 1 Satz 1 lit. b ARRL, schweigen zu der Frage, ob die Übermittlung eines Gegenantrags an die Gesellschaft zwecks Veröffentlichung mit einer Begründung zu versehen ist, Art. 5 Abs. 4 lit. d und Art. 6 Abs. 1 Satz 1 lit. b ARRL. Zu Recht ist aus diesem Umstand zu folgern, dass der Richtliniengeber eine einschränkungslose Veröffentlichungspflicht für die Übermittlung von Gegenanträgen im Vorfeld der Hauptversammlung eben nicht vorgesehen habe und § 126 Abs. 1 AktG richtlinienkonform auszulegen sei.[318] Vereinzeln wird der Verzicht auf das Begründungserfordernis aber nur auf börsennotierte Gesellschaften beschränkt, da die ARRL im sachlichen Anwendungsbereich auch nur solche betrifft und diese daher nur einer richtlinienkonformen Auslegung zugänglich seien.[319] Eine unterschiedliche Handhabung des Begründungserfordernisses für börsen- und nicht börsennotierte Gesellschaften ist für die Vermeidung einer gespaltenen Rechtsausübung sowie aus Rechtssicherheitsbedenken aber abzulehnen.[320] Sofern angeführt wird, dass das Begründungserfordernis im Wortlaut

---

316 BT-Drs. 14/8769, S. 20 zum TransPuG-E; *Rieckers* in: Spindler/Stilz, AktG, 4. Aufl. 2019, § 126 Rn. 11.

317 *Koch* in: Hüffer/Koch, AktG, 15. Aufl. 2021, § 126 Rn. 3; MüKoAktG/*Kubis*, 5. Aufl. 2022, AktG, § 126 Rn. 16; *Rieckers* in: Spindler/Stilz, AktG, 4. Aufl. 2019, § 126 Rn. 11a; *Ziemons* in: Schmidt/Lutter, AktG, 4. Aufl. 2020, § 126 Rn. 18.

318 *Herrler* in: Grigoleit, AktG, 2. Aufl. 2020, § 126 Rn. 7; *Koch* in: Hüffer/Koch, AktG, 15. Aufl. 2021, § 126 Rn. 3; MüKoAktG/*Kubis*, 5. Aufl. 2022, § 126 Rn. 16; KölnerKommAktG/*Noack/Zetzsche*, 3. Aufl. 2010, § 126 Rn. 33; *Rieckers* in: Spindler/Stilz, AktG, 4. Aufl. 2019, § 126 Rn. 11a; *Ziemons* in: Schmidt/Lutter, AktG, 4. Aufl. 2020, § 126 Rn. 18.

319 *Rieckers* in: Spindler/Stilz, AktG, 4. Aufl. 2019, § 126 Rn. 11b.

320 *Koch* in: Hüffer/Koch, AktG, 15. Aufl. 2021, § 126 Rn. 3; KölnerKommAktG/*Noack/Zetzsche*, 3. Aufl. 2010, § 126 Rn. 33; *Simons*, NZG 2019, 127 (127 ff.); *Ziemons* in: Schmidt/Lutter, AktG, 4. Aufl. 2020, § 126 Rn. 18; a. A. *Rieckers* in: Spindler/Stilz, AktG, 4. Aufl. 2019, § 126 Rn. 11b.

des § 126 Abs. 1 AktG keine Stütze findet, ist anzuführen, dass dieser Umstand jeder richtlinienkonformen Auslegung eigen ist und daher kein Argument in der Sache darstellt.[321] Eine ausschlaggebende Bedeutung ist diesem Vortrag daher nicht beizumessen.

(2) Inhalt der Begründung

Sofern – entgegen der überwiegenden Auffassung – eine Begründungspflicht des Gegenantrags bei nicht börsennotierten und/ oder börsennotierten Gesellschaften für erforderlich gehalten wird, sind nachfolgende inhaltliche Anforderungen an die Begründung zu stellen. Aus einer kurzen, eigenständigen Argumentation (max. 5.000 Zeichen, § 126 Abs. 2 Satz 2 AktG) muss hervorgehen, auf welche Gründe sich der Gegenantrag stützt.[322] Inhaltsleere Floskeln, Pauschalbehauptungen oder bloße Allgemeinplätze sind nicht ausreichend.[323] Darüber hinaus genügt ein bloßer Verweis auf eine Begründung an anderer Stelle (z. B. auf eigene Internetseite oder auf eine frühere Begründung eines Gegenantrags) den Anforderungen an das Begründungserfordernis nicht.[324] Außerdem ist eine inhaltliche Richtig- oder Schlüssigkeit der Begründung grundsätzlich erforderlich. Sie darf nach § 126 Abs. 2 Nr. 3 AktG in wesentlichen Punkten nicht offensichtlich falsch sein oder irreführende Angaben enthalten. Bei der Bestimmung des Erreichens der Höchstgrenze von 5.000 Zeichen sind sowohl Buchstaben, Symbole, Satzzeichen als auch Zahlen zu zählen.[325] Dagegen finden Leerzeichen keine Berücksichtigung.[326] Fehlt die Begründung des Gegenantrags oder genügt sie den obigen Mindestanforderungen nicht, ist der Gegenantrag insgesamt

---

321 So z. B. MüKoAktG/*Kubis*, 5. Aufl. 2022, § 126 Rn. 16; *Ziemons* in: Schmidt/Lutter, AktG, 4. Aufl. 2020, § 126 Rn. 18; a. A. *Rieckers* in: Spindler/Stilz, AktG, 4. Aufl. 2019, § 126 Rn. 11b.

322 MüKoAktG/*Kubis*, 5. Aufl. 2022, § 126 Rn. 17; *Rieckers* in: Spindler/Stilz, AktG, 4. Aufl. 2019, § 126 Rn. 12.

323 *Herrler* in: Grigoleit, AktG, 2. Aufl. 2020, § 126 Rn. 7; MüKoAktG/*Kubis*, 5. Aufl. 2022, § 126 Rn. 17; *Rieckers* in: Spindler/Stilz, AktG, 4. Aufl. 2019, § 126 Rn. 12.

324 *Bungert* in: Hoffmann-Becking, MHdB GesR, Bd. 4, 5. Aufl. 2020, § 36 Rn. 111; *Herrler* in: Grigoleit, AktG, 2. Aufl. 2020, § 126 Rn. 7; MüKoAktG/*Kubis*, 5. Aufl. 2022, § 126 Rn. 17; *Rieckers* in: Spindler/Stilz, AktG, 4. Aufl. 2019, § 126 Rn. 12.

325 *Drinhausen* in: Hölters/Weber, AktG, 4. Aufl. 2022, § 126 Rn. 22; *Koch* in: Hüffer/Koch, AktG, 15. Aufl. 2021, § 126 Rn. 9.

326 *Drinhausen* in: Hölters/Weber, AktG, 4. Aufl. 2022, § 126 Rn. 22; *Koch* in: Hüffer/Koch, AktG, 15. Aufl. 2021, § 126 Rn. 9.

nicht ordnungsgemäß übermittelt worden und unterliegt nicht der Publizitätspflicht des § 126 AktG.[327]

dd) Frist

Die Publizitätspflicht aus § 126 Abs. 1 Satz 1 AktG verlangt, dass ein Aktionär seinen Gegenantrag mindestens 14 Tage vor der Hauptversammlung der Gesellschaft an die in der Einberufung mitgeteilten Adresse übersandt hat. Für die Berechnung der Frist ist eine vom Tag der Hauptversammlung an beginnende Rückwärtsrechnung vorzunehmen, bei der weder der Tag des Zugangs gemäß § 126 Abs. 1 Satz 2 AktG noch der Tag der Hauptversammlung gemäß § 121 Abs. 7 Satz 1 AktG mitzurechnen sind.[328] Dementsprechend muss der Gegenantrag der Gesellschaft spätestens am 15. Tag vor der Hauptversammlung um 24:00 Uhr zugehen.[329] Für die Rechtzeitigkeit der Übermittlung ist der Zeitpunkt der Absendung daher unerheblich.[330] Bei Zweifeln, ob der Zugang rechtzeitig erfolgt ist, kommt eine unmittelbare oder entsprechende Anwendung des § 130 Abs. 1 Satz 1 BGB nicht in Betracht.[331] Die direkte Anwendung des § 130 Abs. 1 Satz 1 BGB auf die Zugangsbestimmung des § 126 Abs. 1 AktG scheitert bereits daran, dass sowohl der Gegenantrag also solcher als auch die Übermittlung des Gegenantrags gem. § 126 Abs. 1 AktG keine rechtsgeschäftliche Erklärung i. S. d. § 130 Abs. 1 BGB ist.[332] Der Gegenantrag stellt eine versammlungsgebundene Handlung *sui generis* dar, die den Bezugspunkt der Stimmabgabe darstellt und dementsprechend einen materiellen Beschlussinhalt bestimmt.[333] Die Übermittlung des Gegenantrags nach § 126 Abs. 1 AktG ist rechtsdogmatisch eine formelle Voraussetzung, um eine Pflicht zur Mitteilung des Antrags durch die Gesellschaft auszulösen.[334] Außerdem ist bei Willenserklärungen unter Abwesenden gemäß § 130 Abs. 1 Satz 1 BGB für den tatsächlichen Zugang neben

---

327 GroßkommAktG/*Butzke*, 5. Aufl. 2017, § 126 Rn. 21; MüKoAktG/*Kubis*, 5. Aufl. 2022, § 126 Rn. 16; *Ziemons* in: Schmidt/Lutter, AktG, 4. Aufl. 2020, § 126 Rn. 17.

328 MüKoAktG/*Kubis*, 5. Aufl. 2022, § 126 Rn. 21.

329 *Herrler* in: Grigoleit, AktG, 2. Aufl. 2020, § 126 Rn. 9; *Ziemons* in: Schmidt/Lutter, AktG, 4. Aufl. 2020, § 126 Rn. 23.

330 *Herrler* in: Grigoleit, AktG, 2. Aufl. 2020, § 126 Rn. 9; *Ziemons* in: Schmidt/Lutter, AktG, 4. Aufl. 2020, § 126 Rn. 23.

331 BGH, AG 2000, 322 (322.); *Rieckers* in: Spindler/Stilz, AktG, 4. Aufl. 2019, § 126 Rn. 18; a. A. MüKoAktG/*Kubis*, 5. Aufl. 2022, § 126 Rn. 21.

332 BGH, AG 2000, 322 (322) *Bork*, EWiR 1/98, 819 (820).

333 *Guntermann*, ZGR 2021, 436 (462).

334 *Bork*, EWiR 1/98, 819 (820).

dem Tatbestandsmerkmal, dass die verkörperte Willenserklärung in den Machtbereich des Empfängers gelangt, auch die Kenntnisnahme dergleichen bzw. wann der Empfänger unter gewöhnlichen Umständen von der Erklärung hätte Kenntnis nehmen können, entscheidend.[335] Bei einer AG existieren aber weder allgemeingültige Geschäftszeiten, noch besteht ein nennenswerter Unterschied zwischen einem Eingang kurz vor Ende der Geschäftszeit und einem Eingang um 24:00 Uhr.[336] Zudem ermöglicht die 14-Tage-Frist des § 126 Abs. 1 AktG der Aktiengesellschaft einen angemessenen Prüfungszeitraum hinsichtlich des übermittelten Gegenantrags.[337] Für eine entsprechende Anwendung der Grundsätze des Zugangs nach § 130 Abs. 1 BGB auf den Zugang des Gegenantrags besteht insofern keine Notwendigkeit.[338]

Hat die Gesellschaft keine Adresse für die Übersendung von Gegenanträgen mitgeteilt, gilt die 14-Tage-Frist ebenfalls.[339] Lediglich bei Angabe einer falschen Adresse findet die 14-Tage-Frist keine Anwendung.[340] Zudem muss eine etwaige Begründung des Gegenantrags nicht zusammen mit der Übermittlung des Gegenantrags erfolgen, sondern kann der Gesellschaft innerhalb der Frist nach § 126 Abs. 1 Satz 1 AktG zugehen.[341] Geht der Gegenantrag (oder falls für erforderlich erachtet die Begründung) der Gesellschaft verfristet zu, wird eine Publizitätspflicht nicht begründet.[342] Der Gesellschaft steht es frei, den Gegenantrag und die Begründung dennoch zugänglich zu machen.[343] In diesem Fall hat die Gesellschaft aber dem Grundsatz der Gleichbehandlung der Aktionäre nach § 53a AktG Rechnung zu tragen.[344]

---

335 MüKoBGB/*Einsele*, 9. Aufl. 2021, § 130 Rn. 19.

336 BGH, AG 2000, 322 (322 f.); *Herrler* in: Grigoleit, AktG, 2. Aufl. 2020, § 126 Rn. 9.

337 BGH, AG 2000, 322 (322 f.); *Herrler* in: Grigoleit, AktG, 2. Aufl. 2020, § 126 Rn. 9.

338 BGH, AG 2000, 322 (322 f.); *Herrler* in: Grigoleit, AktG, 2. Aufl. 2020, § 126 Rn. 9.

339 *Rieckers* in: Spindler/Stilz, AktG, 4. Aufl. 2019, § 126 Rn. 18.

340 *Rieckers* in: Spindler/Stilz, AktG, 4. Aufl. 2019, § 126 Rn. 18.

341 *Rieckers* in: Spindler/Stilz, AktG, 4. Aufl. 2019, § 126 Rn. 12.

342 GroßkommAktG/*Butzke*, 5. Aufl. 2017, § 126 Rn. 21; *Herrler* in: Grigoleit, AktG, 2. Aufl. 2020, § 126 Rn. 9; MüKoAktG/*Kubis*, 5. Aufl. 2022, § 126 Rn. 16, 21; *Ziemons* in: Schmidt/Lutter, AktG, 4. Aufl. 2020, § 126 Rn. 17.

343 *Herrler* in: Grigoleit, AktG, 2. Aufl. 2020, § 126 Rn. 9; MüKoAktG/*Kubis*, 5. Aufl. 2022, § 126 Rn. 21.

344 MüKoAktG/*Kubis*, 5. Aufl. 2022, § 126 Rn. 21; *Rieckers* in: Spindler/Stilz, AktG, 4. Aufl. 2019, § 126 Rn. 18.

c) *Zugänglichmachen des Gegenantrags*

Die Gesellschaft hat ordnungsgemäß übermittelte Gegenanträge nach § 126 Abs. 1 Satz 1 AktG den in § 125 Abs. 1–3 AktG genannten Berechtigten zugänglich zu machen. Der Adressatenkreis besteht nach § 125 Abs. 1–3 AktG bei Inhaberaktien aus den Intermediären, welche die Aktien der Gesellschaft verwahren und bei Namensaktien aus den im Aktienregister zum Stichtag Eingetragenen, sowie in beiden Fällen aus Aktionärsvereinigungen und Aufsichtsratsmitgliedern, die jeweils eine entsprechende Mitteilung verlangt haben.[345] Darüber hinaus sind publizitätspflichtige Gegenanträge auch Inhaberaktionären, deren Aktien nicht von einem Intermediär verwaltet werden sowie Namensaktionären, für die an dem Stichtag ein Intermediär als Platzhalter eingetragen ist, zugänglich zu machen.[346] Der vom Gesetzgeber angeordnete Adressatenkreis schließt eine Zugänglichmachung an weitere Personen jedoch nicht aus.[347]

Bei börsennotierten Gesellschaften verlangt § 126 Abs. 1 Satz 3 AktG zwingend, dass das Zugänglichmachen eines publizitätspflichtigen Gegenantrags über die Internetseite der Gesellschaft zu erfolgen hat. Die Gegenanträge müssen auf der Internetseite leicht auffindbar sein.[348] In der Praxis werden publizitätspflichtige Gegenanträge grundsätzlich zugangsunbeschränkt auf der Internetseite der Gesellschaft im Bereich „Investor Relations" bzw. in dessen Unterbereich zur Hauptversammlung eingestellt.[349] Der Gesellschaft steht es darüber hinaus frei, die publizitätspflichtigen Gegenanträge zusätzlich über andere Publikationswege zu veröffentlichen.[350] Nicht börsennotierten Gesellschaften steht hinsichtlich der Zugänglichmachung von Gegenanträgen größere Flexibilität zu. Sie können Gegenanträge insbesondere über ihre Internetseite (§ 126 Abs. 1 Satz 3 AktG) oder in den Gesellschaftsblättern bzw. im Bundesanzeiger (§ 25 AktG) zugänglich machen.[351] Daneben sind individuelle Mitteilungen an den gemäß § 125 Abs. 1–3 i. V. m. § 126 Abs. 1 Satz 1 AktG berechtigten Adressatenkreis ebenfalls möglich, kommen jedoch angesichts des damit verbundenen Aufwands nur

345 *Ziemons* in: Schmidt/Lutter, AktG, 4. Aufl. 2020, § 126 Rn. 25.

346 *Ziemons* in: Schmidt/Lutter, AktG, 4. Aufl. 2020, § 126 Rn. 25.

347 *Rieckers* in: Spindler/Stilz, AktG, 4. Aufl. 2019, § 126 Rn. 22.

348 *Herrler* in: Grigoleit, AktG, 2. Aufl. 2020, § 126 Rn. 10.

349 GroßkommAktG/*Butzke*, 5. Aufl. 2017, § 126 Rn. 42; *Sasse*, NZG 2004, 153 (156).

350 *Ziemons* in: Schmidt/Lutter, AktG, 4. Aufl. 2020, § 126 Rn. 26.

351 *Koch* in: Hüffer/Koch, AktG, 15. Aufl. 2021, § 126 Rn. 6; KölnerKommAktG/*Noack/Zetzsche*, 3. Aufl. 2010, § 126 Rn. 59; *Reger* in: Bürgers/Körber/Lieder, AktG, 5. Aufl. 2021, § 126 Rn. 25.

selten in Betracht.[352] Die Auslage der Gegenanträge in den Geschäftsräumen der nicht börsennotierten Gesellschaft ist aufgrund der beschränkten Reichweite aber nicht ausreichend.[353] Sowohl bei börsen- als auch bei nicht börsennotierten Gesellschaften besteht hinsichtlich des Zugänglichmachens publizitätspflichtiger Gegenanträge für Aufsichtsratsmitglieder die Besonderheit, dass sie trotz einer Zugänglichmachung nach den vorstehenden Möglichkeiten eine Übermittlung des Gegenantrags in Papierform verlangen, § 126 Abs. 1 Satz 4 i. V. m. § 125 Abs. 3 AktG.

Inhaltlich bezieht die Veröffentlichungspflicht sich auf den Gegenantrag im Wortlaut des Opponenten, dessen Namen sowie die übermittelte (fakultative) Begründung.[354] Der Verwaltung steht es darüber hinaus frei, dem Gegenantrag eine eigene Stellungnahme beizufügen.[355] Der Gegenantrag ist von der Gesellschaft unverzüglich, d. h. ohne schuldhaftes Zögern i. S. d. § 121 Abs. 1 Satz 1 BGB, nach Zugang dessen bei der Gesellschaft zugänglich zu machen.[356] Ein schuldhaftes Zögern ist nur dann anzunehmen, wenn das Zuwarten der Gesellschaft nicht durch die konkreten Umstände des Einzelfalls, insbesondere der zu bemessenden Prüfungs- und Überlegungszeit, geboten ist.[357] Insoweit wird der Gesellschaft eine angemessene Prüfungsmöglichkeit des übermittelten Gegenantrags an dem Maßstab des § 126 Abs. 1 und 2 AktG eingeräumt.[358] Ein schuldhaftes Zögern ist jedoch dann zu bejahen, wenn die Verspätung des Zugänglichmachens auf dem Verfassen einer freiwilligen Stellungnahme der Verwaltung zum jeweiligen Gegenantrag beruht.[359] Denn die Gesellschaft kann

352 *Rieckers* in: Spindler/Stilz, AktG, 4. Aufl. 2019, § 126 Rn. 21.

353 *Herrler* in: Grigoleit, AktG, 2. Aufl. 2020, § 126 Rn. 10.

354 MüKoAktG/*Kubis*, 5. Aufl. 2022, § 126 Rn. 25.

355 *Drinhausen* in: Hölters/Weber, AktG, 4. Aufl. 2022, § 126 Rn. 11; MüKoAktG/*Kubis*, 5. Aufl. 2022, § 126 Rn. 25.

356 *Herrler* in: Grigoleit, AktG, 2. Aufl. 2020, § 126 Rn. 11.

357 BGH, NJW 2012, 3305 (3306).

358 *Herrler* in: Grigoleit, AktG, 2. Aufl. 2020, § 126 Rn. 11; *Reger* in: Bürgers/Körber/Lieder, AktG, 5. Aufl. 2021, § 126 Rn. 25.

359 *Herrler* in: Grigoleit, AktG, 2. Aufl. 2020, § 126 Rn. 11; KölnerKommAktG/*Noack/Zetzsche*, 3. Aufl. 2010, § 126 Rn. 64; a. A. *Rieckers* in: Spindler/Stilz, AktG, 4. Aufl. 2019, § 126 Rn. 24, welcher der Auffassung ist, dass dem Vorstand und Aufsichtsrat eine angemessene Zeit zum Verfassen einer eigenen Stellungnahme vor Zugänglichmachung des Gegenantrags verbleiben müsse, da der Wortlaut des § 126 Abs. 1 Satz 1 AktG grundsätzlich von einer gemeinsamen Veröffentlichung des Gegenantrags mit einer etwaigen Stellungnahme ausgehe.

ihre Stellungnahme auch noch nachträglich nach dem Zugänglichmachen des jeweiligen Gegenantrags, insbesondere auch nach Ablauf der 14-Tage-Frist, veröffentlichen.[360] Außerdem ist die Sammlung der übermittelten Gegenanträge und deren gemeinsame Veröffentlichung nach Ablauf der 14-Tage-Frist aufgrund der Unverzüglichkeit des Zugänglichmachens nicht zulässig.[361]

d) Ausnahmen von der Publizitätspflicht, § 126 Abs. 2 AktG

aa) Allgemeines

Nicht alle form- und fristwahrend übermittelten Gegenanträge und Begründungen müssen von der Gesellschaft zugänglich gemacht werden. Die Publizitätspflicht wird durch die Katalogtatbestände des § 126 Abs. 2 Satz 1 AktG eingeschränkt. Durch die Ausnahmen von der Publizitätspflicht soll verhindert werden, dass die Gesellschaft unzulässige oder rechtsmissbräuchliche Gegenanträge und Begründungen veröffentlichen muss.[362] Über das Nichtzugänglichmachen entscheidet der Vorstand durch Beschluss, wobei abweichende Regelungen, wie z. B. Zustimmungsvorbehalte des Aufsichtsrats unzulässig sind.[363] Sieht der Vorstand von einem Zugänglichmachen nach § 126 Abs. 1 AktG ab, besteht keine Verpflichtung, den Antragsteller über die Nichtveröffentlichung zu unterrichten.[364]

Der Katalog des § 126 Abs. 2 Satz 1 AktG umfasst insgesamt sieben abschließende Ausschlusstatbestände, bei deren jeweiligen Vorliegen der Vorstand von einem Zugänglichmachen des Gegenantrags und dessen Begründung absehen kann, in einigen Fällen sogar muss.[365] Grundsätzlich steht es dem Vorstand frei, einen übermittelten Gegenantrag und dessen Begründung auch bei Vorliegen eines Katalogtatbestands nach § 126 Abs. 2 Satz 1 AktG zugänglich zu machen.[366] In diesem Fall hat er jedoch den Gleichbehandlungsgrundsatz der Antragsteller

---

360 *Rieckers* in: Spindler/Stilz, AktG, 4. Aufl. 2019, § 126 Rn. 24.

361 *Herrler* in: Grigoleit, AktG, 2. Aufl. 2020, § 126 Rn. 11; *Rieckers* in: Spindler/Stilz, AktG, 4. Aufl. 2019, § 126 Rn. 24.

362 MüKoAktG/*Kubis*, 5. Aufl. 2022, § 126 Rn. 27.

363 *Herrler* in: Grigoleit, AktG, 2. Aufl. 2020, § 126 Rn. 12; *Ziemons* in: Schmidt/Lutter, AktG, 4. Aufl. 2020, § 126 Rn. 36.

364 *Herrler* in: Grigoleit, AktG, 2. Aufl. 2020, § 126 Rn. 12; KölnerKommAktG/*Noack/Zetzsche*, 3. Aufl. 2010, § 126 Rn. 71; *Rieckers* in: Spindler/Stilz, AktG, 4. Aufl. 2019, § 126 Rn. 27; *Ziemons* in: Schmidt/Lutter, AktG, 4. Aufl. 2020, § 126 Rn. 37.

365 *Rieckers* in: Spindler/Stilz, AktG, 4. Aufl. 2019, § 126 Rn. 27.

366 *Rieckers* in: Spindler/Stilz, AktG, 4. Aufl. 2019, § 126 Rn. 27.

nach § 53a AktG zu wahren.[367] Aufgrund des geltenden Legalitätsprinzips muss der Vorstand von einer Publizität des übermittelten Gegenantrags und dessen Begründung absehen, wenn er sich durch die Veröffentlichung einer eigenen Strafbarkeit unterziehen würde (§ 126 Abs. 2 Satz 1 Nr. 1 AktG).[368] Gleiches gilt nach überwiegender Auffassung für die Fälle des § 126 Abs. 2 Satz 1 Nr. 2 AktG (gesetz- oder satzungswidriger Beschluss), da insoweit keine Beschlussfassung erfolgen darf.[369] Sofern ein zwingendes Absehen von der Publizitätspflicht auch für § 126 Abs. 2 Satz 1 Nr. 6 AktG (fehlende Teilnahmeabsicht an der Hauptversammlung) verlangt wird, ist dem entgegenzuhalten, dass ein publizierter Gegenantrag in der Hauptversammlung auch von einem Mitaktionär gestellt werden kann, sodass dieser Ansicht nicht zu folgen ist.[370]

bb) Europarechtskonformität

Äußerst umstritten und weitgehend ungeklärt ist, ob einige Katalogtatbestände des § 126 Abs. 2 Satz 1 AktG bei börsennotierten Gesellschaften aufgrund der ARRL einer richtlinienkonformen Auslegung bedürfen.[371] Die Diskussion wird maßgeblich wegen Art. 5 Abs. 4 Satz 1 lit. d i. V. m. Art. 6 Abs. 1 lit. b ARRL geführt, wonach die von den Aktionären eingebrachten Beschlussvorschläge ohne nähere Einschränkung auf der Internetseite der Gesellschaft zu veröffentlichen sind.[372] Die ARRL statuiert aber keine Uneinschränkbarkeit der Publizitätspflicht von Gegenanträgen.[373] ErwGr Nr. 7 Satz 1 ARRL führt

---

367 *Rieckers* in: Spindler/Stilz, AktG, 4. Aufl. 2019, § 126 Rn. 27.

368 MüKoAktG/*Kubis*, 5. Aufl. 2022, § 126 Rn. 27; *Rieckers* in: Spindler/Stilz, AktG, 4. Aufl. 2019, § 126 Rn. 27.

369 GroßkommAktG/*Butzke*, 5. Aufl. 2017, § 126 Rn. 61; *Herrler* in: Grigoleit, AktG, 2. Aufl. 2020, § 126 Rn. 13; a. A. KölnerKommAktG/*Noack/Zetzsche*, 3. Aufl. 2010, § 126 Rn. 74; *Rieckers* in: Spindler/Stilz, AktG, 4. Aufl. 2019, § 126 Rn. 27.

370 KölnerKommAktG/*Noack/Zetzsche*, 3. Aufl. 2010, § 126 Rn. 74; *Rieckers* in: Spindler/Stilz, AktG, 4. Aufl. 2019, § 126 Rn. 27; a. A. GroßkommAktG/*Butzke*, 5. Aufl. 2017, § 126 Rn. 55; *Herrler* in: *Grigoleit*, AktG, 2. Aufl. 2020, § 126 Rn. 13.

371 *Herrler* in: Grigoleit, AktG, 2. Aufl. 2020, § 126 Rn. 13; MüKoAktG/*Kubis*, 5. Aufl. 2022, § 126 Rn. 28; *Rieckers* in: Spindler/Stilz, AktG, 4. Aufl. 2019, § 126 Rn. 27a; *Schlitt* in: Semler/Volhard/Reichert, Arbeitshdb. für die Hauptversammlung, 5. Aufl. 2021, § 4 Rn. 334.

372 MüKoAktG/*Kubis*, 5. Aufl. 2022, § 126 Rn. 28; *Rieckers* in: Spindler/Stilz, AktG, 4. Aufl. 2019, § 126 Rn. 27a.

373 *Bungert* in: Hoffmann-Becking, MHdB GesR, Bd. 4, 5. Aufl. 2020, § 36 Rn. 113; *Rieckers* in: Spindler/Stilz, AktG, 4. Aufl. 2019, § 126 Rn. 27a.

dazu aus, dass es den Aktionären grundsätzlich möglich sein sollte, Beschlussvorschläge zu Tagesordnungspunkten einzubringen. Zudem sollen nach Satz 2 des ErwGr Nr. 7 ARRL die Regelungen zum Antragsrecht nur unbeschadet der unterschiedlichen Zeitrahmen und Modalitäten, die derzeit in der Gemeinschaft verwendet werden, gelten. Der Richtliniengeber räumt den Mitgliedsstaaten insoweit einen gewissen Regelungsspielraum ein, der insbesondere vor dem Hintergrund der Missbrauchsprävention des Gegenantragsrechts in Anspruch genommen werden kann.[374] Vor dem Hintergrund, dass die ARRL keine Ausführungen hinsichtlich der Begründung des Gegenantrags trifft, beschränkt sich die Diskussion um eine richtlinienkonforme Auslegung nur auf die Publizitätspflicht des Gegenantrags als solches.[375]

Aufgrund des europaweit geltenden Legalitätsprinzips ist zumindest ein Ausschluss der Publizitätspflicht nach § 126 Abs. 2 Satz 1 Nr. 1 (Strafbarkeit des Vorstands) und Nr. 2 AktG (gesetz- oder satzungswidriger Beschluss) als richtlinienkonform anzusehen.[376] Vereinzelt wird die Richtlinienkonformität der Katalogtatbestände § 126 Abs. 2 Satz 1 Nr. 3 (falsche oder irreführende Angaben oder Beleidigungen in der Begründung), Nr. 4 (auf denselben Sachverhalt gestützter Gegenantrag bereits zugänglich gemacht) und Nr. 5 AktG (Wiederholung erfolgloser Gegenanträge) in Frage gestellt.[377] Den Bedenken ist mit der überwiegenden Auffassung entgegenzutreten.[378] Die vorgenannten Katalogtatbestände leisten einen wichtigen Beitrag in der Missbrauchsprävention der Publizitätspflicht von Gegenanträgen, indem § 126 Abs. 2 Satz 1 Nr. 3 AktG darauf abzielt, eine auf falschen Tatsachen oder abwegigen Werturteilen gestützte Willensbildung der Aktionäre zu verhindern und § 126 Abs. 2 Satz 1 Nr. 4 und

---

374 *Herrler* in: Grigoleit, AktG, 2. Aufl. 2020, § 126 Rn. 13; *Rieckers* in: Spindler/Stilz, AktG, 4. Aufl. 2019, § 126 Rn. 27a; MüKoAktG/*Kubis*, 5. Aufl. 2022, § 126 Rn. 28.

375 *Bungert* in: Hoffmann-Becking, MHdB GesR, Bd. 4, 5. Aufl. 2020, § 36 Rn. 113; *Rieckers* in: Spindler/Stilz, AktG, 4. Aufl. 2019, § 126 Rn. 27a; *Ziemons* in: Schmidt/Lutter, AktG, 4. Aufl. 2020, § 126 Rn. 39.

376 GroßkommAktG/*Butzke*, 5. Aufl. 2017, § 126 Rn. 56; *Herrler* in: Grigoleit, AktG, 2. Aufl. 2020, § 126 Rn. 13; *Koch* in: Hüffer/Koch, AktG, 15. Aufl. 2021, § 126 Rn. 7; *Rieckers* in: Spindler/Stilz, AktG, 4. Aufl. 2019, § 126 Rn. 27a; *Ziemons* in: Schmidt/Lutter, AktG, 4. Aufl. 2020, § 126 Rn. 40; MüKoAktG/*Kubis*, 5. Aufl. 2022, § 126 Rn. 28.

377 *Ziemons* in: Schmidt/Lutter, AktG, 4. Aufl. 2020, § 126 Rn. 40.

378 GroßkommAktG/*Butzke*, 5. Aufl. 2017, § 126 Rn. 56; *Herrler* in: Grigoleit, AktG, 2. Aufl. 2020, § 126 Rn. 13; KölnerKommAktG/*Noack*/*Zetzsche*, 3. Aufl. 2010, § 126 Rn. 70; *Rieckers* in: Spindler/Stilz, AktG, 4. Aufl. 2019, § 126 Rn. 27a.

Nr. 5 AktG missbräuchlichen Gegenanträgen die Plattform entziehen vermag.[379] Richtlinienkritischer sind allerdings die Katalogtatbestände Nr. 6 (fehlende Teilnameabsicht) und Nr. 7 (unterlassene Antragstellung) zu beurteilen. Überwiegend wird aber auch hier die Richtlinienkonformität aus den zuvor genannten Gründen bejaht. Dem ist zu folgen, da beide Katalogtatbestände Fälle der Missbrauchsprävention des Gegenantragsrechts darstellen und sie keine unzumutbaren Einschränkungen des Gegenantragsrechts zur Folge haben.[380]

cc) Strafbarer Inhalt, § 126 Abs. 2 Satz 1 Nr. 1 AktG

Nach § 126 Abs. 2 Satz 1 Nr. 1 AktG braucht ein Gegenantrag und dessen Begründung nicht zugänglich gemacht werden, soweit der Vorstand sich durch das Zugänglichmachen des Gegenantrags bzw. dessen Begründung strafbar machen würde. Teilweise wird aufgrund des Wortlauts des § 126 Abs. 2 Satz 1 Nr. 1 AktG „soweit" vertreten, dass der Vorstand den Gegenantrag bzw. die Begründung um den strafbaren Inhalt zu kürzen und – soweit ohne Sinnentstellung darstellbar – in dieser Form zugänglich zu machen hat.[381] Angesichts der damit verbundenen Abgrenzungsschwierigkeiten und des erhöhten Beschlussanfechtungsrisikos kann eine eingeschränkte Veröffentlichung aber keine Pflicht, sondern lediglich ein Recht darstellen.[382] Dies entspricht auch der zugrundeliegenden Risikosphäre der Beteiligten, denn es liegt in der Verantwortung des Gegenantragstellers, dass sein Gegenantrag bzw. dessen Begründung den Strafgesetzen nicht zuwiderläuft.[383]

In Betracht kommende Straftaten durch den Vorstand umfassen insbesondere Straftaten nach §§ 185 ff. StGB (Beleidigungsdelikte) und § 404 AktG (Verletzung der Geheimhaltungspflicht).[384] Die vorbenannten Straftatbestände können

---

379 MüKoAktG/*Kubis*, 5. Aufl. 2022, § 126 Rn. 33, 36 und 37.

380 GroßkommAktG/*Butzke*, 5. Aufl. 2017, § 126 Rn. 56; MüKoAktG/*Kubis*, 5. Aufl. 2022, § 126 Rn. 28; *Rieckers* in: Spindler/Stilz, AktG, 4. Aufl. 2019, § 126 Rn. 27a; a. A. *Ziemons* in: Schmidt/Lutter, AktG, 4. Aufl. 2020, § 126 Rn. 40.

381 GroßkommAktG/*Butzke*, 5. Aufl. 2017, § 126 Rn. 59; *Herrler* in: Grigoleit, AktG, 2. Aufl. 2020, § 126 Rn. 14; *Reger* in: Bürgers/Körber/Lieder, AktG, 5. Aufl. 2021, § 126 Rn. 15.

382 *Herrler* in: Grigoleit, AktG, 2. Aufl. 2020, § 126 Rn. 14; *Koch* in: Hüffer/Koch, AktG, 15. Aufl. 2021, § 126 Rn. 8a; KölnerKommAktG/*Noack/Zetzsche*, 3. Aufl. 2010, § 126 Rn. 80; *Reger* in: Bürgers/Körber/Lieder, AktG, 5. Aufl. 2021, § 126 Rn. 15.

383 GroßkommAktG/*Butzke*, 5. Aufl. 2017, § 126 Rn. 59; *Herrler* in: Grigoleit, AktG, 2. Aufl. 2020, § 126 Rn. 14; *Reger* in: Bürgers/Körber/Lieder, AktG, 5. Aufl. 2021, § 126 Rn. 15.

384 GroßkommAktG/*Butzke*, 5. Aufl. 2017, § 126 Rn. 58.

durch den Vorstand regelmäßig nur in Form der Beihilfe (§ 27 StGB) verwirklicht werden, da die Urheberschaft des Gegenantrags bzw. dessen Begründung nicht bei dem Vorstand, sondern bei dem jeweiligen Antragsteller liegt.[385] Darüber hinaus bezieht der sachliche Anwendungsbereich des § 126 Abs. 2 Satz 1 Nr. 1 AktG sich auch auf Ordnungswidrigkeiten.[386] In Betracht kommt insoweit die öffentliche Aufforderung zu Ordnungswidrigkeiten nach §§ 116, 14 OWiG.

dd) Gesetz- oder satzungswidriger Beschluss, § 126 Abs. 2 Satz 1 Nr. 2 AktG

Die Publizitätspflicht entfällt gemäß § 126 Abs. 2 Satz 1 Nr. 2 AktG dann, wenn der angestrebte Hauptversammlungsbeschluss gesetz- oder satzungswidrig wäre. Entscheidend ist, dass der angestrebte Hauptversammlungsbeschluss anfechtbar (§ 243 AktG) oder nichtig (§ 241 AktG) wäre.[387] Dabei kann die Gesetzes- oder Satzungswidrigkeit auf formelle und/oder materielle Mängel hinsichtlich des angestrebten Hauptversammlungsbeschlusses gestützt werden.[388] Allerdings sind bloße Zweifel an der Rechtmäßigkeit des angestrebten Hauptversammlungsbeschlusses für eine Versagung der Publizität des Gegenantrags und dessen Begründung nicht ausreichend.[389] Der Vorstand muss die hypothetische Gesetzes- oder Satzungswidrigkeit auf hinreichende Anhaltspunkte stützen, wobei es jedoch keiner offenkundigen Gesetzes- oder Satzungswidrigkeit bedarf.[390] Dass nur eindeutige Gesetzes- oder Satzungsverstöße von § 126 Abs. 2 Satz 1 Nr. 2 AktG erfasst sind, ist abzulehnen.[391] Dies wäre weder praxisgerecht noch erfordert der Wortlaut der Norm eine solche Beschränkung.[392] Der Vorstand wird bei

---

385 MüKoAktG/*Kubis*, 5. Aufl. 2022, § 126 Rn. 29; *Ziemons* in: Schmidt/Lutter, AktG, 4. Aufl. 2020, § 126 Rn. 41.

386 *Drinhausen* in: Hölters/Weber, AktG, 4. Aufl. 2022, § 126 Rn. 15; KölnerKommAktG/*Noack/Zetzsche*, 3. Aufl. 2010, § 126 Rn. 76; *Ziemons* in: Schmidt/Lutter, AktG, 4. Aufl. 2020, § 126 Rn. 41; a. A. MüKoAktG/*Kubis*, 5. Aufl. 2022, § 126 Rn. 29.

387 MüKoAktG/*Kubis*, 5. Aufl. 2022, § 126 Rn. 30; *Schlitt* in: Semler/Volhard/Reichert, Arbeitshdb. für die Hauptversammlung, 5. Aufl. 2021, § 4 Rn. 337; *Ziemons* in: Schmidt/Lutter, AktG, 4. Aufl. 2020, § 126 Rn. 42.

388 *Rieckers* in: Spindler/Stilz, AktG, 4. Aufl. 2019, § 126 Rn. 29.

389 *Drinhausen* in: Hölters/Weber, AktG, 4. Aufl. 2022, § 126 Rn. 16; *Ziemons* in: Schmidt/Lutter, AktG, 4. Aufl. 2020, § 126 Rn. 42.

390 *Ziemons* in: Schmidt/Lutter, AktG, 4. Aufl. 2020, § 126 Rn. 42.

391 *Koch* in: Hüffer/Koch, AktG, 15. Aufl. 2021, § 126 Rn. 8; MüKoAktG/*Kubis*, 5. Aufl. 2022, § 126 Rn. 30; *Rieckers* in: Spindler/Stilz, AktG, 4. Aufl. 2019, § 126 Rn. 29; a. A. KölnerKommAktG/*Noack/Zetzsche*, 3. Aufl. 2010, § 126 Rn. 81.

392 MüKoAktG/*Kubis*, 5. Aufl. 2022, § 126 Rn. 30.

der rechtlichen Beurteilung der Gesetzes- oder Satzungswidrigkeit, zumindest bei nicht eindeutigen Verstößen, regelmäßig Vorsicht walten lassen, da etwaige Fehler in der rechtlichen Bewertung stets zulasten der Gesellschaft gehen.[393]

ee) *Falsche oder irreführende Angaben, Beleidigungen, § 126 Abs. 2 Satz 1 Nr. 3 AktG*

Nach § 126 Abs. 2 Satz 1 Alt. 1 AktG muss der Vorstand einen Gegenantrag und dessen Begründung nicht zugänglich machen, wenn die Begründung in wesentlichen Punkten offensichtlich falsche oder irreführende Angaben enthält. Der Ausnahmetatbestand soll verhindern, dass falsche oder irreführende Tatsachen oder Werturteile zugänglich zu machen sind, auf die Aktionäre ihre Entscheidungsfindung stützen könnten.[394] Die Vorschrift beschränkt sich nicht nur auf die Begründung des Gegenantrags, sondern erfasst auch den Gegenantrag als solchen.[395] Die Beurteilung, ob ein Gegenantrag bzw. dessen Begründung in wesentlichen Punkten offensichtlich falsche oder irreführende Angaben enthält, erfolgt aus Sicht eines unbefangenen Dritten, der mit den zugrunde liegenden Detailverhältnissen nicht vertraut ist.[396] Die Fehlerhaftigkeit bzw. Irreführung der Angabe muss sich dabei auf Fakten und nicht auf die vom Gegenantragsteller vorgenommene Bewertung der Tatsachenlage beziehen.[397] Von einer offensichtlich falschen oder irreführenden Angabe ist nur dann auszugehen, wenn die Angabe aus der Begründung oder dem Gegenantrag klar erkennbar hervorgeht.[398] Darüber hinaus darf die gegenständliche Angabe nicht bloß belangloser Natur sein, d. h. sie muss geeignet sein, die Entscheidungsfindung des verständigen Durchschnittsaktionärs zu beeinflussen.[399] Das ist nur der Fall, wenn der Kern der Begründung bzw. des Gegenantrags betroffen ist.[400] Die Möglichkeit, dass die Verwaltung eine Stellungnahme zum jeweiligen Gegenantrag und

---

393 *Koch* in: Hüffer/Koch, AktG, 15. Aufl. 2021, § 126 Rn. 8a; MüKoAktG/*Kubis*, 5. Aufl. 2022, § 126 Rn. 30.

394 MüKoAktG/*Kubis*, 5. Aufl. 2022, § 126 Rn. 33; KölnerKommAktG/*Noack/Zetzsche*, 3. Aufl. 2010, § 126 Rn. 87.

395 *Ziemons* in: Schmidt/Lutter, AktG, 4. Aufl. 2020, § 126 Rn. 45.

396 OLG Stuttgart, AG 1995, 236 (236); *Herrler* in: Grigoleit, AktG, 2. Aufl. 2020, § 126 Rn. 14; *Rieckers* in: Spindler/Stilz, AktG, 4. Aufl. 2019, § 126 Rn. 33.

397 *Rieckers* in: Spindler/Stilz, AktG, 4. Aufl. 2019, § 126 Rn. 32.

398 *Rieckers* in: Spindler/Stilz, AktG, 4. Aufl. 2019, § 126 Rn. 33.

399 MüKoAktG/*Kubis*, 5. Aufl. 2022, § 126 Rn. 34.

400 MüKoAktG/*Kubis*, 5. Aufl. 2022, § 126 Rn. 34; *Rieckers* in: Spindler/Stilz, AktG, 4. Aufl. 2019, § 126 Rn. 45.

dessen Begründung abgeben kann, führt insoweit aber zu einer restriktiveren Auslegung der Wesentlichkeit.[401]

Die Publizitätspflicht entfällt nach § 126 Abs. 2 Satz 1 Nr. 3 Alt. 2 AktG ferner, wenn die Begründung eine Beleidigung (§ 185 StGB) enthält.[402] Ein beleidigender Gegenantrag ist einer beleidigenden Begründung gleichzusetzen.[403] Über den Wortlaut hinaus erfasst die Vorschrift zudem die Straftatbestände der üblen Nachrede (§ 186 StGB) sowie der Verleumdung (§ 187 StGB).[404] Im Gegensatz zu den falschen oder irreführenden Angaben nach § 126 Abs. 2 Satz 1 Nr. 3 Alt. 2 AktG muss die Straftat sich nicht auf wesentliche Punkte der Begründung oder des Gegenantrags beziehen.[405] In Abgrenzung zu § 126 Abs. 2 Satz 1 Nr. 1 AktG (Strafbarkeit des Vorstands) zielt § 126 Abs. 2 Satz 1 Nr. 3 Alt. 2 AktG nicht auf den Schutz des Vorstands vor Strafverfolgung, sondern auf den Schutz der Opfer.[406] Wenngleich die Schutzrichtungen unterschiedlich sind, überschneiden die Anwendungsbereiche des § 126 Abs. 2 Satz 1 Nr. 1 AktG und des § 126 Abs. 2 Satz 1 Nr. 3 Alt. 2 AktG sich hinsichtlich der benannten Straftaten.[407]

ff) Sachverhaltsgleicher Gegenantrag, § 126 Abs. 2 Satz 1 Nr. 4 AktG

Nach § 126 Abs. 2 Satz 1 Nr. 4 AktG entfällt die Publizitätspflicht, wenn ein auf denselben Sachverhalt gestützter Gegenantrag des Aktionärs bereits zu einer Hauptversammlung der Gesellschaft nach § 125 AktG zugänglich gemacht worden ist. Der Zweck der Vorschrift besteht darin, die Gesellschaft vor dem wiederholten Zugänglichmachen wiederholender, offensichtlich aussichtloser Gegenanträge zu inhaltsgleichen Sachverhalten zu schützen.[408] Die Vorschrift umfasst nicht nur das Zugänglichmachen von Gegenanträgen durch Mitteilungen nach § 125 Abs. 1 Satz 1 AktG, sondern auch die nunmehr für das

---

401 MüKoAktG/*Kubis*, 5. Aufl. 2022, § 126 Rn. 34.

402 *Schlitt* in: Semler/Volhard/Reichert, Arbeitshdb. für die Hauptversammlung, 5. Aufl. 2021, § 4 Rn. 339.

403 MüKoAktG/*Kubis*, 5. Aufl. 2022, § 126 Rn. 35.

404 MüKoAktG/*Kubis*, 5. Aufl. 2022, § 126 Rn. 35; *Rieckers* in: Spindler/Stilz, AktG, 4. Aufl. 2019, § 126 Rn. 34.

405 MüKoAktG/*Kubis*, 5. Aufl. 2022, § 126 Rn. 35; KölnerKommAktG/*Noack/Zetzsche*, 3. Aufl. 2010, § 126 Rn. 90.

406 GroßkommAktG/*Butzke*, 5. Aufl. 2017, § 126 Rn. 67.

407 GroßkommAktG/*Butzke*, 5. Aufl. 2017, § 126 Rn. 67; *Drinhausen* in: Hölters/Weber, AktG, 4. Aufl. 2022, § 126 Rn. 15.

408 *Drinhausen* in: Hölters/Weber, AktG, 4. Aufl. 2022, § 126 Rn. 18; MüKoAktG/*Kubis*, 5. Aufl. 2022, § 126 Rn. 36.

Zugänglichmachen von Gegenanträgen erforderlichen Veröffentlichungen nach § 126 Abs. 1 Satz 1 AktG.[409]

Der Ausschluss der Publizitätspflicht nach § 126 Abs. 2 Satz 1 Nr. 4 AktG verlangt keine Identität der Gegenanträge als solche, sondern nur, dass die Gegenanträge sich auf einen identischen Sachverhalt stützen.[410] Eine Sachverhaltsidentität liegt vor, wenn der Sachverhalt sich im Kern auf denselben Vorgang bezieht, wobei die bloße Ähnlichkeit zu einem früheren Sachverhalt nicht genügt.[411] In zeitlicher Hinsicht kann das Zugänglichmachen des herangezogenen Vergleichsgegenantrags sich auf eine beliebige Hauptversammlung der Gesellschaft beziehen.[412] Die Identität des Sachverhalts wird bei einer großen zeitlichen Diskrepanz der Gegenanträge aber regelmäßig nicht mehr zu bejahen sein.[413] Neben der Sachverhaltsidentität verlangt § 126 Abs. 2 Satz 1 Nr. 4 AktG zudem eine Identität des Gegenantragstellers, d. h. eine Gegenantragstellung durch dieselbe Person, den Gesamtrechtsnachfolger oder eines Strohmannes des Gegenantragstellers.[414] Die Strohmanneigenschaft wird zumindest bei nahen Angehörigen des Gegenantragstellers widerlegbar vermutet.[415]

gg) Wiederholtes Vorbringen, § 126 Abs. 2 Satz 1 Nr. 5 AktG

Der Vorstand kann von einem Zugänglichmachen des Gegenantrags und dessen Begründung nach § 126 Abs. 2 Satz 1 Nr. 5 AktG absehen, wenn derselbe Gegenantrag des Aktionärs mit wesentlich gleicher Begründung in den letzten fünf Jahren bereits zu mindestens zwei Hauptversammlungen der Gesellschaft nach § 125 AktG zugänglich gemacht worden ist und in der Hauptversammlung weniger als der zwanzigste Teil des vertretenen Grundkapitals für ihn gestimmt hat. Der Wegfall der Publizitätspflicht soll die Gesellschaft vor wiederholenden und dementsprechend erfolglosen Gegenanträgen bewahren.[416] Die Vorschrift

---

409 MüKoAktG/*Kubis*, 5. Aufl. 2022, § 126 Rn. 36; *Ziemons* in: Schmidt/Lutter, AktG, 4. Aufl. 2020, § 126 Rn. 45.

410 MüKoAktG/*Kubis*, 5. Aufl. 2022, § 126 Rn. 36.

411 LG Frankfurt, AG 1982, 235 (235 f.); *Drinhausen* in: Hölters/Weber, AktG, 4. Aufl. 2022, § 126 Rn. 18; *Rieckers* in: Spindler/Stilz, AktG, 4. Aufl. 2019, § 126 Rn. 36.

412 *Rieckers* in: Spindler/Stilz, AktG, 4. Aufl. 2019, § 126 Rn. 36.

413 *Rieckers* in: Spindler/Stilz, AktG, 4. Aufl. 2019, § 126 Rn. 36.

414 MüKoAktG/*Kubis*, 5. Aufl. 2022, § 126 Rn. 36.

415 MüKoAktG/*Kubis*, 5. Aufl. 2022, § 126 Rn. 36.

416 *Drinhausen* in: Hölters/Weber, AktG, 4. Aufl. 2022, § 126 Rn. 19.

umfasst zudem das Zugänglichmachen früherer Gegenanträge nach § 126 Abs. 1 Satz 1 AktG.[417]

§ 126 Abs. 2 Satz 1 Nr. 5 AktG verlangt zunächst, dass der Gegenantrag als solcher identisch und soweit vorhanden dessen Begründung wesentlich gleich mit einem bereits zugänglich gemachten Gegenantrag bzw. dessen Begründung ist.[418] Von einer Identität des nach § 126 Abs. 1 Satz 1 AktG neu angekündigten Gegenantrags und des bereits in der Vergangenheit zugänglich gemachten Gegenantrags ist auszugehen, wenn der neue Gegenantrag, ungeachtet zeitlich bedingter Verschiebungen (z. B. ein anderes Geschäftsjahr oder ein anderer Entlastungszeitraum), in den wesentlichen Zügen denselben Vorschlag enthält.[419] Entscheidend ist nicht die Identität des zugrundeliegenden Sachverhalts, sondern die Identität des Gegenantrags als solcher und soweit vorhanden dessen Begründung.[420] Eine wesentlich gleiche Begründung ist anzunehmen, wenn die tragenden Begründungspunkte, d. h. die Kernpunkte der Begründung, dieselben sind.[421] Weiteres Tatbestandsmerkmal des Ausschlussgrunds § 126 Abs. 2 Satz 1 Nr. 5 AktG ist, dass die identischen Gegenanträge in den letzten fünf Jahren zu mindestens zwei Hauptversammlungen der Gesellschaft zugänglich gemacht worden sind und in der Hauptversammlung weniger als fünf Prozent des vertretenen Grundkapitals für die Gegenanträge gestimmt hat. Aus Letzterem ist zu folgern, dass der Gegenantrag nicht nur zugänglich gemacht worden ist, sondern in der zugrundeliegenden Hauptversammlung auch von dem Opponenten tatsächlich gestellt worden sein muss. Die Fünfjahresfrist des § 126 Abs. 2 Satz 1 Nr. 5 AktG ist ab dem Zeitpunkt des Zugangs des neu übermittelten Gegenantrags bei der Gesellschaft zurückzurechnen.[422]

hh) Rechtsmissbräuchliches Verhalten, § 126 Abs. 2 Satz 1 Nr. 6 und 7 AktG

Die Pflicht des Zugänglichmachens des Gegenantrags bzw. dessen Begründung entfällt nach § 126 Abs. 2 Satz 1 AktG, wenn der Opponent zu erkennen gibt,

---

417 *Rieckers* in: Spindler/Stilz, AktG, 4. Aufl. 2019, § 126 Rn. 37; *Ziemons* in: Schmidt/Lutter, AktG, 4. Aufl. 2020, § 126 Rn. 49.

418 MüKoAktG/*Kubis*, 5. Aufl. 2022, § 126 Rn. 37.

419 *Reger* in: Bürgers/Körber/Lieder, AktG, 5. Aufl. 2021, § 126 Rn. 22; *Rieckers* in: Spindler/Stilz, AktG, 4. Aufl. 2019, § 126 Rn. 38.

420 MüKoAktG/*Kubis*, 5. Aufl. 2022, § 126 Rn. 37.

421 *Rieckers* in: Spindler/Stilz, AktG, 4. Aufl. 2019, § 126 Rn. 38.

422 *Rieckers* in: Spindler/Stilz, AktG, 4. Aufl. 2019, § 126 Rn. 38.

dass er an der Hauptversammlung nicht teilnehmen und sich nicht vertreten lassen wird (Nr. 6) oder in den letzten zwei Jahren in zwei Hauptversammlungen einen von ihm mitgeteilten Gegenantrag nicht gestellt hat oder nicht hat stellen lassen (Nr. 7). In diesen Fällen fehlt es an der Ernsthaftigkeit des Gegenantrags.[423] Die Annahme einer fehlenden Teilnahmeabsicht des Opponenten nach § 126 Abs. 2 Satz 1 Nr. 6 AktG kann einerseits darauf gestützt werden, dass die fehlende Teilnahmeabsicht des Aktionärs bereits bei Übermittlung des Gegenantrags erkennbar ist, andererseits darauf, dass sie erst nach der Übermittlung erkennbar wird.[424] Dabei ist unbeachtlich, ob der Opponent seine fehlende Teilnahmeabsicht gegenüber der Gesellschaft oder Dritten ausdrücklich oder konkludent offenbart hat.[425] Für die Annahme der fehlenden Teilnahmeabsicht müssen konkrete Umstände vorliegen, die eine Nichtteilnahme des Opponenten in eigener Person oder durch einen Vertreter eindeutig rechtfertigen.[426] Bloße Vermutungen, dass der Opponent nicht an der Hauptversammlung nicht teilnehmen werde, genügen den Anforderungen an die fehlende Teilnahmeabsicht nicht.[427] Die Publizitätspflicht entfällt mit Blick auf § 126 Abs. 2 Satz 1 Nr. 7 AktG, wenn der Opponent in den letzten zwei Jahren in zwei Hauptversammlungen einen von der Gesellschaft zugänglich gemachten Gegenantrag nicht gestellt hat oder nicht hat stellen lassen. Die Vorschrift setzt voraus, dass der potenzielle Gegenantragsteller bzw. sein Bevollmächtigter von der Gegenantragstellung abgesehen hat.[428] Die weitere Behandlung des gestellten Gegenantrags durch den Versammlungsleiter ist insoweit unbeachtlich.[429] Eine Gegenantrags- oder Sachverhaltsidentität der Gegenanträge ist nicht erforderlich.[430] Zudem betrifft § 126 Abs. 2 Satz 1 Nr. 7 AktG – anders als § 126 Abs. 2 Satz 1 Nr. 4 und 5 AktG – nicht nur die Hauptversammlungen derselben Gesellschaft, sondern auch frühere

---

423 *Drinhausen* in: Hölters/Weber, AktG, 4. Aufl. 2022, § 126 Rn. 20 f.

424 MüKoAktG/*Kubis*, 5. Aufl. 2022, § 126 Rn. 38.

425 *Rieckers* in: Spindler/Stilz, AktG, 4. Aufl. 2019, § 126 Rn. 39.

426 *Rieckers* in: Spindler/Stilz, AktG, 4. Aufl. 2019, § 126 Rn 39; *Schlitt* in: Semler/Volhard/Reichert, Arbeitshdb. für die Hauptversammlung, 5. Aufl. 2021, § 4 Rn. 342; *Ziemons* in: Schmidt/Lutter, AktG, 4. Aufl. 2020, § 126 Rn. 48.

427 MüKoAktG/*Kubis*, 5. Aufl. 2022, § 126 Rn. 38; *Reger* in: Bürgers/Körber/Lieder, AktG, 5. Aufl. 2021, § 126 Rn. 23.

428 *Drinhausen* in: Hölters/Weber, AktG, 4. Aufl. 2022, § 126 Rn. 21.

429 *Drinhausen* in: Hölters/Weber, AktG, 4. Aufl. 2022, § 126 Rn. 21; MüKoAktG/*Kubis*, 5. Aufl. 2022, § 126 Rn. 39.

430 MüKoAktG/*Kubis*, 5. Aufl. 2022, § 126 Rn. 39.

Hauptversammlungen anderer Gesellschaften.[431] Ferner sind die Gründe für die Nichtstellung eines zugänglich gemachten Gegenantrags für § 126 Abs. 2 Satz 1 Nr. 7 AktG ohne Bedeutung.[432] Die Zweijahresfrist des § 126 Abs. 2 Satz 1 Nr. 7 AktG ist ab dem Zeitpunkt des Zugangs des übermittelten Gegenantrags bei der Gesellschaft an zurückzurechnen.[433]

ii) Überlange Begründung, § 126 Abs. 2 Satz 2 AktG

Ausschließlich für die Begründung sieht § 126 Abs. 2 Satz 2 AktG eine weitere Einschränkung im Umfang der Publizitätspflicht vor. Demnach braucht eine Begründung nicht zugänglich gemacht zu werden, wenn sie insgesamt mehr als 5.000 Zeichen beträgt. Die Zeichengrenze bezieht sich nur auf die Begründung des Gegenantrags und nicht auf den Gegenantrag als solchen.[434] Zudem gilt sie pro Gegenantrag, sodass eine Gesamtbetrachtung mehrerer Begründungen zu verschiedenen Gegenanträgen desselben Aktionärs nicht stattfindet.[435] Sofern der Vorstand von der Veröffentlichung der Begründung absieht, bleibt die Publizitätspflicht des Gegenantrags als solches unberührt.[436] Überwiegend wird zudem vertreten, dass der Vorstand berechtigt sei – unter Wahrung der Sinnhaftigkeit und des Gleichbehandlungsgrundsatzes (§ 53a AktG) – entsprechende Textkürzungen/-zusammenfassungen vorzunehmen und sodann die bearbeitete Begründung zu veröffentlichen.[437] Angesichts der damit verbundenen hohen Fehleranfälligkeit und etwaigen Beschlussanfechtungsrisiken wird der Vorstand von einem solchen Vorgehen absehen.[438]

---

431 KölnerKommAktG/*Noack/Zetzsche*, 3. Aufl. 2010, § 126 Rn. 103; *Rieckers* in: Spindler/Stilz, AktG, 4. Aufl. 2019, § 126 Rn. 40.

432 MüKoAktG/*Kubis*, 5. Aufl. 2022, § 126 Rn. 39; *Schlitt* in: Semler/Volhard/Reichert, Arbeitshdb. für die Hauptversammlung, 5. Aufl. 2021, § 4 Rn. 343.

433 *Rieckers* in: Spindler/Stilz, AktG, 4. Aufl. 2019, § 126 Rn. 38.

434 *Rieckers* in: Spindler/Stilz, AktG, 4. Aufl. 2019, § 126 Rn. 41.

435 *Drinhausen* in: Hölters/Weber, AktG, 4. Aufl. 2022, § 126 Rn. 22; *Rieckers* in: Spindler/Stilz, AktG, 4. Aufl. 2019, § 126 Rn. 41.

436 *Rieckers* in: Spindler/Stilz, AktG, 4. Aufl. 2019, § 126 Rn. 42.

437 *Reger* in: Bürgers/Körber/Lieder, AktG, 5. Aufl. 2021, § 126 Rn. 24; *Rieckers* in: Spindler/Stilz, AktG, 4. Aufl. 2019, § 126 Rn. 42; a. A. MüKoAktG/*Kubis*, 5. Aufl. 2022, § 126 Rn. 40.

438 *Herrler* in: Grigoleit, AktG, 2. Aufl. 2020, § 126 Rn. 15; *Koch* in: Hüffer/Koch, 15. Aufl. 2021, § 126 Rn. 9; a. A. MüKoAktG/*Kubis*, 5. Aufl. 2022, § 126 Rn. 40; *Rieckers* in: Spindler/Stilz, AktG, 4. Aufl. 2019, § 126 Rn. 42.

e) *Zusammenfassen mehrerer Gegenanträge, § 126 Abs. 3 AktG*

Nach § 126 Abs. 3 AktG ist der Vorstand berechtigt, mehrere publizitätspflichtige Gegenanträge und deren Begründungen zusammenzufassen, wenn mehrere Aktionäre zu demselben Gegenstand der Beschlussfassung Gegenanträge übermitteln. Die Vorschrift gestattet dem Vorstand nur eine inhaltliche Zusammenfassung der Gegenanträge und Begründungen, indem Wiederholungen weggelassen und Überflüssiges gestrichen werden dürfen.[439] Die Gegenanträge müssen sich auf denselben Gegenstand der Beschlussfassung beziehen, sodass eine Identität hinsichtlich der zugrundeliegenden Beschlussvorschläge der Verwaltung zu fordern ist.[440] Von einer Identität der Beschlussvorschläge ist grundsätzlich auszugehen, wenn die Gegenanträge auf denselben Tagesordnungspunkt gerichtet sind.[441] Sofern der Vorstand eine Zusammenfassung mehrerer Gegenanträge und Begründungen vornimmt, muss zudem eine Zuordnung der textlichen Passagen zu den einzelnen Aktionären möglich sein, sofern entsprechende Abweichungen vorliegen.[442]

Fraglich und umstritten ist, ob § 126 Abs. 3 AktG mit Blick auf die ARRL einer europarechtskonformen Auslegung bedarf. Teilweise wird der Anwendungsbereich des § 126 Abs. 3 AktG auf nicht börsennotierte Gesellschaften beschränkt.[443] Begründet wird diese Auffassung damit, dass Art. 5 Abs. 4 lit. d i. V. m. Art. 6 Abs. 1 lit. b ARRL die Gesellschaft zu einer uneingeschränkten Veröffentlichung sämtlicher Beschlussvorschläge von Aktionären verpflichtet.[444] Dem ist nicht zu folgen, denn durch die Möglichkeit des Zusammenfassens wiederholungsvermeidender Textpassagen, bei im Wesentlichen identischen Gegenanträgen und Begründungen, wird die Publizitätspflicht von Beschlussanträgen aus Art. 5 Abs. 4 lit. d i. V. m. Art. 6 Abs. 1 lit. b ARRL nicht berührt.[445] Art. 5

---

439 *Herrler* in: Grigoleit, AktG, 2. Aufl. 2020, § 126 Rn. 16; *Koch* in: Hüffer/Koch, AktG, 15. Aufl. 2021, § 126 Rn. 10.

440 *Herrler* in: Grigoleit, AktG, 2. Aufl. 2020, § 126 Rn. 16; MüKoAktG/*Kubis*, 5. Aufl. 2022, § 126 Rn. 42.

441 *Herrler* in: Grigoleit, AktG, 2. Aufl. 2020, § 126 Rn. 16; MüKoAktG/*Kubis*, 5. Aufl. 2022, § 126 Rn. 42.

442 GroßkommAktG/*Butzke*, 5. Aufl. 2017, § 126 Rn. 87; *Rieckers* in: Spindler/Stilz, AktG, 4. Aufl. 2019, § 126 Rn. 44.

443 KölnerKommAktG/*Noack/Zetzsche*, 3. Aufl. 2010, § 126 Rn. 110; *Ziemons* in: Schmidt/Lutter, AktG, 4. Aufl. 2020, § 126 Rn. 52.

444 KölnerKommAktG/*Noack/Zetzsche*, 3. Aufl. 2010, § 126 Rn. 110; *Ziemons* in: Schmidt/Lutter, AktG, 4. Aufl. 2020, § 126 Rn. 52.

445 MüKoAktG/*Kubis*, 5. Aufl. 2022, § 126 Rn. 42.

Abs. 4 lit. d ARRL führt aus, dass die von Aktionären eingebrachten Beschlussvorlagen auf der Internetseite der Gesellschaft, so bald wie möglich nach ihrem Eingang bei der Gesellschaft zu veröffentlichen sind. Bereits der Wortlaut verbietet keine Zusammenfassung von im Wesentlichen identischen Gegenanträgen und Begründungen.[446] Zudem wird dem Informationsbedürfnis der Aktionäre, das der Publizitätspflicht zugrunde liegt, umfassend Rechnung getragen, sofern durch die Zusammenfassung der wesentliche Kern der Gegenanträge und der Begründungen ohne Verkürzungen oder sachliche Verfälschungen erhalten bleiben.[447] § 126 Abs. 3 AktG ist daher richtlinienkonform.

Die praktische Bedeutung der Zusammenfassung von Gegenanträgen nach § 126 Abs. 3 AktG ist aber äußerst gering.[448] Nicht zuletzt ist dies dem Umstand der hohen Fehleranfälligkeit einer ordnungsgemäßen Zusammenfassung sowie dem bei einer Sinnverfälschung drohenden Anfechtungsrisiko geschuldet.[449]

f) Rücknahme der Gegenantragsankündigung

Opponierende Aktionäre können ihre Gegenantragsankündigung nach § 126 Abs. 1 AktG wieder zurücknehmen. Sofern die Rücknahme der Gegenantragsankündigung vor dem Zugänglichmachen der Gesellschaft erfolgt, muss der Vorstand von einem Zugänglichmachen des Gegenantrags absehen. Ist das Zugänglichmachen des übermittelten Gegenantrags durch die Gesellschaft jedoch bereits erfolgt, steht es der Gesellschaft frei, die Veröffentlichung des Gegenantrags aufzuheben, z. B. durch das Löschen von der gesellschaftseigenen Homepage. Vor allem bei nicht börsennotierten Unternehmen, die ggf. einen Publikationsweg außerhalb der eigenen Homepage gewählt haben, z. B. in Form individualisierter Mitteilungen, wäre eine Rückgängigmachung der Veröffentlichung aus praktischen Gründen nicht mehr möglich.[450] Hinsichtlich der Form der Rücknahme der Gegenantragsankündigung gilt das zur Übermittlung des

---

446 *Rieckers* in: Spindler/Stilz, AktG, 4. Aufl. 2019, § 126 Rn. 43.

447 GroßkommAktG/*Butzke*, 5. Aufl. 2017, § 126 Rn. 87; *Herrler* in: Grigoleit, AktG, 2. Aufl. 2020, § 126 Rn. 16; MüKoAktG/*Kubis*, 5. Aufl. 2022, § 126 Rn. 43; *Rieckers* in: Spindler/Stilz, AktG, 4. Aufl. 2019, § 126 Rn. 44.

448 *Herrler* in: Grigoleit, AktG, 2. Aufl. 2020, § 126 Rn. 16; *Koch* in: Hüffer/Koch, AktG, 15. Aufl. 2021, § 126 Rn. 10; *Rieckers* in: Spindler/Stilz, AktG, 4. Aufl. 2019, § 126 Rn. 44.

449 *Rieckers* in: Spindler/Stilz, AktG, 4. Aufl. 2019, § 126 Rn. 44.

450 *Rieckers* in: Spindler/Stilz, AktG, 4. Aufl. 2019, § 126 Rn. 25.

Gegenantrags Gesagte.[451] Eine Formgleichheit zwischen Übermittlung und Rücknahme der Ankündigung des Gegenantrags ist nicht erforderlich.[452]

g) Beschlussanfechtungsrisiken bei Verstößen gegen die Publizitätspflicht

Sofern die Gesellschaft einen nach § 126 Abs. 1 Satz 1 AktG ordnungsgemäß übermittelten Gegenantrag nicht oder nicht rechtzeitig dem berechtigten Adressatenkreis zugänglich gemacht hat, ist der zugrundeliegende Hauptversammlungsbeschluss unter Umständen anfechtbar.[453] Die Begründetheit der Beschlussanfechtungsklage setzt insoweit voraus, dass der Verstoß gegen die Publizitätspflicht für die Beschlussfassung im Einzelfall von Relevanz ist.[454] Das ist insbesondere der Fall, wenn der Gegenantrag und/oder dessen Begründung gänzlich nicht zugänglich gemacht worden sind, denn in diesem Fall hatte ein Aktionär überhaupt nicht die Möglichkeit, den Gegenantrag bei seiner Entscheidungsfindung zu berücksichtigen.[455] Bei einer nicht ordnungsgemäßen Zusammenfassung von Gegenanträgen und/oder Begründungen nach § 126 Abs. 3 AktG wird die Relevanz für den betroffenen Hauptversammlungsbeschluss einem größeren Toleranzbereich unterliegen.[456] Sofern das Zugänglichmachen des Gegenantrags und/oder der Begründung nicht rechtzeitig nach § 126 Abs. 1 AktG erfolgt ist, so ist zu prüfen, ob den Mitaktionären aufgrund der verspäteten Übermittlung des jeweiligen Gegenantrags bzw. der jeweiligen Begründung noch eine ausreichende Vorbereitungszeit – gemessen an dem Inhalt des Gegenantrags und/oder der Begründung – zugestanden hat.[457] Eine Vorbereitungszeit von einer Woche bis zu dem Beginn der Hauptversammlung dürfte dabei wohl die Mindestgrenze darstellen.[458]

---

451 Siehe B. III. 3. b) bb).

452 MüKoAktG/*Kubis*, 5. Aufl. 2022, § 126 Rn. 22.

453 GroßkommAktG/*Butzke*, 5. Aufl. 2017, § 126 Rn. 89; *Drinhausen* in: Hölters/Weber, AktG, 4. Aufl. 2022, § 126 Rn. 24; MüKoAktG/*Kubis*, 5. Aufl. 2022, § 126 Rn. 44; KölnerKommAktG/*Noack/Zetzsche*, 3. Aufl. 2010, § 126 Rn. 113; *Rieckers* in: Spindler/Stilz, AktG, 4. Aufl. 2019, § 126 Rn. 45.

454 *Rieckers* in: Spindler/Stilz, AktG, 4. Aufl. 2019, § 126 Rn. 44.

455 KölnerKommAktG/*Noack/Zetzsche*, 3. Aufl. 2010, § 126 Rn. 115; *Rieckers* in: Spindler/Stilz, AktG, 4. Aufl. 2019, § 126 Rn. 45; *Ziemons* in: Schmidt/Lutter, AktG, 4. Aufl. 2020, § 126 Rn. 53.

456 MüKoAktG/*Kubis*, 5. Aufl. 2022, § 126 Rn. 44; *Rieckers* in: Spindler/Stilz, AktG, 4. Aufl. 2019, § 126 Rn. 45.

457 MüKoAktG/*Kubis*, 5. Aufl. 2022, §§ 126 Rn. 44, 125 Rn. 42.

458 MüKoAktG/*Kubis*, 5. Aufl. 2022, §§ 126 Rn. 44, 125 Rn. 42.

4. Sonstige Antrags- und Vorschlagsrechte in der Hauptversammlung

Aktionäre können sich in der Hauptversammlung neben dem Gegenantragsrecht auch noch weiteren Antrags- und Vorschlagsrechten bedienen. Sie können Anträge zum Verfahren der Hauptversammlung und ergänzende Sachanträge zu bestimmten Beschlussgegenständen der Tagesordnung stellen sowie Wahlvorschläge zur Wahl von Aufsichtsratsmitgliedern oder von Abschlussprüfern einbringen.

a) Wahlvorschläge

Aktionäre können Wahlvorschläge i. S. d. § 127 Satz 1 AktG in der Hauptversammlung einbringen, sofern sie sich gegen einen bekanntgemachten Wahlvorschlag der Verwaltung richten. Gegenständlich beschränkt sich das Wahlvorschlagrecht der Aktionäre nach § 127 Satz 1 AktG auf Wahlvorschläge hinsichtlich der Wahl von Aufsichtsratsmitgliedern oder von Abschlussprüfern. Aufgrund der vergleichbaren Sach- und Interessenlage sind von dem Wahlvorschlagsrecht aber auch die Wahl von Sonderprüfern (§ 142 AktG), besonderen Vertretern (§ 147 Abs. 2 AktG), Abwicklern (§ 265 Abs. 2 AktG) und sonstiger, von der Hauptversammlung zu wählenden, Gremien entsprechend umfasst.[459] Aus materieller Sicht sind Wahlvorschläge von Aktionären grundsätzlich mit Gegenanträgen der Aktionäre gleichzusetzen und unterliegen im Wesentlichen denselben Voraussetzungen hinsichtlich der Einbringung in die Hauptversammlung sowie der Publizität im Vorfeld der Hauptversammlung.[460] Nach der gesetzlichen Systematik stellen sie aber keine Gegenanträge dar.[461] Denn § 127 Satz 1 AktG erklärt die Publizitätspflicht des § 126 AktG für Wahlvorschläge von Aktionären zur Wahl von Aufsichtsratsmitgliedern oder von Abschlussprüfern nur für sinngemäß anwendbar. Die rechtlichen Anforderungen an einen Wahlvorschlag unterscheiden sich nur in wenigen Punkten zu denen eines Gegenantrags. Eine Besonderheit des Wahlvorschlags liegt darin, dass mit ihm zwingend

459 MüKoAktG/*Kubis*, 5. Aufl. 2022, § 127 Rn. 3; *Rieckers* in: Spindler/Stilz, AktG, 4. Aufl. 2019, § 127 Rn. 3.

460 MüKoAktG/*Kubis*, 5. Aufl. 2022, § 127 Rn. 1; *Ziemons* in: Schmidt/Lutter, AktG, 4. Aufl. 2020, § 127 Rn. 2.

461 *Herrler* in: Grigoleit, AktG, 2. Aufl. 2020, § 127 Rn. 1; *Reger* in: Bürgers/Körber/Lieder, AktG, 5. Aufl. 2021, § 127 Rn. 1; *Rieckers* in: Spindler/Stilz, AktG, 4. Aufl. 2019, § 127 Rn. 1.

ein eigener Kandidatenvorschlag unterbreitet werden muss.[462] Die bloße Ablehnung des Verwaltungsvorschlags genügt insoweit nicht, kann aber als Gegenantrag gewertet werden.[463] Zudem brauchen Wahlvorschläge nach § 127 Satz 2 AktG nicht begründet zu werden. Die Publizitätspflicht von Wahlvorschlägen und ggf. deren Begründung entfällt neben den Gründen aus § 126 Abs. 2 AktG, auch wenn der Vorschlag nicht die Angaben nach § 124 Abs. 3 Satz 4 AktG (Name, Wohnort und ausgeübter Beruf des Kandidaten) enthält, § 127 Satz 3 Alt. 1 AktG. Bei börsennotierten Gesellschaften entfällt sie auch dann, wenn in dem Vorschlag die Angaben nach § 125 Abs. 1 Satz 5 AktG (Angaben zu Mitgliedschaften in anderen gesetzlich zu bildenden Aufsichtsräten) fehlen, § 127 Satz 3 Alt. 2 AktG. Zudem setzt die Publizitätspflicht bei börsennotierten Gesellschaften, für die das MitbestG, das MontanMitbestG oder das MitbestErgG gilt, nach § 127 Satz 4 AktG voraus, dass der Wahlvorschlag zur Wahl von Aufsichtsratsmitgliedern mit zusätzlichen Angaben zu der Erfüllung von starren Geschlechterquote zu versehen ist.[464] Insoweit ist ein Hinweis auf die Anforderungen des § 96 Abs. 2 AktG, die Angabe, ob der Gesamterfüllung nach § 96 Abs. 2 Satz 3 AktG widersprochen wurde und die Angabe, wie viele der Sitze im Aufsichtsrat mindestens jeweils von Frauen und Männern besetzt sein müssen, um das Mindestanteilsgebot nach § 96 Abs. 2 Satz 1 AktG zu erfüllen, erforderlich. Darüber hinaus sieht § 137 AktG für Wahlvorschläge von Aktionären eine Sonderregelung hinsichtlich der Festlegung der Abstimmungsreihenfolge vor. Sofern ein Aktionär einen Vorschlag zur Wahl von Aufsichtsratsmitgliedern nach § 127 AktG zugänglich gemacht und in der Hauptversammlung die Wahl des von ihm Vorgeschlagenen beantragt hat, ist über seinen Antrag vor dem Vorschlag des Aufsichtsrats zu beschließen, wenn es eine Minderheit der Aktionäre verlangt, deren Anteile zusammen den zehnten Teil des vertretenen Grundkapitals erreichen.

b) Verfahrensanträge

Als Ausfluss aus dem Teilnahmerecht an der Hauptversammlung steht den Aktionären auch das Recht zu, Verfahrensanträge – oder auch Geschäftsordnungsanträge

462 *Koch* in: Hüffer/Koch, 15. Aufl. 2021, § 127 Rn. 1; *Rieckers* in: Spindler/Stilz, AktG, 4. Aufl. 2019, § 127 Rn. 4.

463 *Bungert* in: Hoffmann-Becking, MHdB GesR, Bd. 4, 5. Aufl. 2020, § 36 Rn. 125; *Rieckers* in: Spindler/Stilz, AktG, 4. Aufl. 2019, § 127 Rn. 4.

464 *Rieckers* in: Spindler/Stilz, AktG, 4. Aufl. 2019, § 127 Rn. 9b.

genannt – in der Hauptversammlung zu stellen.[465] Verfahrensanträge beziehen sich auf die beschlussmäßige Regelung der Rechtsverhältnisse der Hauptversammlungsteilnehmer bis zu dem Ende der betreffenden Hauptversammlung.[466] Im Gegensatz zu den Anträgen, die auf eine Entscheidung in der Sache abzielen, wird der Gegenstand der Verfahrensanträge nicht von der Reichweite der bekanntgemachten Tagesordnungspunkte begrenzt.[467] Sie sind stets bekanntmachungsfrei.[468] Grenzen folgen lediglich aus der zwingenden Natur der begrenzten Hauptversammlungskompetenz. Gegenständlich muss der Verfahrensantrag sich auf eine vorrangige Entscheidungsbefugnis der Hauptversammlung beziehen.[469] Verfahrensanträge, welche die Ausübung von Leitungs- oder Ordnungsbefugnissen zum Gegenstand haben, über die nur der Versammlungsleiter selbst befinden kann, genügen diesen Anforderungen nicht.[470] Daher unterliegt vor allem die Festlegung der Reihenfolge der Redner, die Zusammenfassung mehrerer Beschlussanträge zu einem einzigen Abstimmungsvorgang sowie die Verhängung von Ordnungsmaßnahmen, insbesondere in Bezug auf die Begrenzung der Redezeit, um einen störungsfreien Hauptversammlungsablauf zu gewährleisten, nicht dem Anwendungsbereich von Verfahrensanträgen.[471] Folglich beschränkt die Gestaltungskompetenz der Hauptversammlung sich hinsichtlich des Verfahrens der Hauptversammlung auf wenige Fälle. Namentlich auf die Abwahl und Neuwahl des Versammlungsleiters, die Änderung der Abstimmungsform, die Erteilung der Entlastung des Vorstands und/oder des Aufsichtsrats im Wege der Einzelentlastung oder der Vertagung bzw. Abberufung von Tagesordnungspunkten.[472] Hinsichtlich der Antragsberechtigung und -stellung gilt das zur Stellung von Gegenanträgen Gesagte.[473] Eine Publizitätspflicht von

---

465 *Hoffmann* in: Spindler/Stilz, AktG, 4. Aufl. 2019, § 118 Rn. 12; MüKoAktG/*Kubis*, 5. Aufl. 2022, § 118 Rn. 45.

466 *Austmann* in: Hoffmann-Becking, MHdB GesR, Bd. 4, 5. Aufl. 2020, § 40 Rn. 8.

467 *Austmann* in: Hoffmann-Becking, MHdB GesR, Bd. 4, 5. Aufl. 2020, § 40 Rn. 8.

468 MüKoAktG/*Kubis*, 5. Aufl. 2022, § 124 Rn. 70.

469 MüKoAktG/*Kubis*, 5. Aufl. 2022, § 119 Rn. 156; *Marsch-Barner* in: Marsch-Barner/Schäfer, HdB börsennotierte AG, 4. Aufl. 2017, § 34 Rn. 7.2.

470 *Marsch-Barner* in: Marsch-Barner/Schäfer, HdB börsennotierte AG, 4. Aufl. 2017, § 34 Rn. 7.2.

471 *Koch* in: Hüffer/Koch, AktG, 15. Aufl. 2021, § 129 Rn. 22 ff.; *Liebscher* in: Henssler/Strohn, GesR, 5. Aufl. 2021, AktG § 129 Rn. 27 f.

472 MüKoAktG/*Kubis*, 5. Aufl. 2022, § 119 Rn. 156.

473 Siehe B. III. 2. c) und d).

Verfahrensanträgen besteht nur, sofern sie zugleich als Gegenantrag gemäß § 126 Abs. 1 Satz 1 AktG zu qualifizieren sind.

c) Ergänzende Sachanträge

Aktionären steht zudem das Recht zu, in der Hauptversammlung zu den ordnungsgemäß bekanntgemachten Tagesordnungspunkten sog. ergänzende Sachanträge zu stellen.[474] Diese zeichnen sich dadurch aus, dass sie sich anders als Gegenanträge oder Wahlvorschläge nicht gegen einen ordnungsgemäß bekanntgemachten Beschlussvorschlag der Verwaltung richten, sondern darauf abzielen, den zugrunde liegenden Beschlussgegenstand in der Sache zu ergänzen. Da die beschlussfähigen Gegenstände der Hauptversammlung nach § 124 Abs. 4 AktG von der Reichweite der ordnungsgemäß bekannt gemachten Gegenstände der Tagesordnung begrenzt werden, beschränkt der Anwendungsbereich von ergänzenden Sachanträgen sich aber auf äußerst wenige Fälle. Für die Beurteilung der Zulässigkeit von ergänzenden Sachanträgen ist maßgeblich darauf abzustellen, ob die Aktionäre bei unbefangener Betrachtung der Tagesordnung mit einer entsprechenden Beschlussfassung rechnen mussten.[475] Der Konkretisierungsgrad der Tagesordnungspunkte spielt insoweit eine erhebliche Bedeutung.[476] In der Praxis kommt bekanntmachungsfreien Sachanträgen grundsätzlich nur hinsichtlich des ordnungsgemäß bekanntgemachten Tagesordnungspunkts, der auf die Entlastung von Vorstand und Aufsichtsrat abzielt, eine wesentliche Bedeutung zu.[477] Bei diesem Tagesordnungspunkt müssen Aktionäre nämlich damit rechnen, dass über einen ergänzenden Sachantrag hinsichtlich der Bestellung von Sonderprüfern (§ 142 Abs. 1 AktG) Beschluss gefasst wird, sofern er sich gegenständlich auf den entlastungsrelevanten Zeitraum bezieht.[478] Hingegen sind Sachanträge auf Vertrauensentzug (§ 84 Abs. 3 Satz 2 AktG)[479] sowie

---

474 *Koch* in: Hüffer/Koch, AktG, 15. Aufl. 2021, § 124 Rn. 29; MüKoAktG/*Kubis*, 5. Aufl. 2022, § 124 Rn. 67.

475 OLG Frankfurt, AG 2016, 252 (254); *Rieckers* in: Spindler/Stilz, AktG, 4. Aufl. 2019, § 124 Rn. 55.

476 OLG Frankfurt, AG 2016, 252 (254).

477 MüKoAktG/*Kubis*, 5. Aufl. 2022, § 124 Rn. 67; *Rieckers* in: Spindler/Stilz, AktG, 4. Aufl. 2019, § 124 Rn. 56.

478 OLG Frankfurt, AG 2016, 252 (254); *OLG Brandenburg*, AG 2003, 328 (329).

479 LG München I, AG 2005, 701 (702); *Kocher* AG 2013, 406 (409); MüKoAktG/*Kubis*, 5. Aufl. 2022, § 124 Rn. 67; GroßkommAktG/*Mülbert*, 5. Aufl. 2017, § 120 Rn. 45; *Rieckers* in: Spindler/Stilz, AktG, 4. Aufl. 2019, § 124 Rn. 56; a. A. *Koch* in: Hüffer/

Anträge über die Geltendmachung von Schadensersatz gegen einzelne oder alle Organmitglieder (§ 147 Abs. 1, 2 AktG) aufgrund der wirtschaftlichen Verschiedenheit zu dem bekannt gemachten Tagesordnungspunkt der Entlastung von Organmitgliedern nicht mehr von dem vorbenannten Tagesordnungspunkt gedeckt.[480] Sie bedürfen grundsätzlich eines vorherigen Verlangens auf Ergänzung der Tagesordnung nach § 122 Abs. 2 AktG. Die Stellung von Anträgen über die Geltendmachung von Schadensersatz gegen einzelne oder alle Organmitglieder nach § 147 Abs. 1 AktG oder die Bestellung eines besonderen Vertreters nach § 147 Abs. 2 AktG können aber dann bekanntmachungsfrei erfolgen, sofern die Gesellschaft die Vorlage eines Sonderprüfungsberichts ordnungsgemäß zum Gegenstand der Tagesordnung gemacht hat.[481] In den übrigen Fällen wird der opponierende Aktionär regelmäßig auf das der Hauptversammlung vorgelagerte Tagesordnungsergänzungsverlangen nach § 122 Abs. 2 AktG zu verweisen sein.

Koch, 15. Aufl. 2021, § 124 Rn. 29; KölnerKommAktG/*Noack/Zetzsche,* 3. Aufl. 2010, § 124 Rn. 104; *Ziemons* in: Schmidt/Lutter, AktG, 4. Aufl. 2020, § 124 Rn. 75.

480 MüKoAktG/*Kubis*, 5. Aufl. 2022, § 124 Rn. 67.

481 MüKoAktG/*Kubis*, 5. Aufl. 2022, § 124 Rn. 67; *Rieckers* in: Spindler/Stilz, AktG, 4. Aufl. 2019, § 124 Rn. 56.

C. Die virtuelle Hauptversammlung

I. Begriffsbestimmung und -abgrenzung

Die Vielfältigkeit und stetige Weiterentwicklung der modernen Informations- und Kommunikationsmedien erschweren eine abschließende Definition des Begriffs virtuelle Hauptversammlung. In der juristischen Literatur existiert eine Vielzahl von Begrifflichkeiten, die verwendet werden, sofern die Durchführung der Hauptversammlung zumindest teilweise in das Internet verlagert wird. Neben der Verwendung des Begriffs der „virtuellen Hauptversammlung“[482] ist vor allem auch die Rede von einer „Online-Hauptversammlung“,[483] einer „elektronischen Hauptversammlung“,[484] einer „elektronischen Teilnahme an der Hauptversammlung“,[485] einer „hybriden Hauptversammlung“[486] sowie einer „Cyber-Hauptversammlung“[487]. Keiner dieser Begriffe ist aus rechtlicher Sicht feststehend.[488] Sie werden daher teilweise synonymisch, teilweise, abstellend auf das Ausmaß des Einsatzes elektronischer Mittel in der Hauptversammlungsdurchführung, differenzierend benutzt. Sofern in der Literatur die Rede von einer Online-Hauptversammlung ist, wird damit nach der überwiegenden Begriffsverwendung die reine Möglichkeit der elektronischen Zuschaltung von Aktionären zur Präsenzversammlung nach § 118 Abs. 1 Satz 2 AktG gemeint.[489] Entsprechendes gilt für die Verwendung der Begriffe der elektronischen Hauptversammlung,[490] der elektronischen Teilnahme an der

---

482 *Riegger*, ZHR 165 (2001), 204 (208).

483 *Bohnert* in: Schüppen/Schaub, MAH AktR, 3. Aufl. 2018, § 27 Rn. 126; MüKoAktG/*Kubis*, 5. Aufl. 2022, § 118 Rn. 92; *Drinhausen* in: Hölters/Weber, AktG, 4. Aufl. 2022, § 118 Rn. 15.

484 *Beck*, RNotZ 2014, 160 (160).

485 *Hoffmann* in: Spindler/Stilz, AktG, 4. Aufl. 2019, § 118 Rn. 35.

486 *Schindler/Schaffner* in: Schindler/Schaffner, Virtuelle Beschlussfassung in Kapitalgesellschaften und Vereinen, § 2 Rn. 202.

487 *Claussen*, AG 2001, 161 (166); *Höreth/Pickert* in: Semler/Volhard/Reichert, Arbeitshdb. für die Hauptversammlung, 5. Aufl. 2021, § 7 Rn. 24; *Noack*, NZG 2001, 1057 (1058).

488 *Schwarz*, MMR 2003, 23 (23).

489 *Bohnert* in: Schüppen/Schaub, MAH AktR, 3. Aufl. 2018, § 27 Rn. 126; *Drinhausen* in: Hölters/Weber, AktG, 4. Aufl. 2022, § 118 Rn. 15; *Noack*, NZG 2001, 1057 (1058); MüKoAktG/*Kubis*, 5. Aufl. 2022, § 118 Rn. 92.

490 *Beck*, RNotZ 2014, 160 (160 ff.).

Hauptversammlung[491] sowie der hybriden Hauptversammlung.[492] Die virtuelle Hauptversammlung ist strikt von der Möglichkeit der elektronischen Zuschaltung von Aktionären zur Hauptversammlung nach § 118 Abs. 1 Satz 2 AktG zu unterscheiden. Während die elektronische Zuschaltung von Aktionären zur Präsenz-Hauptversammlung nach § 118 Abs. 1 Satz 2 AktG lediglich eine ergänzende elektronische Teilnahmemöglichkeit darstellt, zeichnet die virtuelle Hauptversammlung sich nach der überwiegenden Begriffsverwendung dadurch aus, dass die herkömmliche Präsenz-Hauptversammlung derart in das Internet verlagert wird, dass Aktionäre ausschließlich im Wege der elektronischen Zuschaltung an der Hauptversammlung teilnehmen können.[493] Den Aktionären wird insoweit ihr Recht, in physischer Form an der Hauptversammlung teilzunehmen, vollständig verwehrt. Zum Teil wird darüber hinaus vertreten, dass die virtuelle Hauptversammlung dadurch gekennzeichnet sei, dass sie zu einer vollständigen Verlagerung des Versammlungsorts in das Internet führe, mit der Folge, dass ein physisches Zusammentreffen aller für die Durchführung der Hauptversammlung notwendigen Beteiligten nicht mehr erforderlich sei.[494] Ein Ort, an welchem Aktionäre, Vorstand, Aufsichtsrat und ggf. der Notar physisch zusammentreffen, wäre nach diesem Verständnis nicht mehr notwendig.[495] Aufgrund dessen wird die derart verstandene virtuelle Hauptversammlung teilweise auch als „Cyber-Hauptversammlung" bezeichnet.[496] Ob die Teilnahme sämtlicher an der Hauptversammlung Beteiligten vollumfänglich durch eine elektronische Zusammenschaltung zu erfolgen hat, ist aus praktischer Sicht allerdings

---

491 *Beck*, RNotZ 2014, 160 (162); *Hoffmann* in: Spindler/Stilz, AktG, 4. Aufl. 2019, § 118 Rn. 35.

492 *Schindler/Schaffner* in: Schindler/Schaffner, Virtuelle Beschlussfassung in Kapitalgesellschaften und Vereinen, § 2 Rn. 202.

493 *Heller/Sadeghi/Dretzki/Ruhe*, CR 2002, 592 (594); *Hippeli*, DZWIR 2020, 263 (264); *Riegger*, ZHR 165 (2001), 204 (208); *Schäfer*, NZG 2000, 481 (483); *Schwarz*, MMR 2003, 23 (23); *Tröger* BB, 1091 (1092); a. A. wohl *Noack*, NZG 2001, 1057 (1058), der die virtuelle Hauptversammlung eher als Oberbegriff zur Kennzeichnung aller Arten von Interneteinsatz im Rahmen der Hauptversammlung sieht.

494 *Faßbender*, RNotZ 2009, 425 (454); MüKoAktG/*Kubis*, 5. Aufl. 2022, § 118 Rn. 17; *Noack/Zetzsche*, AG 2020, 721 Rn. 6; *von Holten/Bauerfeind*, AG 2015, 489 (490).

495 *Drinhausen* in: Hölters/Weber, AktG, 4. Aufl. 2022, § 118 Rn. 15; *Dubovitskaya*, NZG 2020, 647 (648); MüKoAktG/*Kubis*, 5. Aufl. 2022, § 118 Rn. 17; *Noack*, BB 1998, 2533 (2535); *von Holten/Bauerfeind*, AG 2018, 729 (730).

496 *Dubovitskaya*, NZG 2020, 647 (648); *Kort*, NZG 2007, 653 (653); MüKoAktG/*Kubis*, 5. Aufl. 2022, § 118 Rn. 17; *Noack*, NZG 2001, 1057 (1058).

äußerst fraglich. Das physische Zusammentreffen der Funktionsträger und der unerlässlichen Betreuer der Hauptversammlung, insbesondere des sog. Back-Office, an einem bestimmten Ort leistet nämlich einen nicht unwesentlichen Beitrag zur ordnungsgemäßen Durchführung der Hauptversammlung. Das physische Zusammentreffen des Vorstands, des Aufsichtsrats und des zu beurkundenden Notars sowie des gesamten für die Hauptversammlungsdurchführung erforderlichen Personals und der externen Berater ermöglicht eine schnelle, koordinierbare und effektive Interaktion und Abstimmung zwischen den Beteiligten. Vor allem vor dem Hintergrund der dynamischen Hauptversammlungsentwicklung erscheint eine physische Zusammenkunft dieses Personenkreises für eine erfolgreiche Hauptversammlungsdurchführung unverzichtbar zu sein. Da das deutsche Recht zudem keine virtuelle Beurkundungsform der Hauptversammlung durch den Notar kennt, ist die Diskussion über die Cyber-Hauptversammlung aufgrund der grundsätzlich erforderlichen physischen Anwesenheit des zu beurkundenden Notars an dem Ort, an dem der Versammlungsleiter sich befindet, auch wenig zielführend.[497]

Mit dem COVID-19-G hat der Gesetzgeber mit Blick auf die theoretische Diskussion über den Begriff der virtuellen Hauptversammlung dem Rechtsanwender erstmalig eine Definition der virtuellen Hauptversammlung an die Hand gegeben und eine nähere inhaltliche Ausgestaltung dergleichen vorgenommen. Nach Art. 2 § 1 Abs. 2 COVID-19-G kann der Vorstand entscheiden, dass die Hauptversammlung ohne physische Präsenz der Aktionäre oder ihrer Bevollmächtigten als virtuelle Hauptversammlung abgehalten wird. Im Wesentlichen ist der Gesetzgeber damit der Ansicht gefolgt, die eine verbindliche virtuelle Teilnahme an der Hauptversammlung lediglich für Aktionäre und ihre Bevollmächtigten vorsieht. Die virtuelle Hauptversammlung nach Art. 2 § 1 Abs. 2 COVID-19-G stellt demnach im Kern eine Präsenz-Hauptversammlung der Funktionsträger dar, die unter Ausschluss der physischen Präsenz der Aktionäre und ihrer Bevollmächtigten abgehalten wird.[498] Der Ausschluss des physischen Teilnahmerechts der Aktionäre und ihrer Bevollmächtigten wird durch die Ermöglichung einer elektronischen Zuschaltung zum Versammlungsort der Funktionsträger kompensiert.

---

497 *Beck*, RNotZ 2014, 160 (166); *Dubovitskaya*, NZG 2020, 647 (649).
498 BT-Drs. 19/18110, S. 26 zum COVID-19-G-E.

II. Virtuelle Hauptversammlung nach dem COVID-19-G

1. Ausgangslage der Gesetzgebung

Anfang März 2020 wurde das neuartige Coronavirus mit der Bezeichnung SARS-CoV-2 erstmalig bei Personen im Bundesgebiet Deutschlands diagnostiziert. Während das Robert Koch-Institut am 04.03.2020 mit 262 bestätigten Fällen eine noch vergleichsweise geringe Fallzahl dokumentierte, stieg die Zahl der täglichen Neuinfektionen in der Folge drastisch an.[499] Allein in dem Zeitraum vom 04.03.2020–31.03.2020 zählte das Robert Koch-Institut insgesamt 61.913 bestätige Infektionsfälle in der Bundesrepublik Deutschland.[500] Die Bundeskanzlerin und die Regierungschefinnen und Regierungschefs der Länder verhängten daraufhin Mitte März 2020 umfassende Kontakt- und Versammlungsbeschränkungen, um die Bekämpfung und Eindämmung des Corona-Virus voranzutreiben. Die verhängten behördlichen und gesetzlichen Kontakt- und Versammlungsbeschränkungen hatten zur Folge, dass das Abhalten von Hauptversammlungen rechtlich und praktisch weitgehend unmöglich war. Bedeutsame Maßnahmen, wie wichtige Strukturmaßnahmen, die nach § 119 Abs. 1 AktG der Zustimmung der Hauptversammlung bedürfen, konnten in der Folge von der Geschäftsführung nicht mehr vorgenommen werden. Der Gesetzgeber sah sich deshalb in der Pflicht, die Handlungsfähigkeit der Aktiengesellschaften schnellstmöglich wiederherzustellen und verabschiedete in beachtlicher Geschwindigkeit das COVID-19-G. Das Hauptversammlungswesen erfährt durch Art. 2 COVID-19-G, der das Gesetz über Maßnahmen im Gesellschafts-, Genossenschafts-, Vereins-, Stiftungs- und Wohnungseigentumsrecht zur Bekämpfung der Auswirkungen der COVID-19-Pandemie normiert, weitreichende Erleichterungen in der Hauptversammlungsdurchführung.

2. Anwendungsbereich der Gesetzgebung

a) Zeitlicher Anwendungsbereich

Der Gesetzgeber hatte den zeitlichen Geltungsbereich des Art. 2 COVID-19-G gemäß Art. 2 § 6 Abs. 2 COVID-19-G a. F. zunächst auf den Ablauf des 31.12.2021 beschränkt. Angesichts der unvorhersehbaren Entwicklung der

499 Robert Koch Institut, Täglicher Lagebericht zur Coronavirus-Krankheit-2019 (COVID-19) 04.03.2020, S. 1.

500 Robert Koch Institut, Täglicher Lagebericht zur Coronavirus-Krankheit-2019 (COVID-19) 31.03.2020, S. 1.

Corona-Pandemie beschränkte er zudem die Anwendbarkeit der von Art. 2 § 1 COVID-19-G erfassten Erleichterungen für das Hauptversammlungswesen zunächst auf Hauptversammlungen und Abschlagszahlungen auf den Bilanzgewinn, die in dem Jahr 2020 stattfinden. Art. 2 § 8 COVID-19-G beinhaltete in diesem Zusammenhang eine Ermächtigung des Bundesministeriums der Justiz und für Verbraucherschutz, die Geltung der gesetzlichen Erleichterungen des Art. 2 § 1 COVID-19-G bis höchstens zum 31.12.2021 durch Rechtsverordnung und ohne Zustimmung des Bundesrats zu verlängern, wenn dies aufgrund fortbestehender Auswirkungen der COVID-19-Pandemie in der Bundesrepublik Deutschland geboten erscheint. Aufgrund des fortwirkenden Infektionsgeschehens hat das BMJV mit Verordnung vom 20.10.2020 davon Gebrauch gemacht.[501] Zudem nahm der Gesetzgeber kurz vor Beginn der Hauptversammlungssaison 2021 die Verabschiedung des COVRSPÄndG zum Anlass, die in der Verordnung erlassene Verlängerung auch auf formalgesetzlicher Basis zu regeln. Dabei stärkte er zugleich die Rechtsposition der Aktionäre in Bezug auf die Ausübung bestimmter Aktionärsrechte in der virtuellen Hauptversammlung. Aufgrund der anhaltenden Auswirkungen der COVID-19-Pandemie hat der Gesetzgeber am 07.09.2021 darüber hinaus in einer Sondersitzung die erneute Verlängerung der Erleichterungen des Art. 2 COVID-19-G bis zum 31.08.2022 beschlossen.

b) *Sachlicher Anwendungsbereich*

Der sachliche Anwendungsbereich des Art. 2 § 1 COVID-19-G bezieht sich nach Art. 2 § 1 Abs. 8, 9 COVID-19-G nicht nur auf Hauptversammlungen von Aktiengesellschaften, sondern umfasst grundsätzlich auch eine entsprechende Anwendung der Erleichterungen auf Versammlungen von Kommanditgesellschaften auf Aktien (KGaA), europäischen Aktiengesellschaften (SE) sowie Versicherungsvereinen auf Gegenseitigkeit (VVaG). Mit Blick auf die Gesetzeskonkurrenz lassen die Regelungen des Art. 2 § 1 COVID-19-G die Vorschriften des AktG zwar formal unberührt, sie genießen als Ergänzungsgesetzgebung aber Vorrang gegenüber dem AktG.[502] Insoweit finden die Vorschriften des AktG grundsätzlich weiterhin Anwendung, soweit sie durch das COVID-19-G unberührt bleiben.[503] Unter Umständen sind sie jedoch in dem Lichte des

---

501 Verordnung zur Verlängerung von Maßnahmen im Gesellschafts-, Genossenschafts-, Vereins- und Stiftungsrecht zur Bekämpfung der Auswirkungen der COVID-19-Pandemie vom 20.10.2020, BGBl. I 2258.

502 *Noack/Zetzsche*, AG 2020, 265 Rn. 4; *Simons/Hauser*, NZG 2020, 488 (489).

503 *Noack/Zetzsche*, AG 2020, 265 Rn. 4; *Simons/Hauser*, NZG 2020, 488 (489).

COVID-19-G auszulegen.[504] Die Hauptversammlungserleichterungen des Art. 2 COVID-19-G beziehen sich sowohl auf die Durchführung ordentlicher als auch außerordentlicher Hauptversammlungen und umfassen börsen- und nicht börsennotierte Aktiengesellschaften.[505] Besonderheiten bzw. Einschränkungen in Bezug auf mögliche Beschlussgegenstände für Hauptversammlungen, die unter Inanspruchnahme der Erleichterungen des Art. 2 § 1 COVID-19-G abgehalten werden, sieht Art. 2 § 1 COVID-19-G nicht vor, sodass in der virtuellen Hauptversammlung auch Beschlüsse über Kapitalmaßnahmen oder komplexe Strukturmaßnahmen gefasst werden können.[506]

3. Allgemeine Erleichterungen der Hauptversammlungsdurchführung

a) Geänderte Hauptversammlungsfristen und -termine

Art. 2 COVID-19-G sieht zunächst erhebliche Erleichterungen hinsichtlich der Hauptversammlungsfristen und -termine vor. Sie können von der Gesellschaft unabhängig von der Tatsache, ob sie eine virtuelle Hauptversammlung nach Art. 2 Abs. 2 COVID-19-G oder eine herkömmliche Hauptversammlung nach § 118 Abs. 1 AktG abhält, in Anspruch genommen werden.[507] Außerdem ist die Entscheidungsfindung des Vorstands über die Inanspruchnahme der Frist- und Terminerleichterungen nach Art. 2 § 1 COVID-19-G unabhängig von dem konkreten Infektionsgeschehen oder dessen Entwicklungsprognose.[508]

aa) Verschiebung des Endtermins für die Hauptversammlung

Nach § 175 Abs. 1 Satz 2 AktG hat die ordentliche Hauptversammlung der Gesellschaft in den ersten acht Monaten des Geschäftsjahres stattzufinden. Angesichts der unvorhersehbaren Dauer und Entwicklung der Corona-Pandemie hat der Gesetzgeber den Gesellschaften zunächst eine höhere Flexibilität hinsichtlich des Endtermins der Hauptversammlungsdurchführung eingeräumt. Damit ist den Gesellschaften zumindest die theoretische Möglichkeit erhalten geblieben, die Hauptversammlung in der Hoffnung zu verschieben, eine Präsenz-Hauptversammlung zu einem späteren Zeitpunkt abhalten zu können.

---

504 *Noack/Zetzsche*, AG 2020, 265 Rn. 4; *Simons/Hauser*, NZG 2020, 488 (489).
505 BT-Drs. 19/18110, S. 26 zum COVID-19-G-E.
506 *Seibt/Danwerth*, NZG 2020, 1241 (1244).
507 *Noack/Zetzsche*, AG 2020, 265 Rn. 73.
508 *Vetter/Tielmann*, NJW 2020, 1175 (1177).

Nach Art. 2 § 1 Abs. 5 COVID-19-G kann der Vorstand nunmehr entscheiden, dass die Hauptversammlung abweichend von § 175 Abs. 1 Satz 2 AktG nicht in den ersten acht Monaten des Geschäftsjahres, sondern innerhalb des Geschäftsjahres stattfindet. Der Vorstand hat diese Entscheidung nach pflichtgemäßem Ermessen mit Zustimmung des Aussichtsrats zu treffen, Art. 2 § 1 Abs. 6 Satz 1 COVID-19-G.[509]

bb) Verlängerung der Einberufungs-, Anmelde- und Nachweisfrist

Mit dem COVID-19-G hat der Gesetzgeber den Gesellschaften auch eine höhere Flexibilität hinsichtlich der Einberufungs-, Anmelde- und Nachweisfrist gewährt. Während § 121 Abs. 1 Satz 1 AktG vorsieht, dass die Hauptversammlung mindestens dreißig Tage vor dem Tage der Versammlung einzuberufen ist, kann der Vorstand nach Art. 2 § 1 Abs. 3 Satz 1 COVID-19-G nunmehr entscheiden, die Hauptversammlung spätestens am 21. Tag vor dem Tag der Versammlung einzuberufen. Im Unterschied zu der Einberufungsfrist des § 121 Abs. 1 Satz 1 AktG legt der Gesetzgeber mit der abweichenden Formulierung spätestens am 21. Tag vor dem Tag der Versammlung in Art. 2 § 1 Abs. 3 Satz 1 COVID-19-G jedoch einen zeitlich genau zu bestimmenden Termin und keine Tagesfrist (30 Tage vor dem Tage der Versammlung) fest.[510] Insoweit ist bei der Berechnung des letztmöglichen Zeitpunkts der Einberufung zu beachten, dass der Tag der Einberufung – entgegen des nicht suspendierten § 123 Abs. 1 Satz 2 AktG, wonach der Tag der Einberufung nicht mitzurechnen ist – mitzurechnen ist.[511] Denn § 123 Abs. 1 Satz 2 AktG findet nur auf tagesmäßig zu bestimmende Fristen Anwendung.[512] Entsprechendes gilt für die Anwendung des § 123 Abs. 2 Satz 5 AktG, sodass der Einberufungstermin nicht um die Tage der Anmeldefrist verlängert wird.[513] Anwendbar bleibt die Regelung des § 121 Abs. 7 Satz 1 AktG, wonach sowohl bei Fristen als auch bei Terminen, die von der Versammlung zurückberechnet werden, der Tag der Versammlung nicht mitzurechnen ist.

509 BT-Drs. 19/18110, S. 27 zum COVID-19-G-E.

510 *Bücker/Kulenkamp/Schwarz/Seibt/v. Bonin*, DB 2020, 775 (780 f.); *Herrler* in: Grigoleit, AktG, 2. Aufl. 2020, § 123 Rn. 3b.

511 *Bücker/Kulenkamp/Schwarz/Seibt/v. Bonin*, DB 2020, 775 (780 f.); *Herrler* in: Grigoleit, AktG, 2. Aufl. 2020, § 123 Rn. 3b.

512 *Bücker/Kulenkamp/Schwarz/Seibt/v. Bonin*, DB 2020, 775 (780 f.); *Herrler* in: Grigoleit, AktG, 2. Aufl. 2020, § 123 Rn. 3b.

513 *Bücker/Kulenkamp/Schwarz/Seibt/v. Bonin*, DB 2020, 775 (780 f.); *Herrler* in: Grigoleit, AktG, 2. Aufl. 2020, § 123 Rn. 3b.

Weitere Änderungen hat der Nachweis des Anteilsbesitzes bei börsennotierten Gesellschaften erfahren. Nach Art. 2 § 1 Abs. 3 Satz 2 COVID-19-G muss der Nachweis des Anteilsbesitzes sich bei börsennotierten Gesellschaften – abweichend von § 123 Abs. 4 Satz 2 AktG – auf den Beginn des zwölften Tags vor der Hauptversammlung beziehen und bei Inhaberaktien spätestens am vierten Tag vor der Hauptversammlung der Gesellschaft zugehen, soweit der Vorstand in der Einberufung der Hauptversammlung keine kürzere Frist für den Zugang des Nachweises bei der Gesellschaft vorsieht. Sofern die Satzung abweichende Bestimmungen enthält, sind diese nach Art. 2 § 1 Abs. 3 Satz 2 COVID-19-G unbeachtlich. Der Nachweisstichtag ist starr, d. h. unabhängig vom Umfang der Inanspruchnahme der verkürzten Einberufungsfrist zu bestimmen und nicht dynamisch.[514] Obwohl der Wortlaut die Verschiebung des Nachweisstichtags nicht an die Inanspruchnahme der verkürzten Einberufungsfrist knüpft, ist eine entsprechende Abhängigkeit mit Blick auf ein Redaktionsversehen des Gesetzgebers dennoch zu fordern.[515] Denn ohne Verkürzung der Einberufungsfrist besteht kein Bedürfnis, den Nachweisstichtag zu ändern.[516]

Keine Regelung enthält Art. 2 § 1 Abs. 3 COVID-19-G für die Anmeldefrist zur Hauptversammlung, sofern der Vorstand die verkürzte Einberufungsfrist in Anspruch nimmt. Deshalb dürfte die Anmeldefrist grundsätzlich nach § 123 Abs. 2 Satz 2 AktG zu bestimmen sein, wonach sie bei entsprechender Satzungsbestimmung spätestens sechs Tage vor der Hauptversammlung zu erfolgen hat. Dies hätte aber zur Folge, dass der Zugang des Nachweises über den Anteilsbesitz bei Inhaberaktien und der Anmeldung als solche zu unterschiedlichen Zeitpunkten erfolgen könnte. Nach § 123 Abs. 2 Satz 2 AktG kann die Anmeldung bis sechs Tage vor der Hauptversammlung erfolgen. Art. 2 § 1 Abs. 3 Satz 2 COVID-19-G sieht für den Nachweis des Anteilsbesitzes bei Inhaberaktien vor, dass er spätestens am vierten Tag vor der Hauptversammlung der Gesellschaft zuzugehen hat. Gegen ein solches Auseinanderfallen der Fristen ist jedoch die Nachweisfrist für den Anteilsbesitz bei Namensaktien nach § 123 Abs. 4 Satz 2 AktG anzuführen.[517] Sie entspricht funktional dem Zugangszeitpunkt für den Nachweis des Anteilsbesitzes bei Inhaberaktien.[518] Dass der Gesetzgeber ein Auseinanderfallen der Fristen bewusst in Kauf genommen hat,

---

514 *Herrler* in: Grigoleit, AktG, 2. Aufl. 2020, § 123 Rn. 22b, c.

515 *Herrler*, DNotZ 2020, 468 (473).

516 *Herrler*, DNotZ 2020, 468 (473).

517 *Noack/Zetzsche*, AG 2020, 265 Rn. 76 f.

518 *Noack/Zetzsche*, AG 2020, 265 Rn. 76 f.

ist daher fernliegend, sodass im Ergebnis von einem Redaktionsversehen auszugehen ist.[519] Der Zugangszeitpunkt des Nachweises des Anteilsbesitzes bei Inhaberaktien nach Art. 2 § 1 Abs. 3 Satz 2 COVID-19-G ist daher entsprechend auf sämtliche Anmeldefristen auszuweiten, sodass die maximale Anmeldefrist vier Tage beträgt.[520]

cc) Verlängerung der Frist für Aktionärsmitteilungen und Ergänzungsverlangen

§ 125 Abs. 1 und Abs. 2 AktG verpflichten die Gesellschaft, die Einberufung der Hauptversammlung einem bestimmten Personenkreis, trotz Veröffentlichung im Bundesanzeiger, mitzuteilen. Sofern die Einberufung der Hauptversammlung mit verkürzter Einberufungsfrist nach Art. 2 § 1 Abs. 3 Satz 1 COVID-19-G erfolgt, sieht Art. 2 § 1 Abs. 3 Satz 3 COVID-19-G vor, dass die Mitteilungen nach § 125 Abs. 1 Satz 1 AktG spätestens zwölf Tage vor der Versammlung und die Mitteilung nach § 125 Abs. 2 AktG zu Beginn des zwölften Tages vor der Hauptversammlung an die im Aktienregister Eingetragenen (statt bisher mindestens 21 Tage vor der Versammlung) zu erfolgen hat. Mit dieser Regelung bezweckte der Gesetzgeber, dass vor allem bei einer virtuellen Hauptversammlung den Intermediären ausreichend Zeit eingeräumt wird, um für die Aktionäre entsprechende Mitteilungen anzufertigen und eine Stimmrechtsausübung durch die Intermediäre ermöglichen zu können.[521]

Außerdem hat der Gesetzgeber die Frist für die Übermittlung von Ergänzungsverlangen zur Erweiterung der Tagesordnung nach § 122 Abs. 2 AktG modifiziert. Nach Art. 2 § 1 Abs. 3 Satz 4 COVID-19-G sind Ergänzungsverlangen zur Tagesordnung bei Inanspruchnahme der verkürzten Einberufungsfrist gemäß Art. 2 § 1 Abs. 3 Satz 1 COVID-19-G – abweichend von § 122 Abs. 2 AktG – mindestens 14 Tage vor der Hauptversammlung (statt bisher bei nichtbörsennotierten Gesellschaften mindestens 24 Tage und bei börsennotierten Gesellschaften mindestens 30 Tage vor der Versammlung) der Gesellschaft zugehen.

---

519 *Noack/Zetzsche*, AG 2020, 265 Rn. 76 f.

520 *Noack/Zetzsche*, AG 2020, 265 Rn. 76 f.

521 BT-Drs. 19/18110, S. 27 zum COVID-19-G-E.

b) *Vorstandsermächtigung für die elektronischen Möglichkeiten des § 118 AktG*

Zur Senkung der physischen Präsenz in den Hauptversammlungen hat der Gesetzgeber zunächst den Vorstand kraft Gesetz dazu ermächtigt, die elektronischen Möglichkeiten des § 118 AktG in Anspruch zu nehmen. Nach Art. 2 § 1 Abs. 1 COVID-19-G kann der Vorstand nunmehr auch ohne eine erforderliche Ermächtigung durch die Satzung oder eine Geschäftsordnung über die Zulassung der elektronischen Briefwahl (§ 118 Abs. 2 AktG), der Teilnahme von Aufsichtsratsmitgliedern im Wege der Bild- und Tonübertragung (§ 118 Abs. 3 Satz 2 AktG), der Bild- und Tonübertragung der Hauptversammlung (§ 118 Abs. 4 AktG) sowie der elektronischen Zuschaltung von Aktionären zur Präsenzversammlung (§ 118 Abs. 1 Satz 2 AktG) entscheiden. Anderslautende Satzungs- bzw. Geschäftsordnungsregelungen sind in diesem Zusammenhang unbeachtlich.[522]

Mit Ausnahme des Verzichts auf eine Satzungs- bzw. Geschäftsordnungsermächtigung lässt der Gesetzgeber die elektronischen Möglichkeiten des § 118 AktG in ihrem aktienrechtlichen Bestand aber unberührt.[523] Sofern der Vorstand daher z. B. die elektronische Zuschaltung von Aktionären zur Präsenz-Hauptversammlung nach § 118 Abs. 1 Satz 2 AktG zulässt, kann er definieren, in welchem Umfang versammlungsgebundene Rechte elektronisch ausgeübt werden können.[524] Die rein ergänzende Anordnung der elektronischen Zuschaltung von Aktionären zur Hauptversammlung ermöglicht der Gesellschaft nicht, ihre Aktionäre auf die elektronische Teilnahmeform zu verweisen und eine physische Teilnahme an der Hauptversammlung zu versagen.[525] Das Recht der Aktionäre auf physische Versammlungsteilnahme bleibt insoweit unberührt.[526] Die Gesellschaft und insbesondere der Versammlungsleiter haben daher dafür Sorge zu tragen, dass die behördlich festgelegten Maßnahmen (Teilnehmerbegrenzung, Abstandsregeln und Hygienekonzept) hinsichtlich der Präsenz-Hauptversammlung eingehalten werden.[527] Die Gesellschaft hat in

---

522 *Lieder*, ZIP 2020, 837 (843); *Noack/Zetzsche*, AG 2020, 265 Rn. 8.

523 *Schindler/Schaffner* in: Schindler/Schaffner, Virtuelle Beschlussfassung in Kapitalgesellschaften und Vereinen, § 2 Rn. 206.

524 BT-Drs. 19/18110, S. 26 zum COVID-19-G-E.

525 *Schindler/Schaffner* in: Schindler/Schaffner, Virtuelle Beschlussfassung in Kapitalgesellschaften und Vereinen, § 2 Rn. 202.

526 *Schindler/Schaffner* in: Schindler/Schaffner, Virtuelle Beschlussfassung in Kapitalgesellschaften und Vereinen, § 2 Rn. 202.

527 *Schäfer*, NZG 2020, 481 (482).

diesem Zusammenhang für einen angemessen großen Versammlungssaal Sorge zu tragen.[528] Angesichts des unvorhersehbaren Pandemieverlaufs, etwaiger behördlicher Kontaktbeschränkungen und der Unsicherheit, wie viele Aktionäre tatsächlich ihr Recht auf physische Teilnahme an der Hauptversammlung wahrnehmen, ist die elektronische Zuschaltung von Aktionäre nach § 118 Abs. 1 Satz 2 AktG in Zeiten der Corona-Pandemie grundsätzlich ungeeignet.[529] Sie bietet sich daher lediglich für kleine Aktiengesellschaften an, bei denen eine überschaubare Teilnehmerzahl zu erwarten ist.

4. Konzept der virtuellen Hauptversammlung nach dem COVID-19-G

Das Herzstück der Erleichterungen der Hauptversammlungsdurchführung stellt die virtuelle Hauptversammlung nach Art. 2 § 1 Abs. 2 COVID-19-G dar. Mit der erstmaligen – wenn auch zeitlich begrenzten – Öffnung des Hauptversammlungswesens für eine virtuelle Hauptversammlung hat der Gesetzgeber weitgehend rechtliches Neuland betreten und der virtuellen Hauptversammlung einen praktischen Testlauf unterzogen.

a) Präsenzversammlung der Funktionsträger als Ausgangspunkt

Nach Art. 2 § 1 Abs. 2 COVID-19-G kann der Vorstand entscheiden, dass die Versammlung ohne physische Präsenz der Aktionäre oder ihrer Bevollmächtigten als virtuelle Hauptversammlung abgehalten wird. Obwohl die virtuelle Hauptversammlung mit einem Ausschluss der physischen Teilnahme der Aktionäre oder ihrer Bevollmächtigten an der Hauptversammlung einhergeht, ist sie im Kern dennoch auf einer Präsenzversammlung.[530] Denn die Zusammenkunft eines bestimmten Personenkreises an einem bestimmten Ort zu einer bestimmten Zeit ist nach den Bestimmungen des COVID-19-G nicht entbehrlich.[531] Nach der Gesetzesbegründung muss an dem Ort der Präsenzversammlung zunächst der Versammlungsleiter zugegen sein.[532] Weiterhin ist die physische Anwesenheit des Notars, der die Niederschrift verfasst (§ 130 Abs. 1 AktG) an

528 *Schäfer*, NZG 2020, 481 (482).

529 *Schindler/Schaffner* in: Schindler/Schaffner, Virtuelle Beschlussfassung in Kapitalgesellschaften und Vereinen, § 2 Rn. 202.

530 *Wicke*, DStR 2020, 885 (886).

531 *Wicke*, DStR 2020, 885 (886).

532 BT-Drs. 19/18110, S. 26 zum COVID-19-G-E; *Götze/Roßkopf*, DB 2020, 768 (769); *Herb/Merkelbach*, DStR 2020, 811 (816); *Wicke*, DStR 2020, 885 (885).

dem Versammlungsort erforderlich.[533] Die Gesetzesbegründung spricht insoweit zwar nur davon, dass der Notar an dem Ort des Versammlungsleiters zugegen sein soll. Sofern das deutsche Recht allerdings keine Online-Beurkundung der Hauptversammlung kennt, besteht für etwaige Ausnahmen, insbesondere mit Blick auf eine elektronische Zuschaltung des Notars zur Hauptversammlung, kein Raum.[534] Nach dem nicht suspendierten § 118 Abs. 3 Satz 1 AktG sollen ferner die Mitglieder des Vorstands und des Aufsichtsrats an der Hauptversammlung teilnehmen. Aus der „Soll"-Vorschrift folgt einerseits, dass die Mitglieder des Vorstands grundsätzlich dazu verpflichtet sind, physisch an der Hauptversammlung teilzunehmen, sie andererseits bei Vorliegen eines schwerwiegenden Grundes der Hauptversammlung fernbleiben können, ohne ihre Teilnahmepflicht zu verletzen.[535] Bei der Beurteilung des wichtigen Grundes ist bei Mitgliedern des Vorstands, wegen ihrer hohen Bedeutung in der Hauptversammlung, ein strengerer Maßstab anzulegen als bei Mitgliedern des Aufsichtsrats.[536] Denn nur der Vorstand ist gegenüber den Aktionären zur Auskunftserteilung nach § 131 Abs. 1 Satz 1 AktG verpflichtet.[537] Darüber hinaus werden Mitglieder nach § 118 Abs. 3 Satz 2 AktG dahingehend privilegiert, dass sie im Wege der Bild- und Tonübertragung an der Versammlung teilnehmen können. Fraglich ist, ob Mitglieder des Vorstands ebenfalls im Wege der Bild- und Tonübertragung an der Versammlung teilnehmen können. Jedenfalls können sie sich nicht auf § 118 Abs. 3 Satz 2 AktG berufen, da der Gesetzgeber die Vorschrift ausdrücklich nur für Mitglieder des Aufsichtsrats geschaffen hat und das COVID-19-G eine entsprechende Anwendung auf Vorstandsmitglieder nicht vorsieht. Es verbleibt daher bei dem aktienrechtlichen Grundsatz, dass Vorstandsmitglieder nach § 118 Abs. 3 Satz 2 AktG physisch an der Hauptversammlung teilnehmen müssen.[538] Jedoch bietet der Wortlaut des § 118 Abs. 3 Satz 1 AktG Auslegungsspielraum hinsichtlich der Auflockerung der physischen Teilnahmepflicht des Vorstands. Da bei Vorliegen

---

533 *Noack/Zetzsche*, AG 2020, 265 Rn. 22 f.; *Schäfer*, NZG 2020, 481 (483); *Simons/Hauser*, NZG 2020, 488 (491); *Tröger*, BB 2020, 1091 (1093); *Wicke*, DStR 2020, 885 (886).

534 *Dubovitskaya*, NZG 2020, 647 (649).

535 *Hoffmann* in: Spindler/Stilz, AktG, 4. Aufl. 2019, § 118 Rn. 22; *Schindler/Schaffner* in: Schindler/Schaffner, Virtuelle Beschlussfassung in Kapitalgesellschaften und Vereinen, § 2 Rn. 228.

536 *Hoffmann* in: Spindler/Stilz, AktG, 4. Aufl. 2019, § 118 Rn. 22.

537 *Hoffmann-Becking* in: Hoffmann-Becking, MHdB GesR, Bd. 4, 5. Aufl. 2020, § 37 Rn. 2.

538 *Schindler/Schaffner* in: Schindler/Schaffner, Virtuelle Beschlussfassung in Kapitalgesellschaften und Vereinen, § 2 Rn. 230.

eines schwerwiegenden Grundes von der physischen Teilnahmepflicht der Vorstandsmitglieder abgesehen werden kann, ist fraglich, ob die Gegebenheiten der Corona-Pandemie einen schwerwiegenden Grund darstellen. Die bloße Tatsache, dass der Vorstand anstelle einer Präsenz-Hauptversammlung, eine virtuelle Hauptversammlung nach Art. 2 § 1 Abs. 2 COVID-19-G durchführt, dürfte die physische Teilnahmepflicht des Vorstands an der Hauptversammlung nicht *per se* entfallen lassen.[539] Denn der Gesetzgeber hat mit Blick auf § 118 Abs. 3 Satz 2 AktG i. V. m. Art. 2 § 1 Abs. 1 COVID-19-G eine allgemeine elektronische Zuschaltung von Mitgliedern des Vorstands zur Hauptversammlung nicht explizit vorgesehen. Hingegen werden hoheitliche Kontaktbeschränkungen, einzuhaltende Quarantänevorschriften oder Reise- sowie Versammlungsverbote, die eine physische Teilnahme der Vorstandsmitglieder an der Hauptversammlung untersagen, als wichtige Gründe zu qualifizieren sein, welche die physische Teilnahmeplicht entfallen lassen und den Weg für eine elektronische Zuschaltung der Vorstandsmitglieder zur Hauptversammlung insoweit ebnen.[540] Im Übrigen gilt das Vorgesagte entsprechend für Aufsichtsratsmitglieder, sofern der Vorstand für sie die elektronische Zuschaltung zur Hauptversammlung nach § 118 Abs. 3 Satz 2 AktG ggf. i. V. m. Art. 2 § 1 Abs. 1 COVID-19-G nicht anordnet. Fraglich ist, ob der Abschlussprüfer in den Fällen des § 176 Abs. 2 Satz 1 und Satz 2 AktG von seiner physischen Teilnahmepflicht an der Hauptversammlung vor dem Hintergrund der virtuellen Hauptversammlung befreit ist. Dafür spricht die Bedeutung des Abschlussprüfers in der Hauptversammlung. Der Abschlussprüfer ist gegenüber den Aktionären nicht auskunftspflichtig, sodass ihm regelmäßig nur eine untergeordnete Funktion in Form einer unterstützenden Informationsquelle des Vorstands bei Fragen der Aktionäre zu der Feststellung des Jahres- bzw. Konzernabschlusses zukommt.[541] Sofern eine physische Teilnahme aufgrund von behördlichen Kontakt- und Versammlungsverboten daher nicht möglich ist, ist die physische Teilnahmepflicht des Abschlussprüfers dahingehend aufzuweichen, dass er in elektronischer Form an der Hauptversammlung

---

539 *Simons/Hauser*, NZG 2020, 488 (492).

540 *Bücker/Kulenkamp/Schwarz/Seibt/v. Bonin*, DB 2020, 775 (782); *Götze/Roßkopf*, DB 2020, 768 (769); *Spindler* in: Schmidt/Lutter, AktG, 4. Aufl. 2020, § 118 Rn. 63e; a. A. *Lieder*, ZIP 2020, 837 (840); *Noack/Zetzsche*, AG 2020, 265 Rn. 23; *Noack/Zetzsche*, AG 2020, 721 Rn. 6; KölnerKommAktG/*Tröger*, 3. Aufl. 2010, § 118 Rn. 204, die es für zulässig erachten, dass sämtliche Mitglieder des Vorstands und Aufsichtsrat offenbar auch ohne Vorliegen wichtiger Gründe in elektronischer Form an der Hauptversammlung teilnehmen können.

541 *Tröger*, BB 2020, 1091 (1093); *Vetter/Tielmann*, NJW 2020, 1175 (1176).

teilnehmen kann.[542] Nach der Gesetzesbegründung ist ferner die Anwesenheit des von der Gesellschaft benannten Stimmrechtsvertreters oder sonstiger von der Gesellschaft bestimmten Stimmrechtsvertreter am Ort der Hauptversammlung zulässig.[543] Sofern die Gesellschaft einen Stimmrechtsvertreter stellt und diesen physisch an der Hauptversammlung teilnehmen lässt, liegt, trotz des Ausschlusses individuell bevollmächtigter Aktionärsvertreter, kein Verstoß gegen den Gleichbehandlungsgrundsatz gem. § 53a AktG vor, da der Gesetzgeber eine unterschiedliche Behandlung durch Art. 2 § 1 COVID-19-G explizit vorsieht.[544] Schlussendlich wird für die technische Durchführung der Hauptversammlung die Anwesenheit des Hauptversammlungsdienstleisters sowie des Personals der Gesellschaft („Back-Office") erforderlich sein.[545]

b) Einberufung der virtuellen Hauptversammlung

aa) Einberufungszuständigkeit

Die Einberufung einer virtuellen Hauptversammlung unterscheidet sich in wesentlichen Punkten von der aktienrechtlichen Einberufungszuständigkeit einer Präsenz-Hauptversammlung. Während die herkömmliche Präsenz-Hauptversammlung (§ 118 AktG) durch den Vorstand (§ 121 Abs. 2 Satz 1 AktG), den Aufsichtsrat (§ 111 Abs. 3 AktG), eine Aktionärsminderheit (§ 122 AktG), oder eine durch Gesetz oder Satzung berufene andere Person (§ 121 Abs. 3 Satz 3 AktG), einberufen werden kann, liegt die Einberufungszuständigkeit für die virtuellen Hauptversammlung nach Art. 2 § 1 Abs. 2 Satz 1 AktG ausschließlich bei dem Vorstandsorgan.[546]

bb) Einberufungsentscheidung

Die Entscheidung über die Einberufung einer virtuellen Hauptversammlung hat der Vorstand nicht gemäß § 121 Abs. 2 Satz 1 AktG durch Mehrheitsbeschluss, sondern nach § 77 Abs. 1 Satz 1 AktG – vorbehaltlich einer anderslautenden

---

542 *Lieder*, ZIP 2020, 837 (840); *Mayer/Jenne/Miller*, BB 2020, 1282 (1285); *Tröger*, BB 2020, 1091 (1093); *Vetter/Tielmann*, NJW 2020, 1175 (1176).

543 BT-Drs. 19/18110, S. 26 zum COVID-19-G-E; *Herb/Merkelbach*, DStR 2020, 811 (812); *Noack/Zetzsche*, AG 2020, 265 Rn. 26.

544 BT-Drs. 19/18110, S. 26 zum COVID-19-G-E; *Herrler*, DNotZ 2020, 468 (480).

545 *Herrler*, DNotZ 2020, 468 (481); *Simons/Hauser*, NZG 2020, 488 (492).

546 *Herrler*, DNotZ 2020, 468 (471); *Lieder*, ZIP 2020, 837 (839); *Simons/Hauser* NZG 2020, 488 (490).

Satzungsregelung – durch einstimmigen Beschluss zu treffen.[547] Gegenstand des Beschlusses ist nämlich nicht das „Ob" der Einberufung, sondern eine Einberufungsmodalität, die eine unternehmerische Entscheidung nach § 93 Abs. 1 Satz 2 AktG darstellt und daher dem Grundsatz nach dem Einstimmigkeitsprinzip des § 77 Abs. 1 Satz 1 AktG unterliegt.[548] Der Vorstand hat seine Entscheidung nach pflichtgemäßem Ermessen an dem Maßstab des § 93 Abs. 1 Satz 2 AktG zu treffen.[549] Insoweit hat er eine Abwägung zwischen den Vor- und Nachteilen der virtuellen Hauptversammlung gegenüber der Präsenz-Hauptversammlung unter Wahrung der Gesellschaftsinteressen vorzunehmen.[550] Für die Bestimmung der Rechtmäßigkeit der Entscheidung ist nach § 121 Abs. 2 AktG allein auf den Zeitpunkt der Beschlussfassung über die Einberufung und nicht auf den Tag der Hauptversammlung abzustellen.[551] Fraglich ist, welche konkreten Anforderungen an eine pflichtgemäße Ermessenausübung des Vorstands zu stellen sind. Die Gesetzesbegründung legt zumindest nahe, dass dem Vorstand eine weite Einschätzungsprärogative hinsichtlich der pandemiebedingten Auswirkungen zu gewähren ist.[552] Denn dort heißt es, dass durch das COVID-19-G substantielle Erleichterungen für die Durchführung von Hauptversammlungen der AG geschaffen werden sollen.[553] Vor diesem Hintergrund sind keine erhöhten Prüfungsanforderungen an die unternehmerische Entscheidung des Vorstands zu stellen.[554] Der Vorstand hat im Rahmen seiner Interessenabwägung die anwendbaren behördlichen Regelungen, insbesondere die geltenden Kontakt- und

547 *Herrler*, DNotZ 2020, 468 (471); *Koch* in: Hüffer/Koch, 15. Aufl. 2021, § 118 Rn. 41; *Lieder*, ZIP 2020, 837 (839).

548 *Herrler*, DNotZ 2020, 468 (471); *Kruchen*, DZWIR 2020, 431 (435); *Lieder*, ZIP 2020, 837 (839).

549 LG München I, ZIP 2020, 1241 (1241); *Bücker/Kulenkamp/Schwarz/Seibt/v. Bonin*, DB 2020, 775 (777); *Herrler* in Grigoleit, AktG, 2. Aufl. 2020, § 118 Rn. 36e; *Schindler/Schaffner* in: Schindler/Schaffner, Virtuelle Beschlussfassung in Kapitalgesellschaften und Vereinen, § 2 Rn. 318; *Wicke*, DStR 2020, 885 (889); *Simons/Hauser*, NZG 2020, 1406 (1408); *Spindler* in: Schmidt/Lutter, AktG, 4. Aufl. 2020, § 118 Rn. 63b.

550 *Bücker/Kulenkamp/Schwarz/Seibt/v. Bonin*, DB 2020, 775 (777); *Herrler*, DNotZ 2020, 468 (469); *Schindler/Schaffner* in: Schindler/Schaffner, Virtuelle Beschlussfassung in Kapitalgesellschaften und Vereinen, § 2 Rn. 318; *Simons/Hauser*, NZG 2020, 1406 (1408).

551 *Bücker/Kulenkamp/Schwarz/Seibt/v. Bonin*, DB 2020, 775 (777); *Simons/Hauser*, NZG 2020, 1406 (1408).

552 *Koch* in: Hüffer/Koch, 15. Aufl. 2021, § 118 Rn. 41; *Kruchen*, DZWIR 2020, 431, 439.

553 BT-Drs. 19/18110, S. 5 zum COVID-19-G-E; *Kruchen*, DZWIR 2020, 431 (440).

554 *Kruchen*, DZWIR 2020, 431, 439.

Versammlungsbeschränkungen sowie die Anzahl der potenziellen Teilnehmer an der Hauptversammlung zu berücksichtigen.[555] Angesichts des noch unvorhersehbaren und dynamischen Verlaufs der Corona-Pandemie und des Umstands, dass für die Rechtmäßigkeit der Vorstandsentscheidung auf den Zeitpunkt der Beschlussfassung über die Einberufung abzustellen ist, steht dem Vorstand eine weite Einschätzungsprärogative zugunsten der virtuellen Hauptversammlung zu.[556] Nicht zuletzt, weil der Vorstand in seiner Prognoseentscheidung auch den Umstand zu berücksichtigen hat, dass zukünftige behördliche Maßnahmen die Nichtdurchführbarkeit der bereits einberufenen Präsenzversammlung begründen könnten.[557] Vorsicht ist jedoch bei kleinen Aktiengesellschaften geboten, die über einen äußerst geringen Aktionärskreis verfügen.[558] In diesem Fall kann die Einberufung einer virtuellen Hauptversammlung unter Umständen ermessensfehlerhaft sein, sofern die geltenden Versammlungs- bzw. Kontaktbeschränkungen das Abhalten einer Präsenzversammlung zulassen.[559] Zudem ist es dem Vorstand aber nicht verwehrt, mit der Einberufung der Hauptversammlung – ggf. unter Inanspruchnahme des verlängerten Hauptversammlungstermins – zunächst abzuwarten, um die Wahrscheinlichkeit, eine Präsenzversammlung zu einem späteren Zeitpunkt abhalten zu können, zu erhöhen.[560] Die Möglichkeit, eine virtuelle Hauptversammlung einzuberufen, kann der Vorstand jedenfalls dann nicht mehr in Anspruch nehmen, sobald die pandemiebedingten Gesundheitsrisiken vollständig ausgeräumt sind.[561]

---

555 LG München I, ZIP 2020, 1241 (1241 f.); *Bücker/Kulenkamp/Schwarz/Seibt/v. Bonin*, DB 2020, 775 (777); *Linnerz*, EWiR 2020, 429 (430); *Schindler/Schaffner* in: Schindler/Schaffner, Virtuelle Beschlussfassung in Kapitalgesellschaften und Vereinen, § 2 Rn. 318; *Simons/Hauser*, NZG 2020, 1406 (1408).

556 *Bücker/Kulenkamp/Schwarz/Seibt/v. Bonin*, DB 2020, 775 (777); *Herrler*, DNotZ 2020, 468 (470).

557 *Bücker/Kulenkamp/Schwarz/Seibt/v. Bonin*, DB 2020, 775 (777); *Simons/Hauser*, NZG 2020, 1406 (1408).

558 LG München I, ZIP 2020, 1241 (1241 f.).

559 LG München I, ZIP 2020, 1241 (1241 f.).

560 *Bücker/Kulenkamp/Schwarz/Seibt/v. Bonin*, DB 2020, 775 (777); *Herrler*, DNotZ 2020, 468 (470); *Kruchen*, DZWIR 2020, 431 (440); *Spindler* in: Schmidt/Lutter, AktG, 4. Aufl. 2020, § 118 Rn. 63b; *Vetter/Tielmann*, NJW 2020, 1175 (1177 f.); *Wicke*, DStR 885 (889).

561 *Koch* in: Hüffer/Koch, AktG, 15. Aufl. 2021, § 118 Rn. 42; *Tröger*, BB 2020, 1091 (1094).

c) *Mindestanforderungen an die virtuelle Hauptversammlung*

Der Gesetzgeber hat die Durchführung der virtuellen Hauptversammlung an besondere Voraussetzungen geknüpft. Nach Art. 2 § 1 Abs. 2 Satz 1 COVID-19-G kann die Hauptversammlung ohne physische Präsenz der Aktionäre oder ihrer Bevollmächtigten abgehalten werden, sofern die Bild- und Tonübertragung der gesamten Versammlung erfolgt (Nr. 1), die Stimmrechtsausübung der Aktionäre über elektronische Kommunikation (Briefwahl oder elektronische Teilnahme) sowie Vollmachtserteilung möglich ist (Nr. 2), den Aktionären eine Fragemöglichkeit bzw. seit dem 28.02.2021 ein Fragerecht im Wege der elektronischen Kommunikation eingeräumt wird (Nr. 3) und den Aktionären, die ihr Stimmrecht im Wege der Briefwahl bzw. elektronischen Teilnahme geltend gemacht haben, in Abweichung von § 245 Nr. 1 AktG unter Verzicht auf das Erfordernis des Erscheinens in der Hauptversammlung eine Möglichkeit zum Widerspruch gegen einen Beschluss der Hauptversammlung eingeräumt wird (Nr. 4). Die zuvor genannten Voraussetzungen müssen kumulativ vorliegen.[562]

aa) *Bild- und Tonübertragung der Hauptversammlung*

Der Ausgangspunkt der nach Art. 2 § 1 Abs. 2 Satz 1 Nr. 1 COVID-19-G erforderlichen Bild- und Tonübertragung der Hauptversammlung ist das Versammlungsgeschehen an dem Ort der Zusammenkunft der Funktionsträger. Dabei ist nach Art. 2 § 1 Abs. 2 Satz 1 Nr. 1 COVID-19-G die gesamte Versammlung zu übertragen. Die Übertragung muss spätestens mit der Eröffnung der Hauptversammlung durch den Versammlungsleiter beginnen und umfasst insbesondere die Reden des Vorstands und Aufsichtsratsvorsitzenden, die Generaldebatte sowie die Abstimmungen.[563] Mit der Schließung der Hauptversammlung durch den Versammlungsleiter hat die Übertragung des Hauptversammlungsgeschehens zu enden.[564] Die Übertragung der Hauptversammlung muss keineswegs mehr Einblicke gewähren, als es bei einer Präsenzversammlung der Fall ist.[565] Für den Fall der Übertragung der Abstimmung bedeutet dies, dass die Übertragung lediglich die Ankündigung der Abstimmung, die Bekanntgabe des letzten Zeitpunkts der Stimmabgabe, sowie die Verkündung und Feststellung

562 BT-Drs. 19/18110, S. 26 zum COVID-19-G-E.

563 BT-Drs. 19/18110, S. 26 zum COVID-19-G-E; *Herrler*, DNotZ 2020, 468 (484); *Wicke*, DStR 2020, 885 (886).

564 *Wicke*, DStR 2020, 885 (886).

565 *Wicke*, DStR 2020, 885 (886).

der Abstimmungsergebnisse umfassen muss.[566] Wenngleich die Gesetzesbegründung ausführt, dass die Übertragung technisch nicht ungestört abzulaufen und insbesondere bei jedem Aktionär anzukommen habe,[567] wird der Vorstand dennoch im Rahmen seiner allgemeinen Leitungs- und Sorgfaltspflicht gehalten sein, die technische Ausstattung so auszuwählen, dass eine möglichst störungsfreie Bild- und Tonübertragung gewährleistet wird.[568] Vor diesem Hintergrund hat der Vorstand die Verfolgung der Bild- und Tonübertragung der Versammlung den ordnungsgemäß angemeldeten Aktionären und ihren Bevollmächtigten zu ermöglichen, dessen physische Präsenz am Versammlungsort der Funktionsträger untersagt ist.[569] Inwieweit der Vorstand die Verfolgung der Bild- und Tonübertragung der Präsenzversammlung auch der Öffentlichkeit ermöglicht, obliegt seiner freien Entscheidung.[570] Daher kann der Vorstand einerseits den Zugang zu der Bild- und Tonübertragung der Präsenzversammlung z. B. durch ein passwortgeschütztes Hauptversammlungsportal beschränken oder andererseits die Bild- und Tonübertragung der Präsenzversammlung – unter Verzicht auf jegliche Zugangsbeschränkungen – der interessierten Öffentlichkeit zugänglich machen.[571] Verfassungsrechtliche Bedenken (Eingriff in das allgemeine Persönlichkeitsrecht der betroffenen Aktionäre, Art. 2 Abs. 1 GG i. V. m. Art. 1 Abs. 1 GG) oder auch datenschutzrechtliche Bedenken (Grundsatz der Datenminimierung, Art. 5 Abs. 1 lit. c, Grundsatz der Rechtmäßigkeit der Verarbeitung, Art. 6 Abs. 1 DSGVO) bestehen in diesem Zusammenhang nicht. Denn eine visuelle Übertragung der virtuell teilnehmenden Aktionäre findet nicht statt.[572] Zudem ist eine etwaige Nennung des Namens des Fragestellers bei der Wiedergabe einer gestellten Frage durch den Versammlungsleiter (Eingriff in das allgemeine Persönlichkeitsrecht, Art. 2 Abs. 1 GG i. V. m. Art. 1 Abs. 1 GG) aufgrund des überwiegenden Interesses der Gesellschaft und der Mehrheit der Mitaktionäre an der Identifizierung des Fragestellers verfassungsrechtlich nicht zu beanstanden.[573] Gleiches gilt für die Rechtmäßigkeit der Datenverarbeitung

---

566 *Herrler*, DNotZ 2020, 468 (484); *Noack/Zetzsche*, AG 2020, 265 Rn. 40 f.

567 BT-Drs. 19/18110, S. 26 zum COVID-19-G-E.

568 *Lieder*, ZIP 2020, 837 (841); *Mayer/Jenne/Miller*, BB 2020, 1282 (1286).

569 BT-Drs. 19/18110, S. 26 zum COVID-19-G-E.

570 *Herrler*, DNotZ 2020, 468 (484); *Kruchen*, DZWIR 2020, 431 (446).

571 *Herrler*, DNotZ 2020, 468 (484).

572 *Bücker/Kulenkamp/Schwarz/Seibt/v. Bonin*, DB 2020, 775 (783).

573 *Herrler*, DNotZ 2020, 468 (483); MüKoAktG/*Kubis*, 5. Aufl. 2022, § 118 Rn. 127; *Spindler* in: Schmidt/Lutter, AktG, 4. Aufl. 2020, § 118 Rn 66.

nach Art. 6 Abs. 1 lit. f DSGVO.[574] Dem Fragesteller steht jedoch ein Widerspruchsrecht gemäß Art. 21 Abs. 1 DSGVO zu, sodass er seiner namentlichen Nennung in der Hauptversammlung widersprechen kann.[575]

bb) Stimmrechtsausübung im Wege der elektronischen Kommunikation

Die Durchführung der virtuellen Hauptversammlung setzt nach Art. 2 § 1 Abs. 2 Satz 1 Nr. 2 COVID-19-G voraus, dass der Vorstand die Stimmrechtsausübung der Aktionäre im Wege der elektronischen Kommunikation (Briefwahl oder elektronische Teilnahme) sowie Vollmachtserteilung ermöglicht. Dem Vorstand steht insoweit ein Wahlrecht zu, ob er die Stimmrechtsausübung der Aktionäre im Wege der elektronischen Teilnahme und/oder der elektronischen Briefwahl ermöglicht. Aufgrund des Wortlauts der Norm „sowie" muss der Vorstand jedoch zusätzlich die Stimmrechtsausübung im Wege der Vollmachtserteilung anbieten.[576] Zunächst kann der Vorstand die Stimmrechtsausübung im Wege der elektronischen Teilnahme an der Hauptversammlung nach § 118 Abs. 1 Satz 2 AktG ermöglichen. Insoweit ergeben sich keine Besonderheiten aufgrund der virtuellen Hauptversammlung. Bei der Stimmabgabe durch Briefwahl ist jedoch zu beachten, dass der Vorstand – abweichend von § 118 Abs. 2 AktG – zwingend die elektronische Stimmabgabe ermöglichen muss.[577] Dies folgt einerseits aus dem Wortlaut des Art. 2 § 1 Abs. 2 Satz 1 Nr. 2 COVID-19-G, der die Briefwahl unter den Begriff elektronische Kommunikation fasst, andererseits aus der Gesetzesbegründung, die davon spricht, dass die Stimmrechtsausübung im Wege elektronischer Kommunikation (elektronische Briefwahl, elektronische Teilnahme) zu ermöglichen ist.[578] Da Art. 2 § 1 Abs. 2 Satz 1 Nr. 2 COVID-19-G als Mindestanforderung an die Briefwahl, den Regelungsgehalt des § 118 Abs. 2 AktG unberührt lässt, und Art. 2 § 1 Abs. 1 COVID-19-G dem Vorstand eine Anordnung der Briefwahl nach § 118 Abs. 2 AktG kraft Gesetz zugesteht, kann der Vorstand zusätzlich zu der elektronischen Form auch die

---

574 *Spindler* in: Schmidt/Lutter, AktG, 4. Aufl. 2020, § 118 Rn 66.

575 *Bücker/Kulenkamp/Schwarz/Seibt/v. Bonin*, DB 2020, 775 (783); *Herrler*, DNotZ 2020, 468 (484).

576 *Götze/Roßkopf*, DB 2020, 768 (770); *Herb/Merkelbach*, DStR 2020, 811 (812); *Herrler*, DNotZ 2020, 468 (487); *Tröger*, BB 2020, 1091 (1093); a. A. *Noack/Zetzsche*, AG 2020, 265 Rn. 24.

577 *Herrler*, DNotZ 2020, 468 (487).

578 BT-Drs. 19/18110, S. 26 zum COVID-19-G-E; *Herrler*, DNotZ 2020, 468 (485).

schriftliche Form der Briefwahl anordnen.[579] Zudem ergeben sich Besonderheiten in zeitlicher Sicht für die Stimmrechtsausübung im Wege der elektronischen Briefwahl. Während bei der Briefwahl nach § 118 Abs. 2 AktG für das Ende der Wahlperiode auch ein Zeitpunkt vor der Hauptversammlung bestimmt werden kann, ist eine derartige Vorverlagerung der Stimmrechtsausübung bei der virtuellen Hauptversammlung abzulehnen.[580] Als Kompensation zu dem Ausschluss des physischen Teilnahmerechts der Aktionäre bei der virtuellen Hauptversammlung hat der Gesetzgeber in Art. 2 § 1 Abs. 2 Satz 1 Nr. 1 COVID-19-G die Übertragung der gesamten Hauptversammlung vorgeschrieben.[581] Da der Verlauf der Hauptversammlung und insbesondere die Beantwortung der gestellten Fragen Einfluss auf das Abstimmverhalten der Aktionäre haben kann, ist es unsachgemäß, die in der Hauptversammlung bereitgestellten Informationen der Ausübung des Stimmrechts zu entziehen.[582] Um dem Informationsbedürfnis der elektronischen Briefwähler ausreichend Rechnung zu tragen, ist der letztmögliche Zeitpunkt der Stimmabgabe durch elektronische Briefwahl auf den Zeitpunkt der Schließung der Abstimmung durch den Versammlungsleiter zu legen.[583]

Bei der Ermöglichung der Vollmachtserteilung hat der Gesetzgeber insbesondere den Praxisfall vor Augen gehabt, dass der Vorstand einen von der Gesellschaft benannten Stimmrechtsvertreter (§ 134 Abs. 3 Satz 5 AktG) physisch an der Hauptversammlung teilnehmen lässt, über den die Aktionäre sodann auf elektronischem Weg Stimmrechtsweisungen übermitteln können.[584] Eine Verpflichtung des Vorstands, einen Stimmrechtsvertreter zu stellen, folgt aus Art. 2 § 1 Abs. 2 Satz 1 Nr. 2 COVID-19-G aber nicht.[585] Weder der Gesetzestext

579 *Schindler/Schaffner* in: Schindler/Schaffner, Virtuelle Beschlussfassung in Kapitalgesellschaften und Vereinen, § 2 Rn. 216; *Simons/Hauser*, NZG 2020, 488 (499).

580 *Herrler*, DNotZ 2020, 468 (487); *Schindler/Schaffner* in: Schindler/Schaffner, Virtuelle Beschlussfassung in Kapitalgesellschaften und Vereinen, § 2 Rn. 250.

581 *Herrler*, DNotZ 2020, 468 (486).

582 *Dubovitskaya*, NZG 2020, 647 (651 f.); *Herrler*, DNotZ 2020, 468 (486).

583 *Herrler*, DNotZ 2020, 468 (487); *Mayer/Jenne/Miller*, BB 2020, 1282 (1288); *Noack/Zetzsche*, AG 2020, 265 Rn. 34; *Schindler/Schaffner* in: Schindler/Schaffner, Virtuelle Beschlussfassung in Kapitalgesellschaften und Vereinen, § 2 Rn. 250; a. A. *Dubovitskaya*, NZG 2020, 647 (651 f.); *Simons/Hauser*, NZG 2020, 488 (499), die auf den Beginn der Abstimmung abstellen.

584 BT-Drs. 19/18110, S. 26 zum COVID-19-G-E.

585 *Herb/Merkelbach*, DStR 2020, 811 (812); *Herrler*, DNotZ 2020, 468 (488); *Schindler/Schaffner* in: Schindler/Schaffner, Virtuelle Beschlussfassung in Kapitalgesellschaften und Vereinen, § 2 Rn. 243; a. A. *Noack/Zetzsche*, AG 2020, 265 Rn. 25.

noch die Gesetzesbegründung legen eine solche Pflicht nahe.[586] Es besteht aber auch kein Bedürfnis dafür, denn den Aktionären ist es im Rahmen der virtuellen Hauptversammlung nicht verwehrt, eine ausgewählte Person individuell zu bevollmächtigen.[587] Die Vorschrift ist daher allgemein zu verstehen und umfasst neben den von der Gesellschaft organisierten Stimmrechtsvertretern auch Aktionärsvereinigungen oder Intermediäre, die jeweils ihrerseits das Stimmrecht im Wege der elektronischen Teilnahme oder der Briefwahl wahrnehmen können.[588] Weiterhin beinhaltet die Vollmachtserteilung auch den privaten Bereich (§ 134 Abs. 1 Satz 1 AktG).[589]

cc) Fragemöglichkeit bzw. -recht

Mit der Einführung der virtuellen Hauptversammlung hat der Gesetzgeber sich gegen eine vollständige Beseitigung des Fragerechts der Aktionäre gestellt. Nach Art. 2 § 1 Abs. 2 Satz 1 Nr. 3 COVID-19-G verpflichtete der Gesetzgeber die Gesellschaften zunächst, den Aktionären zumindest eine Fragemöglichkeit im Rahmen der virtuellen Hauptversammlung zu ermöglichen. Kurz vor Beginn der Hauptversammlungspraxis 2021 hat der Gesetzgeber die eingeräumte Fragemöglichkeit durch das COVRSPÄndG modifiziert und ein weitreichenderes Fragerecht mit abweichenden Fristen für die Einreichung der Fragen etabliert. Die Änderungen traten mit Wirkung zum 28.02.2021 in Kraft.[590]

(1) Fragemöglichkeit nach dem COVID-19-G a. F.

Nach Art. 2 § 1 Abs. 2 Satz 1 Nr. 3 COVID-19-G a. F. hat der Gesetzgeber die Durchführung der virtuellen Hauptversammlung an die Bedingung geknüpft, den Aktionären zumindest eine Fragemöglichkeit im Wege der elektronischen Kommunikation einzuräumen. Die Fragemöglichkeit nach Art. 2 § 1 Abs. 2 Satz 1 Nr. 3 COVID-19-G a. F. ersetzt das Auskunftsrecht nach § 131 Abs. 1 AktG und stellt insoweit ein *Aliud* zu diesem dar.[591] Bei der Ausgestaltung hat

---

586 *Schindler/Schaffner* in: Schindler/Schaffner, Virtuelle Beschlussfassung in Kapitalgesellschaften und Vereinen, § 2 Rn. 243.

587 *Herrler* in: Grigoleit, AktG, 2. Aufl. 2020, § 118 Rn. 37; *Schindler/Schaffner* in: Schindler/Schaffner, Virtuelle Beschlussfassung in Kapitalgesellschaften und Vereinen, § 2 Rn. 243.

588 *Wicke*, DStR 2020, 885 (886).

589 *Simons/Hauser*, NZG 2020, 488 (490).

590 Art. 14 Abs. 3 COVRSPÄndG.

591 *Herrler*, DNotZ 2020, 468 (489); *Noack/Zetzsche*, AG 2020, 265 Rn. 46 ff.

der Gesetzgeber sich insbesondere von der Erwägung leiten lassen, dass die Möglichkeit, Fragen in der virtuellen Hauptversammlung zu stellen, aufgrund der virtuellen Umgebung vermehrt in Anspruch genommen und ggf. missbraucht (z. B. Flut von Fragen oder inakzeptablen Einwürfen) werden könnte.[592] Seine Besorgnis stützte er im Wesentlichen auf vergleichbare Verhaltensmuster in sozialen Medien.[593]

(a) Gegenstand der Fragemöglichkeit

Der Gesetzgeber hat keine expliziten Regelungen zu dem Gegenstand der Fragemöglichkeit nach Art. 2 § 1 Abs. 2 Satz 1 Nr. 3 COVID-19-G a. F. getroffen. Angesichts der Zielsetzung des Gesetzes, das Auskunftsrecht nach § 131 Abs. 1 AktG einzuschränken und gerade nicht zu erweitern, ist davon auszugehen, dass die Fragemöglichkeit gegenständlich zumindest nicht über das Auskunftsrecht nach § 131 Abs. 1 AktG hinausgeht.[594] Darüber hinaus nimmt die Gesetzesbegründung bei der Erläuterung, dass das Fragerecht eine von § 131 AktG abweichende Antwortpflicht gewährt, ausdrücklich auf das Auskunftsrecht nach § 131 AktG Bezug.[595] Vor diesem Hintergrund ist anzunehmen, dass für den Inhalt der Fragen § 131 Abs. 1 AktG entsprechend unverändert fort gilt, sodass nur Fragen über die Angelegenheiten der Gesellschaft zulässig sind, soweit sie zu der sachgemäßen Beurteilung des Gegenstands der Tagesordnung erforderlich sind.[596]

(b) Einreichung von Fragen

Eine Besonderheit der Fragemöglichkeit besteht nach Art. 2 § 1 Abs. 2 Satz 2 COVID-19-G a. F. vor allem darin, dass der Vorstand bestimmen kann, dass Fragen bis spätestens zwei Tage vor der Versammlung im Wege elektronischer Kommunikation einzureichen sind. Die Fristberechnung der Frageneinreichung erfolgt nach den allgemeinen aktienrechtlichen Grundsätzen zur Fristbestimmung, insbesondere ist der Tag der Hauptversammlung gemäß § 121 Abs. 7

592 BT-Drs. 19/18110, S. 26 zum COVID-19-G-E.

593 BT-Drs. 19/18110, S. 26 zum COVID-19-G-E.

594 *Schindler/Schaffner* in: Schindler/Schaffner, Virtuelle Beschlussfassung in Kapitalgesellschaften und Vereinen, § 2 Rn. 258.

595 BT-Drs. 19/18110, S. 26 zum COVID-19-G-E; *Schindler/Schaffner* in: Schindler/Schaffner, Virtuelle Beschlussfassung in Kapitalgesellschaften und Vereinen, § 2 Rn. 258.

596 *Simons/Hauser*, NZG 2020, 488 (495).

AktG nicht mitzurechnen.[597] Die Vorverlagerung der Frageneinreichung auf einen Zeitpunkt vor der Hauptversammlung begründet erhebliche Erleichterungen für die Verwaltung. Einerseits kommt ihr ein größerer Zeitraum für die Vorbereitung der Beantwortung der eingereichten Fragen zu, andererseits wird das Störpotenzial der Hauptversammlung erheblich verringert, da durch die Vorverlagerung der Frageneinreichung, die Möglichkeit, in der Hauptversammlung (Nach-)Fragen zu stellen, ausgeschlossen wird.[598]

Die Fragen der Aktionäre sind elektronisch einzureichen. Dabei kann die elektronische Einreichung der Fragen insbesondere per E-Mail an eine vom Vorstand in der Hauptversammlungseinberufung dafür mitgeteilten E-Mail-Adresse oder im Wege eines bereitgestellten Hauptversammlungsportals erfolgen.[599] Der Vorstand muss die Möglichkeit der Frageneinreichung nicht auf ordnungsgemäß angemeldete Aktionäre beschränken, sondern kann sie auch der Öffentlichkeit zugänglich machen.[600] Dies dürfte aus Sorge vor einer unkontrollierbaren Flut von Fragen aber nur theoretischer Natur sein.

(c) Beantwortung von Fragen

(aa) Vorstandsermessen

Die Fragemöglichkeit unterscheidet sich hinsichtlich des Beantwortungsumfangs der eingereichten Fragen in wesentlichen Punkten vom Auskunftsrecht nach § 131 AktG. Der Gesetzgeber führt in seiner Begründung zu der Fragemöglichkeit aus, dass den Aktionären zwar die Möglichkeit einzuräumen ist, Fragen an die Verwaltung zu richten, ihnen aber kein Recht auf Antwort zusteht.[601] Der Vorstand entscheidet – abweichend von § 131 Abs. 1 AktG – nach Art. 2 § 1 Abs. 2 Satz 2 COVID-19-G a. F. nach pflichtgemäßem Ermessen, welche Frage er wie beantwortet.[602] Er kann Fragen zusammenfassen und sich auf die Beantwortung bestimmter Fragen beschränken.[603] Der Vorstand ist in seiner

597 *Bücker/Kulenkamp/Schwarz/Seibt/v. Bonin*, DB 2020, 775 (781); *Herrler*, DNotZ 2020, 468 (491); *Simons/Hauser*, NZG 2020, 488 (495).

598 *Herrler* in: Grigoleit, AktG, 2. Aufl. 2020, § 118 Rn. 37c.

599 *Herb/Merkelbach*, DStR 2020, 811 (813); *Noack/Zetzsche*, AG 2020, 265 Rn. 47; *Spindler* in: Schmidt/Lutter, AktG, 4. Aufl. 2020, § 118 Rn. 63j.

600 BT-Drs. 19/18110, S. 26 zum COVID-19-G-E; *Simons/Hauser*, NZG 2020, 488 (495).

601 BT-Drs. 19/18110, S. 26 zum COVID-19-G-E.

602 BT-Drs. 19/18110, S. 26 zum COVID-19-G-E.

603 BT-Drs. 19/18110, S. 26 zum COVID-19-G-E.

Ermessensausübung aber nicht vollständig frei.[604] Das pflichtmäßige Ermessen gewährt dem Vorstand keine willkürliche Versagung der Beantwortung von Fragen.[605] Der Vorstand hat vielmehr Ermessensleitlinien festzulegen, die er bei der Auswahl der zu beantwortenden Fragen zugrunde legt.[606] Im Einklang mit der Gesetzesbegründung kann der Vorstand dabei insbesondere Aktionärsvereinigungen und institutionelle Investoren mit bedeutenden Stimmanteilen bevorzugen oder sinnvolle Fragen zur Beantwortung auswählen.[607] Die Bestimmung der Sinnhaftigkeit einer Frage ist von der Bedeutung für die übrigen Aktionäre abhängig zu machen.[608] Vor dem Hintergrund, dass der Gesetzgeber bei der Beschränkung des Antwortrechts vor allem die Gefahr einer Fragenflut vor Augen hatte, muss die Ermessensentscheidung auch das Ausbleiben dieses Umstandes angemessen berücksichtigen. Eine Antwortplicht wird daher anzunehmen sein, wenn die Beantwortung der gestellten Fragen den zeitlichen Rahmen der Hauptversammlung von vier bis sechs Stunden nicht überschreitet und dadurch das Auswahlermessen des Vorstands auf null reduziert wird.[609] Dabei sind die im Vorfeld der Hauptversammlung auf der Website der Gesellschaft beantworteten Fragen auf den zeitlichen Rahmen der Hauptversammlung anzurechnen, um eine zumutbare Informationsbewältigung der Aktionäre zu gewährleisten.[610] Im Rahmen der Ermessensentscheidung, ob eine Frage beantwortet wird, kommt den Auskunftsverweigerungsgründen nach § 131 Abs. 3 AktG eine richtungsweisende Wirkung zu.[611]

Die Beantwortung der eingereichten Fragen erfolgt grundsätzlich in der Hauptversammlung, sofern eine gestellte Frage nicht schon vorab auf der Website der Gesellschaft beantwortet worden ist.[612] Insoweit kann der Vorstand

604 *Noack/Zetzsche*, AG 2020, 265 Rn. 48; *Reger* in: Bürgers/Körber/Lieder, AktG, 5. Aufl. 2021, § 131 Rn. 3d; *Simons/Hauser*, NZG 2020, 488 (492).

605 *Andres/Kujović*, GWR 2020, 213 (214); *Noack/Zetzsche*, AG 2020, 265 Rn. 56.

606 *Herrler*, DNotZ 2020, 468 (494); *Spindler* in: Schmidt/Lutter, AktG, 4. Aufl. 2020, § 118 Rn. 63j.

607 BT-Drs. 19/18110, S. 26 zum COVID-19-G-E.

608 *Herrler*, DNotZ 2020, 468 (493).

609 *Herrler*, DNotZ 2020, 468 (492); *Noack/Zetzsche*, AG 2020, 265 Rn. 48; *Lieder*, ZIP 2020, 837 (841); *Schäfer*, NZG 2020, 481 (487); *Spindler* in: Schmidt/Lutter, AktG, 4. Aufl. 2020, § 118 Rn. 63j.

610 *Noack/Zetzsche*, AG 2020, 265 Rn. 51; a. A. wohl *Herrler*, DNotZ 2020, 468 (492 f.).

611 *Noack/Zetzsche*, AG 2020, 265 Rn. 57; *Spindler* in: Schmidt/Lutter, AktG, 4. Aufl. 2020, § 118 Rn. 63j.

612 BT-Drs. 19/18110, S. 26 zum COVID-19-G-E.

eingereichte Fragen auch vorab auf der Internetseite der Gesellschaft beantworten. Im Rahmen der Beantwortung der eingereichten Fragen kann der Versammlungsleiter die gestellten Fragen entweder unter Nennung des Namens des Fragestellers oder in anonymisierter Form wiedergeben.[613] Dem Fragesteller steht jedoch ein Widerspruchsrecht gemäß Art. 21 Abs. 1 DSGVO zu, sodass er seiner namentlichen Nennung bei der Stellung der Frage widersprechen kann.[614]

(bb) Europarechtskonforme Auslegung des Vorstandsermessens

Fraglich ist, ob das Vorstandsermessen hinsichtlich der Beantwortung eingereichter Fragen aufgrund europarechtlicher Vorgaben einzuschränken ist. Die europäischen Vorgaben sind bei der Auslegung der Fragemöglichkeit grundsätzlich zu berücksichtigen.[615] Aus Art. 9 Abs. 1 Satz 2 ARRL folgt zwar, dass die Gesellschaft die an sie gestellten Fragen der Aktionäre zu beantworten hat, eine ausnahmslose Antwortpflicht des Vorstands wird hierdurch jedoch nicht statuiert. Denn der europäische Gesetzgeber sieht in Art. 9 Abs. 2 ARRL explizite Ausnahmen vor, die das Recht auf Beantwortung von Fragen entfallen lassen können. Nach Art. 9 Abs. 2 Var. 2 ARRL bestehen Fragerecht und Antwortpflicht nur vorbehaltlich etwaiger Maßnahmen, welche die Mitgliedstaaten ergreifen oder den Gesellschaften gestatten zu ergreifen, um den ordnungsgemäßen Ablauf von Hauptversammlungen und ihre ordnungsgemäße Vorbereitung zu gewährleisten. Diesen Zweck verfolgt der Gesetzgeber mit dem grundsätzlichen Ausschluss des Rechts auf Fragenbeantwortung in der virtuellen Hauptversammlung.

(2) Fragerecht nach dem COVID-19-G n. F.

Durch das COVRSPÄndG hat der Gesetzgeber die Fragemöglichkeit für die virtuelle Hauptversammlungssaison 2021 modifiziert. Die Änderungen sind zum 28.02.2021 in Kraft getreten.[616] Mit der Änderung der Fragemöglichkeit in das zuvor ausgeführte Fragerecht bezweckte der Gesetzgeber neben der Verbesserung der Rechtsposition des Aktionärs, vor allem auch den praktischen Erfahrungen aus der virtuellen Hauptversammlungssaison 2020, in der Aktiengesellschaften im Regelfall ordnungsgemäß gestellte Fragen auch tatsächlich

---

613 *Simons/Hauser*, NZG 2020, 488 (497).

614 *Bücker/Kulenkamp/Schwarz/Seibt/v. Bonin*, DB 2020, 775 (783); *Herrler*, DNotZ 2020, 468 (484).

615 *Lieder*, ZIP 2020, 837 (841); *Noack/Zetzsche*, AG 2020, 265 Rn. 51.

616 Art. 14 Abs. 3 COVRSPÄndG.

beantwortet haben, Rechnung zu tragen.[617] Nach Art. 2 § 1 Abs. 2 Satz 1 Nr. 3 COVID-19-G n. F. ist den Aktionären nunmehr ein Fragerecht, statt bisher eine Fragemöglichkeit im Wege der elektronischen Kommunikation, zu gewähren, sofern der Vorstand sich für die Durchführung einer virtuellen Hauptversammlung entscheidet. Das Fragerecht nach Art. 2 § 1 Abs. 2 Satz 1 Nr. 3 COVID-19-G n. F. ist aber keineswegs mit dem aktienrechtlichen Auskunftsrecht nach § 131 AktG gleichzusetzen.[618] Die Ersetzung der Fragemöglichkeit durch ein Fragerecht hat Auswirkungen auf das Ermessen des Vorstands hinsichtlich der Beantwortung der eingereichten Fragen. Nach Art. 2 § 1 Abs. 2 Satz 2 COVID-19-G n. F. wird dem Vorstand nunmehr ein pflichtgemäßes Ermessen nur hinsichtlich des „Wie" – statt bisher des „Ob" und des „Wie" – der Beantwortung der eingereichten Fragen der Aktionäre gewährt.[619] Insoweit wird die Rechtsposition der Aktionäre dahingehend gestärkt, dass ordnungsgemäß gestellte Fragen vom Vorstand zu beantworten sind.[620] Hinsichtlich des „Wie" der Fragenbeantwortung kann der Vorstand weiterhin sein pflichtgemäßes Ermessen ausüben. Er kann daher insbesondere Fragen und deren Beantwortung zusammenfassen, wenn dies sinnvoll erscheint.[621] Die Beantwortung der Fragen unterliegt weiterhin der sinngemäßen Anwendung der gesetzlichen Auskunftsverweigerungsrechte nach § 131 Abs. 3 AktG.[622] Ein Recht, Nachfragen in der virtuellen Hauptversammlung zu stellen, besteht nicht.[623] Eine weitere Modifikation hat die Fragemöglichkeit hinsichtlich der Frist für die Einreichung von Fragen im Vorfeld der virtuellen Hauptversammlung erfahren. Der Gesetzgeber hat die bisherige Möglichkeit nach Art 2 § 1 Abs. 2 Satz 2 COVID-19-G a. F., dass Fragen bis spätestens zwei Tage vor der Versammlung im Wege elektronischer Kommunikation einzureichen sind, nunmehr auf einen Tag vor der Versammlung verkürzt. Aktionären steht in der Folge ein längerer Zeitraum zur Verfügung, um Fragen

617 BT-Drs. 19/25322, S. 22 zum Bericht des Ausschusses für Recht und Verbraucherschutz (6. Ausschuss) zum VRS-G-E und zum COVID-19-InsAbG-E.

618 BT-Drs.19/25322, S. 22 zum Bericht des Ausschusses für Recht und Verbraucherschutz (6. Ausschuss) zum VRS-G-E und zum COVID-19-InsAbG-E.

619 BT-Drs. 19/25322, S. 21 f. zum Bericht des Ausschusses für Recht und Verbraucherschutz (6. Ausschuss) zum VRS-G-E und zum COVID-19-InsAbG-E.

620 *Rubner/Pospiech*, NJW-Spezial 2021, 79 (79).

621 BT-Drs. 19/25322, S. 22 zum Bericht des Ausschusses für Recht und Verbraucherschutz (6. Ausschuss) zum VRS-G-E und zum COVID-19-InsAbG-E.

622 *Noack/Zetzsche*, AG 2020, 265 Rn. 57; *Spindler* in: Schmidt/Lutter, AktG, 4. Aufl. 2020, § 118 Rn. 63j.

623 *Rubner/Pospiech*, NJW-Spezial 2021, 79 (79).

einzureichen. Aus Sicht der Gesellschaft hat die Änderung zur Folge, dass der Bearbeitungs- und Beantwortungszeitraums für die Gesellschaft verkürzt wird. Sie muss nun eine etwaige Fragenflut in bedeutend kürzerer Zeit bewältigen.

dd) Widerspruchsmöglichkeit gegen Hauptversammlungsbeschlüsse

Die Durchführung einer virtuellen Hauptversammlung setzt nach Art 2 § 1 Abs. 2 Satz 1 Nr. 4 COVID-19-G voraus, dass der Vorstand den Aktionären, die ihr Stimmrecht nach Art. 2 § 1 Abs. 2 Satz 1 Nr. 2 COVID-19-G, d. h. im Wege der elektronischen Kommunikation oder Vollmachtserteilung ausgeübt haben, in Abweichung von § 245 Nr. 1 AktG unter Verzicht auf das Erfordernis des Erscheinens in der Hauptversammlung eine Möglichkeit zum Widerspruch gegen einen Beschluss der Hauptversammlung einzuräumen hat. Die Einräumung der Widerspruchsmöglichkeit ist dem Umstand geschuldet, dass Aktionäre in der virtuellen Hauptversammlung andernfalls mangels physischer Teilnahme an der Hauptversammlung keinen Widerspruch zur Niederschrift gem. § 245 Nr. 1 AktG erklären könnten.[624] Darüber hinaus zielt die Vorschrift darauf ab, dass das Beschlussanfechtungsrecht der elektronischen Briefwähler in der virtuellen Hauptversammlung nicht *de facto* ausgeschlossen wird.[625] Denn elektronische Briefwähler nach § 118 Abs. 2 AktG gelten – anders als elektronisch zugeschaltete Aktionäre nach § 118 Abs. 1 Satz 2 AktG – nicht als in der Hauptversammlung erschienen.[626] Die Anfechtungsbefugnis setzt nach § 245 Nr. 1 AktG insbesondere voraus, dass der anfechtende Aktionär in der Hauptversammlung erschienen ist oder als in der Hauptversammlung erschienen zu qualifizieren ist. Ohne den Verzicht auf das Erfordernis des Erscheinens in der Hauptversammlung könnte die Verwaltung die Beschlussanfechtungsbefugnis der Aktionäre durch eine Beschränkung der Stimmrechtsausübung auf die elektronische Briefwahl faktisch ausschließen.

Die Widerspruchsmöglichkeit des Art 2 § 1 Abs. 2 Satz 1 Nr. 4 COVID-19-G umfasst nur die Möglichkeit, Widerspruch gegen Hauptversammlungsbeschlüsse einzulegen, und erstreckt sich nicht auf etwaige Widersprüche wegen einer Auskunftsverweigerung gem. § 131 Abs. 5 AktG.[627] Die Einlegung des Widerspruchs hat im Wege der elektronischen Kommunikation zu erfolgen.[628]

---

624 *Noack/Zetzsche*, AG 2020, 265 Rn. 67.

625 *Herrler*, DNotZ 2020, 468 (496.); *Spindler* in: Schmidt/Lutter, AktG, 4. Aufl. 2020, § 118 Rn. 63j.

626 *Herrler*, DNotZ 2020, 468 (496).

627 *Simons/Hauser*, NZG 2020, 488 (499); *Wicke*, DStR 2020, 885 (887).

628 BT-Drs. 19/18110, S. 26 zum COVID-19-G-E.

Dabei hat die Verwaltung eine elektronische Kontaktaufnahme mit dem protokollierenden Notar bzw. bei nicht börsennotierten Gesellschaften ggf. mit dem Vorsitzenden des Aufsichtsrats zu ermöglichen.[629] Die elektronische Kontaktaufnahme kann z. B. durch einen bereitgestellten E-Mail-Kanal oder eine spezielle Funktionalität innerhalb des Hauptversammlungsportals erfolgen.[630] Letzteres dürfte praxistauglicher sein, da eine weitere Legitimationsprüfung des Widerspruchserklärenden aufgrund des regelmäßig individualisierten Zugangs zu dem Hauptversammlungsportal entfällt.[631] In zeitlicher Hinsicht muss der Vorstand die Einlegung des Widerspruchs bis zu dem Ende der Hauptversammlung gewähren.[632] Unbeachtlich ist insoweit, ob der Widerspruch vor oder nach der jeweiligen Beschlussfassung erklärt wird.[633] Weiterhin kann der Vorstand die Möglichkeit der Einlegung des Widerspruchs auf einen Zeitraum vor Beginn der Hauptversammlung ausweiten.[634]

d) (Gegen-)Anträge

aa) Gesetzeslage nach dem COVID-19-G a. F.

Der Ausschluss des physischen Teilnahmerechts an der virtuellen Hauptversammlung wirft vor allem die Frage auf, wie die Gesellschaft mit versammlungsgebundenen Antragsrechten und dem Wahlvorschlagsrecht zu verfahren hat.[635] In der ursprünglichen Fassung des COVID-19-G hat der Gesetzgeber keine Aussagen hinsichtlich der Stellung von Beschlussanträgen oder der Einbringung von Wahlvorschlägen im Rahmen der virtuellen Hauptversammlung getroffen. Insbesondere fehlen in Art. 2 § 1 Abs. 2 COVID-19-G a. F., der die Mindestanforderungen für die Bild- und Tonübertragung sowie die Ausübung des Stimm-, Frage- und Widerspruchsrechts festlegt, Ausführungen zu der Behandlung von (Gegen-)Anträgen oder Wahlvorschlägen in der virtuellen Hauptversammlung. In der Gesetzesbegründung heißt es insoweit, dass bei Durchführung der Versammlung nur mit Briefwahl und Vollmachtsstimmrecht, natürlich alle Antragsrechte in der Versammlung wegfallen, diese kann es nur bei elektronischer

---

629 BT-Drs. 19/18110, S. 26 zum COVID-19-G-E; *Herb/Merkelbach*, DStR 2020, 811 (814); *Noack/Zetzsche*, AG 2020, 265 Rn. 67; *Simons/Hauser*, NZG 2020, 488 (500).

630 *Herrler* in: Grigoleit, AktG, 2. Aufl. 2020, § 118 Rn. 37o.

631 *Herrler* in: Grigoleit, AktG, 2. Aufl. 2020, § 118 Rn. 37o.

632 BT-Drs. 19/18110, S. 26 zum COVID-19-G-E.

633 *Koch* in: Hüffer/Koch, AktG, 15. Aufl. 2021, § 245 Rn. 14.

634 *Herrler*, DNotZ 2020, 468 (497).

635 *Noack/Zetzsche*, AG 2020, 269 Rn. 29; *Simons/Hauser*, NZG 2020, 488 (491 f.).

Teilnahme von Aktionären geben.[636] Vor dem Hintergrund der rechtstatsächlichen Bedeutung der versammlungsgebundenen Antragsrechte ist jedoch fraglich, ob der Gesetzgeber einen derart weitreichenden Ausschluss der versammlungsgebundenen Antragsrechte herbeiführen wollte oder die Aussage des Gesetzgebers vielmehr einer stärkeren Differenzierung zu unterziehen ist.

(1) Fortbestehen der Versammlungsgebundenheit

Ausgehend von der Gesetzesbegründung kann es Antragsrechte in der Hauptversammlung nur bei der elektronischen Teilnahme an der virtuellen Hauptversammlung geben.[637] Dies entspricht zunächst dem bekannten aktienrechtlichen Grundsatz, der die Ausübung von versammlungsgebundenen Rechten an das Bestehen eines physischen Teilnahmerechts des Aktionärs und der physischen Teilnahme desselben an der Hauptversammlung knüpft.[638] Der Ausschluss der Antragsrechte für elektronische Briefwähler gemäß § 118 Abs. 2 AktG folgt aus dem Umstand, dass Briefwähler rechtlich nicht als in der Hauptversammlung erschienen qualifiziert werden und daher – mit Ausnahme des Stimmrechts – keine weiteren Aktionärsrechte in der Hauptversammlung ausüben können.[639] Angesichts der Zielsetzung des COVID-19-G, einer ausufernden Wahrnehmung von Aktionärsrechten in der virtuellen Hauptversammlung vorzubeugen und damit die Funktionsfähigkeit der virtuellen Hauptversammlung sicherzustellen,[640] ist zudem nicht davon auszugehen, dass der Gesetzgeber die Rechtsposition der elektronischen Briefwähler in der virtuellen Hauptversammlung stärken oder mit einem physisch an der Hauptversammlung teilnehmenden Aktionär gleichsetzen wollte. Die gesetzgeberische Auffassung, dass Antragsrechte in der virtuellen Hauptversammlung nur im Wege der elektronischen Zuschaltung ausgeübt werden können, entspricht dem Umstand, dass elektronisch zugeschaltete Aktionäre nach § 118 Abs. 1 Satz 2 AktG rechtlich als echte Hauptversammlungsteilnehmer qualifiziert werden, d. h. trotz Abwesenheit an dem Versammlungsort so behandelt werden, als wären sie tatsächlich in der

636 BT-Drs. 19/18110, S. 26 zum COVID-19-G-E.

637 BT-Drs. 19/18110, S. 26 zum COVID-19-G-E.

638 *Hoffmann* in: Spindler/Stilz, AktG, 4. Aufl. 2019, § 118 Rn. 12; *Marsch-Barner* in: Marsch-Barner/Schäfer, HdB. börsennotierte AG, 4. Aufl. 2017, § 34 Rn. 7.1.

639 *Austmann* in: Hoffmann-Becking, MHdB GesR, Bd. 4, 5. Aufl. 2020, § 40 Rn. 30; *Herb/Merkelbach*, DStR 2020, 811 (813); *Noack/Zetzsche*, AG 2020, 265 Rn. 63.

640 BT-Drs. 19/18110, S. 5, 26 zum COVID-19-G-E.

Hauptversammlung erschienen.[641] Aufgrund der Gleichstellung der elektronischen Hauptversammlungsteilnehmer mit den physisch an der Hauptversammlung teilnehmenden Aktionären steht insoweit die fehlende physische Teilnahme an der virtuellen Hauptversammlung der Ausübung von versammlungsgebunden Antragsrechten nicht entgegen. Fraglich ist, ob der Vorstand den elektronisch teilnehmenden Aktionären zwingend die Möglichkeit der Einbringung von Beschlussanträgen in der virtuellen Hauptversammlung eröffnen muss. Im Allgemeinen lässt Art. 2 § 1 Abs. 2 COVID-19-G die aktienrechtlichen Vorschriften in ihrer Anwendung unberührt, soweit der Gesetzgeber nichts Abweichendes geregelt hat.[642] Grundsätzlich gewährt § 118 Abs. 1 Satz 2 AktG dem Vorstand einen weitreichenden Gestaltungsspielraum, sodass er entscheiden kann, ob Aktionäre sämtliche oder einzelne Rechte ganz oder teilweise im Wege elektronischer Kommunikation ausüben können. Die Rechtsposition eines an der Hauptversammlung zugeschalteten Aktionärs nach § 118 Abs. 1 Satz 2 AktG muss daher nicht notwendigerweise der eines an der Hauptversammlung physisch teilnehmenden Aktionärs entsprechen. Ob dem Vorstand ein entsprechend weiter Gestaltungsspielraum auch bei der Durchführung einer virtuellen Hauptversammlung zusteht, bedarf einer genaueren Betrachtung. Für einen entsprechenden Fortbestand des Gestaltungsspielraums des § 118 Abs. 1 Satz 2 AktG bei Ermöglichung der Stimmrechtsausübung im Wege der elektronischen Teilnahme spricht, dass die Mindestanforderungen an die virtuelle Hauptversammlung in Art. 2 § 1 Abs. 2 COVID-19-G zwar ein Mindestmaß für die Gewährung des Frage-, Stimm- und Widerspruchsrechts vorsehen, entsprechende Regelungen für die Antragsrechte aber gänzlich fehlen. Es ist daher nicht ersichtlich, dass der Gesetzgeber dem Vorstand hinsichtlich der elektronischen Zuschaltung von Aktionären (§ 118 Abs. 1 Satz 2 AktG) einen von den aktienrechtlichen Vorschriften abweichenden Gestaltungsrahmen zuweisen wollte. Außerdem kann der Vorstand nach Art. 2 § 1 Abs. 2 COVID-19-G auf eine elektronische Teilnahme der Aktionäre gänzlich verzichten, sofern er die Ausübung des Stimmrechts lediglich mittels elektronischer Briefwahl und der Stimmrechtsvertretung eröffnet. Auch folgt aus der Gesetzesbegründung keine verpflichtende Gewährung von versammlungsgebundenen Antragsrechten, sofern der Gesetzgeber die Stimmrechtsausübung im Wege der elektronischen Teilnahme ermöglicht.[643]

---

641 BT-Drs. 16/11642, S. 26 zum ARUG-E; *Reger* in: Bürgers/Körber/Lieder, AktG, 5. Aufl. 2021, § 118 Rn. 5c.

642 *Noack/Zetzsche*, AG 2020, 265 Rn. 4; *Simons/Hauser*, NZG 2020, 488 (489).

643 *Kruchen*, DZWIR 2020, 431 (454).

Denn dort heißt es nur, dass es Antragsrechte, die in der Hauptversammlung auszuüben sind, nur bei der elektronischen Teilnahme geben kann. Eine Verpflichtung zur Gewährung einer Antragstellung in der virtuellen Hauptversammlung folgt hieraus nicht.[644] Der aktienrechtliche Gestaltungsmaßstab des § 118 Abs. 1 Satz 2 AktG gilt auch in der virtuellen Hauptversammlung entsprechend fort.[645] Der Vorstand kann somit die elektronische Teilnahme an der virtuellen Hauptversammlung auf die elektronische Stimmrechtsausübung beschränken.[646]

(2) (Gegen-)Antragsrecht des Stimmrechtsvertreters vor Ort

Sofern das Stimmrecht im Wege der Vollmachtserteilung durch einen Vertreter ausgeübt wird, kann dieser die Stimmrechtsausübung selbst grundsätzlich nur im Wege der elektronischen Briefwahl oder der elektronischen Teilnahme an der Hauptversammlung nach den geltenden Grundsätzen wahrnehmen. Eine Ausnahme besteht nach der Gesetzesbegründung lediglich für den von der Gesellschaft benannten Stimmrechtsvertreter, sofern ihm ein physisches Teilnahmerecht an der virtuellen Hauptversammlung gewährt wird.[647] Das gewährte Teilnahmerecht ermöglicht dem Stimmrechtsvertreter die Stimmrechtsausübung in der Hauptversammlung vorzunehmen. Fraglich ist, ob die Gesellschaft in diesem Fall die Befugnisse des Stimmrechtsvertreters auch auf die Entgegennahme und Stellung von (Gegen-)Anträgen in der Hauptversammlung auszuweiten hat.[648] Die mittelbare (Gegen-)Antragsbefugnis des Stimmrechtsvertreters hätte zur Folge, dass vertretene Aktionäre ihm nicht nur Weisungen hinsichtlich der Stimmrechtsausübung, sondern auch hinsichtlich der Stellung von versammlungsgebundenen (Gegen-)Anträgen übermitteln könnten.[649] Für eine mittelbare (Gegen-)Antragsbefugnis des Stimmrechtsvertreters spricht zunächst der Umstand, dass Aktionäre bei einer ihnen obliegenden Wahl des ortsanwesenden Stimmrechtsvertreters möglicherweise einen Stimmrechtsvertreter ausgewählt hätten, der seine Bereitschaft zur (Gegen-)Antragstellung in der Hauptversammlung signalisiert hätte.[650] Dagegen spricht jedoch die herkömmliche Funktion und Aufgabe des von der Gesellschaft benannten

644 BT-Drs. 19/18110, S. 26 zum COVID-19-G-E.
645 *Kruchen,* DZWIR 2020, 431 (453 f.).
646 *Schäfer*, NZG 2020, 481 (482); *Tröger*, BB 2020, 1091 (1095).
647 BT-Drs. 19/18110, S. 26 zum COVID-19-G-E.
648 *Noack/Zetzsche*, AG 2020, 265 Rn. 32.
649 *Noack/Zetzsche*, AG 2020, 265 Rn. 32.
650 *Noack/Zetzsche*, AG 2020, 265 Rn. 32.

Stimmrechtsvertreters.[651] Die Aufgabe des von der Gesellschaft benannten Stimmrechtsvertreters beschränkte sich in der Vergangenheit auf die bloße Ausübung des Stimmrechts des Vertretenen, wodurch ihm im Wesentlichen eine eher neutrale Rolle zukam.[652] Die verpflichtende Ausstattung des von der Gesellschaft benannten Stimmrechtsvertreters mit einer Antragspflicht erscheint mit der herkömmlichen Bedeutung und der eher neutralen Funktion des Stimmrechtsvertreters nur schwer vereinbar zu sein.[653] Darüber hinaus spricht die Zielsetzung des Art. 2 § 1 COVID-19-G gegen ein solches Vorgehen. Die Beschränkung der versammlungsgebundenen Rechte in der virtuellen Hauptversammlung ist vor allem dem Umstand geschuldet, dass Aktionäre ihre versammlungsgebundenen Rechte übermäßig und ggf. auch missbräuchlich in der virtuellen Hauptversammlung in Anspruch nehmen. Diese Gefahr besteht aber nicht nur für das Rede- oder Auskunftsrecht der Aktionäre, sondern auch für die Ausübung des (Gegen-)Antragsrechts, sofern die (Gegen-)Antragstellung weisungsgebunden über einen von der Gesellschaft benannten Stimmrechtsvertreter erfolgt. Zwar könnten die Aktionäre nicht selbst die Hauptversammlung mit einer Vielzahl von (Gegen-)Anträgen überfluten, sie könnten aber den Stimmrechtsvertreter dazu missbrauchen. Außerdem sehen die Mindestanforderungen an die Stimmrechtsausübung in der virtuellen Hauptversammlung nach Art. 2 § 1 Abs. 2 Satz 1 Nr. 2 COVID-19-G nicht vor, dass die Gewährung der Stimmrechtsvertretung zwangsläufig auch die Benennung eines Stimmrechtsvertreters durch die Gesellschaft zu umfassen hat.[654] Selbst wenn man davon ausgehen würde, sehen die Mindestanforderungen an die Hauptversammlung nach Art. 2 § 1 Abs. 2 COVID-19-G nicht vor, dem von der Gesellschaft benannten Stimmrechtsvertreter über seinen üblichen Rahmen hinausgehende Aufgaben zu übertragen.[655] Darüber hinaus lässt die Gesetzesbegründung keinen Raum für eine verpflichtende Ausstattung des von der Gesellschaft benannten Stimmrechtsvertreters mit entsprechenden Antragsrechten.[656]

---

651 *Höreth*, GWR 2020, 411 (412); *Simons/Hauser*, NZG 2020, 488 (494).

652 *Höreth*, GWR 2020, 411 (412); *Simons/Hauser*, NZG 2020, 488 (494).

653 *Höreth*, GWR 2020, 411 (412).

654 *Herb/Merkelbach*, DStR 2020, 811 (812); *Schindler/Schaffner* in: Schindler/Schaffner, Virtuelle Beschlussfassung in Kapitalgesellschaften und Vereinen, § 2 Rn. 243; *Herrler*, DNotZ 2020, 468 (488).

655 *Kruchen*, DZWIR 2020, 431 (454).

656 *Kruchen*, DZWIR 2020, 431 (454).

(3) Fiktionslösung

Angesichts des Umstands, dass der Gesetzgeber in der virtuellen Hauptversammlung daran festgehalten hat, dass versammlungsgebundene Antragsrechte nur in der Hauptversammlung ausgeübt werden können, ist fraglich, ob den Aktionären nicht eine andere Möglichkeit zur Einbringung von Beschlussanträgen in die Hauptversammlung zu gewähren ist, um einem – ggf. nicht erforderlichen – vollständigen Ausschluss der (Gegen-)Antragstellung entgegenzuwirken. Es wird daher vertreten, dass zumindest die nach §§ 126, 127 AktG ordnungsgemäß übermittelten Gegenanträge und Wahlvorschläge in der Hauptversammlung so zu behandeln seien, als ob der Opponent den Gegenantrag oder Wahlvorschlag in der Hauptversammlung ordnungsgemäß gestellt hat (sog. Fiktionslösung).[657] Dementsprechend würde die erforderliche Antragstellung in der Hauptversammlung unter Wahrung des Grundsatzes der Versammlungsgebundenheit fingiert. Die Fiktionslösung führt im Ergebnis zu einer Stärkung der Rechtsposition der Aktionäre, indem ihnen in einem abgeschwächten Umfang die Möglichkeit eingeräumt wird, auf die bekanntgemachten Beschlussvorschläge der Verwaltung gestalterisch einzuwirken. Das Recht, spontane Gegenanträge und Wahlvorschläge sowie Verfahrensanträge in der Hauptversammlung zu stellen bzw. einzubringen, bleibt den Aktionären nach der Fiktionslösung weiterhin verwehrt. Dass der Gesetzgeber ein Vorgehen nach der Fiktionslösung als Mindestvoraussetzung für die Durchführung einer virtuellen Hauptversammlung vorsehen wollte, ist aber äußerst fraglich. Zunächst spricht die Zielsetzung des COVID-19-G, nämlich die Gefahr einer ausufernden Inanspruchnahme der versammlungsgebundenen Rechte in der virtuellen Hauptversammlung zu verhindern und dessen Durchführung umfassend zu erleichtern,[658] gegen die Antragsfiktion als Mindestvoraussetzung für die Durchführung einer virtuellen Hauptversammlung. Außerdem hat der Gesetzgeber keine ausdrücklichen Regelungen zu den Antragsrechten in die Mindestanforderungen an die virtuelle Hauptversammlung gemäß Art. 2 § 1 Abs. 2 COVID-19-G a. F. aufgenommen. Auch mit dem Umstand, dass der Gesetzgeber den Gesellschaften in Art. 2 § 1 Abs. 2 Nr. 2 COVID-19-G die Möglichkeit eingeräumt hat, die Stimmrechtsausübung auf die elektronische Briefwahl zu

---

657 *Andres/Kujović*, GWR 2020, 213 (214); *Bücker/Kulenkamp/Schwarz/Seibt/v. Bonin*, DB 2020, 775 (779); *Herb/Merkelbach*, DStR 2020, 811 (813); *Koch* in: Hüffer/Koch, AktG, 15. Aufl. 2021, § 118 Rn. 59; *Herrler*, DNotZ 2020, 468 (499); *Kruchen*, DZWIR 2020, 431 (454); *Seibt/Danwerth*, NZG 2020, 1241 (1248).

658 BT-Drs. 19/18110, S. 26 zum COVID-19-G-E.

beschränken und damit zugleich die Antragstellung in der Hauptversammlung auszuschließen, spricht gegen die Fiktionslösung als zwingende Voraussetzung der virtuellen Hauptversammlung.[659] Ferner folgt aus der Gesetzesbegründung, dass der Gesetzgeber einen etwaigen vollständigen Ausschluss der versammlungsgebundenen Antragsrechte in der Hauptversammlung bewusst in Kauf genommen hat.[660] Der Gesetzgeber führt nämlich unmissverständlich aus, dass bei Durchführung der Versammlung nur mit Briefwahl und Vollmachtsstimmrecht, natürlich alle Antragsrechte in der Versammlung wegfallen, diese kann es nur bei elektronischer Teilnahme von Aktionären geben.[661] Für einen anderslautenden gesetzgeberischen Willen könnte aber der Umstand sprechen, dass einem störungsfreien Ablauf der virtuellen Hauptversammlung ggf. bereits mit der Fiktionslösung ausreichend Rechnung getragen wird.[662] Die Fiktionslösung schützt jedoch nicht vollumfänglich vor einer übermäßigen Inanspruchnahme des Gegenantrags- bzw. Wahlvorschlagsrechts. Denn der Versammlungsleiter könnte die Hauptversammlung zwar durch eine sinnvolle Festlegung der Abstimmungsreihenfolge der Beschlussanträge vor einer unnötigen Befassung mit aussichtlosen Gegenanträgen grundsätzlich bewahren.[663] Bei der Entscheidung über die Abstimmungsreihenfolge hat der Versammlungsleiter den Vorrang der Verfahrensanträge gegenüber den Sachanträgen zu berücksichtigen.[664] Insoweit kann eine ausufernde Übermittlung von Gegenanträgen, die auf die bloße Absetzung eines Beschlussgegenstandes von der Tagesordnung gerichtet sind, den Ablauf der virtuellen Hauptversammlung nicht nur erschweren, sondern auch verzögern. Nicht zuletzt zugunsten etwaiger eigennützig agierender Aktionäre.

Sofern vorgebracht wird, dass die Fiktionslösung mit Blick auf eine europarechtskonforme Auslegung geboten erscheint,[665] ist anzuführen, dass Art. 6 Abs. 1 UAbs. 1 lit. b ARRL zwar vorsieht, dass die Mitgliedstaaten sicherzustellen haben, dass Aktionäre einzeln oder gemeinsam das Recht haben, Beschlussvorlagen zu Punkten einzubringen, die bereits auf der Tagesordnung

---

659 *Herrler*, DNotZ 2020, 468 (499); *Schäfer*, NZG 2020, 481 (484).

660 *Schäfer*, NZG 2020, 481 (484).

661 BT-Drs. 19/18110, S. 26 zum COVID-19-G-E.

662 *Herrler*, DNotZ 2020, 468 (499).

663 *Austmann* in: Hoffmann-Becking, MHdB GesR, Bd. 4, 5. Aufl. 2020, § 40 Rn. 15; *Herrler*, DNotZ 2020, 468 (499); *Kruchen*, DZWIR 2020, 431 (454).

664 *Austmann* in: Hoffmann-Becking, MHdB GesR, Bd. 4, 5. Aufl. 2020, § 40 Rn. 15.

665 *Koch* in: Hüffer/Koch, AktG, 15. Aufl. 2021, § 118 Rn. 59; *Seibt/Danwerth*, NZG 2020, 1241 (1250).

der Hauptversammlung stehen oder ergänzend in sie aufgenommen werden. Daraus folgt jedoch nicht zwangsläufig, dass der nationale Gesetzgeber auch unter außergewöhnlichen Umständen ein Beschlussantragsrecht zwingend zu gewährleisten hat.[666] Insbesondere führt der ErwGr Nr. 7 ARRL dazu aus, dass den Aktionären nur grundsätzlich möglich sein sollte, Beschlussvorlagen zu Tagesordnungspunkten einzubringen.[667] Im Ergebnis sprechen die besseren Argumente für eine bewusste Entscheidung des Gesetzgebers, dass die Gesellschaften von der Gewährung versammlungsgebundener Antragsrechte in der virtuellen Hauptversammlung insgesamt absehen können.[668]

(4) Publizitätspflicht von Gegenanträgen und Wahlvorschlägen, §§ 126, 127 AktG

Vor dem Hintergrund, dass versammlungsgebundene Antragsrechte in der virtuellen Hauptversammlung ausgeschlossen werden können, ist fraglich, welche Bedeutung der Publizitätspflicht von Gegenanträgen und Wahlvorschlägen nach §§ 126, 127 AktG noch beizumessen ist. Insbesondere könnte der Zweck der Publizitätspflicht leerlaufen, sofern den Aktionären das Recht, Gegenanträge in der virtuellen Hauptversammlung zu stellen, abgesprochen wird. Zunächst gilt auch hier der Grundsatz, dass das COVID-19-G die aktienrechtlichen Vorschriften unberührt lässt, sofern der Gesetzgeber nicht Abweichendes geregelt hat.[669] In Art. 2 § 1 COVID-19-G a. F. schweigt der Gesetzgeber gänzlich zu der Frage der Behandlung der Publizitätsplicht von Gegenanträgen und Wahlvorschlägen nach §§ 126, 127 AktG. Auch findet die Publizitätspflicht in der Gesetzesbegründung keine Erwähnung. Dies spricht zunächst dafür, dass der Gesetzgeber zwar die Antragstellung als solche in der virtuellen Hauptversammlung ausschließen wollte, nicht aber beabsichtigte, die der Hauptversammlung vorgelagerte Publizität von Gegenanträgen und Wahlvorschlägen nach §§ 126, 127 AktG in ihrem Bestand anzutasten. Gegen diese Annahme könnte allerdings der Umstand sprechen, dass der Zweck der Publizitätspflicht leerlaufen könnte, wenn den Aktionären das Recht, Gegenanträge in der virtuellen Hauptversammlung zu stellen, abgesprochen wird.[670] Die Publizitätspflicht nach § 126

---

666 *Mayer/Jenne/Miller*, BB 2020, 1282 (1289).

667 *Mayer/Jenne/Miller*, BB 2020, 1282 (1289).

668 So auch *Atta*, WM 2020, 1047 (1049); *Kruchen*, DZWIR 2020, 431 (454); *Mayer/Jenne/Miller*, BB 2020, 1282 (1289); *Schäfer*, NZG 2020, 481 (484); wohl auch: *Franzmann/Brouwer*, AG 2020, 921 (927).

669 *Noack/Zetzsche*, AG 2020, 265 Rn. 4; *Simons/Hauser*, NZG 2020, 488 (489).

670 So *Schäfer*, NZG 2020, 481 (484).

AktG verfolgt insbesondere den Zweck, die übrigen Aktionäre frühzeitig über eine angekündigte Opposition zu unterrichten.[671] Die frühzeitige Unterrichtung beugt einerseits dem Umstand vor, dass die in der Hauptversammlung anwesenden Aktionäre von der tatsächlichen Stellung des Gegenantrags nicht überrascht werden, andererseits ermöglicht sie eine angemessene Vorbereitung der Mitaktionäre hinsichtlich der Beschlussfassung über den zugrundeliegenden Gegenantrag.[672] Darüber hinaus führt die Publizität der Gegenanträge und Wahlvorschläge nach §§ 126, 127 AktG dazu, dass teilnehmende Aktionäre ihren Vertretern bereits im Vorfeld der Hauptversammlung entsprechende Weisungen zur Abstimmung über den angekündigten Gegenantrag oder Wahlvorschlag erteilen können.[673] Der Umstand, dass die Publizitätspflicht im Wesentlichen darauf abzielt, die Stellung des Gegenantrags in der Hauptversammlung vorzubereiten und zu unterstützen, legt zunächst nahe, der Publizitätspflicht ihre Sinnhaftigkeit in der virtuellen Hauptversammlung abzusprechen. Es darf aber nicht verkannt werden, dass die nicht berührten aktienrechtlichen Vorschriften auch im Lichte der Besonderheiten der virtuellen Hauptversammlung auszulegen sind.[674] Entscheidend ist daher vielmehr, ob die Publizitätspflicht auch bei fehlender Antragstellung ihren Zweck unter Berücksichtigung der Besonderheiten der virtuellen Hauptversammlung sinngemäß erreichen kann. Sofern der angekündigte Gegenantrag oder Wahlvorschlag lediglich auf die Negation eines Verwaltungsvorschlags abzielt, ist die Unterrichtung der übrigen Aktionäre im Vorfeld der Hauptversammlung über eine Opposition – trotz fehlender Antragstellung in der Hauptversammlung – gerade dazu geeignet, das Stimmverhalten der Mitaktionäre derart zu beeinflussen, dass sie gegen einen bestimmten Vorschlag der Verwaltung stimmen.[675] Die bloße Unterrichtung der übrigen Aktionäre über einen Gegenantrag oder Wahlvorschlag kann somit auch ohne förmliche Antragstellung bzw. Unterbreitung in der virtuellen Hauptversammlung einen Einfluss auf das Stimmverhalten der Aktionäre entfalten.[676] Insoweit ist die Zweckerreichung der Publizitätsplicht nach §§ 126, 127 AktG

---

671 *Drinhausen* in: Hölters/Weber, AktG, 4. Aufl. 2022, § 126 Rn. 1; *Koch* in: Hüffer/Koch, AktG, 15. Aufl. 2021, § 126 Rn. 1; *Reger* in: Bürgers/Körber/Lieder, AktG, 5. Aufl. 2021, § 126 Rn. 1.

672 MüKoAktG/*Kubis*, 5. Aufl. 2022, § 126 Rn. 1.

673 MüKoAktG/*Kubis*, 5. Aufl. 2022, § 126 Rn. 1.

674 *Noack/Zetzsche*, AG 2020, 265 Rn. 4; *Simons/Hauser*, NZG 2020, 488 (489).

675 *Höreth*, GWR 2020, 411 (411); *Simons/Hauser*, NZG 2020, 488 (494).

676 *Höreth*, GWR 2020, 411 (411); MüKoAktG/*Kubis*, 5. Aufl. 2022, § 126 Rn. 1; *Simons/Hauser*, NZG 2020, 488 (494).

zwar eingeschränkt, aber nicht völlig aufgehoben. Für die Suspendierung der Publizitätspflicht in der virtuellen Hauptversammlung könnte der Rechtsgedanke des Ausnahmetatbestands des § 126 Abs. 2 Satz 1 Nr. 2 AktG sprechen.[677] Danach brauchen ein Gegenantrag und dessen Begründung nicht zugänglich gemacht werden, wenn der Gegenantrag zu einem gesetz- oder satzungswidrigen Beschluss der Hauptversammlung führen würde. Daraus könnte abgeleitet werden, dass auf der Grundlage eines unzulässigen Gegenantrags auch keine rechtmäßige Beschlussfassung über den Gegenantrag erfolgen kann.[678] Dem ist allerdings entgehen zu halten, dass die nicht berührten aktienrechtlichen Vorschriften im Lichte der Besonderheiten der virtuellen Hauptversammlung auszulegen sind. Trotz einer fehlenden Antragstellung ist die Publizitätspflicht in der virtuellen Hauptversammlung nicht bedeutungslos. Der Umstand, dass in der virtuellen Hauptversammlung grundsätzlich keine Beschlussfassung über die nach §§ 126, 127 AktG übermittelten Gegenanträge und Wahlvorschläge erfolgt, stellt eine Besonderheit der virtuellen Hauptversammlung dar, die es im Rahmen des Ausschlusstatbestands des § 126 Abs. 2 Satz 1 Nr. 2 AktG zu berücksichtigen gilt. Zudem könnte der Ausnahmetatbestand des § 126 Abs. 2 Satz 1 Nr. 6 AktG gegen die Fortgeltung der Publizitätspflicht sprechen.[679] Danach braucht die Gesellschaft einen Gegenantrag nicht zugänglich zu machen, wenn der Aktionär zu erkennen gibt, dass er an der Hauptversammlung nicht teilnehmen und sich nicht vertreten lassen wird. Bei der Auslegung des Norminhalts sind aber wiederum die Besonderheiten der virtuellen Hauptversammlung zu berücksichtigen. Die bloße Durchführung einer virtuellen Hauptversammlung führt zunächst nicht dazu, dass der Opponent seinen fehlenden Teilnahmewillen kundgibt, ihm wird vielmehr die physische Teilnahme an der Hauptversammlung aus Rechtsgründen versagt. Angesichts der Unmöglichkeit der physischen Teilnahme an der virtuellen Hauptversammlung, ist es sachgemäß, den Ausschlusstatbestand auf die Kundgabe einer fehlenden Teilnahmeabsicht bzw. den Ausschluss des Teilnahmerechts auf die in der virtuellen Hauptversammlung ermöglichten Teilnahmeformen zu begrenzen.[680] Im Ergebnis ist festzuhalten, dass trotz der Möglichkeit des Ausschlusses der Antragstellung in der virtuellen Hauptversammlung die Publizitätspflicht nach §§ 126, 127 AktG

677 *Simons/Hauser*, NZG 2020, 488 (494).
678 *Simons/Hauser*, NZG 2020, 488 (494).
679 *Simons/Hauser*, NZG 2020, 488 (494).
680 *Höreth*, GWR 2020, 411 (412).

unter Berücksichtigung der Besonderheiten der virtuellen Hauptversammlung unberührt bleibt.[681]

(5) Behandlung von (Gegen-)Anträgen in der Praxis

Im Einklang mit der Auslegung, dass das COVID-19-G die Publizitätspflicht von Gegenanträgen und Wahlvorschlägen nach §§ 126, 127 AktG unberührt lässt, haben in der Hauptversammlungssaison 2020 alle DAX30- und MDAX-Gesellschaften in ihrer Einladung darauf hingewiesen, dass trotz des Abhaltens einer virtuellen Hauptversammlung rechtzeitig übermittelte Gegenanträge und Wahlvorschläge nach den Anforderungen des §§ 126, 127 AktG von der Gesellschaft zugänglich gemacht werden.[682] Bei dem Umgang mit Gegenanträgen und Wahlvorschlägen in der virtuellen Hauptversammlung haben die Gesellschaften hingegen unterschiedliche Wege eingeschlagen. Nicht wenige Gesellschaften wiesen in der Hauptversammlungssaison 2020 in ihren Hauptversammlungseinladungen darauf hin, dass die Rechte der Aktionäre, Anträge und Wahlvorschläge zu Punkten der Tagesordnung sowie zur Geschäftsordnung zu stellen, nach der gesetzlichen Konzeption des COVID-19-G ausgeschlossen sind.[683] Von den DAX30-Gesellschaften wählten acht Gesellschaften diesen Weg.[684] Aus dem MDAX, der insgesamt 60 Werte enthält, entschieden sich dagegen nur 14 Gesellschaften für einen Ausschluss der versammlungsgebundenen Antragsrechte in der virtuellen Hauptversammlung.[685] Ein Großteil der DAX30- und MDAX-Gesellschaften zeigte sich hinsichtlich der Gewährung des Gegenantragsrechts in der virtuellen Hauptversammlung aktionärsfreundlicher. Sie machten sich die Fiktionslösung zu eigen und wiesen in ihrer Hauptversammlungseinladung darauf hin, dass die von der Gesellschaft zugänglich gemachten Gegenanträge oder Wahlvorschläge der Aktionäre so behandelt werden, als seien sie in der Hauptversammlung gestellt bzw. unterbreitet worden.[686] Darüber hinaus knüpften einige Gesellschaften die Fiktionslösung nicht nur an die ordnungsgemäße

---

681 *Bücker/Kulenkamp/Schwarz/Seibt/v. Bonin*, DB 2020, 775 (779); *Herb/Merkelbach*, DStR 2020, 811 (814); *Höreth*, GWR 2020, 411 (412); *Seibt/Danwerth*, NZG 2020, 1241 (1244); a. A. *Kruchen*, DZWIR 2020, 431 (453); *Schäfer*, NZG 2020, 481 (484).

682 *Danwerth*, AG 2020, 418 (425 Rn. 33).

683 So z. B. Absage der einberufenen ordentlichen Hauptversammlung und Neueinberufung der ordentlichen Hauptversammlung der Bayer AG, BAnz v. 06.04.2020.

684 *Höreth*, GWR 2020, 411 (412).

685 *Höreth*, GWR 2020, 411 (412).

686 So z. B. Einberufung der ordentlichen Hauptversammlung 2020 der Deutsche Telekom AG, BAnz v. 13.04.2020.

Übermittlung der Gegenanträge bzw. Wahlvorschläge gemäß §§ 126, 127 AktG, sondern auch an eine ordnungsgemäße Anmeldung zur virtuellen Hauptversammlung.[687] Zehn Gesellschaften des DAX30 wählten diesen Weg.[688] Im MDAX fingierten 24 Gesellschaften eine Antragstellung der nach §§ 126, 127 AktG zugänglich gemachten Gegenanträge und Wahlvorschläge in der Hauptversammlung.[689] Jedoch haben lediglich neun Gesellschaften die Antragsfiktion an die ordnungsgemäße Anmeldung zur Hauptversammlung geknüpft.[690] Außerhalb des DAX30 und MDAX zeigte die Hauptversammlungspraxis sich vereinzelt noch aktionärsfreundlicher und erstreckte die Antragsfiktion auch auf Gegenanträge und Wahlvorschläge, die der Gesellschaft kurzfristig, d. h. ohne Einhaltung der in §§ 126 Abs. 1 Satz 1, 127 Satz 1 AktG niedergelegten 14-tägigen Frist, übermittelt worden waren.[691] Dabei orientierten die Gesellschaften sich an der Zwei-Tage-Regel für die Einreichung von Fragen nach Art. 2 § 1 Abs. 2 Satz 2 COVID-19-G.[692]

Die Idee, den von der Gesellschaft benannten Stimmrechtsvertreter mit einer Antragsbefugnis auszustatten, haben in der Praxis nur äußerst wenige Gesellschaften umgesetzt. Von den DAX30- und MDAX-Gesellschaften erweiterte lediglich die Knorr-Bremse-AG die Kompetenz des von der Gesellschaft benannten Stimmrechtsvertreters um eine Antragsbefugnis.[693] Dabei beschränkte die Kompetenz des Stimmrechtsvertreters sich jedoch darauf, dass dieser die nach §§ 126, 127 AktG ordnungsgemäß übermittelten Gegenanträge und Wahlvorschläge in der virtuellen Hauptversammlung lediglich wiederholt und dadurch dem Erfordernis der mündlichen Antragstellung in der Hauptversammlung gerecht wird.[694]

---

687 So z. B. Einberufung der ordentlichen Hauptversammlung 2020 der Deutsche Telekom AG BAnz v. 13.04.2020; Einberufung der ordentlichen Hauptversammlung 2020 der Daimler AG, BAnz v. 10.06.2020; Einberufung der ordentlichen Hauptversammlung 2020 der RWE AG, BAnz v. 20.05.2020.

688 *Höreth*, GWR 2020, 411 (412).

689 *Höreth*, GWR 2020, 411 (412).

690 *Höreth*, GWR 2020, 411 (412).

691 *Danwerth*, AG 2020, 418 (425 Rn. 33).

692 *Danwerth*, AG 2020, 418 (425 Rn. 33); so z. B. Einberufung der ordentlichen Hauptversammlung 2020 der CompuGroup Medical SE, BAnz v. 06.04.2020.

693 *Höreth*, GWR 2020, 411 (412).

694 Einberufung der ordentlichen Hauptversammlung 2020 der Knorr-Bremse AG, BAnz v. 18.05.2020.

Auf die Möglichkeit, Gegenanträge und Wahlvorschläge in der virtuellen Hauptversammlung zu stellen bzw. zu unterbreiten, wurde grundsätzlich verzichtet.[695] Als Ausreißer ist die Hauptversammlungseinladung der Singulus Technologies AG zu erwähnen, in der es heißt, dass das Recht eines jeden Aktionärs, während der Hauptversammlung Gegenanträge oder Wahlvorschläge zu den verschiedenen Tagesordnungspunkten, auch ohne vorherige Übermittlung an die Gesellschaft, zu stellen, unberührt bleibt.[696] Zudem wird der Hinweis erteilt, dass die Antragstellung über ein entsprechendes Feld im Hauptversammlungsportal, das zu einem Gegenantragsformular führt, zu erfolgen hat.[697] Die Stellung von Anträgen zum Verfahren der Hauptversammlung ermöglichte die Singulus Technologies AG hingegen nicht.

Einige DAX30- und MDAX-Gesellschaften trafen in ihrer Hauptversammlungseinberufung zur Behandlung von (Gegen-)Anträgen oder Wahlvorschlägen in der virtuellen Hauptversammlung keine ausdrückliche Regelung.[698] Für die Aktionäre war somit nicht erkennbar, ob die von der Gesellschaft nach §§ 126, 127 AktG zugänglich gemachten Gegenanträge oder Wahlvorschläge in der virtuellen Hauptversammlung zur Abstimmung gestellt werden oder nicht.[699] Mangels abweichender Regelung in der Hauptversammlungseinladung dürfte davon auszugehen sein, dass die Gesellschaften es bei der gesetzlichen Konzeption der virtuellen Hauptversammlung belassen und entsprechende Gegenanträge bzw. Wahlvorschläge nicht zur Abstimmung stellen wollten. Die fehlende Stellungnahme zu dem Umgang mit Gegenanträgen bzw. Wahlvorschlägen ermöglicht der Gesellschaft, zulasten der Transparenz und Rechtssicherheit, nach Ablauf der Einreichungsfrist nach §§ 126, 127 AktG spontan entscheiden zu können, ob eine Abstimmung erfolgt.[700]

bb) Gesetzeslage nach dem COVID-19-G n. F.

Kurz vor Beginn der Hauptversammlungssaison 2021 hat der Gesetzgeber die unterschiedliche Behandlung der nach §§ 126, 127 AktG zugänglich gemachten

695 *Kruchen*, DZWIR 2020, 431 (454).

696 Einberufung derordentlichen Hauptversammlung 2020 der Singulus Technologies AG, BAnz v. 15.04.2020; *Kruchen*, DZWIR 2020, 431 (454).

697 Einberufung der ordentlichen Hauptversammlung 2020 der Singulus Technologies AG, BAnz v. 15.04.2020; *Kruchen*, DZWIR 2020, 431 (454).

698 *Höreth*, GWR 2020, 411 (412 f.); *Danwerth*, AG 2020, 776 (783 Rn. 31).

699 *Danwerth*, AG 2020, 776 (783 Rn. 31).

700 *Danwerth*, AG 2020, 776 (783 Rn. 31).

Gegenanträge und Wahlvorschläge in der virtuellen Hauptversammlungssaison 2020 aufgegriffen und ein einheitliches Vorgehen normiert. Mit dem COVRSPÄndG ergänzte der Gesetzgeber Art. 2 § 1 Abs. 2 COVID-19-G a. F. um Satz 3. Die Änderungen traten zum 28.02.2021 in Kraft.[701] Nach dem neueingeführten Art. 2 § 1 Abs. 2 Satz 3 COVID-19-G gelten Anträge oder Wahlvorschläge von Aktionären, die nach § 126 oder § 127 AktG zugänglich zu machen sind, nunmehr als in der Versammlung gestellt, wenn der den Antrag stellende oder den Wahlvorschlag unterbreitende Aktionär ordnungsgemäß legitimiert und zur Hauptversammlung angemeldet ist. Letzteres ist darauf zurückzuführen, dass der Legitimationsnachweis und das Anmeldeerfordernis auch bei Durchführung einer herkömmlichen Präsenzversammlung vorliegen müssen, um einen wirksamen Antrag in der Hauptversammlung überhaupt stellen zu können.[702] Mit der gesetzlichen Kodifizierung der Fiktionslösung für die virtuelle Hauptversammlung ist der Gesetzgeber der vielfach geäußerten Forderung, die Ausübung der Aktionärsrechte in der virtuellen Hauptversammlung an die Aktionärsstellung in der herkömmlichen Präsenzversammlung anzupassen, zumindest ein Stück nähergekommen. Vor allem dürfte der Gesetzgeber sich bei der Etablierung der Fiktionslösung davon leiten gelassen haben, dass in der Hauptversammlungspraxis 2020 bei den Gesellschaften, welche die Fiktionslösung umgesetzt haben, keine größeren Probleme aufgetreten sind.[703] Nach wie vor ist die Stellung bzw. Unterbreitung spontaner Gegenanträge oder Wahlvorschläge in der virtuellen Hauptversammlung aber ausgeschlossen. Mangels Gewährung eines Rederechts in der virtuellen Hauptversammlung bleibt den Opponenten zudem weiterhin die Möglichkeit verwehrt, ihre fingierte Antragstellung in der Hauptversammlung zu begründen oder im Rahmen der Generaldebatte zu einer Diskussion zu stellen. Auch die Möglichkeit, Anträge zum Verfahren der Hauptversammlung zu stellen, muss die Gesellschaft den Aktionären weiterhin nicht gewähren.[704]

---

701 Art. 14 Abs. 3 COVRSPÄndG.

702 BT-Drs. 19/25322, S. 22 zum Bericht des Ausschusses für Recht und Verbraucherschutz (6. Ausschuss) zum VRS-G-E und zum COVID-19-InsAbG-E.

703 *Götze*, NZG 2021, 213 (216).

704 *Rubner/Pospiech*, NJW-Spezial 2021, 79 (80).

5. Zustimmungsvorbehalt des Aufsichtsrats

a) Zustimmung des Aufsichtsrats

Der Gesetzgeber hat die Entscheidungen des Vorstands über die Inanspruchnahme der Erleichterungen nach Art. 2 § 1 Abs. 1–5 COVID-19-G an die Zustimmung des Aufsichtsrats gemäß Art. 2 § 1 Abs. 6 Satz 1 COVID-19-G geknüpft. Damit bezweckt der Gesetzgeber einerseits einen Missbrauch der Erleichterungen durch den Vorstand vorzubeugen und andererseits den Aufsichtsrat als Überwachungsorgan bei derart weitreichenden Eingriffen in die Aktionärsrechte mit einzubinden.[705] Aufgrund des offenen Wortlauts „Zustimmung“ in Art. 2 § 1 Abs. 6 Satz 1 COVID-19-G ist fraglich, ob sowohl die Einwilligung (§ 183 BGB) als auch die Genehmigung (§ 184 Abs. 1 BGB) vom Begriffsverständnis umfasst ist. Teilweise wird vertreten, dass mit dem Begriff „Zustimmung“ nur die vorherige Zustimmung des Aufsichtsrats gemeint ist.[706] Begründet wird diese Ansicht damit, dass das Zustimmungserfordernis verhindern soll, dass der Aufsichtsrat vor vollendete Tatsachen gestellt wird.[707] Dieser Ansicht ist im Ergebnis nicht zu folgen, denn der undifferenzierte Begriff „Zustimmung“ umfasst in der Rechtssprache üblicherweise sowohl die vorherige als auch die nachträgliche Zustimmung. Sofern der Gesetzgeber eine Beschränkung der Zustimmung auf eine Einwilligung oder Genehmigung beabsichtigt, macht er dies durch eine differenzierende Verwendung des Zustimmungsbegriffs deutlich. Als Beispiel ist der Zustimmungsvorbehalt des Aufsichtsrats bei Geschäften mit nahestehenden Personen nach § 111b Abs. 1 AktG anzuführen, wonach bei erfassten Geschäften ausdrücklich eine vorherige Zustimmung des Aufsichtsrats gefordert wird. Außerdem wird der Aufsichtsrat bei einer Zustimmung, die zumindest vor der Umsetzung des Einberufungsbeschlusses des Vorstands zu erfolgen hat, vor einem etwaigen missbräuchlichen Verhalten des Vorstands hinreichend geschützt.[708] Somit umfasst der Zustimmungsvorbehalt des Aufsichtsrats sowohl die vorherige als auch die nachträgliche Zustimmung, mit der Besonderheit, dass diese spätestens vor Umsetzung des Einberufungsbeschlusses zu erfolgen hat. Auf der Rechtsfolgenseite hat das Fehlen der vorherigen oder nachträglichen Zustimmung des Aufsichtsrats im Außenverhältnis aufgrund des Rechtscharakters einer Geschäftsführermaßnahme keine Auswirkungen.[709]

---

705 BT-Drs. 19/18110, S. 27 zum COVID-19-G-E.

706 *Herrler* in: Grigoleit, AktG, 2. Aufl. 2020, § 118 Rn. 36f.

707 *Herrler* in: Grigoleit, AktG, 2. Aufl. 2020, § 118 Rn. 36f.

708 *Noack/Zetzsche*, AG 2020, 265 Rn. 97; a. A. *Herrler*, DNotZ 2020, 468 (498).

709 *Herrler*, DNotZ 2020, 468 (498).

Die Beschlussfassung über die Zustimmung des Aufsichtsrats kann nach Art. 2 § 1 Abs. 6 Satz 2 COVID-19-G – abweichend von § 118 Abs. 4 AktG – ohne die physische Anwesenheit der Mitglieder schriftlich, fernmündlich oder in vergleichbarer Weise erfolgen, und zwar ungeachtet einer fehlenden oder anderslautenden Satzungs- oder Geschäftsordnungsregelung.

b) Besonderheiten für die Fragemöglichkeit bzw. das Fragerecht

Fraglich ist, ob das Zustimmungserfordernis des Aufsichtsrats Art. 2 § 1 Abs. 6 Satz 1 COVID-19-G auch das pflichtgemäße Ermessen des Vorstands hinsichtlich der Fragemöglichkeit bzw. des Fragrechts unterliegt. Der Wortlaut des Art. 2 § 1 Abs. 6 Satz 1 COVID-19-G nimmt insoweit keine Differenzierung vor. Für die Erstreckung des Zustimmungsvorbehalts auf die Ermessensausübung des Vorstands sprechen zunächst die allgemeine Überwachungsfunktion des Aufsichtsrats und die Schutzwürdigkeit der Aktionäre.[710] Darüber hinaus entfällt in der virtuellen Hauptversammlung grundsätzlich die Möglichkeit, Nachfragen zu stellen, weshalb von einer erhöhten Schutzbedürftigkeit der Aktionäre auszugehen ist.[711] In der Praxis würde dies jedoch bedeuten, dass der Vorstand für jede Fragenbeantwortung bzw. -nichtbeantwortung, die Zustimmung des Aufsichtsrats einholen müsste. Dies wäre weder praktikabel noch zweckmäßig.[712] Insbesondere dürften die dem Aufsichtsrat zur Verfügung stehenden Ressourcen eine derart weitreichende Prüfung nicht ermöglichen.[713] Weiterhin ist der alleinige Adressat der eingereichten Fragen – wie bei § 131 Abs. 1 AktG – der Vorstand.[714] Dieser trägt daher auch die Verantwortung für die rechtmäßige Beantwortung bzw. Nichtbeantwortung der gestellten Fragen.[715] Der weitreichende Ermessensspielraum des Vorstands nach Art. 2 § 1 Abs. 2 Satz 2 AktG lässt sich zudem nur schwer mit einem Zustimmungsvorbehalt und einer damit weitreichenden Kontrolle des Aufsichtsrats vereinbaren.[716] Um den gesetzlichen Sinn und Zweck des Zustimmungsvorbehalts des Aufsichtsrats nach Art. 2 § 1

---

710 *Schindler/Schaffner* in: Schindler/Schaffner, Virtuelle Beschlussfassung in Kapitalgesellschaften und Vereinen, § 2 Rn. 322.

711 *Herrler*, DNotZ 2020, 468 (494 f.).

712 *Noack/Zetzsche*, AG 2020, 265 Rn. 63.

713 *Herrler*, DNotZ 2020, 468 (495).

714 *Schindler/Schaffner* in: Schindler/Schaffner, Virtuelle Beschlussfassung in Kapitalgesellschaften und Vereinen, § 2 Rn. 322.

715 *Herb/Merkelbach*, DStR 2020, 811 (813).

716 *Herrler*, DNotZ 2020, 468 (495).

Abs. 6 Satz 1 COVID-19-G, nämlich die Vorbeugung eines Missbrauchsrisikos durch den Vorstand, und zugleich die praktischen Bedürfnisse der Verwaltung hinreichend Rechnung zu tragen, ist das Zustimmungserfordernis daher nicht auf die Einzelentscheidung hinsichtlich der Fragenbeantwortung zu erstrecken, sondern lediglich auf die vom Vorstand festzulegenden allgemeinen Auswahl bzw. Ermessensleitlinien.[717] Art. 2 § 1 Abs. 6 Satz 1 COVID-19-G ist dementsprechend teleologisch zu reduzieren.[718]

6. Eingeschränktes Anfechtungsrecht

Bei der Einberufung und Durchführung einer virtuellen Hauptversammlung müssen Aktiengesellschaften sich grundsätzlich von ihrem herkömmlichen Präsenzprozedere lösen und weitgehend unerprobtes Neuland betreten.[719] Nicht nur die technische Durchführung der virtuellen Hauptversammlung, sondern auch rechtliche Auslegungsfragen des COVID-19-G zu der virtuellen Hauptversammlung stellen die Gesellschaften vor neue Herausforderungen und begründen grundsätzlich neue, unbekannte Beschlussanfechtungsrisiken. Aus Sorge vor einer nur zurückhaltenden Inanspruchnahme der virtuellen Hauptversammlung hat der Gesetzgeber in Art. 2 § 1 Abs. 7 COVID-19-G einen weitreichenden Ausschluss des Beschlussanfechtungsrechts aufgenommen.[720] Der Anfechtungsausschluss umfasst sowohl die virtuelle Hauptversammlung als auch die Präsenz-Hauptversammlung mit elektronischer Teilnahmemöglichkeit nach § 118 Abs. 1 Satz 2 AktG.[721] Nach Art. 2 § 1 Abs. 7 COVID-19-G kann die Anfechtung eines Beschlusses der Hauptversammlung unbeschadet der Regelung in § 243 Abs. 3 Nr. 1 AktG nicht auf Verletzungen von § 118 Abs. 1 Satz 3–5, Abs. 2 Satz 2 oder Abs. 4 AktG, die Verletzung von Formerfordernissen für Mitteilungen nach § 125 AktG sowie nicht auf eine Verletzung von Art. 2 § 1 Abs. 2 COVID-19-G gestützt werden, es sei denn, der Gesellschaft ist Vorsatz nachzuweisen. Von

---

717 *Bücker/Kulenkamp/Schwarz/Seibt/v. Bonin*, DB 2020, 775 (782); *Dubovitskaya*, NZG 2020, 647 (651); *Herb/Merkelbach*, DStR 2020, 811 (812 f.); *Herrler*, DNotZ 2020, 468 (495); *Noack/Zetzsche*, AG 2020, 265 Rn. 63; *Simons/Hauser*, NZG 2020, 488 (497); *Schindler/Schaffner* in: Schindler/Schaffner, Virtuelle Beschlussfassung in Kapitalgesellschaften und Vereinen, § 2 Rn. 322; *Spindler* in: Schmidt/Lutter, AktG, 4. Aufl. 2020, § 118 Rn. 63j.

718 *Dubovitskaya*, NZG 2020, 647 (651).

719 *Noack/Zetzsche*, AG 2020, 265 Rn. 102.

720 BT-Drs. 19/18110, S. 26 zum COVID-19-G-E.

721 *Schäfer*, NZG 2020, 481 (484).

dem Anfechtungsausschluss erfasst sind daher die Verletzungen der Vorschriften über die Bestätigung der elektronischen Stimmrechtsausübung nach § 118 Abs. 1 Satz 3–5 AktG, technische Störungen der Bild- und Tonübertragung nach § 118 Abs. 4 AktG, Verletzungen der Formvorschriften für die Aktionärsmitteilungen nach § 125 AktG sowie die Grundsatzentscheidung hinsichtlich der Durchführung und Gestaltung der virtuellen Hauptversammlung nach Art. 2 § 1 Abs. 2 COVID-19-G. Die Darlegungs- und Beweislast für das vorsätzliche Handeln der Gesellschaft obliegt nach den allgemeinen Beweislastregeln dem anfechtenden Aktionär.[722] Außerdem lassen die Regelungen des Art. 2 § 1 Abs. 7 COVID-19-G die Nichtigkeitsgründe des § 241 AktG unberührt.[723]

a) Bestätigung der elektronischen Stimmrechtsausübung

Die Bedeutung der Anfechtbarkeit eines Hauptversammlungsbeschlusses wegen einer vorsätzlichen Verletzung der Vorschriften über die elektronische Bestätigung eines elektronisch ausgeübten Stimmrechts nach § 118 Abs. 1 Satz 3–5, Abs. 2 Satz 2 AktG ist praktisch bedeutungslos.[724] Das Ausbleiben der Stimmabgabemitteilung an den Stimmrechtsausübenden hat keine beschlussmängelrechtliche Relevanz, sofern die Stimmabgabe in dem Abstimmungsergebnis zahlenmäßig ordnungsgemäß berücksichtigt worden ist.[725] Angesichts dessen ist die Aufnahme einer Verletzung von § 118 Abs. 1 Satz 3–5 AktG in den Katalog des Anfechtungsausschlusses vielmehr der krisenbedingten Eile des Gesetzgebers geschuldet, dem beschlussrechtlichen Risikopotenzial der virtuellen Hauptversammlung umfassend Rechnung tragen zu wollen.

b) Technische Störungen

Von besonderer Bedeutung ist der Ausschluss des Anfechtungsrechts in Bezug auf etwaige technische Störungen bei der Hauptversammlungsdurchführung. Zunächst statuiert Art. 2 § 1 Abs. 7 COVID-19-G die Fortgeltung des § 243 Abs. 3 Nr. 1 AktG, wonach eine Anfechtung nicht auf die durch eine technische Störung verursachte Verletzung von Rechten, die nach § 118 Abs. 1 Satz 2, Abs. 2 Satz 1 AktG und im Wege der Bevollmächtigung (§ 134 Abs. 3 AktG) auf elektronischem Wege wahrgenommen worden sind, gestützt werden, es sei denn, der

---

722 *Grigoleit/Gansmeier* in: Grigoleit, AktG, 2. Aufl. 2020, § 243 Rn. 23b.
723 *Noack/Zetzsche*, AG 2020, 265 Rn. 109.
724 *Noack/Zetzsche*, AG 2020, 265 Rn. 107; *Tröger*, BB 2020, 1091 (1097).
725 *Noack/Zetzsche*, AG 2020, 265 Rn. 107; *Tröger*, BB 2020, 1091 (1097).

Gesellschaft ist grobe Fahrlässigkeit oder Vorsatz vorzuwerfen. Dies erscheint in einem Widerspruch zu der darauf folgenden Regelung zu stehen, wonach die Verletzungen der Bild- und Tonübertragung der Hauptversammlung gemäß § 118 Abs. 4 AktG nicht der Beschlussanfechtung unterliegen, es sei denn der Gesellschaft ist Vorsatz nachzuweisen[726] Denn unter Umständen könnte z. B. eine technische Störung der elektronischen Stimmabgabe sowohl als Verletzung der Mindestanforderungen gemäß Art. 2 § 1 Abs. 2 COVID-19-G unter Art. 2 § 1 Abs. 7 COVID-19-G als auch unter § 243 Abs. 3 Nr. 1 AktG subsumiert werden, mit der Besonderheit, dass Letzteres bereits die grobe Fahrlässigkeit als Verantwortungsmaßstab genügen lässt.[727] Teilweise wird daher vertreten, dass der Wortlaut des Art. 2 § 1 Abs. 7 COVID-19-G („unbeschadet der Regelung in § 243 Abs. 3 Nr. 1 AktG") darauf abziele, dass die Regelungen des Art. 2 § 1 Abs. 7 COVID-19-G vorrangige Geltung beanspruchen und die Fortgeltung des § 243 Abs. 3 Nr. 1 AktG nur in ihrem spezifischen Anwendungsbereich, jenseits der virtuellen Hauptversammlung, d. h. nur für die Präsenzversammlung mit elektronischer Rechteausübung nach § 118 Abs. 1 Satz 2 AktG Bedeutung erlange.[728] Nach dieser Ansicht sind sämtliche Rechtsverletzungen, die infolge technischer Störungen bei der Durchführung der virtuellen Hauptversammlung verursacht werden, von dem Ausschluss des Anfechtungsrechts nach Maßstab des Art. 2 § 1 Abs. 7 COVID-19-G umfasst.[729] Dem wird teilweise entgegnet, dass der Anfechtungsausschluss des Art. 2 § 1 Abs. 7 AktG keine Rechtsverletzungen erfasse, die auf eine technische Störung zurückzuführen sind.[730] Für diese gelte nach dem eindeutigen Wortlaut des Art. 2 § 1 Abs. 7 AktG der Anfechtungsmaßstab des § 243 Abs. 3 Nr. 1 AktG fort, sodass der Anfechtungsausschluss des Art. 2 § 1 Abs. 7 AktG sich lediglich auf die Grundsatzentscheidung des Vorstands hinsichtlich der Anordnung und Ausgestaltung der virtuellen Hauptversammlung beschränke und in technischer Hinsicht nur Störungen der reinen Bild- und Tonübertragung nach § 118 Abs. 4 AktG umfasse.[731] Die besseren Argumente sprechen für eine Subsumtion der Rechtsverletzungen, die auf einer technischen Störung beruhen und nicht Verletzungen der Bild- und Tonübertragung nach

726 *Götze/Roßkopf*, DB 2020, 768 (772); *Kruchen*, DZWIR 2020, 431 (461).
727 *Götze/Roßkopf*, DB 2020, 768 (772); *Kruchen*, DZWIR 2020, 431 (461).
728 *Dubovitskaya*, NZG 2020, 647 (652); *Götze/Roßkopf*, DB 2020, 768 (772); *Schäfer*, NZG 2020, 481 (486).
729 *Götze/Roßkopf*, DB 2020, 768 (772); *Schäfer*, NZG 2020, 481 (486).
730 *Tröger*, BB 2020, 1091 (1097).
731 *Noack/Zetzsche*, AG 2020, 265 Rn. 105; *Tröger*, BB 2020, 1091 (1097).

§ 118 Abs. 4 AktG betreffen, unter § 243 Abs. 3 Nr. 1 AktG. Insbesondere verdeutlicht der Wortlaut („unbeschadet") des Art. 2 § 1 Abs. 7 COVID-19-G, dass neben Art. 2 § 1 Abs. 7 COVID-19-G die Vorschrift des § 243 Abs. 3 Nr. 1 AktG weiterhin Anwendung findet.[732] Ferner besteht im Ergebnis kein Bedürfnis, die elektronische Rechteausübung in der virtuellen Hauptversammlung gegenüber der elektronischen Rechteausübung in der Präsenzversammlung mit elektronischer Teilnahmemöglichkeit nach § 118 Abs. 1 Satz 2 AktG zu privilegieren.[733] Denn bei der virtuellen Hauptversammlung wird den Aktionären die Ausweichmöglichkeit auf eine physische Teilnahme an der Hauptversammlung verwehrt, sodass sie zwangsläufig den technischen Risiken der Rechteausübung ausgesetzt sind.[734] Zudem zwingt der Umstand, dass eine Rechtsverletzung, die lediglich auf einer technischen Störung beruht, ggf. strenger beurteilt werden würde als eine Rechtsverletzung anderen Ursprungs, zu keiner anderen Auslegung.[735] Denn es ist der Gesellschaft abzuverlangen, dass sie ein einleuchtendes Mindestmaß an technischer und organisatorischer Sorgfalt bei der Auswahl einer Durchführungssoftware eines externen Hauptversammlungsdienstleisters walten lässt.[736] Dem Vorwurf der groben Fahrlässigkeit wird dabei grundsätzlich durch die Verwendung eines virtuellen Hauptversammlungssystems begegnet, das dem aktuellen Stand der Technik entspricht.[737] Letztendlich ist der Streit in der Praxis von geringer Bedeutung, da die Grenze zwischen bedingtem Vorsatz und grober Fahrlässigkeit fließend ist.[738]

c) Aktionärsmitteilungen

Nach Art. 2 § 1 Abs. 7 COVID-19-G kann die Anfechtung eines Beschlusses zudem nur auf vorsätzliche Verletzungen von Formerfordernissen für Aktionärsmitteilungen nach § 125 AktG gestützt werden. Mit dieser Regelung hat der Gesetzgeber der Tatsache vorgebeugt, dass einige Gesellschaften möglicherweise abweichende Formerfordernisse satzungsmäßig festgeschrieben haben oder die Kommunikation zwischen Gesellschaft und Aktionären ggf. besonderen kapitalmarktrechtlichen Anforderungen unterliegt.[739] Insoweit normiert § 49 Abs. 3

---

732 *Kruchen*, DZWIR 2020, 431 (461).
733 *Tröger*, BB 2020, 1091 (1098).
734 *Tröger*, BB 2020, 1091 (1098).
735 *Kruchen*, DZWIR 2020, 431 (462); a. A. *Schäfer*, NZG 2020, 481 (486).
736 *Kruchen*, DZWIR 2020, 431 (462).
737 *Kruchen*, DZWIR 2020, 431 (462).
738 *Dubovitskaya*, NZG 2020, 647 (652); *Noack/Zetzsche*, AG 2020, 265 Rn. 106.
739 *Noack/Zetzsche*, AG 2020, 265 Rn. 106; *Tröger*, BB 2020, 1091 (1097).

Satz 1 Nr. 1 lit. d WpHG zumindest für börsennotierte Gesellschaften, dass eine Informationsübermittlung an die Inhaber zugelassener Aktien auf schriftlichem Weg zu erfolgen hat, wenn die Aktionäre der Datenfernübertragung nicht ausdrücklich eingewilligt haben oder einer Bitte in Textform um Zustimmung nicht innerhalb eines angemessenen Zeitraums widersprochen und die dadurch als erteilt geltende Zustimmung nicht zu einem späteren Zeitpunkt widerrufen haben.

Fraglich ist, ob die Anfechtungsfreistellung auch inhaltliche Mängel der Aktionärsmitteilung umfasst. Dagegen spricht allerdings bereits der eindeutige Wortlaut des Art. 2 § 1 Abs. 7 COVID-19-G, der lediglich von Verletzungen von Formerfordernissen der Mitteilung nach § 125 AktG spricht und keine inhaltlichen Mängel erwähnt.[740] Zudem soll der Anfechtungsausschluss lediglich den Weg für eine umfassende Nutzung der elektronischen Kommunikation zwischen der Gesellschaft und ihren Aktionären mit Blick auf entgegenstehende satzungsmäßige oder kapitalmarktrechtliche Vorschriften ebnen.[741]

d) Grundsatzentscheidung über die virtuelle Hauptversammlung

Nach Art. 2 § 1 Abs. 7 COVID-19-G kann die Anfechtung eines Beschlusses zudem nicht auf eine Verletzung von Art. 2 § 1 Abs. 2 COVID-19-G gestützt werden, es sei denn der Gesellschaft ist Vorsatz nachzuweisen. Durch den Verweis auf Art. 2 § 1 Abs. 2 COVID-19-G stellt der Gesetzgeber die Ermessensentscheidung des Vorstands hinsichtlich der Einberufung („Ob") und der Gestaltung („Wie") der virtuellen Hauptversammlung anfechtungsfrei, soweit der Gesellschaft kein Vorsatz nachzuweisen ist.[742] Der Vorsatz muss sich auf die Überschreitung der weiten Grenzen des pflichtgemäßen Ermessens des Vorstands beziehen.[743] Der Anfechtungsausschluss der Grundsatzentscheidung umfasst allerdings keine technischen Störungen mit Blick auf die Durchführung und Gestaltung der virtuellen Hauptversammlung.[744] Anfechtungsrisiken bestehen daher nur, wenn der Vorstand die Grundsatzentscheidung hinsichtlich der Einberufung einer virtuellen Hauptversammlung vorsätzlich ermessensfehlerhaft trifft oder die Mindestanforderungen nach Art. 2 § 1 Abs. 2 COIVD-19-G vorsätzlich nicht befolgt. Von besonderer praktischer Bedeutung ist in diesem Zusammenhang

---

740 *Schäfer*, NZG 2020, 481 (486 f.).

741 *Noack/Zetzsche*, AG 2020, 265 Rn. 106; *Tröger*, BB 2020, 1091 (1097).

742 *Dubovitskaya*, NZG 2020, 647 (652); *Tröger*, BB 2020, 1091 (1097).

743 *Noack/Zetzsche*, AG 2020, 265 Rn. 103 f.; *Simons/Hauser*, NZG 2020, 488 (498).

744 *Tröger*, BB 2020, 1091 (1097).

die Ermessensentscheidung des Vorstands hinsichtlich der Beantwortung von Fragen. Anfechtungsrisiken bestehen u.a., wenn der Vorstand bei seiner Ermessensentscheidung hinsichtlich des „Ob“ und „Wie“, bzw. seit dem 28.02.2021 nur hinsichtlich des „Wie“, sein Ermessen vorsätzlich ermessensfehlerhaft ausübt.[745] Dies ist z. B. der Fall, sofern der Vorstand für die Frageeinreichung keinen elektronischen Kommunikationsweg zur Verfügung stellt.[746]

7. Praktische Erfahrungen mit der virtuellen Hauptversammlung

Von der Möglichkeit, eine virtuelle Hauptversammlung abzuhalten, haben seit Inkrafttreten der Regelungen des Art. 2 COVID-19-G alle DAX30 und MDAX-Gesellschaften Gebrauch gemacht.[747] Zunächst ist festzuhalten, dass die virtuellen Hauptversammlungen zu keinen großen technischen Störungen geführt haben.[748] Erwartungsgemäß fielen die Kosten für die Durchführung einer virtuellen Hauptversammlung in der Gesamtschau bedeutend geringer aus als bei der herkömmlichen Präsenzversammlung.[749] Bei großen Publikumsgesellschaften konnten teilweise Kosteneinsparungen von mehr als der Hälfte der sonst angefallenen Hauptversammlungskosten verkündet werden. Zum Beispiel bezifferte die Münchener Rück AG ihre virtuellen Hauptversammlungskosten für das Jahr 2020 auf 1,1 Millionen Euro (Vorjahr: 2,4 Millionen Euro).[750] Vergleichbares gab die Bayer AG bekannt, wonach ihre Hauptversammlungskosten im Jahr 2020 aufgrund der Durchführung einer virtuellen Hauptversammlung um 2,5 Millionen Euro auf 1 Millionen Euro gesenkt werden konnten.[751]

Die Inanspruchnahme der virtuellen Hauptversammlung hat in der Gesamtschau zu keinen Einbußen hinsichtlich der Höhe des vertretenen Grundkapitals in der Hauptversammlung geführt.[752] Bei Durchschnittsbetrachtung ist das

---

745 *Kruchen*, DZWIR 2020, 431, 461; *Noack/Zetzsche*, AG 2020, 265 Rn. 103 f.; *Tröger*, BB 2020, 1091, 1097.

746 *Noack/Zetzsche*, AG 2020, 265 Rn. 104.

747 *Danwerth*, AG 2020, 776 (776).

748 *Seibt/Danwerth*, NZG 2020, 1241 (1245).

749 *Seibt/Danwerth*, NZG 2020, 1241 (1245).

750 *N. N.*, FAZ-Artikel, Online-Hauptversammlung kostet weniger als die Hälfte, 29.04.2020.

751 *Ridder*, Virtuelle Hauptversammlung kommt Bayer 2,5 Millionen Euro billiger, 28.04.2020.

752 *Redenius-Hövermann/Bannier*, ZIP 2020, 1885 (1891).

vertretene Grundkapital in den virtuellen Hauptversammlungen der DAX30-Gesellschaften in einem Vergleich zu den Präsenzquoten aus dem Jahr 2019 (ca. 67 Prozent[753]) relativ konstant geblieben.[754] Zwar wird teilweise – richtigerweise – auch ein Anstieg der durchschnittlichen Hauptversammlungspräsenz der DAX30-Gesellschaften angenommen, im Ergebnis sind diese Steigerungen aber vor allem auf strukturelle Effekte hinsichtlich der Neuzusammensetzung des DAX30 zurückzuführen.[755] Insbesondere die Neuzugänge MTU Aero Engines AG, Deutsche Wohnen SE und Delivery Hero SE, die in der Vergangenheit bereits eine außergewöhnlich hohe Hauptversammlungspräsenz aufwiesen, ließen die durchschnittliche Hauptversammlungspräsenz der DAX30-Gesellschaften insoweit auf 69,9 Prozent steigen.[756] Ein ähnliches Ergebnis dürfte sich für die virtuelle Hauptversammlungssaison 2021 abzeichnen.

In zeitlicher Sicht führt die virtuelle Hauptversammlung zu einer erheblichen Verkürzung der Dauer der Hauptversammlung. Die durchschnittliche Hauptversammlungsdauer sank in der virtuellen Hauptversammlungssaison 2020 von ursprünglich 347 Minuten auf 293 Minuten bei DAX30-Gesellschaften und von 253 Minuten auf 185 Minuten bei MDAX-Gesellschaften.[757] Die Gründe dafür liegen insbesondere in der Vorverlagerung der Ausübung vieler versammlungsgebundener Aktionärsrechte und folglich der fehlenden Interaktion der Aktionäre in der virtuellen Hauptversammlung. Insbesondere beschränkte sich dadurch die üblicherweise lebendige und langwidrige Generaldebatte auf die bloße Verlesung und Beantwortung der im Vorfeld der Hauptversammlung eingereichten Fragen.[758]

Die eingeräumte Fragemöglichkeit wurde in der virtuellen Hauptversammlungssaison 2020 von den Aktionären rege in Anspruch genommen. Die befürchtete Flut von Aktionärsfragen ist aber grundsätzlich ausgeblieben.[759] Nicht zuletzt dürfte dies darauf zurückzuführen sein, dass die großen Publikumsgesellschaften eine Frageneinreichung während der Hauptversammlung ausgeschlossen haben.[760] Dennoch ist in der virtuellen Hauptversammlung insgesamt

---

753 Barkow Consulting, Untersuchung v. 24.09.2020; *N. N.*, 15. Locations-Studie 2019, Bewegung in der Szene, GoingPublic HV-Magazin Sonderausgabe September 2019, S. 23.

754 *Redenius-Hövermann/Bannier*, ZIP 2020, 1885 (1891).

755 Barkow Consulting, Untersuchung v. 24.09.2020.

756 Barkow Consulting, Untersuchung v. 24.09.2020.

757 *Redenius-Hövermann/Bannier*, ZIP 2020, 1885 (1891).

758 *Herrler*, DNotZ 2020, 468 (484).

759 *Seibt/Danwerth*, NZG 2020, 1241 (1245).

760 *Lieder*, ZIP 2021, 161 (165); *Seibt/Danwerth*, NZG 2020, 1241 (1245).

ein erheblicher Anstieg der eingereichten Fragen zu verzeichnen. Im Vergleich zur Hauptversammlungspraxis im Vorjahr 2019 (Präsenz-Hauptversammlung) ist ein Anstieg der eingereichten Fragen in der virtuellen Hauptversammlungssaison 2020 im Durchschnitt von fast 30 Prozent bei den DAX30-Gesellschaften zu verzeichnen.[761] Dabei reichten neben den bekannten Aktionären auch bislang weniger in Erscheinung getretene Aktionäre Fragen ein.[762] Die Zahl der Fragesteller hat sich dabei mehr als verdoppelt.[763] Hinsichtlich der Beantwortung der eingereichten Fragen durch den Vorstand ist für die virtuelle Hauptversammlung hingegen festzuhalten, dass die Beantwortung der Fragen grundsätzlich von höherer Transparenz und Qualität als in der herkömmlichen Präsenzversammlung geprägt war.[764]

In der virtuellen Hauptversammlungssaison 2020 sind tendenziell mehr Beschlussfassungswidersprüche zu verzeichnen als bei der herkömmlichen Präsenzversammlung.[765] Die Anzahl der Bekanntmachungen in der Rubrik „Klagen“ im Bundesanzeiger hat sich jedoch für das Jahr 2020 im Vergleich zu dem Vorjahr nur geringfügig erhöht. Während im Jahr 2019 60 Beschlussanfechtungsklagen zu zählen waren, stieg die Anzahl der Beschlussanfechtungsklagen im Jahr 2020 auf 66 Beschlussanfechtungsklagen.[766]

8. Ausblick

Die virtuelle Hauptversammlung nach Art. 2 § 1 Abs. 2 COVID-19-G hat sich in der Praxis grundsätzlich bewährt. Es ist daher zu erwarten, dass der Gesetzgeber die praktischen Erkenntnisse der zurückliegenden virtuellen Hauptversammlungssaisons zum Anlass nehmen wird, um die herkömmliche Hauptversammlung mittel- oder langfristig zu reformieren. Dabei wird er das Konzept der virtuellen Hauptversammlung nach Art. 2 § 1 Abs. 2 COVID-19-G aber nicht ohne Weiteres einfach übernehmen können. Die weitreichenden Einschnitte in die Aktionärsrechte sind nicht zuletzt das Ergebnis der überschattenden

---

761 LINK Market Services, Hauptversammlung 2020 und der Coronavirus – 7. Update, Vorbereitungen und aktuelle Empfehlungen, 08.05.2020, S. 5.

762 LINK Market Services, Hauptversammlung 2020 und der Coronavirus – 7. Update, Vorbereitungen und aktuelle Empfehlungen, 08.05.2020, S. 3.

763 *Redenius-Hövermann/Bannier*, ZIP 2020, 1885 (1891).

764 *Martin/Labas/Freutel*, DIRK-IR-Guide, Band XV, S. 19; *Seibt/Danwerth*, NZG 2020, 1241 (1245).

765 *Seibt/Danwerth*, NZG 2020, 1241 (1243).

766 *Bayer/Hoffmann*, AG 2021, R147 (R147).

gesetzgeberischen Sorge vor einer übermäßigen Inanspruchnahme versammlungsgebundener Rechte in der virtuellen Hauptversammlung und damit vor einem erhöhten Anfechtungsrisiko gefasster Hauptversammlungsbeschlüsse.[767] Zukünftig wird der Gesetzgeber sich der Herausforderung stellen müssen, nicht nur die Funktionsfähigkeit der Hauptversammlung in virtueller Form zu gewährleisten, sondern auch den Interessen der Aktionäre, insbesondere in Bezug auf die Wahrnehmung ihrer aktienrechtlich bestehenden Rechte, angemessen Rechnung zu tragen. Im juristischen Schrifttum existieren bereits erste Vorschläge für die Reform der Hauptversammlung.[768]

---

767 BT-Drs. 19/18110, S. 26 zum COVID-19-G-E.

768 Siehe z. B. *Seibt/Danwerth*, NZG 2020, 1241 (1248 ff.); VGR, Reform der Hauptversammlung börsennotierter Gesellschaften, Vorschläge der Gesellschaftsrechtlichen Vereinigung – Wissenschaftliche Vereinigung für Unternehmens- und Gesellschaftsrecht VGR e. V., S. 1 ff.

D. Die Formalisierung des Gegenantragsrechts

I. Formalisierungsgedanke

1. Allgemeines

Bei keiner Gesellschaftsform ist das Mitentscheidungsverfahren der Anteilseigner (§§ 23 Abs. 5, 118 ff. AktG) derart streng formalisiert wie bei der Aktiengesellschaft.[769] Dabei hat der Gesetzgeber insbesondere die Ausübung der Aktionärsrechte einer starken Formalisierung unterworfen, d. h. sie unterliegen strengen gesetzlichen Anforderungen hinsichtlich Verfahren, Frist und Form sowie Inhalt und Gegenstand.[770] Der Grundsatz der Satzungsstrenge (§ 23 Abs. 5 AktG) bietet den Aktiengesellschaften zudem nur wenig Spielraum, von den bestehenden gesetzlichen Vorschriften durch Satzungsregelungen abzuweichen. Die aktienrechtlichen Vorschriften stehen nach § 23 Abs. 5 AktG nur zur Disposition des Satzungsgebers, wenn das Gesetz dies ausdrücklich zulässt. Hintergrund der grundsätzlichen Unabdingbarkeit des AktG ist die Gewährleistung der Verkehrs- bzw. Handelsfähigkeit der Aktie.[771] Jeder (potenzielle) Aktionär soll, ohne sich im Einzelfall über die Verfassung der Gesellschaft informieren zu müssen, davon ausgehen können, dass ihm die gewöhnlichen Rechte zustehen.[772] Außerdem lenkt der Gesetzgeber die Ausübung der Aktionärsrechte mit einer strengen Formalisierung in geordnete Bahnen und erhöht zugleich die Rechtssicherheit in Bezug auf die Anfechtbarkeit und Nichtigkeit von Hauptversammlungsbeschlüssen. Aus Sicht der Gesellschaft bzw. der Großaktionäre reduziert die Formalisierung der Aktionärsrechte grundsätzlich den Formalaufwand und beugt einer ungehinderten Unternehmensführung des Vorstands vor, nicht zuletzt durch die Reduzierung von Anfechtungsrisiken.[773] Aus Aktionärssicht führt eine Formalisierung von Aktionärsrechten allerdings regelmäßig zu Einbußen ihrer Rechtsposition. Insbesondere besteht die Gefahr, dass

---

769 *Zetzsche*, Prinzipien der kollektiven Vermögenslage, S. 493.

770 *Göhmann* in: Frodermann/Jannott, HdB des AktR, 9. Aufl. 2017, S. 588 Rn. 280.

771 MüKoAktG/*Pentz*, 5. Aufl. 2019, § 23 Rn. 158.

772 MüKoAktG/*Pentz*, 5. Aufl. 2019, § 23 Rn. 158.

773 Ähnliches gilt für den Squeeze-out: *Grzimek* in: Angerer/Geibel/Süßmann, WpüG, 3. Aufl. 2017, § 327a AktG Rn. 2.

die Rechtsausübung von Minderheits- bzw. Kleinaktionären derart erschwert wird, dass ihnen ihre Aktionärsrechte faktisch vorenthalten werden. Nicht selten nimmt aber diese Aktionärsgruppe einen bedeutenden Platz in der effektiven Rechtskontrolle des Beschlussverfahrens ein.[774] Strenge Verfahrens-, Frist- und Formanforderungen sieht der Gesetzgeber insbesondere bei Aktionärsrechten vor, die im Vorfeld oder Nachgang der Hauptversammlung wahrzunehmen sind. Zu erwähnen sind u. a. das Verlangen der Aktionäre auf Ergänzung der Tagesordnung, das der Gesellschaft mindestens 24 Tage, bei börsennotierten Gesellschaften mindestens 30 Tage vor der Versammlung zuzugehen hat (§ 122 Abs. 2 Satz 3 AktG), sowie das Recht, Anfechtungsklagen gegen Hauptversammlungsbeschlüsse zu erheben, dessen Wahrnehmung nur innerhalb eines Monats nach Beschlussfassung erfolgen kann (§ 246 Abs. 1 AktG). Häufig knüpft der Gesetzgeber zudem die Ausübung bestimmter Aktionärsrechte bzw. bestimmte Beschlussfassungen in der Hauptversammlung an das Erreichen einer Kapitalschwelle. Angesichts der Sicherstellung der Verkehrsfähigkeit des Aktieneigentums überlässt der Gesetzgeber die konkrete Ausgestaltung der Aktionärsrechte nur selten der Gesellschaft. Gestaltungsmacht kommt dem Satzungsgeber z. B. bei der Festlegung der Voraussetzungen für die Teilnahme an der Hauptversammlung oder der Stimmrechtsausübung zu. So kann der Satzungsgeber z. B. die Teilnahme an der Hauptversammlung an die ordnungsgemäße Anmeldung der Aktionäre zur Hauptversammlung gemäß § 123 Abs. 2 Satz 1, 2 AktG knüpfen. Zudem steht die Inanspruchnahme der elektronischen Möglichkeiten der Hauptversammlungsdurchführung und Stimmrechtsausübung nach § 118 Abs. 1 Satz 2, Abs. 2 und 4 AktG in der Hoheit der Gesellschaft.

2. Stand der Formalisierung des Gegenantragsrechts und erste Überlegungen

Während viele Aktionärsrechte im AktG bereits stark formalisiert sind, hat die Ausübung des Gegenantragsrechts eine entsprechende Formalisierung noch nicht erfahren. Die Antragstellung in der Hauptversammlung setzt zwar grundsätzlich die Anmeldung und Teilnahme an der Hauptversammlung voraus, sie unterliegt aber keiner Kapitalschwelle oder bestimmten Voraussetzungen hinsichtlich Verfahren, Form und Frist. Gegenständlich unterliegt die Antragstellung nur den inhaltlichen Schranken des AktG, insbesondere den Anforderungen des § 124 Abs. 4 AktG. Hingegen unterliegt das Recht auf Veröffentlichung

774 *Helm/Manthey*, NZG 2010, 415 (416).

von zuvor an die Gesellschaft übermittelten Gegenanträgen nach § 126 AktG einer strengen Formalisierung. Die Publizität von Gegenanträgen ist mit Blick auf den Inhalt und den Gegenstand, das Verfahren, die Frist sowie die Form bereits stark formalisiert. Ein entsprechender Formalisierungsgrad gilt für die Publizität von Wahlvorschlägen von Aktionären, die im Vorfeld der Versammlung an die Gesellschaft übermittelt worden sind, §§ 126, 127 AktG. Ferner hat das Gegenantragsrecht zumindest eine vorübergehende Formalisierung durch Art. 2 § 1 Abs. 2 Satz 3 COVID-19-G für die virtuelle Hauptversammlungssaisons 2021 und 2022 erfahren, wonach die an die Gesellschaft nach § 126 AktG ordnungsgemäß übermittelten Gegenanträge als in der Versammlung gestellt gelten, sofern der Antragsteller ordnungsgemäß legitimiert und zur Hauptversammlung angemeldet ist (sog. Fiktionslösung).[775] Ob eine derartige Formalisierung des Gegenantragsrechts aber zukunftsfähig ist, bedarf der genaueren Untersuchung. Für die Formalisierung des Gegenantragsrechts bietet auch das Aktienrecht selbst bereits wesentliche Anknüpfungspunkte. Neben der bereits bekannten Verlagerung der Antragstellung auf einen Zeitpunkt vor der Hauptversammlung ist insbesondere auch die Bindung des Gegenantragsrechts an das Erreichen eines bestimmten Quorums eine in Betracht zuziehende Möglichkeit. Einen interessanten Anknüpfungspunkt bietet zudem das aktienrechtliche Konstrukt der Vorzugsaktie nach § 140 AktG. Dabei ist zu überlegen, ob Vorzugsaktionären das Gegenantragsrecht gegen Sicherung eines Gewinnvorzugs aberkannt werden kann. Außerdem stellt sich die Frage, inwieweit die Formalisierung des Gegenantragsrechts vom Gesetzgeber vorzugeben ist oder ob der Gesellschaft vielmehr eine weitreichende Gestaltungsmöglichkeit einzuräumen ist. Bei der Art und Weise der Formalisierung des Gegenantragsrechts werden nicht nur verfassungs- und europarechtliche Maßstäbe zu berücksichtigen sein, sondern auch praktische und rechtspolitische Erwägungen.[776]

II. Rechtliche Anforderungen an die Formalisierung des Gegenantragsrechts

Die Gestaltungsmacht des Gesetzgebers hinsichtlich der Formalisierung des Gegenantragsrechts wird insbesondere durch verfassungsrechtliche Anforderungen begrenzt. Neben den verfassungsrechtlichen Anforderungen kommt den

---

775 Siehe C. II. 4. d) bb).

776 *Herrler*, DNotZ 2020, 468 (504 f.).

europarechtlichen Vorgaben eine erhebliche Bedeutung zu. Viele aktienrechtliche Normen finden heutzutage ihren Ursprung im Unionsrecht.

1. Verfassungsrechtliche Anforderungen

Nach Art. 1 Abs. 3 GG ist der Gesetzgeber insbesondere bei der Änderung der bestehenden Rechtslage unmittelbar an die im GG für die Bundesrepublik Deutschland normierten Grundrechte gebunden.[777] Dabei hat er die in den Grundrechten verankerten Wertentscheidungen zu respektieren und entsprechend umzusetzen.[778] Die gesetzgeberische Gestaltungsmacht wird daher inhaltlich durch das Verfassungsrecht und speziell durch die Grundrechte begrenzt.[779]

a) Eigentumsgrundrecht, Art. 14 GG

aa) Schutzbereich

(1) Aktieneigentum als Schutzgut

Das durch Art. 14 Abs. 1 Satz 1 GG gewährleistete Eigentum umfasst insbesondere das gesellschaftsrechtlich vermittelte Anteilseigentum,[780] das mit Blick auf das Aktienrecht auch das Aktieneigentum umfasst.[781] Da das Eigentum als solches kein naturrechtliches Faktum ist, obliegt dem einfachen Gesetzgeber nach Art. 14 Abs. 1 Satz 2 GG die Aufgabe, den Begriff Aktieneigentum inhaltlich auszufüllen.[782] Das heißt, dass erst die gesetzliche Ausformung des natürlichen Substrats des Eigentums in eine Rechtsposition, die einem Rechtsträger zugeordnet ist, dazu führt, dass Eigentum entsteht, welches sodann vom verfassungsrechtlichen Eigentumsbegriff erfasst wird.[783] Ohne Gesetz existiert

---

777 *Jarass* in: Jarass/Pieroth, GG, 16. Aufl. 2020, Art. 1 Rn. 30 f.

778 *Kunig/Kotzur* in: v. Münch/Kunig, GG, 7. Aufl. 2021, Art. 14 Rn. 81.

779 *Kunig/Kotzur* in: v. Münch/Kunig, GG, 7. Aufl. 2021, Art. 14 Rn. 81.

780 BVerfGE 50, 290 (342); 14, 263, (276 ff.). Zu dem Begriff siehe *Mülbert*, in: FS Hopt, 2010, 1039 (1053).

781 BVerfGE 50, 290 (342); 14, 263, (276 ff.); *Bryde/Wallrabenstein* in: v. Münch/Kunig, GG, 7. Aufl. 2021, Art. 14 Rn. 43; *Depenheuer/Froese* in: v. Mangoldt/Klein/Starck, GG, 7. Aufl. 2018, Art. 14 Rn. 143; *Fest* in: FS Hager 2021, 355 (356, 360); *Papier/Shirvani* in: Dürig/Herzog/Scholz, GG, 95. EL Juli 2021, Art. 14 Rn. 310; *Schoppe*, Aktieneigentum, S. 68 ff.

782 *Depenheuer/Froese* in: v. Mangoldt/Klein/Starck, GG, 7. Aufl. 2018, Art. 14 Rn. 30 f.; *Papier/Shirvani* in: Dürig/Herzog/Scholz, GG, 95. EL Juli 2021, Art. 14 Rn. 148.

783 BVerfGE 78, 205 (211); *Depenheuer/Froese* in: v. Mangoldt/Klein/Starck, GG, 7. Aufl. 2018, Art. 14 Rn. 31; *Fest* in: FS Hager 2021, 355 (356).

folglich kein Eigentum.[784] Das Eigentum i. S. d. Art. 14 GG ist als ein eigenständiger Verfassungsbegriff anzusehen, der aufgrund der Normenhierarchie nicht der Bestimmung durch einfache Rechtsnormen zugänglich ist.[785] Andernfalls würde der verfassungsrechtliche Schutz des Eigentumsgrundrechts leerlaufen, da bei einem Eigentumsbegriff ohne spezifischen, verfassungsrechtlichen Inhalt eine Überprüfung von Gesetzen an dem Maßstab des Art. 14 GG überflüssig wäre („Verfassung nach Gesetz").[786] Vor diesem Hintergrund ist der konkrete Inhalt des Aktieneigentums aus einer Gesamtschau aller zu einem bestimmten Zeitpunkt geltenden, die Eigentümerstellung regelnden gesetzlichen Vorschriften zu bestimmen.[787] Insoweit ist aber nicht nur auf den gesetzlich vermittelten Bestand an Rechten und Pflichten abzustellen, sondern auch auf die jeweils zugrundeliegende Gesellschaftssatzung.[788] Nach der aktienrechtlichen Ausgestaltung umfasst das Aktieneigentum zwei Bereiche, eine vermögensrechtliche und eine mitgliedschaftliche Stellung des Aktionärs.[789] Die vermögensrechtliche Stellung des Aktionärs ist durch die Privatnützigkeit und Verfügungsbefugnis hinsichtlich des Aktieneigentums gekennzeichnet.[790] Im Übrigen umfasst das Aktieneigentum eine Vielzahl verschiedener Rechte als Ausfluss aus der mit dem Aktieneigentum verbundenen Mitgliedschaft. Aus der Mitgliedschaft folgen neben Verwaltungsrechten, die u. a. darauf abzielen, auf das Schicksal der Gesellschaft Einfluss nehmen zu können, auch Vermögensrechte wie z. B. Ansprüche auf Gewinnbeteiligung.[791] Das Aktieneigentum ist nach den bestehenden Regelungen derart ausgestaltet, dass der Aktionär als solcher nicht unmittelbar auf die Leitung bzw. Geschäftsführung der AG Einfluss nehmen kann.[792] An dieser kann er lediglich mittelbar durch das rechtlich vorgesehene Organ

---

784 *Depenheuer/Froese* in: v. Mangoldt/Klein/Starck, GG, 7. Aufl. 2018, Art. 14 Rn. 31.

785 *Leisner* in: Isensee/Kirchhof, Hdb. des Staatsrechts, 3. Aufl. 2010, § 173 Rn. 11.

786 *Leisner* in: Isensee/Kirchhof, Hdb. des Staatsrechts, 3. Aufl. 2010, § 173 Rn. 11, 23.

787 BVerfGE 58, 300 (336); *Wieland* in: Dreier, GG, 3. Aufl. 2013, Art. 14 Rn. 48.

788 BVerfG, DB 1999, 1693 (1694); *Bryde/Wallrabenstein* in: v. Münch/Kunig, GG, 7. Aufl. 2021, Art. 14 Rn. 44; *Fest* in: FS Hager 2021, 355 (361).

789 BVerfGE 132, 99 (119); 100, 289 (301); 99, 367 (392); *Fest* in: FS Hager 2021, 355 (356 f.).

790 BVerfGE 132, 99 (119); 100, 289 (301); *Fest* in: FS Hager 2021, 355 (357).

791 BVerfGE 14, 263 (276 f.); *Bryde/Wallrabenstein* in: v. Münch/Kunig, GG, 7. Aufl. 2021, Art. 14 Rn. 43; *Schoppe*, Aktieneigentum, S. 105.

792 BVerfGE 50, 290 (342 ff.).

der Gesellschaft (Hauptversammlung) mitwirken.[793] Im Rahmen der Hauptversammlung kann der Aktionär insoweit seine versammlungsgebundenen Aktionärsrechte, wie z. B. das Stimmrecht (§§ 134 ff. AktG), das Auskunftsrecht (§ 131 AktG) sowie das Teilnahmerecht an der Hauptversammlung (§ 118 Abs. 1 Satz 1 AktG) wahrnehmen.[794] Das Teilnahmerecht an der Hauptversammlung gilt dabei als unerlässliche Voraussetzung für die Ausübung von Aktionärsrechten, die einer Versammlungsgebundenheit unterliegen.[795] Unmittelbar aus dem Teilnahmerecht an der Hauptversammlung folgt das Rederecht der Aktionäre in der Hauptversammlung sowie das Recht, Anträge in der Hauptversammlung zu stellen.[796] Das Antragsrecht umfasst dabei sowohl das Recht, Verfahrensanträge als auch Sachanträge und insbesondere Gegenanträge in der Hauptversammlung zu stellen.[797] Außerdem umfasst die aktienrechtliche Mitgliedschaft u. a. die Publizitätspflicht von Gegenanträgen oder Wahlvorschlägen nach §§ 126, 127 AktG.

(2) Reichweite des Schutzes

Als elementares Wirtschaftsgrundrecht soll Art. 14 GG dem Grundrechtsträger durch die Zubilligung und Sicherung von Herrschafts-, Nutzungs- und Verfügungsrechten, insbesondere einen Freiraum im vermögensrechtlichen Bereich erhalten und dem Einzelnen eine eigenverantwortliche Gestaltung seines Lebens ermöglichen.[798] Art. 14 GG begründet vorrangig ein Abwehrrecht gegen Beeinträchtigungen bzw. Veränderungen des bestehenden Eigentums durch Maßnahmen des Staates, insbesondere des Gesetzgebers (Bestandsgarantie).[799] Der verfassungsrechtliche Schutz des Art. 14 GG sichert insoweit als individualrechtliche Komponente den konkret vorhandenen Bestand des Aktieneigentums in der Hand des Eigentümers, einschließlich der gesetzlich vermittelten Nutzung

793 BVerfGE 50, 290 (342 ff.); *Depenheuer/Froese* in: v. Mangoldt/Klein/Starck, GG, 7. Aufl. 2018, Art. 14 Rn. 144; *Schoppe*, Aktieneigentum, S. 13, 105; *Wieland* in: Dreier, GG, 3. Aufl. 2013, Art. 14 Rn. 60.

794 BVerfG, NJW 2000, 349 (350).

795 *Hoffmann* in: Spindler/Stilz, AktG, 4. Aufl. 2019, § 118 Rn. 1; *Liebscher* in: Henssler/Strohn, GesR, 5. Aufl. 2021, AktG § 118 Rn. 9.

796 *Hoffmann* in: Spindler/Stilz, AktG, 4. Aufl. 2019, § 118 Rn. 12; *Koch* in: Hüffer/Koch, AktG, 15. Aufl. 2021, § 118 Rn. 20.

797 *Austmann* in: Hoffmann-Becking, MHdB GesR, Bd. 4, 5. Aufl. 2020, § 40 Rn. 7 f.; MüKoAktG/*Kubis*, 5. Aufl. 2022, § 119 Rn. 156.

798 BVerfGE 83, 201 (208); 97, 350 (371); *Jarass* in: Jarass/Pieroth, GG, 16. Aufl. 2020, Art. 14 Rn. 1.

799 *Wieland* in: Dreier, GG, 3. Aufl. 2013, Art. 14 Rn. 87.

sowie der Veräußerung bzw. Verfügung über die Position.[800] Nicht geschützt ist hingegen der bloße Vermögenswert der Aktie, wozu auch wertreflektierende Faktoren des Aktieneigentums gegenüber marktregulierenden und unternehmensbezogenen Vorschriften (z. B. Widerruf der Börsenzulassung) zählen.[801] Zudem ist vom Schutzbereich des Art. 14 GG die bloße Erwartung an den Fortbestand einer (vorteilhaften) Gesetzeslage nicht erfasst.[802] Das Aktieneigentum unterliegt insoweit einer Wandelbarkeit.[803] Der Gesetzgeber kann das bestehende Aktieneigentum einschließlich der Verwaltungsrechte und insbesondere des (Gegen-)Antragsrechts gegenständlichen und inhaltlichen Beschränkungen bzw. Änderungen nach Maßgabe der Voraussetzungen des Art. 14 GG unterziehen.[804] Anderenfalls wären dem Gesetzgeber die Hände gebunden, auf die Anpassungsbedürftigkeit des Eigentums infolge der stetig verändernden gesellschaftlichen und ökonomischen Verhältnisse angemessen reagieren zu können.[805]

bb) Beeinträchtigungen des Aktieneigentums

Der Gesetzgeber kann das Aktieneigentum in seiner konkreten Ausgestaltung durch eigentumsrelevante Maßnahmen beeinträchtigen und verändern. Die entsprechenden Maßnahmen können sowohl faktischer als auch normativer Natur sein.[806] Letzteres ist für die Formalisierung des Gegenantragrechts von erheblicher Bedeutung, da das Gegenantragsrecht und damit das Aktieneigentum in seinem konkreten Bestand durch eine Änderung der bestehenden Gesetzeslage verändert werden soll. In diesem Fall stehen dem Gesetzgeber nach Art. 14 GG drei Wege offen. Zu unterscheiden ist zwischen der Inhalts- und Schrankenbestimmung (Art. 14 Abs. 1 Satz 2 GG), der Legalenteignung (Art. 14 Abs. 3 Satz 2 GG) und der Administrativenteignung (Art. 14 Abs. 3 Satz 2 GG).[807] Sie stellen jeweils eigenständige Eingriffsmaßnahmen dar, die in einem *Aliud*-Verhältnis

---

800 BVerfGE 50, 290 (339); 88, 366 (377); 102, 1 (23); *Jarass* in: Jarass/Pieroth, GG, 16. Aufl. 2020, Art. 14 Rn. 16, 19.

801 BVerfGE 132, 99 (110).

802 *Depenheuer/Froese* in: v. Mangoldt/Klein/Starck, GG, 7. Aufl. 2018, Art. 14 Rn. 233; *Jarass* in: Jarass/Pieroth, GG, 16. Aufl. 2020, Art. 14 Rn. 19.

803 BVerfGE 2, 380 (401); *Bryde/Wallrabenstein* in: v. Münch/Kunig, GG, 7. Aufl. 2021, Art. 14 Rn. 24.

804 *Depenheuer/Froese* in: v. Mangoldt/Klein/Starck, GG, 7. Aufl. 2018, Art. 14 Rn. 144.

805 *Fest* in: FS Hager 2021, 355 (362); *Papier/Shirvani* in: Dürig/Herzog/Scholz, GG, 95. EL Juli 2021, Art. 14 Rn. 122.

806 *Wieland* in: Dreier, GG, 3. Aufl. 2013, Art. 14 Rn. 88.

807 *Jarass* in: Jarass/Pieroth, GG, 16. Aufl. 2020, Art. 14 Rn. 24.

zueinander stehen.[808] Ihre Abgrenzung ist von zentraler Bedeutung, da das Grundgesetz die verfassungsrechtliche Rechtfertigung der vorbenannten eigentumsrelevanten Maßnahmen an unterschiedliche Voraussetzungen knüpft.[809]

(1) Inhalts- und Schrankenbestimmung

Das BVerfG definiert das Rechtsinstitut der Inhalts- und Schrankenbestimmung in seiner ständigen Rechtsprechung als die generelle und abstrakte Festlegung von Rechten und Pflichten durch den Gesetzgeber hinsichtlich solcher Rechte, die als Eigentum i. S. d. der Verfassung zu verstehen sind.[810] Durch eine Inhalts- und Schrankenbestimmung wird insoweit der Inhalt des Eigentums durch die Normierung von objektiv-rechtlichen Vorschriften, welche die Rechte und Pflichten des Eigentümers begründen und ausformen, von dem Zeitpunkt des Inkrafttretens der Norm an für die Zukunft in allgemeiner Form bestimmt.[811] Eine Differenzierung innerhalb des Begriffs „Inhalt und Schranken" ist im Einklang mit der Rechtsprechung und der ganz herrschenden Literatur nicht vorzunehmen.[812] Das BVerfG führt insoweit aus, dass die konkrete Reichweite der Eigentumsgarantie nach Art. 14 Abs. 1 Satz 1 GG sich erst aus der Bestimmung von Inhalt und Schranken des Eigentums ergebe.[813] Dem ist zu folgen, denn die Schrankenbestimmung definiert den Inhalt und der Inhaltsbestimmung sind ihrerseits Schranken immanent.[814]

(2) Legal- bzw. Administrativenteignung

Die Enteignung ist in Art. 14 Abs. 3 Satz 2 GG geregelt. Sie kann nach Art. 14 Abs. 3 Satz 2 Alt. 1 GG nur durch Gesetz (Legalenteignung) oder nach Art. 14 Abs. 3 Satz 2 Alt. 2 GG aufgrund eines Gesetzes (Administrativenteignung) erfolgen.[815] Der Enteignungsbegriff des Art. 14 Abs. 3 Satz 2 GG unterliegt

---

808 BVerfGE 58, 300 (330 f.).

809 *Jarass* in: Jarass/Pieroth, GG, 16. Aufl. 2020, Art. 14 Rn. 24, 33 ff.

810 BVerfGE 52, 1 (27 f.); 58, 137 (144 f.); 58, 300 (330); *Bryde/Wallrabenstein* in: v. Münch/Kunig, GG, 7. Aufl. 2021, Art. 14 Rn. 92.

811 BVerfGE 52 1 (27); 72, 66 (76); *Jarass* in: Jarass/Pieroth, GG, 16. Aufl. 2020, Art. 14 Rn. 33; *Papier/Shirvani* in: Dürig/Herzog/Scholz, GG, 95. EL Juli 2021, Art. 14 Rn. 417.

812 BVerfGE 50, 290 (339 f.); 72, 66 (76 f.); *Papier/Shirvani* in: Dürig/Herzog/Scholz, GG, 95. EL Juli 2021, Art. 14 Rn. 417; *Wieland* in: Dreier, GG, 3. Aufl. 2013, Art. 14 Rn. 88.

813 BVerfGE 143, 246 (324); 126, 331 (360); 100, 1 (37); 50, 290 (339 f.).

814 *Bryde/Wallrabenstein* in: v. Münch/Kunig, GG, 7. Aufl. 2021, Art. 14 Rn. 88; *Fest* in: FS Hager 2021, 355 (362); *Papier/Shirvani* in: Maunz/Dürig, GG, 95. EL Juli 2021, Art. 14 Rn. 417; *Wieland* in: Dreier, GG, 3. Aufl. 2013, Art. 14 Rn. 88.

815 *Wieland* in: Dreier, GG, 3. Aufl. 2013, Art. 14 Rn. 109.

einer langen historischen Entwicklung, von einem engen Begriffsverständnis zu einem weiten Begriffsverständnis und wieder zurück.[816] Nach dem mittlerweile etablierten engen Begriffsverständnis stellt die Enteignung eine staatliche Maßnahme dar, die darauf zielt, eine bereits bestehende Eigentumsposition durch Änderung der Eigentumszuordnung zum Zwecke der staatlichen Güterbeschaffung zu entziehen.[817] Die Enteignung bezweckt folglich eine vollständige oder teilweise Entziehung einer konkreten, durch Art. 14 Abs. 1 Satz 1 GG in ihrem Bestand gewährleisteten, Rechtsposition mit dem Ziel der Erfüllung öffentlicher Aufgaben.[818] Die Abgrenzung zu einer Inhalts- und Schrankenbestimmung ist insoweit – ungeachtet der Intensität der Maßnahme – nur anhand ihrer Intention vorzunehmen.[819] Bloße Nutzungs- und Verfügungsbeschränkungen von Eigentümerbefugnissen stellen daher selbst dann keine Enteignung dar, wenn sie die Nutzung des Eigentums nahezu oder völlig entwerten.[820] Insoweit kann auch eine besonders schwerwiegende Inhalts- und Schrankenbestimmung nicht in eine Enteignung umschlagen, sondern bleibt eine – möglicherweise verfassungswidrige – Inhalts- und Schrankenbestimmung.[821]

(3) Rechtliche Qualifizierung der Formalisierungsbestrebungen

Sowohl der Ausschluss des Gegenantragsrechts, die Anknüpfung der Antragstellung an ein bestimmtes Quorum, die Etablierung einer besonderen Vorzugsaktie ohne Gegenantragsrecht als auch sonstige Verfahrens-, Frist- und Formanpassungen zielen allesamt darauf ab, die durch das Aktieneigentum vermittelte Rechtsposition des Aktionärs zu verändern, ohne dass damit eine staatliche Güterbeschaffung zum Zwecke der Erfüllung einer öffentlichen Aufgabe verbunden wäre. Die Reformierungsbestrebungen des Gegenantragsrechts haben den Zweck, die Funktionsfähigkeit und Effizienz der Aktiengesellschaft als Wirtschaftsunternehmen unter Wahrung der (auch gesellschaftlichen und gesamtwirtschaftlichen) unternehmerischen Interessen der Aktiengesellschaft

816 Zur ausführlichen historischen Entwicklung des Enteignungsbegriffs siehe *Depenheuer/Froese* in: v. Mangoldt/Klein/Starck, GG, 7. Aufl. 2018, Art. 14 Rn. 407 ff.; *Papier/Shirvani* in: Dürig/Herzog/Scholz, GG, 95. EL Juli 2021, Art. 14 Rn. 454 ff.

817 BVerfGE 143, 246 (332 f.); *Bryde/Wallrabenstein* in: v. Münch/Kunig, GG, 7. Aufl. 2021, Art. 14 Rn. 115; *Wendt* in: Sachs, GG, 9. Aufl. 2021, Art. 14 Rn. 78 ff.

818 BVerfGE 143, 246 (332).

819 *Depenheuer/Froese* in: v. Mangoldt/Klein/Starck, GG, 7. Aufl. 2018, Art. 14 Rn. 405.

820 BVerfGE 100, 226 (240), 143, 246 (332).

821 *Depenheuer/Froese* in: v. Mangoldt/Klein/Starck, GG, 7. Aufl. 2018, Art. 14 Rn. 405.

und der Interessen der Aktionäre zu erhalten bzw. zu steigern.[822] Selbst wenn mit der Neu- bzw. Umgestaltung des Gegenantragsrechts eine nahezu völlige Entwertung des Aktieneigentums verbunden wäre, würde dies aufgrund der formalen Abgrenzung der Enteignung zu der Inhalts- und Schrankenbestimmung zu keinem anderen Ergebnis führen.[823] Die gesetzgeberische Umgestaltung einer, aufgrund von alten Rechts erworbenen, Rechtsposition ist daher als Neubestimmung von Inhalt und Schranken des Aktieneigentums zu qualifizieren und folglich als Inhalts- und Schrankenbestimmung nach Art. 14 Abs. 1 Satz 2 GG anzusehen.[824]

cc) Verfassungsrechtliche Rechtfertigung

Die Festlegung des Inhalts und der Schranken des Aktieneigentums überlässt der Verfassungsgeber nicht dem freien Belieben des einfachen Gesetzgebers, sondern unterwirft sie strengen verfassungsrechtlichen Grenzen formeller und materieller Art.[825]

(1) Formelle Anforderungen

Zunächst statuiert der Gesetzesvorbehalt des Art. 14 Abs. 1 Satz 2 GG, dass die Bestimmung des Inhalts und der Schranken des Aktieneigentums nur durch Gesetz erfolgen kann. Gesetz meint jede Rechtsnorm, wobei sowohl Rechtsnormen im formellen als auch im materiellen Sinn dem vorbenannten Gesetzesvorbehalt genügen.[826] Bei der Verabschiedung einer neuen gesetzlichen Bestimmung hinsichtlich des Inhalts und der Schranken des Aktieneigentums ergeben sich jedoch keine wesentlichen Besonderheiten. Hinsichtlich der Gesetzeskompetenz ist zu erwähnen, dass diese nach Art. 74 Abs. 1 Nr. 11 GG (Recht der Wirtschaft) in den Bereich der konkurrierenden Gesetzgebung des Bundes fällt.[827] Das bedeutet, dass die Länder nach Art. 72 Abs. 1 GG in diesem Bereich nur gesetzgeberisch tätig werden dürfen, solange und soweit der Bund von seiner Gesetzgebungskompetenz keinen Gebrauch gemacht hat. Dies wird

---

822 *Ebenroth/Koos*, BB 1995, Heft 30, BB-Beilage Nr. 8, 1 (7).

823 BVerfGE 83, 201 (213); *Bryde/Wallrabenstein* in: v. Münch/Kunig, GG, 7. Aufl. 2021, Art. 14 Rn. 96, 116; *Depenheuer/Froese* in: v. Mangoldt/Klein/Starck, GG, 7. Aufl. 2018, Art. 14 Rn. 406.

824 *Bryde/Wallrabenstein* in: v. Münch/Kunig, GG, 7. Aufl. 2021, Art. 14 Rn. 96.

825 *Wieland* in: Dreier, GG, 3. Aufl. 2013, Art. 14 Rn. 31, 90.

826 *Wieland* in: Dreier, GG, 3. Aufl. 2013, Art. 14 Rn. 103.

827 *Ebenroth/Koos*, BB 1995, Heft 30, BB-Beilage Nr. 8, 1 (7).

wiederum durch Art. 72 Abs. 2 GG eingeschränkt, wonach der Bund die Gesetzgebungskompetenz für das Recht der Wirtschaft einschränkender Weise nur dann innehat, wenn und soweit die Herstellung gleichwertiger Lebensverhältnisse im Bundesgebiet oder die Wahrung der Rechts- oder Wirtschaftseinheit im gesamtstaatlichen Interesse eine bundeseinheitliche Regelung erforderlich macht. Die Notwendigkeit einer bundeseinheitlichen Regelung ergibt sich bei der Änderung des gesellschaftsrechtlich vermittelten Aktieneigentums daraus, dass die damit verbundenen aktienrechtlichen Änderungen bereits ursprünglich bundesrechtlich geregelt waren und zugleich den Regelungen über die Aktiengesellschaft eine herausragende Bedeutung für den Kapitalmarkt zukommt.[828] Insoweit liegt die Zuständigkeit für die Änderung des Aktieneigentums bei dem Bundesgesetzgeber. Für die verfassungsrechtlichen Anforderungen an das Gesetzgebungsverfahren ist auf die Art. 76 ff. GG zu verweisen.

(2) Materielle Anforderungen

Der Gesetzgeber unterliegt hinsichtlich der Verabschiedung von inhalts- und schrankenbestimmenden Gesetzen den verfassungsrechtlichen Regelungsschranken des Art. 14 GG. Die Grenzen der Einschränkbarkeit des Aktieneigentums folgen insbesondere aus der Institutsgarantie des Eigentums, dem Verhältnismäßigkeitsgrundsatz, der Sozialbindung des Eigentums und dem Vertrauensschutzprinzip sowie dem Gleichheitssatz und Willkürverbot.[829]

(a) Verhältnismäßigkeitsgrundsatz und Sozialbindung des Eigentums

Der Dreh- und Angelpunkt der verfassungsmäßigen Kontrolle des inhaltsbestimmenden Gesetzes liegt in der Wahrung des Verhältnismäßigkeitsgrundsatzes.[830] Jede Inhalts- und Schrankenbestimmung muss verhältnismäßig sein, d. h. zu der Erreichung eines legitimen Zwecks geeignet, erforderlich und angemessen.[831] Die Inhalts- und Schrankenbestimmung ist dabei zur Verfolgung eines legitimen Zwecks geeignet, wenn sie die Erreichung des Zwecks fördert, wobei die bloße Möglichkeit genügt.[832] Das Merkmal der Erforderlichkeit zielt auf die Intensität der eigentumsrelevanten Maßnahme ab. Die Inhalts- und

828 BT-Drs. 14/8769, S. 11 zum TransPuG-E.

829 *Bryde/Wallrabenstein* in: v. Münch/Kunig, GG, 7. Aufl. 2021, Art. 14 Rn. 223.

830 *Papier/Shirvani* in: Dürig/Herzog/Scholz, GG, 95. EL Juli 2021, Art. 14 Rn. 125.

831 *Grzeszick* in: Dürig/Herzog/Scholz, GG, 95. EL Juli 2021, Art. 20 Rn. 110; *Jarass* in: Jarass/Pieroth, GG, 16. Aufl. 2020, Art. 14 Rn. 36.

832 BVerfGE 75, 179 (198); *Jarass* in: Jarass/Pieroth, GG, 16. Aufl. 2020, Art. 14 Rn. 37.

Schrankenbestimmung darf den Eigentümer nicht mehr beeinträchtigen, als es der legitime Zweck erfordert.[833] Die Wahl des Mittels ist daher derart eingeschränkt, dass dem Gesetzgeber kein anderes, gleich wirksames, das Eigentum weniger einschränkendes Mittel zur Verfügung stehen darf, um den Zweck zu erreichen.[834] Darüber hinaus hat der Gesetzgeber bei der Verabschiedung einer Inhalts- und Schrankenbestimmung die schutzwürdigen Interessen der Eigentümer bzw. des Eigentümers und die Belange des Gemeinwohls in einen gerechten Ausgleich und ein ausgewogenes Verhältnis zu bringen (Angemessenheit).[835] Die Bestandsgarantie des Art. 14 Abs. 1 Satz 1 GG, der Regelungsauftrag des Art. 14 Abs. 1 Satz 2 GG und die Sozialpflichtigkeit des Eigentums aus Art. 14 Abs. 2 GG stehen insoweit in einem unlösbaren Zusammenhang zueinander.[836] Bei der Beurteilung der Angemessenheit der eigentumsrelevanten Maßnahme steht dem Gesetzgeber grundsätzlich ein weiter Beurteilungs- und Prognosespielraum zu.[837] Er hat jedoch zu allen Aktionären die gleiche Distanz zu wahren.[838] Eine einseitige Bevorzugung oder Benachteiligung der widerstreitenden Interessen ist unzulässig.[839]

(aa) Belange der Allgemeinheit

Aus der Sozialbindung des Eigentums nach Art. 14 Abs. 2 GG folgt, dass der Gebrauch des Eigentums zugleich dem Wohl der Allgemeinheit dienen soll. Das zulässige Maß der Sozialbindung ist von der Eigenart der konkreten Eigentumsposition abhängig.[840] Je mehr das Eigentum in einem sozialen Bezug und einer sozialen Funktion steht, umso weiter ist der inhalts- und schrankenbestimmende Gestaltungsspielraum des Gesetzgebers. Andererseits ist er umso enger, je mehr die Nutzung des Eigentums die Sphäre des Eigentümers nicht verlässt und je weniger Dritte auf die Nutzung des betreffenden Eigentums angewiesen sind.[841] Das Aktieneigentum steht aufgrund seiner verwaltungs- und

---

833 BVerfGE 75, 78 (97 f.); *Jarass* in: Jarass/Pieroth, GG, 16. Aufl. 2020, Art. 14 Rn. 38.

834 BVerfGE 143, 246 (289).

835 BVerfGE 110, 226 (240); 126, 331 (360).

836 BVerfGE 143, 246 (324); *Wieland* in: Dreier, GG, 3. Aufl. 2013, Art. 14 Rn. 104.

837 BVerfGE 53, 257 (293); *Depenheuer/Froese* in: v. Mangoldt/Klein/Starck, GG, 7. Aufl. 2018, Art. 14 Rn. 223; *Fest* in: FS Hager 2021, 355 (370).

838 BVerfG, NJW 2007, 3268 (3270).

839 BVerfGE 112, 93 (109).

840 BVerfGE 143, 246 (324); *Bryde/Wallrabenstein* in: v. Münch/Kunig, GG, 7. Aufl. 2021, Art. 14 Rn. 100.

841 BVerfGE 50, 290 (340 f.); *Wendt* in: Sachs, GG, 9. Aufl. 2021, Art. 14 Rn. 111.

vermögensrechtlichen Ausgestaltung grundsätzlich in einem sozialen Bezug und einer sozialen Funktion[842] Die Gesellschaftsform der AG ist ein bedeutender Bestandteil der Wirtschaftsordnung.[843] Aktiengesellschaften nehmen u. a. wichtige Aufgaben der staatlichen Beschäftigungs- und Vermögensbildungspolitik wahr.[844] Es besteht insofern ein erhebliches öffentliches Interesse daran, dass die unternehmerische Effizienz und Funktionsfähigkeit der AG als solche erhalten bleiben und unter Umständen sogar gesteigert werden.[845] Unabhängig von der konkreten Ausgestaltung der Inhalts- und Schrankenbestimmung zielt die Reformierung des Gegenantragsrechts im Wesentlichen auf eine Steigerung der Funktionsfähigkeit und Effizienz der Hauptversammlung, die nicht zuletzt die Effizienz und Wirtschaftlichkeit des Unternehmens fördern. Dies trägt zugleich zu einer grundsätzlichen Stärkung der Volkswirtschaft bei, die in dem Interesse der Allgemeinheit steht.[846]

Fraglich ist, welche Bedeutung der Sozialpflichtigkeit bei der Formalisierung des Gegenantragsrechts beizumessen ist. Die höchstrichterliche Rechtsprechung verlangt grundsätzlich, dass die Privatnützigkeit und die Sozialbindung des Eigentums in einen angemessenen Ausgleich zu bringen sind. V. a. in Fällen, in denen die Interessen von Nichteigentümern und die der Eigentümer bzw. des Eigentümers gegeneinander abzuwägen sind, zieht die Rechtsprechung die Belange der Allgemeinheit im Rahmen der Interessenabwägung heran.[847] In der neueren Rechtsprechung ist allerdings zu beobachten, dass in Konstellationen, in denen es vorrangig um den Ausgleich privater Interessen geht, der Allgemeinwohlgedanke keine ausdrückliche Erwähnung mehr im Abwägungsvorgang findet.[848] Dieser Umstand dürfte jedoch darauf zurückzuführen sein, dass in diesen Fällen die Belange der Allgemeinheit regelmäßig von untergeordneter

---

842 *Wieland* in: Dreier, GG, 3. Aufl. 2013, Art. 14 Rn. 60.

843 *Ebenroth/Koos*, BB 1995, Heft 30, BB-Beilage Nr. 8, 1 (5).

844 BVerfGE 14, 263 (279 ff.); *Ebenroth/Koos*, BB 1995, Heft 30, BB-Beilage Nr. 8, 1 (5).

845 *Ebenroth/Koos*, BB 1995, Heft 30, BB-Beilage Nr. 8, 1 (5).

846 BVerfGE 14, 263 (282); 100, 289 (302 f.); *Amberger*, Die Missbrauchskontrolle im Rahmen des aktienrechtlichen Squeeze-out, S. 59; *Lenz/Leinekugel*, Eigentumsschutz beim Squeeze-out, S. 59 ff. und 65; hinsichtlich des Gemeinwohls siehe *Ebenroth/Koos*, BB 1995, Heft 30, BB-Beilage Nr. 8, 1 (8).

847 BVerfGE 14, 263 (282); 100, 289 (302 f.); *Amberger*, Die Missbrauchskontrolle im Rahmen des aktienrechtlichen Squeeze-out, S. 58; *Seuffert*, Der Schutz des Aktieneigentums nach Art. 14 GG und seine Auswirkungen im Zusammenhang mit dem Ausschluss von Minderheitsaktionären gemäß §§ 327a ff. AktG, S. 95 ff.

848 BVerfG, NJW 2007, 3268 (3270); Beschl. v. 23.08.2000, Az. 1 BvR 68/95, 147/97.

Bedeutung sind. Zudem folgt die Zulässigkeit der Einschränkung von Verwaltungsrechten nicht primär aus der besonderen Sozialbindung des Anteilseigentums, sondern findet ihre wesentliche Legitimation in der Sachgerechtigkeit und Individualfunktion des Aktieneigentums.[849] Denn die Veränderung der Verwaltungsrechte unter Wahrung eines angemessenen Verhältnisses zwischen dem Aktionärsinteresse an dem (Fort-)Bestand des Gegenantragsrechts und dem (auch gesamtwirtschaftlichen) Interesse an einer funktionsfähigen und effizienten Hauptversammlung kommt im Ergebnis dem Aktionär selbst zugute.[850] Insoweit führt die Verflechtung der Privat- und Gemeinnützigkeit des Aktieneigentums zu einer gewissen Deckungsgleichheit der Belange der Allgemeinheit und der grundlegenden Interessen der Aktionäre. Dies gilt insbesondere im Rahmen der Formalisierung des Gegenantragsrechts, da mit der Berücksichtigung des Aktionärsinteresses an einer funktionsfähigen und effizienten Hauptversammlung zugleich das maßgebliche, gleichlaufende Interesse der Allgemeinheit Eingang in die Interessenabwägung findet.

(bb) Aktionärsinteressen

Aus der Privatnützigkeit des Aktieneigentums folgt, dass die gesellschaftsrechtlich vermittelten Verwaltungsrechte und insbesondere das Gegenantragsrecht in dem privaten Interesse der Aktionäre stehen.[851] Daher ist das Interesse jedes einzelnen Aktionärs an dem (Fort-)Bestand des Gegenantragsrechts gegen das (auch gesamtwirtschaftliche) Interesse der Gesamtheit der Aktionäre an einer funktionsfähigen und effizienten Aktiengesellschaft abzuwägen und in einen angemessenen Ausgleich zu bringen. Dabei kann das Interesse an dem (Fort-)Bestand des Gegenantragsrechts der einzelnen Aktionäre unter Umständen unterschiedlich zu gewichten sein.[852] Je geringer der Anteil eines Aktionärs an der AG, desto niedriger ist grundsätzlich das Interesse an der Ausübung von Verwaltungsrechten des Aktionärs einzustufen.[853] Aktionäre mit einer nur geringen Beteiligungshöhe können regelmäßig auf die vermögensrechtlichen Komponenten des

---

849 *Wendt* in: Sachs, GG, 9. Aufl. 2021, Art. 14 Rn. 108, 118a.

850 *Ebenroth/Koos*, BB 1995, Heft 30, BB-Beilage Nr. 8, 1 (8); *Wendt* in: Sachs, GG, 9. Aufl. 2021, Art. 14 Rn. 108, 118a.

851 *Ebenroth/Koos*, BB 1995, Heft 30, BB-Beilage Nr. 8, 1 (6).

852 BVerfG, NJW 2007, 3268 (3270); BVerfGE 100, 289 (302 f.); *Amberger*, Die Missbrauchskontrolle im Rahmen des aktienrechtlichen Squeeze-out, S. 57.

853 BVerfG, NJW 2007, 3268 (3270); BVerfGE 100, 289 (302 f.); *Amberger*, Die Missbrauchskontrolle im Rahmen des aktienrechtlichen Squeeze-out, S. 57.

Anteilseigentums verwiesen werden.[854] Für sie stellt das Halten von Aktien vielmehr eine Kapitalanlage mit dem Ziel einen Kursgewinn und/oder Dividende zu erzielen dar, als eine Möglichkeit, durch die Ausübung der mitgliedschaftlich vermittelten Verwaltungsrechte unternehmerisch tätig zu werden.[855] Letzteres ist ihnen aufgrund ihrer geringen Beteiligungshöhe und damit dem geringen Einfluss auf die Unternehmenspolitik auch kaum möglich.[856] Zudem besteht für Kleinst- und Kleinaktionäre meistens nur wenig Anreiz an der Hauptversammlung teilzunehmen. Der mit der Hauptversammlungsteilnahme verbundene Aufwand (insb. Kosten für An- und Abreise sowie der zeitliche Faktor) steht in der Regel außer Verhältnis zu der geringen Einflussnahme auf die Geschäftspolitik der Gesellschaft.[857] Erst ab einer Beteiligungshöhe von mehr als fünf Prozent am Grundkapital der Gesellschaft ist davon auszugehen, dass dem Aktionär eine reale Einwirkungsmöglichkeit auf die Unternehmenspolitik der Gesellschaft zukommt.[858] Diese Kapitalschwelle findet ihre Stütze in der Vorschrift über den *Squeeze-out* nach § 327a Abs. 1 AktG. Danach ermöglicht der Gesetzgeber dem Hauptaktionär, der mindestens 95 Prozent der Aktien an der Gesellschaft hält, unter strengen Voraussetzungen, Minderheitsaktionäre gegen eine Barabfindung aus der Gesellschaft auszuschließen, um die Entfaltung der unternehmerischen Initiative zu stärken.[859] Die Annahme, dass jedenfalls dem Mehrheitsaktionär eine unternehmerische Beteiligung zuzusprechen ist und seine strukturelle Überlegenheit dazu führt, dass der Einfluss der Minderheitsaktionäre auf die Unternehmensführung theoretischer Natur bleibt, ist im AktG zudem strukturell verankert.[860] Anzuknüpfen ist insoweit an § 133 Abs. 1 AktG, wonach die Beschlüsse der Hauptversammlung grundsätzlich der Mehrheit der abgegebenen Stimmen bedürfen.[861] Besonders deutlich wird das Prinzip der Mehrheitsherrschaft in den Fällen, in denen der Mehrheitsaktionär über eine strukturverändernde Mehrheit (qualifizierte Kapitalmehrheit) verfügt und faktisch in einem Alleingang wesentliche Hauptversammlungsentscheidungen wie

---

854 BVerfG, NJW 2007, 3268 (3270); BVerfGE 14, 263 (283).
855 BVerfG, NJW 2007, 3268 (3270).
856 BVerfG, NJW 2007, 3268 (3270); BVerfGE 14, 263 (283).
857 *Dauner-Lieb*, WM 2007, 9 (11).
858 BVerfG, NJW 2007, 3268 (3270).
859 BT-Drs. 14/7034, S. 32 zum WpÜG-E.
860 *Amberger*, Die Missbrauchskontrolle im Rahmen des aktienrechtlichen Squeeze-out, S. 57.
861 *Amberger*, Die Missbrauchskontrolle im Rahmen des aktienrechtlichen Squeeze-out, S. 57.

z. B. Satzungsänderungen (§ 179 AktG), Fusionsbeschlüsse (§ 319 AktG), oder die Abberufung von Aufsichtsratsmitgliedern (§ 103 AktG) beschließen kann.[862] Die schwache Intensität der gesellschaftsrechtlichen Bindung des Aktieneigentümers an die Gesellschaft führt daher im Ergebnis dazu, dass die Inhaber geringer Aktienbestände grundsätzlich auf ihre Kapitalinteressen zu verweisen sind.[863] Anderes kommt nur in Betracht, wenn ein anerkennenswertes Interesse an der Beteiligung zu erkennen ist, wie es z. B. bei Aktionären aus dem Familienkreis bei Familienunternehmen oder um eine Gesellschaft mit kleinem, dem Unternehmen persönlich verbundenen Aktionärskreis handelt.[864] Bei börsennotieren Gesellschaften dürfte dieser Aspekt aufgrund des Streubesitzes zu vernachlässigen sein. Die aktienrechtlich verankerte Mehrheitsherrschaft in der Form der unternehmerischen Entfaltungsfreiheit des Mehrheitsaktionärs genießt zudem als Ausfluss der allgemeinen Handlungsfreiheit aus Art. 2 Abs. 1 GG[865] bzw. als Teilbereich der Berufsfreiheit aus Art. 12 Abs. 1 GG[866] entsprechenden verfassungsrechtlichen Schutz.[867] Der einfache Gesetzgeber hat dem Hauptaktionär daher eine funktionsfähige Teilnahme an dem Wirtschaftsleben derart zu ermöglichen, dass verhindert wird, dass einzelne Aktionäre durch eine übermäßige Verfolgung egoistischer und individueller Ziele den Hauptaktionär an der Unternehmensführung behindern.[868] Insoweit hat der Gesetzgeber dem (auch gesamtwirtschaftlichen) Interesse an einer funktionsfähigen und effizienten AG Rechnung zu tragen. Im Vordergrund steht insoweit auch der Schutz vor aktivistischen Aktionären, die ihre Verwaltungsrechte durch eine intensive Ausübung zweckentfremden, um gezielt formelle oder materielle Gesetzesverstöße durch die Verwaltung bzw. den Versammlungsleiter herbeizuführen, um diese anschließend für die Befriedigung eigener Zwecke im Wege der Anfechtungsklage nutzen zu können.[869]

---

862 *Amberger,* Die Missbrauchskontrolle im Rahmen des aktienrechtlichen Squeeze-out, S. 57.

863 *Depenheuer/Froese* in: v. Mangoldt/Klein/Starck, GG, 7. Aufl. 2018, Art. 14 Rn. 144.

864 BVerfG, NJW 2007, 3268 (3270); OLG Hamburg, NZG 2003, 978 (979).

865 BVerfGE 14, 263 (282).

866 BVerfGE 30, 292 (312).

867 *Amberger,* Die Missbrauchskontrolle im Rahmen des aktienrechtlichen Squeeze-out, S. 57.

868 BVerfG, NJW 2007, 3268 (3270); *Ebenroth/Koos*, BB 1995, Heft 30, BB-Beilage Nr. 8, 1 (10).

869 *Sünner*, AG 2000, 492 (495).

(cc) Unternehmensinteressen

Fraglich ist, ob im Rahmen der Abwägung der Interessen der Aktionäre untereinander auch die Interessen der Aktiengesellschaft als solche Berücksichtigung finden müssen. Grundsätzlich ist anerkannt, dass die AG sich als juristische Person nach Art. 19 Abs. 3 GG auf die verfassungsrechtlich geschützte, freie Entfaltung im Wirtschaftsleben, als Ausfluss der allgemeinen Handlungsfreiheit (Art. 2 Abs. 1 GG) und des Rechts an dem eingerichteten und ausgeübten Gewerbebetrieb als Form der Eigentumsgewährleistung (Art. 14 Abs. 1 Satz 1 GG), berufen kann.[870] Die Gesellschaft als solche kann sich daher ebenfalls auf ein schutzwürdiges Interesse an der funktionsfähigen Teilnahme an dem Wirtschaftsleben insoweit berufen, dass die Unternehmensführung der Gesellschaft nicht durch eine übermäßige Verfolgung egoistischer und individueller Ziele einzelner Aktionäre behindert wird.[871] Diese Unternehmensinteressen laufen aber mit dem allgemeinen Interesse der Aktionäre an der Effizienz und Funktionsfähigkeit der Hauptversammlung und der Aktiengesellschaft parallel.[872] Mittlerweile gilt die klare Trennung zwischen den Aktionärsinteressen und den Unternehmensinteressen als überholt.[873] Dies ist insbesondere darauf zurückzuführen, dass die Aktiengesellschaft als solche vielmehr ein soziales und wirtschaftliches Unternehmen in seiner rechtlichen Verfassung darstellt.[874] Das Interesse an einer effizienten und funktionsfähigen Hauptversammlung bzw. Gesellschaft wird daher bereits durch das aktionärsseitige, allgemeine Interesse an dem gesellschaftlichen Gesamtwohl der Aktiengesellschaft umfasst, sodass für eine eigenständige Berücksichtigung der Unternehmensinteressen keine Notwendigkeit besteht.[875]

(b) Gleichbehandlung der Aktionäre

Jede Inhalts- und Schrankenbestimmung muss dem verfassungsrechtlichen Gebot der Gleichheit aus Art. 3 Abs. 1 GG Rechnung tragen.[876] Der allgemeine Gleichheitsgrundsatz aus Art. 3 Abs. 1 GG zielt darauf, eine Gleichbehandlung

---

870 *Ebenroth/Koos*, BB 1995, Heft 30, BB-Beilage Nr. 8, 1 (10); *Ernst* in: v. Münch/Kunig, GG, 7. Aufl. 2021, Art. 14 Rn. 96.

871 *Ebenroth/Koos*, BB 1995, Heft 30, BB-Beilage Nr. 8, 1 (10).

872 *Ebenroth/Koos*, BB 1995, Heft 30, BB-Beilage Nr. 8, 1 (10 f.).

873 *Ebenroth/Koos*, BB 1995, Heft 30, BB-Beilage Nr. 8, 1 (10).

874 *Ebenroth/Koos*, BB 1995, Heft 30, BB-Beilage Nr. 8, 1 (10); *Hopt*, ZGR 1993, 534 (535).

875 *Ebenroth/Koos*, BB 1995, Heft 30, BB-Beilage Nr. 8, 1 (10).

876 BVerfGE 100, 1 (17); 126, 331 (361).

von Personen in vergleichbaren Sachverhalten sicherzustellen, entweder durch rechtliche oder tatsächliche Maßnahmen.[877] Der Gleichheitsgrundsatz verpflichtet den Gesetzgeber nicht nur wesentlich Gleiches gleich zu behandeln, sondern auch wesentlich Ungleiches entsprechend seiner Verschiedenheit und Eigenart ungleich zu behandeln.[878] Bei der Formalisierung des Gegenantragsrechts ist der allgemeine Gleichheitssatz vor allem hinsichtlich des Schutzes von Kleinaktionären von Bedeutung.[879] Sofern die Formalisierung des Gegenantragsrechts, z. B. durch die Bindung der Rechteausübung an bestimmte Kapitalschwellen, zu einer Ungleichbehandlung verschiedener Aktionärsgruppen führt, ist sie u. a. auch an dem Maßstab des Art. 3 Abs. 1 GG zu messen. Fraglich ist jedoch, welche Schranken an die Zulässigkeit einer Ungleichbehandlung zu stellen sind. Aus Art. 3 Abs. 1 GG ergeben sich je nach Regelungsgegenstand und Differenzierungsmerkmalen unterschiedliche Grenzen.[880] Sie reichen von einem bloßen Willkürverbot bis zu einer strengen Bindung an eine Verhältnismäßigkeitsprüfung.[881] Dabei ist die Bestimmung der Prüfungsintensität im Wesentlichen anhand der Intensität bzw. des Ausmaßes der Ungleichbehandlung vorzunehmen.[882] Dem gesetzgeberischen Gestaltungsraum sind jedenfalls dann engere Grenzen gesetzt, wenn es sich um Regelungen handelt, die Auswirkungen auf grundrechtlich gesicherte Freiheiten haben.[883] Die Bindung des Gegenantragsrecht an bestimmte Kapitalschwellen hat zumindest Auswirkungen auf das Aktieneigentum von Kleinst- und Kleinaktionären i. S. d. Art. 14 Abs. 1 GG, sodass eine Verhältnismäßigkeitsprüfung vorzunehmen ist. Vor diesem Hintergrund ist Art. 3 Abs. 1 GG dann verletzt, wenn eine Gruppe von Aktionären im Vergleich zu anderen Aktionären anders behandelt wird, obwohl zwischen beiden Gruppen keine Unterschiede von solcher Art und solchem Gewicht bestehen, dass sie die ungleiche Behandlung rechtfertigen könnten.[884]

877 *Jarass* in: Jarass/Pieroth, GG, 16. Aufl. 2020, Art. 3 Rn. 1, 10 f.
878 BVerfGE 1, 14 (52);103, 310 (318).
879 *Ebenroth/Koos*, BB 1995, Heft 30, BB-Beilage Nr. 8, 1 (4).
880 BVerfGE 88, 87 (96); 133, 377 (407).
881 BVerfGE 88, 87 (96); 133, 377 (407).
882 BVerfGE 62, 256 (274).
883 BVerfGE 37, 342 (353 f.); 62, 256 (274).
884 BVerfGE 55, 72 (88); 84,197 (199), 100,195 (205); 133, 377 (408).

(c) *Vertrauensschutzprinzip*

Die verfassungsrechtliche Zulässigkeit von Inhalts- und Schrankenbestimmungen wird zudem durch den verfassungsrechtlichen Grundsatz des Vertrauensschutzes als Ausdruck aus dem Rechtsstaatsprinzips aus Art. 20 Abs. 3 GG begrenzt.[885] Ausgehend von dem Bestandsschutz des Eigentums aus Art. 14 Abs. 1 Satz 1 GG kommt dem allgemeinen Vertrauensprinzip im Rahmen des Art. 14 GG eine eigene und spezielle Ausprägung zu.[886] Die Eigentumsgarantie kann ihre Schutzwirkung, den Freiraum des Eigentümers im vermögensrechtlichen Bereich zu sichern, grundsätzlich nur erfüllen, wenn der Eigentümer auf den Fortbestand seiner gesetzmäßig erworbenen vermögenswerten Rechte vertrauen kann.[887] Das Vertrauensprinzip in seiner speziellen eigentumsrechtlichen Ausprägung gewährleistet demnach die Erwartung des Eigentümers an der Kontinuität seiner konkreten Rechtsposition und legt folglich den zeitlichen Rahmen des Eigentumsschutzes fest.[888] Die zeitliche Komponente der Eigentumsgarantie führt allerdings nicht dazu, dass der Gesetzgeber das bestehende Aktieneigentum, einschließlich der Verwaltungsrechte und insbesondere der Antragsrechte, keinen gegenständlichen und inhaltlichen Modifizierungen bzw. Änderungen unterziehen kann.[889] Vielmehr wird die gesetzgeberische Gestaltungsmacht durch das Vertrauensprinzip, ähnlich wie bei der Einhaltung des Verhältnismäßigkeitsprinzips eingeschränkt.[890] Die Neudefinition des Inhalts und der Schranken der jeweiligen Rechtsposition ist unter Wahrung des Vertrauensschutzes zulässig, wenn dem inhaltsbestimmenden Gesetz Vorrang gegenüber dem Vertrauensschutz einzuräumen ist.[891] Für diese Feststellung hat der Gesetzgeber das Ausmaß des Vertrauensschadens des Einzelnen und die Bedeutung des gesetzlichen Anliegens für das Wohl der Allgemeinheit

---

885 *Papier/Shirvani* in: Dürig/Herzog/Scholz, GG, 95. EL Juli 2021, Art. 14 Rn. 440; *Jarass* in: Jarass/Pieroth, GG, 16. Aufl. 2020, Art. 14 Rn. 46.

886 BVerfGE 45, 142 (168); 58, 300 (351); 143, 246 (372); *Bryde/Wallrabenstein* in: v. Münch/Kunig, GG, 7. Aufl. 2021, Art. 14 Rn. 110; *Papier/Shirvani* in: Dürig/Herzog/Scholz, GG, 95. EL Juli 2021, Art. 14 Rn. 440.

887 *Bryde/Wallrabenstein* in: v. Münch/Kunig, GG, 7. Aufl. 2021, Art. 14 Rn. 109 f.; *Papier/Shirvani* in: Dürig/Herzog/Scholz, GG, 95. EL Juli 2021, Art. 14 Rn. 440.

888 *Papier/Shirvani* in: Dürig/Herzog/Scholz, GG, 95. EL Juli 2021, Art. 14 Rn. 440.

889 *Depenheuer/Froese* in: v. Mangoldt/Klein/Starck, GG, 7. Aufl. 2018, Art. 14 Rn. 233; *Papier/Shirvani* in: Dürig/Herzog/Scholz, GG, 95. EL Juli 2021, Art. 14 Rn. 441.

890 *Papier/Shirvani* in: Dürig/Herzog/Scholz, GG, 95. EL Juli 2021, Art. 14 Rn. 440.

891 BVerfGE 58, 300 (351), 83, 201 (212); *Papier/Shirvani* in: Dürig/Herzog/Scholz, GG, 95. EL Juli 2021, Art. 14 Rn. 441.

gegeneinander abzuwiegen.[892] Bei der Gewichtung der Schutzwürdigkeit des Eigentümers ist insbesondere zu berücksichtigen, ob der Eigentümer gewährte Nutzungsbefugnisse bereits verwirklicht hat oder nicht.[893] Das grundsätzliche Vertrauen des Eigentümers auf den Fortbestand seiner gesetzmäßig erworbenen vermögenswerten Rechte führt regelmäßig dazu, dass der Gesetzgeber bei der Umgestaltung bestehender Eigentumspositionen zumindest eine angemessene und zumutbare Übergangsregelung zu bestimmen hat.[894]

b) Berufsfreiheit, Art. 12 GG

Die Gestaltungsmacht des Gesetzgebers hinsichtlich der Formalisierung des Gegenantragsrechts könnte zudem weitere Einschränkungen durch die Berufsfreiheit aus Art. 12 Abs. 1 GG erfahren.

aa) Unternehmerische Freiheit als Schutzgut

Die Berufsfreiheit aus Art. 12 Abs. 1 GG schützt die freie Wahl und Ausübung des Berufs, wobei unter Beruf jede auf gewisse Dauer angelegte Tätigkeit zu verstehen ist, die der Schaffung und Erhaltung einer Lebengrundlage dient.[895] Fraglich ist zunächst, ob die Beteiligung an einer Aktiengesellschaft, d. h. die bloße Aktionärsstellung als solche, unter dem Begriff des Berufs zu subsumieren ist. Grundsätzlich ist die Gesellschafterstellung als Aktionär eine reine Rechtsposition, die zunächst keiner berufsmäßigen Betätigung gleichkommt.[896] Eine berufsmäßige Betätigung i. S. d. Art. 12 Abs. 1 GG kann der Inhaberschaft von Aktien dann beigemessen werden, wenn der Aktionär einen erheblichen Einfluss auf die Unternehmensleitung nehmen kann und dadurch die Geschäftspolitik der Gesellschaft weitestgehend selbst bestimmen kann.[897] Anerkannt ist dies zumindest, wenn der Aktionär eine beherrschende Stellung einnimmt, d. h. ihm mehr als 50 Prozent der Stimmrechte zustehen.[898] Eine erhebliche Einflussnahme auf

892 BVerfGE 64, 87 (104).

893 *Papier/Shirvani* in: Dürig/Herzog/Scholz, GG, 95. EL Juli 2021, Art. 14 Rn. 441.

894 BVerfGE 58, 300 (351); *Depenheuer/Froese* in: v. Mangoldt/Klein/Starck, GG, 7. Aufl. 2018, Art. 14 Rn. 233 f.

895 BVerfGE 7, 377 (397); 32, 1 (28).

896 *Stumpf*, NJW 2003, 9 (13).

897 *Lenschow*, Verfassungsrechtliche Vorgaben für die Rechtsstellung von Minderheitsaktionären, S. 7; *Stumpf*, NJW 2003, 9 (13).

898 *Lenschow*, Verfassungsrechtliche Vorgaben für die Rechtsstellung von Minderheitsaktionären, S. 7; *Stumpf*, NJW 2003, 9 (13).

die Unternehmensleitung müsste auch dann zu bejahen sein, wenn der Aktionär zwar keine beherrschende Stellung im eigentlichen Sinn innehat, er jedoch aufgrund seiner Beteiligungshöhe und des anzutreffenden vertretenen Grundkapitals der Gesellschaft in der Hauptversammlung in nachhaltiger Weise eine Stimmenmehrheit bilden könnte. In der Praxis ist dies oftmals der Fall, wenn dem Aktionär bereits 30 Prozent der Stimmrechte an der Gesellschaft zustehen, da das vertretene stimmberechtigte Grundkapital sich in den Hauptversammlungen großer Publikumsgesellschaften im Durchschnitt auf nicht mehr als 65Prozent erstreckt.[899] Die Annahme einer unternehmerischen Kontrolle bei einem Rückgriff des Aktionärs auf 30 Prozent der Stimmrechte entspricht auch dem gesetzlichen Leitbild. Angesichts der anzutreffenden Hauptversammlungspräsenzen geht der Gesetzgeber mit Blick auf das öffentliche Übernahmerecht in § 29 Abs. 2 WpÜG nämlich davon aus, dass eine unternehmerische Kontrolle der Gesellschaft vorliegt, wenn der Aktionär mindestens 30 Prozent der Stimmrechte an der Gesellschaft hält.[900] Sachgerechter ist es daher, eine unternehmerische Betätigung eines Aktionärs auch dann anzunehmen, wenn er mindestens 30 Prozent der Stimmrechte an der Gesellschaft hält. Das bloße Erreichen der vorgenannten Stimmrechtsschwellen eröffnet dem Aktionär jedoch noch nicht den Schutz der Berufsfreiheit. Der kontrollierende Aktionär muss auch in subjektiver Hinsicht eine unternehmerische Absicht verfolgen.[901] Andernfalls würde seine Tätigkeit sich lediglich auf die bloße Vermögensverwaltung beziehen, dessen Schutz Art. 12 Abs. 1 GG nicht umfasst.[902] In sachlicher Hinsicht erstreckt der Schutz der unternehmerischen Betätigung des Aktionärs sich auf die Gründung, Organisation, Planung, Entwicklung, Unternehmensführung und Marktpositionierung der Aktiengesellschaft.[903] Dabei umfasst die unternehmerische Beteiligung insbesondere auch den Inhalt der mitgliedschaftlich vermittelten Verwaltungsrechte als Möglichkeit der unternehmerischen Einflussnahme.[904]

---

899 Siehe A. II. 1. a).

900 BT-Drs. 14/7034, S. 53 zum WpÜG-E.

901 *Lenschow*, Verfassungsrechtliche Vorgaben für die Rechtsstellung von Minderheitsaktionären, S. 7; *Stumpf*, NJW 2003, 9 (13).

902 *Jung*, JZ 2001, 1004 (1010 f.); *Lenschow*, Verfassungsrechtliche Vorgaben für die Rechtsstellung von Minderheitsaktionären, S. 7; *Stumpf*, NJW 2003, 9 (13).

903 BVerfGE 50, 290 (363); BVerwGE 71, 183 (189); *Lenschow*, Verfassungsrechtliche Vorgaben für die Rechtsstellung von Minderheitsaktionären, S. 7, 39; *Ossenbühl*, AöR 115 (1990), 1 (18 f.); *Jung*, JZ 2001, 1004 (1010 f.); *Stumpf*, NJW 2003, 9 (13).

904 *Lenschow*, Verfassungsrechtliche Vorgaben für die Rechtsstellung von Minderheitsaktionären, S. 37.

Somit fällt auch das Gegenantragsrecht als Möglichkeit der Einflussnahme auf die Beschlussfassungen der Hauptversammlung und zugleich auf die Unternehmensführung der Gesellschaft in den Schutzbereich der Berufsausübung des Aktionärs. Angesichts des Umstands, dass der grundrechtliche Schutz des Aktionärs aus Art. 12 Abs. 1 GG nicht nur eine beherrschende bzw. vergleichbare Stellung des Aktionärs, sondern auch eine unternehmerische Absicht verlangt, beschränkt sein Schutz sich lediglich auf Großaktionäre, sodass Kleinst- bzw. Kleinaktionäre sich auf die Berufsfreiheit nicht berufen können.

bb) Eingriff und Rechtfertigung

Eingriffe in die Berufsfreiheit bedürfen ebenfalls der verfassungsrechtlichen Rechtfertigung. Als Eingriff in die Berufsfreiheit ist grundsätzlich jede Maßnahme zu qualifizieren, welche die Berufswahl oder -ausübung einschränkt oder vollständig verhindert. Bezogen auf die Formalisierung des Gegenantragsrechts ist die Eingriffsqualität der Maßnahme nur zu bejahen, sofern sie die geschützte unternehmerische Betätigung der Aktionäre beeinträchtigt. Eine solche Beeinträchtigung der unternehmerischen Betätigung liegt insbesondere bei einem vollständigen Ausschluss des Gegenantragsrechts bzw. der Bindung der Ausübung des Gegenantragsrechts an eine Kapitalschwelle, die zumindest 30 Prozent des stimmberechtigten Kapitals der Gesellschaft übersteigt, vor. Auch die bloße Erschwerung der Ausübung des Gegenantragsrechts, z. B. durch strengere Form- und Fristanforderungen, stellen eine – wenn auch milde – Beeinträchtigung der unternehmerischen Betätigung des geschützten Aktionärskreises dar.

Sofern die Formalisierung des Gegenantragsrechts zu einer Beeinträchtigung der Berufsfreiheit führt, ist die Zulässigkeit der konkreten Maßnahme wiederum maßgeblich von der Wahrung des Verhältnismäßigkeitsgrundsatzes abhängig. Für die Verhältnismäßigkeitsprüfung innerhalb des Art. 12 Abs. 1 GG hatte die Rechtsprechung ursprünglich die sog. Stufenlehre als formalisierte Ausprägung des Verhältnismäßigkeitsprinzips entwickelt.[905] Nach der Stufenlehre sind die Anforderungen an die Rechtfertigung einer Beeinträchtigung der Berufsfreiheit anhand einer formalisierten Intensität des Eingriffs zu bestimmen.[906] Eingriffe in die Freiheit der Berufsausübung (Berufsausübungsregelungen) sind danach zulässig, soweit vernünftige Erwägungen des Gemeinwohls es zweckmäßig erscheinen lassen.[907] Hingegen werden Berufswahlregelungen, welche

905 BVerfGE 7, 377 (405 ff.).
906 BVerfGE 7, 377 (406 ff.).
907 BVerfGE 103, 1 (10); 110, 141 (157); 123, 186 (238).

die Freiheit der Berufswahl durch subjektive Berufszulassungsanforderungen beschränken oder aufheben, nur legitimiert, soweit sie wichtigen Gemeinschaftsgütern dienen und der Freiheit des Einzelnen vorgehen.[908] Zudem sind Berufswahlregelungen, welche die Freiheit der Berufswahl durch objektive Berufszulassungsanforderungen beschränken oder aufheben, verfassungsrechtlich nur zu rechtfertigen, soweit eine konkrete Gefahr für ein überragend wichtiges Gemeinschaftsgut vorliegt.[909] Mittlerweile macht die Rechtsprechung von der Stufenlehre nur noch vereinzelt Gebrauch.[910] Grund dafür ist, dass die Zuordnung von Eingriffen zu Berufsausübungs- oder subjektiven bzw. objektiven Berufswahlregelungen teilweise mit erheblichen Unsicherheiten belastet sind und eine klare Unterscheidung im Einzelfall oftmals nicht möglich ist.[911] Angesichts dessen rückt die neue Rechtsprechung vermehrt von einer formalisierten Verhältnismäßigkeitsprüfung ab und geht davon aus, dass ein Eingriff in die Berufsfreiheit gerechtfertigt ist, soweit die eingreifende Norm durch hinreichende, der Art der betroffenen Betätigung und der Intensität des jeweiligen Eingriffs Rechnung tragende Gründe des Gemeinwohls gerechtfertigt wird und dem Grundsatz der Verhältnismäßigkeit entspricht.[912] Sowohl die Stufenlehre als auch die neue Verhältnismäßigkeitsprüfung stellen nahezu dieselben Anforderungen an die Formalisierung des Gegenantragsrechts. Ausgehend von der Stufenlehre sind sämtliche aktienrechtlichen Vorschriften, die das Verhältnis der Aktionäre untereinander, aber auch zu der AG in Form der wirtschaftlichen Betätigung bestimmen, als Berufsausübungsregelung zu qualifizieren, sodass bereits vernünftige Erwägungen sie als zweckmäßig erscheinen lassen.[913] Sofern auf die neue Verhältnismäßigkeitsformel abgestellt wird, führt die eher als gering einzustufende Eingriffsintensität der Neu- bzw. Umgestaltung des Gegenantragsrechts ebenfalls zu keinen höheren Anforderungen an die Rechtfertigung der Beeinträchtigung der unternehmerischen Betätigungsfreiheit.

cc) Konkurrenzverhältnis zu Art. 14 GG

Das Konkurrenzverhältnis der Berufsfreiheit aus Art. 12 Abs. 1 GG zu den anderen Grundrechten und insbesondere zu dem Eigentumsgrundrecht aus Art. 14

908 BVerfGE 69, 209 (218); 103, 172 (183).
909 BVerfGE 21, 245 (250); 102, 197 (214), 126, 112 (141).
910 *Kämmerer* in: v. Münch/Kunig, GG, 7. Aufl. 2021, Art. 12 Rn. 123.
911 *Kämmerer* in: v. Münch/Kunig, GG, 7. Aufl. 2021, Art. 12 Rn. 123.
912 BVerfGE 95, 193 (214); 115, 276 (304); 121, 317 (346); 141, 121 (133).
913 *Jung*, JZ 2001, 1004 (1010 f.); *Stumpf*, NJW 2003, 9 (14).

Abs. 1 GG ist für die weitere verfassungsrechtliche Legitimation der in Betracht kommenden Formalisierungsmaßnahmen von entscheidender Bedeutung. Da die Maßnahmen der Formalisierung des Gegenantragsrechts einerseits tätigkeitsbezogen in den Schutzbereich der Berufsfreiheit fallen und andererseits objektbezogen von dem Schutzbereich der Eigentumsgarantie umfasst sind, ist aus konkurrenzrechtlicher Sicht fraglich, ob der Berufsfreiheit mit Blick auf die Eigentumsgarantie noch eine eigenständige Rechtfertigungsbedeutung beizumessen ist. Die Rechtsprechung führt insoweit aus, dass in diesen Fällen Art. 12 GG nicht von Art. 14 GG verdrängt wird, sondern beide Grundrechtsgarantien grundsätzlich nebeneinander Geltung beanspruchen.[914] Das bedeutet aber nicht notwendigerweise, dass sowohl eine Prüfung an dem Maßstab des Art. 12 GG als auch eine nach der Maßgabe des Art. 14 zu erfolgen hat. Beide Grundrechte beziehen sich funktional aufeinander und unterliegen auf der Rechtfertigungsebene einer vergleichbaren verfassungsrechtlichen Beurteilung.[915] Sowohl die Eigentumsfreiheit als auch die Berufsfreiheit stehen in einem sozialen Bezug und einer sozialen Funktion und unterliegen dem Grundsatz der Verhältnismäßigkeit.[916] Angesichts der weitgehenden Identität des Prüfungsumfangs beider Grundrechte stellt die Rechtsprechung bei entsprechenden Überschneidungen auf den Eingriffsschwerpunkt der Maßnahme ab und prüft insoweit nur das sachnähere Grundrecht.[917] Dem ist zu folgen, da das Vorgehen der Rechtsprechung zu keiner Einschränkung des Grundrechtsschutzes führt und ferner die Prüfung beider Grundrechte keinen Mehrwert schafft. Die Maßnahmen der Formalisierung des Gegenantragsrechts zielen insoweit vordergründig auf die Änderung des mitgliedschaftlichen Elements des Aktieneigentums ab, das zu dem Kernbereich des Aktieneigentums zählt. Es ist daher vorzugswürdig, die verfassungsrechtliche Prüfung der Formalisierungsmaßnahmen im Verhältnis zu der Berufsfreiheit auf die Eigentumsgarantie zu beschränken.

---

914 BVerfGE 50, 290 (361).

915 BVerfGE 50, 290 (365).

916 BVerfGE 50, 290 (365).

917 So z. B. BVerfGE 4, 7 (26); 50, 290 (353 f); *Papier/Shirvani* in: Dürig/Herzog/Scholz, GG, 95. EL Juli 2021, Art. 14 Rn. 372.

c) *Vereinigungsfreiheit, Art. 9 GG*

Für die Beeinträchtigung des Gegenantragsrechts kann ferner die Vereinigungsfreiheit Art. 9 Abs. 1 GG von Relevanz sein, da sie nicht nur eine individuelle, sondern über Art. 19 Abs. 3 GG auch eine kollektive Schutzrichtung entfaltet.[918]

aa) Schutzbereich

(1) Aktiengesellschaft als Vereinigung

Ungeachtet der konkreten Reichweite des Schutzbereichs der Vereinigungsfreiheit ist zunächst zu klären, ob die AG als solche eine Vereinigung i. S. d. Art. 9 Abs. 1 GG darstellt und grundrechtlichen Schutz genießt. Unter dem Begriff Vereinigung, der als Oberbegriff von Vereinen und Gesellschaften fungiert, wird ein Zusammenschluss mehrerer natürlicher oder juristischer Personen mit organisierter Willensbildung zur Verfolgung eines gemeinsamen Zwecks verstanden, wobei der Zusammenschluss auf gewisse Dauer und freiwillig zu erfolgen hat.[919] Zumindest bei großen Kapitalgesellschaften, insbesondere bei Aktiengesellschaften, erscheint das Merkmal der personalen Verbundenheit auf den ersten Blick problematischer Natur zu sein.[920] Die AG stellt funktional eine Kapitalsammelstelle dar.[921] Dies hat zur Folge, dass das Element der persönlichen Verbundenheit keine bzw. nur eine geringe Ausprägung erfährt.[922] Dennoch darf nicht verkannt werden, dass jedenfalls auf der Ebene der Kapitalgeber, die sowohl natürliche als auch juristische Personen sein können, ein gewisser personaler Zusammenschluss stattfindet.[923] Dabei steht insbesondere die Wahrung des Zwecks des freiwilligen Zusammenschlusses, zu dem die Aktionäre sich verbunden haben, im Vordergrund.[924] Auch wenn dem Merkmal der personalen Verbundenheit bei großen Publikumsgesellschaften aufgrund der ökonomischen Zweckrichtung kein ausreichendes Gewicht zugesprochen wird, steht

---

918 *Lenschow*, Verfassungsrechtliche Vorgaben für die Rechtsstellung von Minderheitsaktionären, S. 26.

919 BVerwGE, 108, 177 (181).

920 *Winkler* in: v. Münch/Kunig, GG, 7. Aufl. 2021, Art. 9 Rn. 31; *Stumpf*, NJW 2003, 9 (14).

921 GroßkommAktG/*Butzke*, 5. Aufl. 2017, § 121 Rn. 4.

922 *Winkler* in: v. Münch/Kunig, GG, 7. Aufl. 2021, Art. 9 Rn. 31; *Stumpf*, NJW 2003, 9 (14).

923 *Scholz* in: Dürig/Herzog/Scholz, GG, 95. EL Juli 2021, Art. 9 Rn. 60; *Stumpf*, NJW 2003, 9 (14); *Winkler* in: v. Münch/Kunig, GG, 7. Aufl. 2021, Art. 9 Rn. 30 f.

924 *Wendt* in: Sachs, GG, 9. Aufl. 2021, Art. 14 Rn. 108.

dies einer Berufung auf Art. 9 Abs. 1 GG nicht *per se* entgegen.[925] Einerseits differenziert Art. 9 Abs. 1 GG nicht zwischen den unterschiedlichen Gesellschaftsformen. Andererseits steht die Zweckoffenheit des Art. 9 Abs. 1 GG einer rein ökonomischen Zwecksetzung nicht entgegen.[926] Die Schwäche des personalen Elements aufgrund der ökonomischen Zielrichtung kann bei großen Kapitalgesellschaften daher lediglich dazu führen, dass ihnen die Schutzwirkung des Art. 9 Abs. 1 GG in abgeschwächter Form zusteht, wobei aufgrund des sozialen Bezugs der Grundrechtsausübung zugleich eine Stärkung der ökonomischen Grundrechte aus Art. 12 und 14 GG anzunehmen ist.[927]

(2) Schutzumfang

In individueller Hinsicht erstreckt der Schutz der Vereinigungsfreiheit sich insbesondere auf das Tätigwerden der (potenziellen) Vereinigungsmitglieder in Bezug auf das Recht, sich zu Vereinigungen des privaten Rechts zusammenzuschließen (Gründungsfreiheit) oder diesen bei- bzw. auszutreten (Beitritts-/Austrittsfreiheit) sowie die Teilnahme der Mitglieder an der Selbstbestimmung der Vereinigung (Organisationsfreiheit).[928] Dabei umfasst die Teilnahme der Mitglieder der Vereinigung vor allem die Ausübung der durch die Mitgliedschaft vermittelten Verwaltungsrechte.[929] Das in der AG herrschende Prinzip der Fremdorganschaft und die damit einhergehende begrenzte Einflussmöglichkeit auf die Geschäftsführung steht dem Schutz der organisierten Willensbildung der Aktionäre innerhalb der Aktiengesellschaft nicht entgegen.[930] Zum einen

925 Offenlassend BVerfGE 290 (355 f); 124, 26 ff.; für eine Erfassung von Wirtschaftsunternehmen, bei denen der personale Vereinigungszweck nur gering ausgeprägt ist: *Bauer* in: Dreier, GG, 3. Aufl. 2013, Art. 9 Rn. 35; *Jarass* in: Jarass/Pieroth, GG, 16. Aufl. 2020, Art. 9 Rn. 5; *Stumpf*, NJW 2003, 9 (14); *Winkler* in: v. Münch/Kunig, GG, 7. Aufl. 2021, Art. 9 Rn. 30 f.

926 *Winkler* in: v. Münch/Kunig, GG, 7. Aufl. 2021, Art. 9 Rn. 29 ff.

927 *Bauer* in: Dreier, GG, 3. Aufl. 2013, Art. 9 Rn. 35; *Winkler* in: v. Münch/Kunig, GG, 7. Aufl. 2021, Art. 9 Rn. 31.

928 BVerfGE 38, 281 (298 ff.); *Jarass* in: Jarass/Pieroth, GG, 16. Aufl. 2020, Art. 9 Rn. 6 f.; *Scholz* in: Dürig/Herzog/Scholz, GG, 95. EL Juli 2021, Art. 9 Rn. 76 ff.; *Stumpf*, NJW 2003, 9 (14).

929 *Lenschow*, Verfassungsrechtliche Vorgaben für die Rechtsstellung von Minderheitsaktionären, S. 32 f.; *Stumpf*, NJW 2003, 9 (15).

930 *Jarass* in: Jarass/Pieroth, GG, 16. Aufl. 2020, Art. 9 Rn. 3; *Kemper* in: v. Mangoldt/Klein/Starck, GG, 7. Aufl. 2018, Art. 9 Rn. 15; *Lenschow*, Verfassungsrechtliche Vorgaben für die Rechtsstellung von Minderheitsaktionären, S. 30.

verlangt Art. 9 Abs. 1 GG kein bestimmtes Maß an Einflussnahme im Rahmen des organisierten Willensbildungsprozesses, zum anderen ist eine begrenzte Einflussnahme Ausdruck des Willens der Aktionäre in ihrer Verbundenheit.[931]

Die Vereinigungsfreiheit in der Ausformung als Kollektivgrundrecht schützt die Vereinigungen als solche in ihrer Existenz und Funktionsfähigkeit sowie ihre Selbstbestimmung über die eigene Organisation, das Verfahren der Willensbildung und die Geschäftsführung.[932]

bb) Konkurrenzverhältnis zu Art. 14 GG und Art. 12 GG

Der Vereinigungsfreiheit kommt im Rahmen der verfassungsrechtlichen Prüfung der Formalisierung des Gegenantragsrechts nur dann eine eigene Bedeutung zu, sofern sie nicht im Wege der Grundrechtskonkurrenz von der Eigentumsfreiheit aus Art. 14 Abs. 1 GG und der Berufsfreiheit aus Art. 12 Abs. 1 GG verdrängt wird. Die Rechtsprechung unterwirft das Aktieneigentum, und insbesondere den Inhalt der durch das Aktieneigentum vermittelten Verwaltungsrechte primär der Eigentumsfreiheit und lässt der Vereinigungsfreiheit nur eine untergeordnete Rolle zukommen.[933] Die Literatur widerspricht diesem Verhältnis teilweise und führt aus, dass Art. 9 Abs. 1 GG und Art. 14 Abs. 1 GG in Idealkonkurrenz zueinander stünden und daher beide Grundrechte zusammenwirken würden.[934] Nach dieser Ansicht beziehe der Schutz der Grundrechte aus Art. 14 Abs. 1 GG und Art. 12 Abs. 1 GG sich auf die aktienrechtlich vermittelten Verwaltungs- und Vermögensrechte in inhaltlicher Form. Der Schutzbereich der Vereinigungsfreiheit bezieht sich hingegen auf die Ausübung bzw. Wahrnehmung der jeweiligen Aktionärsrechte.[935] Da die Formalisierung des

---

931 *Jarass* in: Jarass/Pieroth, GG, 16. Aufl. 2020, Art. 9 Rn. 3; *Kemper* in: v. Mangoldt/Klein/Starck, GG, 7. Aufl. 2018, Art. 9 Rn. 15; *Lenschow*, Verfassungsrechtliche Vorgaben für die Rechtsstellung von Minderheitsaktionären, S. 30.

932 BVerfGE 80, 244 (253); 124, 25 (34); *Jarass* in: Jarass/Pieroth, GG, 16. Aufl. 2020, Art. 9 Rn. 8.

933 BVerfGE 4, 7 (26); 50, 290 (353 f.); 100, 189 (301 f.); *Lenschow*, Verfassungsrechtliche Vorgaben für die Rechtsstellung von Minderheitsaktionären, 2012, S. 31.

934 *Lenschow*, Verfassungsrechtliche Vorgaben für die Rechtsstellung von Minderheitsaktionären, S. 31; *Scholz* in: Dürig/Herzog/Scholz, GG, 95. EL Juli 2021, Art. 9 Rn. 93; *Stumpf*, NJW 2003, 9 (14).

935 *Jung*, JZ 2001, 1004 (1014 f.); *Lenschow*, Verfassungsrechtliche Vorgaben für die Rechtsstellung von Minderheitsaktionären, S. 31 f.; *Scholz* in: Dürig/Herzog/Scholz, GG, 95. EL Juli 2021, Art. 9 Rn. 111; *Stumpf*, NJW 2003, 9 (14).

Gegenantragsrechts jedenfalls an dessen inhaltliche Ausgestaltung anknüpft, führen beide Ansichten in der Gesamtschau zu dem Ergebnis, dass die Verfassungsmäßigkeit anhand von Art. 14 Abs. 1 GG bzw. Art. 12 Abs. 1 GG zu beurteilen ist. Außerdem ist auszuführen, dass der Schutzbereich der Eigentumsfreiheit sich nicht nur auf die inhaltliche Ausgestaltung der aktienrechtlich vermittelten Verwaltungsrechte erstreckt, sondern erfasst als Annex zu der inhaltlichen Komponente auch die Ausübung bzw. Wahrnehmung der Aktionärsrechte. Denn die Gewährung eines Rechts beinhaltet naturgemäß auch die Ausübung desgleichen.[936] Der inhaltliche Bestand und die Ausübung der Verwaltungsrechte sind daher notwendigerweise miteinander verbunden, sodass eine verfassungsrechtliche Differenzierung zwischen dem Inhalt der Aktionärsrechte und dessen Ausübung sachfremd erscheint.

d) *Allgemeine Handlungsfreiheit, Art. 2 Abs. 1 GG*

Die allgemeine Handlungsfreiheit aus Art. 2 Abs. 1 GG schützt als allgemeines Freiheitsrecht jegliches menschliches Handeln vor staatlichen Eingriffen.[937] Der weite Schutzbereich umfasst auch die Aktionärsstellung als solche.[938] Im Konkurrenzverhältnis zu den spezielleren Freiheitsrechten, insbesondere Art. 9, 12, 14 GG, nimmt die allgemeine Handlungsfreiheit nach allgemeiner Auffassung jedoch nur die Stellung eines Auffanggrundrechts ein, soweit nicht der Schutzbereich eines spezielleren Freiheitsrechts eröffnet ist und das jeweilige Verhalten durch diesen vollständig erfasst wird.[939] Dies ist mit Blick auf den Fortbestand des Gegenantragsrechts der Fall, denn das Gegenantragsrechts als Ausfluss der mitgliedschaftlichen Komponente des Aktieneigentums genießt bereits umfassenden Schutz aus dem spezielleren Freiheitsrecht der Eigentumsgewährleistung aus Art. 14 Abs. 1 GG.

Vereinzeln wird vertreten, dass die Aktionärsstellung und insoweit die aktienrechtliche Mitgliedschaft aufgrund von Privatautonomie erworben werde, wodurch der Aktionär keinen verfassungsrechtlichen Schutz aus Art. 14 GG genieße.[940] Angesichts des privatautonomen Erwerbs könne der Aktionär sich

936 So zumindest auch *Lenschow*, Verfassungsrechtliche Vorgaben für die Rechtsstellung von Minderheitsaktionären, S. 32.

937 *Jarass* in: Jarass/Pieroth, GG, 16. Aufl. 2020, Art. 2 Rn. 1.

938 *Jung*, JZ 2001, 1004 (1016).

939 BVerfGE 50, 290 (363); 67, 157 (171); 202 (221); *Jarass* in: Jarass/Pieroth, GG, 16. Aufl. 2020, Art. 2 Rn. 1 f.

940 *Leuschner*, NJW 2007, 3248 (3249 f.); *Mülbert/Leuschner*, ZHR 170 (2006), 615 (642, 646).

lediglich auf die allgemeine Handlungsfreiheit aus Art. 2 Abs. 1 GG berufen.[941] Jede gesetzliche Ausgestaltung von Aktionärsrechten beschränke insoweit die Privatautonomie der Beteiligten als Ausfluss der allgemeinen Handlungsfreiheit.[942] Die daraus resultierende situative Unterlegenheit des Aktionärs i. S. e. gestörten Vertragsparität sei ausschließlich am Maßstab des Art. 2 Abs. 1 GG zu rechtfertigen.[943] Dass das Verhältnis zwischen Gesellschaft und Aktionär durch zwingendes Recht geprägt ist, sei in diesem Zusammenhang von keiner Relevanz.[944] Dieser Ansicht ist im Ergebnis jedoch nicht zu folgen. Zwar berücksichtigt diese Ansicht, dass der Erwerb des Aktieneigentums aufgrund einer freiwilligen Entscheidung erfolgt, sie wird der Bedeutung des Aktieneigentums als solches aber nicht gerecht. Das Aktieneigentum steht aufgrund seiner verwaltungs- und vermögensrechtlichen Ausgestaltung grundsätzlich in einem sozialen Bezug und einer sozialen Funktion.[945] Die Ausgestaltung von Aktionärsrechten entfaltet daher einen nicht unerheblichen Einfluss auf die Effizienz der AG, die zumindest auch im Interesse der Allgemeinheit steht.[946] Die Berücksichtigung der Belange der Allgemeinheit trägt Art. 14 GG als insoweit spezielleres Grundrecht aber ausdrücklich Rechnung. Angesichts der Bedeutung des Aktieneigentums sowie der Systematik der Grundrechte ist der verfassungsrechtliche Schutz des Aktieneigentums – im Einklang mit der ganz herrschenden Auffassung – primär aus Art. 14 Abs. 1 GG abzuleiten, sodass der allgemeinen Handlungsfreiheit eine nur subsidiäre Bedeutung beizumessen ist.

2. Europarechtliche Anforderungen

Eine Vielzahl europäischer Richtlinien hat mittlerweile erheblichen Einfluss auf die Entwicklung des deutschen Aktien- und Kapitalmarktrechts. Die richtungsweisende europäische Politik verfolgt im Wesentlichen das Ziel, bedeutende nationale Unterschiede in der aktien- und kapitalmarktrechtlichen Behandlung von börsennotierten Gesellschaften durch die Festlegung von europäischen Mindeststandards zu vereinheitlichen.[947] Dabei stehen vor allem die Modernisierung und Digitalisierung des Aktien- und Kapitalmarktrechts sowie die

941 *Leuschner*, NJW 2007, 3248 (3249 f.); *Mülbert/Leuschner*, ZHR 170 (2006), 615 (642).
942 *Mülbert/Leuschner*, ZHR 170 (2006), 615 (669).
943 *Mülbert/Leuschner*, ZHR 170 (2006), 615 (651).
944 *Mülbert/Leuschner*, ZHR 170 (2006), 615 (642).
945 *Wieland* in: Dreier, GG, 3. Aufl. 2013, Art. 14 Rn. 60.
946 *Ebenroth/Koos*, BB 1995, Heft 30, BB-Beilage Nr. 8, 1 (5).
947 So z. B. ErwGr Nr. 1 und 2 ARRL.

Verbesserung der Corporate Governance im Vordergrund.[948] Letztere zielt vor allem auf die Stärkung, Vereinfachung und Vereinheitlichung der Ausübung bestimmter Aktionärsrechte in börsennotierten Gesellschaften ab.

Europarechtliche Vorgaben für die Gewährung und Ausgestaltung von Antragsrechten der Aktionäre sind der ARRL zu entnehmen. Der Anwendungsbereich der ARRL bezieht sich nach Art. 1 Abs. 1 ARRL auf Gesellschaften, die ihren Sitz in einem Mitgliedstaat der EU haben und deren Aktien zum Handel an einem in einem Mitgliedsstaat gelegenen oder dort betriebenen geregelten Markt zugelassen sind (börsennotierte Gesellschaften). Gesellschaften, deren Aktien nicht in einem vorgenannten öffentlich-regulierten Markt gehandelt werden (sog. Freiverkehr), unterliegen somit nicht dem Anwendungsbereich der ARRL. Für nicht börsennotierte Aktiengesellschaften heißt dies aber nicht, dass der nationale Gesetzgeber die Vorgaben der ARRL nicht auch für Gesellschaften, die über keine Börsennotierung verfügen, entsprechend umsetzen kann. Ein Gleichlauf der Vorschriften für börsen- und nicht börsennotierte Gesellschaften bietet sich oftmals an, um einer gespaltenen Rechtsausübung vorzubeugen.

a) Gewährleistung des Beschlussvorschlagsrechts

Art. 6 Abs. 1 UAbs. 1 lit. b ARRL statuiert ein Beschlussvorschlagsrecht der Aktionäre. Die Mitgliedsstaaten haben danach sicher zu stellen, dass Aktionäre einzeln oder gemeinsam das Recht haben, Beschlussvorlagen zu Punkten einzubringen, die bereits auf der Tagesordnung der Hauptversammlung stehen oder ergänzend in sie aufgenommen werden. Auslegungsbedürftig ist, welche Anforderungen hieraus an den deutschen Gesetzgeber hinsichtlich der Neu- bzw. Umgestaltung des bestehenden Gegenantragsrechts zu stellen sind. Zunächst ist zu klären, welchen Inhalt das Beschlussvorschlagsrecht nach Art. 6 Abs. 1 UAbs. 1 lit. b ARRL verkörpert. Mit Blick auf die nationale Gesetzgebung könnte das Beschlussvorschlagsrecht sich sowohl auf das Recht der Aktionäre, Gegenanträge zu stellen, als auch auf eine Publizitätspflicht von Gegenanträgen erstrecken, die der Gesellschaft im Vorfeld der Hauptversammlung übermittelt werden. Unzweifelhaft umfasst das Beschlussvorschlagsrecht eine Publizitätspflicht der Gesellschaft hinsichtlich Gegenanträge, die ein Aktionär der Gesellschaft im Vorfeld der Hauptversammlung übermittelt.[949] Dies wird dadurch deutlich, dass der Richtliniengeber in Art. 5 Abs. 4 lit. e ARRL die Form der

948 So z. B. ErwGr Nr. 3 ARRL.

949 *Huprich*, Die Umsetzung der Aktionärsrechterichtlinie (2007/36/EG) in Deutschland und Europa, S. 217 f.

Veröffentlichung von Beschlussvorschlägen gegen Punkte, die bereits auf der Tagesordnung der Hauptversammlung stehen oder ergänzend in sie aufgenommen werden, geregelt hat. Die Festlegung der Form der Veröffentlichung von Gegenanträgen gilt insoweit als Ergänzung zu dem Beschlussvorschlagsrecht nach Art. 6 Abs. 1 UAbs. 1 lit. b ARRL. Darüber hinaus ist anzunehmen, dass das Beschlussvorschlagsrecht zudem das Recht, Gegenanträge zu stellen, erfasst.[950] Die Publizitätspflicht von Gegenanträgen liefe ansonsten weitgehend leer. Aufgrund des offenen Wortlauts des Beschlussvorschlagsrechts ist ferner nicht ersichtlich, dass der Richtliniengeber das Beschlussvorschlagsrecht nach Art. 6 Abs. 1 UAbs. 1 lit. b ARRL auf eine Publizitätspflicht von Gegenanträgen beschränken wollte.[951] Dies wird auch dadurch deutlich, dass der Richtliniengeber in Art. 6 ARRL bestimmte Mindestvoraussetzungen an das Beschlussvorschlagsrecht stellt, die nach ihrem Sinn und Zweck nicht ausschließlich für die Publizität von Gegenanträgen Geltung beanspruchen. Der Richtliniengeber sieht z. B. in Art. 6 Abs. 1 ARRL die Möglichkeit vor, dass der nationale Gesetzgeber das Beschlussvorschlagsrecht nach Art. 6 Abs. 1 UAbs. 1 lit. b ARRL an eine Kapitalschwelle binden kann. Es ist nicht nachzuvollziehen, warum eine derartige Beschränkungsmöglichkeit lediglich für die Publizität von Gegenanträgen, aber nicht für die Antragstellung als solche gelten soll.

Die ARRL entfaltet nach Art. 288 Abs. 3 AEUV keine unmittelbare Bindungswirkung gegenüber den Bürgern der EU, sie verpflichtet aber die Mitgliedsstaaten, den Standard der ARRL in nationales Recht umzusetzen.[952] Inwieweit die nationale Gesetzgebung mit dem Inhalt der Richtlinie harmonieren muss, hängt von der konkreten Ausgestaltung der Richtlinie ab.[953] Nach Art. 6 Abs. 1 UAbs. 1 lit. b ARRL hat der nationale Gesetzgeber das Beschlussvorschlagsrecht sicherzustellen. Fraglich ist, ob die Sicherstellung des Beschlussvorschlagsrechts mit einer Unabdingbarkeit des Beschlussvorschlagsrechts einhergeht.[954] Der Wortlaut des Art. 6 Abs. 1 UAbs. 1 lit. b ARRL suggeriert zunächst, dass das Beschlussvorschlagsrecht i. S. d. Art. 6 Abs. 1 UAbs. 1 lit. b ARRL durch die Mitgliedsstaaten zwingend zu gewährleisten ist und damit nicht der Disposition des nationalen Gesetzgebers unterliegt. Dieses Verständnis wird jedoch durch den ErwGr Nr. 7

---

950 So wohl auch *Ziemons* in: Schmidt/Lutter, AktG, 4. Aufl. 2020, § 126 Rn. 5.

951 A. A. *Huprich*, Die Umsetzung der Aktionärsrechterichtlinie (2007/36/EG) in Deutschland und Europa, S. 217.

952 FrankfurterKommEUV/GRC/AEUV/*Gundel*, Art. 288 Rn. 18 ff.

953 FrankfurterKommEUV/GRC/AEUV/*Gundel*, Art. 288 Rn. 29 ff.

954 *Götze/Roßkopf*, DB 2020, 768 (772); *Mayer/Jenne/Miller*, BB 2020, 1282 (1289).

ARRL relativiert. Danach führt der Richtliniengeber aus, dass es den Aktionären grundsätzlich möglich sein sollte, Beschlussvorschläge zu Tagesordnungspunkten einzubringen. Der Wortlaut des ErwGr Nr. 7 ARRL („grundsätzlich… sollte") verlangt insoweit aber keine ausnahmslose Gewährung des Beschlussvorschlagsrechts i. S. d. Art. 6 Abs. 1 UAbs. 1 lit. b ARRL.[955] Diese Annahme findet zudem im Vorschlag der Kommission zur ARRL Bestätigung. Darin heißt es, dass mit Art. 6 Abs. 1 ARRL grundsätzlich das Recht der Aktionäre bestätigt wird, Beschlussvorschläge einzubringen.[956] Fraglich ist daher vielmehr, in welchem Umfang der nationale Gesetzgeber Ausnahmen von der Gewährung des Beschlussvorschlagsrechts i. S. d. Art. 6 Abs. 1 UAbs. 1 lit. b ARRL vorsehen kann. Zunächst kann der Einwand vorgebracht werden, dass sich die Ausnahmen von der Sicherstellung des Beschlussvorschlagsrechts lediglich auf solche beziehen, die der Richtliniengeber selbst in Art. 6 ARRL vorsieht. Dazu zählen insbesondere, dass das Beschlussvorschlagsrecht den Aktionären einzeln oder gemeinsam zugesprochen (Art. 6 Abs. 1 UAbs. 1 lit. b ARRL) und die Ausübung des Beschlussantragsrechts an eine bestimmte Kapitalschwelle (Art. 6 Abs. 1 UAbs. 1 lit. b i. V. m. Abs. 2 ARRL) geknüpft werden kann. Dem ist zwar grundsätzlich zuzustimmen, in außergewöhnlichen Situationen stößt dieses Verständnis allerdings auf Bedenken. Einerseits beschränkt der Wortlaut des ErwGr Nr. 7 ARRL die Ausnahmemöglichkeiten nicht auf die vom Richtliniengeber ausdrücklich vorgesehenen Fälle. Andererseits ist anzunehmen, dass der Richtliniengeber bei dem Erlass der Richtlinie vom Normalbetrieb der Präsenz-Hauptversammlung, ggf. unter elektronischer Zuschaltung von Aktionären, ausgegangen ist, da zu dem Erlasszeitpunkt insbesondere in der Bundesrepublik Deutschland rechtlich keine Möglichkeit bestand, den Aktionären ihr Recht auf physische Präsenz in der Hauptversammlung zu entziehen. Vor diesem Hintergrund ist nicht ersichtlich, dass der Richtliniengeber den nationalen Gesetzgebern zumindest in temporären, außergewöhnlichen Notsituationen, die das zugrundeliegende Verständnis der Hauptversammlung erschüttern, verwehren wollte, situationsabhängige und notwendige Maßnahmen zu ergreifen, um insbesondere die Funktionsfähigkeit der Hauptversammlung und damit die Handlungsfähigkeit des Vorstands

---

955 So auch *Mayer/Jenne/Miller*, BB 2020, 1282 (1289).

956 KOM/2005/0685 – COD 2005/0265, S. 6 zum Vorschlag für eine Richtlinie des Europäischen Parlaments und Rates über die Ausübung der Stimmrechte durch Aktionäre von Gesellschaften, die ihren eingetragenen Sitz in einem Mitgliedsstaat haben und deren Aktien zum Handel auf einem geregelten Markt zugelassen sind, sowie zur Änderung der Richtlinie 2004/109/EG.

gewährleisten zu können. Diese Auffassung widerspricht auch nicht dem Ziel der ARRL, wonach der Richtliniengeber bedeutende nationale Unterschiede in der aktien- und kapitalmarktrechtlichen Behandlung von börsennotierten Gesellschaften durch die Festlegung von europäischen Mindeststandards abzubauen und zu vereinheitlichen versucht.[957] Denn temporäre, notwendige Ausnahmen von der Gewährleistung des Beschlussvorschlagsrechts beeinträchtigen die praktische Wirksamkeit der Richtlinie i. S. d. völkerrechtlichen Grundsatzes des *effet utile* nicht nachhaltig und stehen vielmehr im Einklang des Interesses des Richtliniengebers, auch die Handlungsfähigkeit der Aktiengesellschaften aufrecht zu erhalten. In der Gesamtschau ist das Spannungsverhältnis zwischen dem Wortlaut des Art. 6 Abs. 1 UAbs. 1 lit. b ARRL und des ErwGr Nr. 7 ARRL daher dahingehend zu lösen, dass der nationale Gesetzgeber bei Vorliegen von außerordentlichen Gründen das Beschlussvorschlagsrecht i. S. d. Art. 6 Abs. 1 UAbs. 1 lit. b ARRL vorübergehend einschränken bzw. ausschließen darf.

b) Ausgestaltung des Beschlussvorschlagsrechts

Der Richtliniengeber gewährt den Mitgliedsstaaten grundsätzlich einen weiten Freiraum hinsichtlich der Ausgestaltung des Beschlussvorschlagsrechts. Nach Art. 6 Abs. 1 UAbs. 1 lit. b ARRL kann der nationale Gesetzgeber zunächst das Beschlussvorschlagsrecht den Aktionären einzeln oder gemeinsam gewähren. In diesem Zusammenhang steht auch Art. 6 Abs. 2 ARRL, wonach das Beschlussvorschlagsrecht i. S. d. Art. 6 Abs. 1 UAbs. 1 lit. b ARRL an die Bedingung geknüpft werden kann, dass der jeweilige Aktionär oder die jeweiligen Aktionäre eine bestimmte Mindestbeteiligung an der Gesellschaft halten müssen, wobei die Mindestbeteiligungshöhe fünf Prozent des Aktienkapitals nicht übersteigen darf. Außerdem finden sich in Art. 6 Abs. 1 UAbs. 3 ARRL weitere Anhaltspunkte hinsichtlich der Einführung etwaiger Formerfordernisse. Danach können Mitgliedsstaaten vorsehen, dass das Beschlussvorschlagsrecht nur schriftlich (Übermittlung durch Postdienste oder auf elektronischem Wege) ausgeübt werden kann. Darüber hinaus statuiert Art. 6 Abs. 3 Satz 2 ARRL, dass jeder Mitgliedsstaat einen Stichtag für die Ausübung des Beschlussvorschlagsrechts festsetzen kann. Von einer zwingenden Versammlungsgebundenheit des Beschlussvorschlagsrechts geht der Richtliniengeber daher nicht aus. Sofern der Gesetzgeber die Ausübung des Beschlussvorschlagsrechts der Hauptversammlung vorverlegt, hat er nach ErwGr Nr. 7 Satz 2 ARRL zu berücksichtigen, dass der Stichtag

---

957 ErwGr Nr. 1, 2 und 3 ARRL.

mit Blick auf den Zeitpunkt der Veröffentlichung der Tagesordnung dergestalt bestimmt werden sollte, dass eine ausreichende Vorbereitung hinsichtlich der Einbringung eines Beschlussvorschlags gewährleistet ist. Im Übrigen finden sich in Art. 6 Abs. 2 ARRL keine weiteren Vorgaben für die konkrete Ausgestaltung des Beschlussvorschlagsrechts.

III. Gestaltungsmöglichkeiten des Gegenantragsrechts

1. Ausschluss des Gegenantragsrechts

Als Maßnahme mit größtmöglicher Beeinträchtigung ist zunächst der vollständige Ausschluss des Gegenantragsrechts in Erwägung zu ziehen. Der Gesetzgeber wagte diesen Schritt zumindest vorübergehend in der virtuellen Hauptversammlung nach dem COVID-19-G a. F. und setzte sich teilweise erheblicher Kritik verfassungs- und europarechtlicher Art aus. Ob diese Bedenken durchgreifend sind oder der Ausschluss des Gegenantragsrechts vielmehr eine in Betracht kommende Maßnahme zur Steigerung der Effizienz und Funktionsfähigkeit sowohl der virtuellen als auch der Präsenz-Hauptversammlung ist, bedarf einer genaueren Untersuchung anhand der verfassungs- und europarechtlichen Maßstäbe. Fraglich ist insoweit, ob der Ausschluss des Gegenantragsrechts bei einer virtuellen Hauptversammlung anders zu bewerten ist als bei einer Präsenz-Hauptversammlung. Nicht zuletzt dürften bei dem Ausschluss des Gegenantragsrechts die pandemiebedingten Gegebenheiten eine nicht nur unerhebliche Bedeutung spielen.

a) Ausschluss des Gegenantragsrechts nach dem COVID-19-G a. F.

aa) Vereinbarkeit mit Art. 14 GG

Angesichts des Umstands, dass der Ausschluss der Stellung von Gegenanträgen in der virtuellen Hauptversammlung als eigentumsrelevante Maßnahme i. S. e. Inhalts- und Schrankenbestimmung zu qualifizieren ist,[958] konzentriert der Schwerpunkt der verfassungsrechtlichen Prüfung sich auf die materiellen Anforderungen des Art. 14 GG und insoweit maßgeblich auf den Grundsatz der Verhältnismäßigkeit.

958 Siehe D. II. 1. a) bb) (3).

(1) Legitimer Zweck

Mit dem Ausschluss des Gegenantragsrechts in der virtuellen Hauptversammlung nach Art. 2 § 1 Abs. 2 COVID-19-G a. F. verfolgte der Gesetzgeber den Zweck, die Funktionsfähigkeit der virtuellen Hauptversammlung und damit die Handlungsfähigkeit der Gesellschaften in Zeiten der Corona-Pandemie sicherzustellen. Der Gesetzgeber sah in der virtuellen Hauptversammlung insbesondere die Gefahr innewohnen, dass versammlungsgebundene Rechte aufgrund der virtuellen Umgebung stärker in Anspruch und ggf. vermehrt missbraucht (z. B. Flut von Fragen oder inakzeptablen Einwürfen) werden könnten.[959] Um dem entgegenzutreten, schloss der Gesetzgeber die Stellung von Gegenanträgen in der virtuellen Hauptversammlung aus.

(2) Geeignetheit und Erforderlichkeit

Der Ausschluss des Gegenantragsrechts ist zumindest hinsichtlich der Gewährleistung der Funktionsfähigkeit der virtuellen Hauptversammlung geeignet, da dadurch das Störpotenzial der virtuellen Hauptversammlung verringert wird. Fraglich ist, ob der Ausschluss des Gegenantragsrechts erforderlich war, d. h. dem Gesetzgeber kein anderes, gleich wirksames, aber das Gegenantragsrecht in seiner aktienrechtlichen Ausgestaltung weniger einschränkendes Mittel zur Verfügung stand, um die Funktionsfähigkeit der virtuellen Hauptversammlung sicherzustellen.[960] Als weniger einschränkende Maßnahme kommt insbesondere die Verlagerung des Gegenantragsrecht auf einen Zeitpunkt vor Beginn der Hauptversammlung in Betracht, wie es der Gesetzgeber z. B. für die Fragemöglichkeit in Art. 2 § 1 Abs. 2 UAbs. 2 COVID-19-G a. F. vorgesehen hatte. Ein entsprechendes Vorgehen bei dem Gegenantragsrecht würde die virtuelle Hauptversammlung insoweit verschlanken, dass spontane Gegenanträge während der Hauptversammlung nicht mehr gestellt werden können. Dem mit dem vollständigen Ausschluss der Stellung von Gegenanträgen verfolgten Zweck wird insoweit aber nur bedingt Rechnung getragen. Denn die Vorverlagerung des Gegenantragsrechts auf einen Zeitpunkt vor der Hauptversammlung bewahrt die Gesellschaft nicht vor einer etwaigen Flut von Gegenanträgen. Sie erreicht die Gesellschaft lediglich zu einem früheren Zeitpunkt. Das von den Gegenanträgen ausgehende Störpotenzial wird insoweit nicht hinreichend ausgeschlossen. Entsprechendes gilt auch für sonstige Maßnahmen, wie z. B. die Bindung

959 BT-Drs. 19/18110, S. 26 zum COVID-19-G-E.

960 BVerfGE 143, 246 (289).

des Gegenantragsrechts an eine bestimmte Mindestbeteiligung. Weniger einschränkende Mittel, die eine gleiche Effektivität wie ein vollständiger Ausschluss des Gegenantragsrechts aufweisen, sind daher nicht ersichtlich.

(3) Angemessenheit

Fraglich ist, ob der Gesetzgeber mit dem Ausschluss des Gegenantragsrechts in der virtuellen Hauptversammlung die schutzwürdigen Interessen der Aktionäre und die Belange des Gemeinwohls in einen gerechten Ausgleich und ein ausgewogenes Verhältnis gebracht hat.[961] Dazu ist das Interesse der Aktionäre an dem Fortbestand des Gegenantragsrechts in seiner aktienrechtlichen Ausgestaltung gegen das (auch gesamtwirtschaftliche) Interesse der Aktionäre an einer funktionsfähigen virtuellen Hauptversammlung, insbesondere mit Blick auf die pandemiebedingten Gegebenheiten, abzuwägen.

(a) Interesse an dem Fortbestand des Gegenantragsrechts

Das Recht, Gegenanträge in der Hauptversammlung zu stellen, ist ein zentrales Aktionärsrecht im Willensbildungsprozess der Gesellschaft.[962] Als Recht eines jeden Aktionärs gewährt es grundsätzlich die einzige Möglichkeit, eigene, von den Vorschlägen der Verwaltung abweichende Beschlussvorschläge in die Hauptversammlung einzubringen und dadurch auf den Inhalt der Beschlussfassungen Einfluss zu nehmen.[963] Insoweit ist das Gegenantragsrecht als wesentlicher Bestandteil der Mitverwaltungsrechte des Aktionärs zu qualifizieren. Ohne die Gewährung eines Gegenantragsrechts würde der Einfluss der Aktionäre auf die Geschäftspolitik der Gesellschaft sich im Wesentlichen auf die Ausübung ihres Stimmrechts in Form der Zustimmung oder Ablehnung der Beschlussvorschläge der Verwaltung beschränken. Wenngleich die Erfolgschancen von Gegenanträgen zumindest von Kleinst- und Kleinaktionären aufgrund des herrschenden Mehrheitsprinzips im Beschlussfassungsverfahren grundsätzlich als gering einzustufen sind, entfalten sie dennoch eine wichtige Kontrollfunktion hinsichtlich der Verwaltung. Denn der Gegenantrag hinterfragt nicht nur die Beschlussvorschläge der Verwaltung unter Einbringung eines abweichenden Vorschlags, sondern regt die Mitaktionäre zum Nachdenken über die Geschäftspolitik der Gesellschaft an.[964] Dies kann einerseits dazu führen, dass

961 BVerfGE 110, 226 (240); 126, 331 (360).
962 MüKoAktG/*Kubis*, 5. Aufl. 2022, § 118 Rn. 109.
963 *Herrler*, DNotZ 2020, 468 (499).
964 *Sünner*, AG 2000, 492 (495).

der Vorstand sich (weiteren) kritischen Fragen zu unterziehen hat, andererseits zu einer Beeinflussung des Stimmverhaltens der Mitaktionäre.[965]

(b) Interesse an der Funktionsfähigkeit der virtuellen Hauptversammlung

Angesichts der Tatsache, dass das Gegenantragsrecht grundsätzlich jedem Aktionär, der zumindest eine Aktie hält, zusteht, birgt es zugleich die Gefahr einer missbräuchlichen Wahrnehmung durch aktivistisch, eigennützig handelnde Aktionäre. Die analoge Hauptversammlungspraxis macht bereits deutlich, dass die überwiegende Mehrheit der großen deutschen börsennotierten Gesellschaften alljährlich mit Gegenanträgen gegen bekanntgemachte Beschlussvorschläge der Verwaltung regelrecht überzogen wird.[966] Nicht selten sind sowohl die Ankündigung von Gegenanträgen nach § 126 Abs. 1 AktG als auch die Stellung derselben Ausdruck einer (vermeintlichen) Ohnmacht bzw. des Protests der Klein- bzw. Kleinstaktionäre oder ihrer Vereinigungen zur Erzielung eines Öffentlichkeitseffekts.[967] Die bloße Verfolgung eines selbstdarstellerischen Zwecks stellt dabei ebenfalls keine Seltenheit dar.[968] Zudem befinden sich unter den Gegenantragstellern nicht selten auch sog. berufsmäßige Gegenantragsteller. Sie versuchen durch die vorherige Ankündigung von Gegenanträgen (§ 126 AktG) und/oder die Antragstellung und die anschließende Behandlung durch die Gesellschaft bzw. den Versammlungsleiter, gezielt formelle oder materielle Verfahrensverstöße herbeizuführen, um diese zur Befriedigung eigener Zwecke im Wege der Anfechtungsklage nutzen zu können.[969] Die übermäßige Inanspruchnahme des Gegenantragsrechts hat dabei nicht nur Auswirkungen auf die Rechtssicherheit gefasster Beschlüsse, sondern wirkt sich auch auf die zeitliche, effektive und qualitative Komponente der Hauptversammlung aus. Die Ausübung des Gegenantragsrechts zu dem Zweck der Wahrnehmung eigener, dem Unternehmensinteresse entgegenstehender Ziele geht stets zulasten der begrenzten Ressourcen der übrigen an der Hauptversammlung teilnehmenden Aktionäre, insbesondere mit Blick auf die berechtigte Ausübung ihres Rede- und Auskunftsrechts.[970] Soweit Aktionäre ihr Gegenantragsrecht zu Zwecken

---

965 *Sünner*, AG 2000, 492 (495).
966 *Sünner*, AG 2000, 492 (495).
967 GroßkommAktG/*Butzke*, 5. Aufl. 2017, § 126 Rn. 7; MüKoAktG/*Kubis*, 5. Aufl. 2022, § 126 Rn. 2; *Rieckers* in: Spindler/Stilz, AktG, 4. Aufl. 2019, § 126 Rn. 4.
968 *Rieckers* in: Spindler/Stilz, AktG, 4. Aufl. 2019, § 126 Rn. 4.
969 *Sünner*, AG 2000, 492 (495).
970 BVerfG, NJW 2000, 349 (351).

wahrnehmen, die der aktienrechtlichen Konzeption widersprechen, stehen sie nicht nur im Widerspruch zu den Interessen der übrigen betroffenen Aktionäre, sondern genießen auch keinen grundrechtlichen Schutz nach Art. 14 Abs. 1 GG.[971] Eine solche Intention dürfte aber nur schwer nachzuweisen sein.

Das Phänomen der missbräuchlichen Wahrnehmung des Gegenantragsrechts könnte sich in der virtuellen Hauptversammlung verstärken. Die virtuelle Hauptversammlung begründet insbesondere die Gefahr, dass versammlungsgebundene Rechte aufgrund der virtuellen Umgebung stärker in Anspruch und ggf. vermehrt missbraucht werden.[972] Ähnliche Verhaltensmuster sind beispielsweise in sozialen Medien zu beobachten.[973] Das BMJV verzeichnet in den sozialen Medien eine zunehmende Verrohung der Kommunikation und beobachtet, dass Personen sich in den sozialen Medien vermehrt allgemein äußern.[974] Zugleich ist eine verringerte Hemmschwelle bei Äußerungen in sozialen Medien zu erkennen.[975] Zwar ist das vorbenannte Störpotenzial – wie die Vergangenheit gezeigt hat – auch bei physischen Hauptversammlungen zu beobachten, es ist aber nicht auszuschließen, dass es aufgrund der virtuellen Umgebung im Rahmen der virtuellen Hauptversammlung signifikant größer sein wird. Die Inanspruchnahme von versammlungsgebundenen Rechten zur Verfolgung individueller Zwecke dürfte in der klassischen Hauptversammlung aufgrund der Anwesenheit und Reaktion eines großen Publikums oftmals eine größere Überwindung des einzelnen Aktionärs erfordern als in der virtuellen Hauptversammlung. Angesichts des nicht sichtbaren Publikums in der virtuellen Hauptversammlung und der ggf. vereinfachten elektronischen Einreichung von Gegenanträgen dürfte die Hemmschwelle hinsichtlich der Stellung von Gegenanträgen geringer sein, als wenn die Stellung von Gegenanträgen mündlich vor einem sichtbaren und großen Publikum zu erfolgen hat.

(c) Abwägung der Interessen

Bei der Einführung und Ausgestaltung der virtuellen Hauptversammlung betrat der Gesetzgeber unerprobtes Gebiet. Während den Gesellschaften in der Vergangenheit zwar die Möglichkeit zustand, die Präsenz-Hauptversammlung um elektronische Elemente zu erweitern, war ihnen der vollständige Ausschluss der

---

971 *Ebenroth/Koos*, BB 1995, Heft 30, BB-Beilage Nr. 8, 1 (11).
972 BT-Drs. 19/18110, S. 26 zum COVID-19-G-E.
973 BT-Drs. 19/18110, S. 26 zum COVID-19-G-E.
974 BT-Drs. 19/18470, S. 1 zum GBRH-E.
975 BT-Drs. 19/18470, S. 1 zum GBRH-E.

physischen Präsenz der Aktionäre unter Verweis auf eine elektronische Teilnahmeform rechtlich versagt. Der Umstand, dass die Durchführung der herkömmlichen Präsenzversammlung aufgrund diverser pandemiebedingter Kontakt- und Versammlungsrestriktionen weitgehend rechtlich und tatsächlich unmöglich war, begründete sodann die Notwendigkeit, eine virtuelle Form der Hauptversammlungsdurchführung zu schaffen, um die Handlungsfähigkeit der Gesellschaften, ohne Gefährdung der Gesundheit der Hauptversammlungsteilnehmer sowie der Volksgesundheit, wiederherzustellen.[976] Dabei sah der Gesetzgeber sich der Herausforderung ausgesetzt, in kürzester Zeit eine virtuelle Hauptversammlung einzuführen, die einerseits den verfügbaren technischen Möglichkeiten gerecht wird und andererseits einem Missbrauch der Aktionärsrechte vorbeugt.[977] Nicht zuletzt, um die Fassung von Hauptversammlungsbeschlüssen rechtssicher zu gewährleisten.[978] Zweifelsfrei war der Stand der Kommunikationstechnik zu dem Zeitpunkt der Einführung der virtuellen Hauptversammlung derart fortschrittlich, dass der Gesetzgeber die virtuelle Hauptversammlung dergestalt hätte ausstatten können, dass sie einem gleichwertigen Ersatz hinsichtlich der Präsenz-Hauptversammlung entspräche.[979] Angesichts des Umstands, dass eine flächendeckende Nutzung der virtuellen Hauptversammlung aber nicht nur vom technischen Fortschritt, sondern auch von der Verfügbarkeit entsprechender Plattformen abhängig ist, hatte der Gesetzgeber bei der konkreten Ausgestaltung der virtuellen Hauptversammlung, insbesondere das verfügbare bzw. erreichbare Angebot an technisch einwandfreien Plattformen zu dem Zeitpunkt der Einführung der virtuellen Hauptversammlung zu berücksichtigen.[980] Vor dem Hintergrund, dass von der elektronischen Zuschaltung von Aktionären zur Präsenzversammlung nach § 118 Abs. 1 Satz 2 AktG in der Vergangenheit nur äußerst zurückhaltend Gebrauch gemacht worden ist, kann zumindest nicht unterstellt werden, dass die vorhandenen Kapazitäten entsprechender Hauptversammlungsdienstleister ausgereicht hätten, um sämtlichen Gesellschaften

976 OLG München, Beschl. v. 28.07.2021, Az. 7 AktG 4/21, juris Rn. 89 f.; LG Köln, Beschl. v. 26.02.2021, Az. 82 O 53/20, juris Rn. 7; LG Frankfurt, Urt. v. 23.02.2021, Az. 5 O 64/20, juris Rn. 132; *Noack/Zetzsche*, AG 2020, 721 Rn. 61; *Tröger*, BB 2020, 1091 (1098).

977 BT-Drs. 19/25322, S. 22 zum Bericht des Ausschusses für Recht und Verbraucherschutz (6. Ausschuss) zum VRS-G-E und zum COVID-19-InsAbG-E.

978 BT-Drs. 19/25322, S. 22 zum Bericht des Ausschusses für Recht und Verbraucherschutz (6. Ausschuss) zum VRS-G-E und zum COVID-19-InsAbG-E.

979 LG Köln, Beschl. v. 26.02.2021, Az. 82 O 53/20, juris Rn. 3.

980 OLG München, Beschl. v. 28.07.2021, Az. 7 AktG 4/21, juris Rn. 96; LG Köln, Beschl. v. 26.02.2021, Az. 82 O 53/20, juris Rn. 3.

eine virtuelle Hauptversammlung in Form eines gleichwertigen Ersatzes zur Präsenz-Hauptversammlung zu ermöglichen.[981] Insoweit hatte der Gesetzgeber die Komplexität der virtuellen Hauptversammlung zumindest gering zu halten, um den Hauptversammlungsdienstleistern eine erforderliche Steigerung der Kapazität von technisch einwandfreien Plattformen kurzfristig zu ermöglichen. Mangels Erfahrungswerten hinsichtlich der Durchführung einer virtuellen Hauptversammlung hatte der Gesetzgeber bei der konkreten Ausgestaltung der Aktionärsrechte zudem Vorsicht walten zu lassen. Die Gefahr, dass versammlungsgebundene Rechte aufgrund der virtuellen Umgebung in der virtuellen Hauptversammlung stärker in Anspruch und ggf. vermehrt missbraucht werden, ist nicht fernliegend. Sie ist geeignet, die Funktionsfähigkeit der virtuellen Hauptversammlung zu beeinträchtigten und ggf. gänzlich in Frage zu stellen. Die Hauptversammlung kann ihre Aufgabe als Forum der Entscheidungsfindung sowie der inhaltlichen Auseinandersetzung über die Geschäftspolitik der Verwaltung nur erfüllen, wenn die begrenzten Ressourcen der Hauptversammlung nicht etwa durch eine ausufernde Wahrnehmung des Gegenantragsrechts, die nicht auf einen Erkenntnisgewinn oder Mehrwert in Bezug auf einen zur Entscheidung anstehenden Beschlussvorschlag der Verwaltung gerichtet sind, verbraucht werden.[982] Gerade in Krisenzeiten ist die Funktionsfähigkeit der Hauptversammlung aber von herausragender Bedeutung, um den Aktiengesellschaften wichtige und notwendige Strukturentscheidungen zu ermöglichen. Zudem gilt auch hinsichtlich der Dauer der virtuellen Hauptversammlung der zeitliche Maßstab, dass sie in angemessener und zumutbarer Zeit abgewickelt werden muss.[983]

Der Ausschluss des Gegenantragsrechts in der virtuellen Hauptversammlung führt zwar zu einer empfindlichen Beeinträchtigung der Aktionäre in der Form, dass sie keine Gegenanträge mehr in der Hauptversammlung stellen können. Ihnen verbleibt aber die Möglichkeit, Gegenanträge zumindest nach § 126 Abs. 1 AktG zu publizieren, wodurch ihnen ein nicht unerheblicher Einfluss auf das Stimmverhalten der Mitaktionäre in Bezug auf die Beschlussvorschläge der Verwaltung erhalten bleibt. Ferner darf nicht verkannt werden, dass der Ausschluss des Gegenantragsrechts zeitlich nur befristeter Natur ist und die Einberufung der virtuellen Hauptversammlung dem pflichtgemäßen Ermessen des Vorstands

---

981 LG Köln, Beschl. v. 26.02.2021, Az. 82 O 53/20, juris Rn. 4.

982 BVerfG, NJW 2000, 349 (351); BT-Drs. 13/9712, S. 19 zum KonTraG-E.

983 *Schäfer*, NZG 2020, 481 (487).

unterliegt, sodass der Vorstand – sofern es die Infektionslage zugelassen hätte – auch eine Präsenzversammlung hätte einberufen können.[984]

Angesichts der berechtigten Gefahr einer ausufernden Wahrnehmung des Gegenantragsrechts in der virtuellen Hauptversammlung, der Bedeutung der Funktionsfähigkeit der virtuellen Hauptversammlung, die nicht zuletzt auch in dem Interesse redseliger Gegenantragsteller steht sowie der Alternativlosigkeit der virtuellen Hauptversammlung zu dem Zeitpunkt ihrer Einführung, steht der Ausschluss des Gegenantragsrechts in einem angemessenen Verhältnis zu dem widerstreitenden Interesse der Erhaltung des Gegenantragsrechts. Der Ausschluss des Gegenantragsrechts in der virtuellen Hauptversammlung nach dem COVID-19-G a. F. ist somit verfassungsrechtlich nicht zu beanstanden.

bb) *Vereinbarkeit mit Art. 6 Abs. 1 lit. b ARRL*

Nachdem bereits festgestellt worden ist, dass der nationale Gesetzgeber bei Vorliegen von außerordentlichen Gründen, das Beschlussvorschlagsrecht i. S. d. Art. 6 Abs. 1 UAbs. 1 lit. b ARRL vorübergehend einschränken bzw. ausschließen darf, konzentriert die europarechtliche Prüfung sich auf den Umstand, ob der vorübergehende Ausschluss des Gegenantragsrechts nach dem COVID-19-G a. F. einen entsprechenden Grund begründet. Dies ist zu bejahen, denn die Einführung der virtuellen Hauptversammlung unter Ausschluss des Gegenantragsrechts stellte angesichts der pandemiebedingten Gegebenheiten die einzige Möglichkeit dar, die Handlungsfähigkeit der Gesellschaften schnellstmöglich wiederherzustellen und insoweit die Fassung von Hauptversammlungsbeschlüssen rechtssicher zu gewährleisten.

b) *Ausschluss des Gegenantragsrechts nach Beendigung der Pandemie*

Für die Formalisierung des Gegenantragsrechts ist von besonderer Bedeutung, ob der Ausschluss des Gegenantragsrechts auch für eine zukünftige virtuelle Hauptversammlung außerhalb der pandemiebedingten Gegebenheiten eine verfassungs- und europarechtlich zulässige Möglichkeit darstellt. Gleiches gilt für die Präsenz-Hauptversammlung. Zufriedenstellend erscheint nur ein Hauptversammlungsrecht, in dem der Vorstand nach pflichtgemäßem Ermessen entscheiden kann, ob er eine virtuelle oder physische Hauptversammlung einberuft. Andernfalls würde die virtuelle Hauptversammlung vielmehr dem Leitbild der elektronischen Teilnahme i. S. d. § 118 Abs. 1 Satz 2 AktG entsprechen, dessen

984 OLG München, Beschl. v. 28.07.2021, Az. 7 AktG 4/21, juris Rn. 96.

praktische Bedeutung aufgrund des Fortbestands des physischen Teilnahmerechts der Aktionäre selbst nach Beendigung der Pandemie keiner Steigerung zugänglich sein wird. Der vollständige Wegfall der Präsenz-Hauptversammlung würde hingegen insbesondere für nicht börsennotierte bzw. kleine Aktiengesellschaften, die nur über einen kleinen Aktionärskreis verfügen, zu einem erheblichen Mehraufwand führen. Die Abhaltung einer virtuellen Hauptversammlung würde sie insoweit nur nachteilig treffen. Ob eine unterschiedliche Behandlung der virtuellen und Präsenz-Hauptversammlung zulässig ist oder der Gesetzgeber beide Formen der Hauptversammlungsdurchführung einer Gleichwertigkeit zu unterziehen hat, bestimmt sich nach den verfassungs- und europarechtlichen Maßstäben.

aa) Vereinbarkeit mit Art. 14 GG

(1) Ausschluss des Gegenantragsrechts in der Präsenz-Hauptversammlung

Bei der verfassungsrechtlichen Rechtfertigung des Ausschlusses des Gegenantragsrechts in der herkömmlichen Präsenzversammlung ist zu berücksichtigten, dass der Gesetzgeber hinsichtlich einer missbräuchlichen Handhabung des Gegenantragsrechts in der Präsenz-Hauptversammlung bereits fundierte Erfahrungswerte gesammelt hat. Insoweit kann unterstellt werden, dass die Funktionsfähigkeit der herkömmlichen Hauptversammlung durch die zweckfremde Ausübung des Gegenantragsrechts zwar beeinträchtigt, aber nicht gänzlich aufgehoben wird. Anders als in der virtuellen Hauptversammlung verfolgt der Ausschluss des Gegenantragsrechts in der Präsenz-Hauptversammlung lediglich das Ziel, die Effizienz der Hauptversammlung zu steigern. Während für die Geeignetheit und Erforderlichkeit der Maßnahme grundsätzlich auf die Ausführungen hinsichtlich des Ausschlusses des Gegenantragsrechts in der virtuellen Hauptversammlung nach dem COVID-19-G zurückgegriffen werden kann, unterliegt die Angemessenheitsprüfung unterschiedlichen Erwägungen. Durch den Ausschluss des Gegenantragsrechts in der Präsenz-Hauptversammlung wird zunächst dem Interesse der Aktionäre an der Steigerung der Effizienz der Hauptversammlung Rechnung getragen. Der Wegfall des Gegenantragsrechts führt einerseits zu einer Reduzierung des Formalaufwands der Gesellschaft, andererseits wird aktivistischen Aktionären zumindest eine Möglichkeit genommen, um mit den vorhandenen Aktionärsrechten der Gesellschaft zuwiderlaufende Interessen zu verfolgen. Dadurch werden nicht nur die Rechtssicherheit gefasster Hauptversammlungsbeschlüsse gesteigert, sondern auch die begrenzten Ressourcen der Hauptversammlung geschont. Der vollständige

Ausschluss des Gegenantragsrechts führt aber dazu, dass den Aktionären in ihrer Gesamtheit ein wesentliches Gestaltungsrecht genommen wird. Dies träfe vor allem diejenigen Aktionäre schwer, die mit ihrem Aktienbesitz eine unternehmerische Betätigung an der Gesellschaft verfolgen. Ihr unternehmerischer Einfluss würde insoweit darauf beschränkt, dass sie über die ordnungsgemäß bekanntgemachten Beschlussvorschläge nur mit „Ja" oder „Nein" abstimmen könnten, ohne eigene unternehmerische Ideen in Form eines Beschlussantrags einbringen zu können. Unternehmerisch agierende Aktionäre leisten durch die Wahrnehmung ihres Gegenantragsrechts aber nicht selten einen wichtigen Beitrag für die Aktionärsdemokratie, indem sie für eine kontroverse inhaltliche Auseinandersetzung der Hauptversammlung mit den Beschlussvorschlägen sorgen. Zudem ist der Aktienbesitz der Aktionäre, die das Gegenantragsrecht zweckentfremden, regelmäßig gering. Dem Gesetzgeber stehen insoweit mildere Mittel, wie z. B. die Vorverlagerung des Gegenantragsrechts auf einen Zeitpunkt vor der Hauptversammlung zur Verfügung, die zwar keine gleiche Effektivität entfalten, aber zu einer weniger schweren Beeinträchtigung des Gegenantragsrechts führen und zugleich der Gefahr des Missbrauchs des Gegenantragsrechts hinreichend entgegentreten.[985] Der vollständige Ausschluss des Gegenantragsrechts in der Präsenz-Hauptversammlung bringt die Interessen der beteiligten Aktionäre in keinem angemessenen Ausgleich und steht somit im Widerspruch zur Eigentumsgewährleistung aus Art. 14 Abs. 1 GG.

(2) Ausschluss des Gegenantragsrechts in der virtuellen Hauptversammlung

Die Ausgangslage der verfassungsrechtlichen Rechtfertigung des Ausschlusses des Gegenantragsrechts in einer zukünftigen virtuellen Hauptversammlung unterscheidet sich hinsichtlich des Ausschlusses des Gegenantragsrechts in der virtuellen Hauptversammlung nach dem COVID-19-G a. F. in wesentlichen Punkten. Während die pandemiebedingten Kontakt- und Versammlungsrestriktionen die Abhaltung einer physischen Hauptversammlung rechtlich und praktisch weitgehend verhindert und damit die Umstände für die Notwendigkeit der Einführung einer virtuellen Hauptversammlung begründet haben, ist eine vergleichbare Notwendigkeit hinsichtlich der Einführung einer zukünftigen virtuellen Hauptversammlung nicht gegeben. Aufgrund des Umstands, dass dem Gesetzgeber bei der Einführung einer zukünftigen virtuellen Hauptversammlung eine dem Grundsatz nach funktionierende Präsenz-Hauptversammlung

985 Siehe D. III. 2.

zur Verfügung steht, kann er sich nicht mehr darauf berufen, dass die vorhandenen Kapazitäten externer Dienstleister einer gleichwertigen Anpassung der virtuellen Hauptversammlung an die Präsenz-Hauptversammlung entgegenstünden. Denn der Gesetzgeber kann diesen Bedenken mit entsprechenden Übergangsregelungen entgegenwirken. Darüber hinaus wird der Gesetzgeber die in den virtuellen Hauptversammlungssaisons 2020 und 2021 gesammelten Erkenntnisse bei der Ausgestaltung der virtuellen Hauptversammlung zu berücksichtigen haben. Vor allem die praktischen Erfahrungen mit der Handhabung des Gegenantragsrechts haben gezeigt, dass die Funktionsfähigkeit der virtuellen Hauptversammlung auch dadurch gewährleistet werden kann, dass die Ausübung des Gegenantragsrechts vor die virtuelle Hauptversammlung als milderes Mittel verlagert wird. Der vollständige Ausschluss des Gegenantragsrechts in einer zukünftigen virtuellen Hauptversammlung steht daher außer Verhältnis zu den Interessen der beteiligten Aktionäre. Der vollständige Ausschluss des Gegenantragsrechts in einer zukünftigen virtuellen Hauptversammlung ist mit Art. 14 Abs. 1 GG nicht vereinbar.

bb) Vereinbarkeit mit Art. 6 Abs. 1 lit. b ARRL

Der vollständige Ausschluss des Gegenantragsrechts, sowohl in der Präsenz- als auch einer zukünftigen virtuellen Hauptversammlung, steht zudem im Widerspruch der Gewährleistung des Beschlussvorschlagsrechts nach Art. 6 Abs. 1 lit. b ARRL. Die bloße Gewährleistung der Funktionsfähigkeit bzw. die Steigerung der Effizienz der virtuellen bzw. Präsenz-Hauptversammlung stellt kein sachlicher Grund vorübergehender Natur dar, der einen Ausschluss des Gegenantragsrechts rechtfertigt. Dies gilt umso mehr, als dass der Richtliniengeber dem nationalen Gesetzgeber einen weiten Gestaltungsspielraum hinsichtlich der konkreten Ausgestaltung des Gegenantragsrechts eröffnet und dadurch Alternativmöglichkeiten zur Vorbeugung einer missbräuchlichen Wahrnehmung des Gegenantragsrechts bereitgestellt hat.

2. Fingierung und Vorverlagerung der Gegenantragstellung

Eine weitere, weitaus mildere Möglichkeit, um die Funktionsfähigkeit und Effizienz der virtuellen und Präsenz-Hauptversammlung zu steigern, ist die Verlagerung der Ausübung des Gegenantragsrechts auf einen Zeitpunkt vor Beginn der Hauptversammlung. Dies führt einerseits dazu, dass die begrenzten Ressourcen der Hauptversammlung geschont werden, indem den Aktionären die Möglichkeit verwehrt wird, die Hauptversammlung mit spontanen Gegenanträgen zu konfrontieren. Andererseits führt sie zu einer höheren Rechtssicherheit hinsichtlich der gefassten Hauptversammlungsbeschlüsse, da der Gesellschaft bzw. dem Versammlungsleiter die Behandlung der eingereichten Gegenanträge wesentlich erleichtert und insoweit die Fehleranfälligkeit der Behandlung von Gegenanträgen reduziert wird. Insbesondere ist der Versammlungsleiter keinen *adhoc* gestellten Gegenanträgen mehr ausgesetzt. Die Überprüfung der Rechtmäßigkeit der eingereichten Gegenanträge kann bereits im Vorfeld der Hauptversammlung erfolgen, wodurch bereits vor Beginn der Hauptversammlung eine rechtssichere Abstimmungsreihenfolge in Bezug auf die Beschlussanträge der Verwaltung bzw. der Aktionäre festlegt werden kann. Da das Gegenantragsrecht nach der Konzeption des AktG als versammlungsgebundenes Recht ausgestattet ist, hat der Gesetzgeber bei der Vorverlegung des Gegenantragsrechts, neben den verfassungs- und europarechtlichen Maßstäben, auch dogmatische Gesichtspunkte zu beachten. Sofern der Gesetzgeber beabsichtigt, das Gegenantragsrecht weiterhin als versammlungsgebundenes Recht zu qualifizieren, ist zu berücksichtigen, dass die bloße Übermittlung eines Gegenantrags im Vorfeld der Hauptversammlung noch keine erforderliche Antragstellung in der Hauptversammlung ersetzt.[986] Um diesem Erfordernis entgegenzutreten, muss der Gesetzgeber die erforderliche Antragstellung in der Hauptversammlung durch die vorherige ordnungsgemäße Übermittlung des Gegenantragsrechts fingieren. Hebt der Gesetzgeber hingegen die Versammlungsgebundenheit des Gegenantragsrechts auf, besteht für die Fingierung der Antragstellung in der Hauptversammlung keine Notwendigkeit mehr.

a) Fingierung der Gegenantragstellung nach dem COVID-19-G n. F.

Nachdem die virtuelle Hauptversammlungssaison 2020 gezeigt hat, dass die Fingierung der nach § 126 AktG ordnungsgemäß übermittelten Gegenanträge als in der virtuellen Hauptversammlung ordnungsgemäß gestellt, eine praktikable Möglichkeit darstellt, einer etwaig ausufernden Wahrnehmung des Gegenantragsrechts entgegenzutreten, hat der Gesetzgeber entsprechendes für die virtuelle Hauptversammlungssaison 2021 kodifiziert. Nunmehr gelten nach Art. 2 § 1 Abs. 2 Satz 3 COVID-19-G n. F. Gegenanträge, die nach § 126 AktG ordnungsgemäß übermittelt worden sind, als in der virtuellen Versammlung gestellt, sofern der Antragsteller ordnungsgemäß legitimiert und zur Hauptversammlung angemeldet ist (sog. Fiktionslösung). Insoweit hat der Gesetzgeber

986 *Hoffmann* in: Spindler/Stilz, AktG, 4. Aufl. 2019, § 118 Rn. 12; *Koch* in: Hüffer/Koch, 15. Aufl. 2021, § 126 Rn. 1; *Marsch-Barner* in: Marsch-Barner/Schäfer, HdB börsennotierte AG, 4. Aufl. 2017, § 34 Rn. 7.1.

an der grundsätzlichen Versammlungsgebundenheit des Gegenantrags auch bei der virtuellen Hauptversammlung festgehalten. Die Gegenantragsfiktion führt im Ergebnis jedoch dazu, dass die Ausübung des Gegenantragsrechts höheren formellen Anforderungen unterzogen wird, wodurch nicht zuletzt die Möglichkeit einer *Adhoc*-Gegenantragstellung in der Hauptversammlung ausgeschlossen wird.

aa) Vereinbarkeit mit Art. 14 GG

Während der Ausschluss des Gegenantragsrechts in der virtuellen Hauptversammlung nach dem COVID-19-G a. F. bereits verfassungsrechtlich nicht zu beanstanden war,[987] gilt dies erst recht für die Rechtsposition der Aktionäre weniger beeinträchtigende Gegenantragsfiktion. Dabei ist zu beachten, dass der Gesetzgeber die praktischen Erkenntnisse aus der freiwillig begründeten Gegenantragsfiktion einiger Gesellschaften in der virtuellen Hauptversammlungssaison 2020 umgehend aufgegriffen und für die virtuelle Hauptversammlungssaison 2021 entsprechend umgesetzt hat. Angesichts der berechtigten Gefahr einer ausufernden Wahrnehmung des Gegenantragsrechts in der virtuellen Hauptversammlung, der Bedeutung der Funktionsfähigkeit der virtuellen Hauptversammlung, die nicht zuletzt auch in dem Interesse der Gesamtheit der Aktionäre steht, sowie der Alternativlosigkeit der virtuellen Hauptversammlung zum Zeitpunkt der Einführung der Gegenantragsfiktion, bestehen hinsichtlich der Verfassungsmäßigkeit der Gegenantragsfiktion in der virtuellen Hauptversammlung nach dem COVID-19-G n. F. keine Bedenken.

bb) Vereinbarkeit mit Art. 6 Abs. 1 lit. b ARRL

Die Gegenantragsfiktion in der virtuellen Hauptversammlung steht ferner mit Art. 6 Abs. 1 lit. b ARRL im Einklang. Die europarechtliche Gewährleistung eines Beschlussvorschlagsrechts i. S. d. Art. 6 Abs. 1 lit. b ARRL verlangt keine tatsächliche Antragstellung in der Hauptversammlung. Nach Art. 6 Abs. 3 Satz 2 ARRL kann jeder Mitgliedsstaat vielmehr einen Stichtag festlegen, bis zu dem die Wahrnehmung des Gegenantragsrechts möglich ist. Dieser kann nach Art. 6 Abs. 3 Satz 2 i. V. m. Satz 1 ARRL insbesondere vor Beginn der Hauptversammlung liegen. Bei der Bestimmung des Stichtags ist nach ErwGr Nr. 7 Satz 2 ARRL zu berücksichtigen, dass jedem opponierenden Aktionär eine ausreichende Vorbereitungszeit hinsichtlich der Einbringung des Beschlussvorschlags zu

---

987 Siehe D. III. 1. a).

gewähren ist. Vor dem Hintergrund, dass dem Opponenten selbst unter Einberufung der Hauptversammlung mit der verkürzten Einberufungsfrist des Art. 2 § 1 Abs. 3 Satz 1 COVID-19-G (mindestens 21 Tage vor der Versammlung) und unter Ausschöpfung der 14-Tage-Frist des § 126 AktG zumindest eine Woche Vorbereitungszeit zur Verfügung steht, ist von einer ausreichenden Vorbereitungsmöglichkeit des Opponenten auszugehen.

b) Vorverlagerung der Gegenantragstellung nach Beendigung der Pandemie

Unabhängig von den pandemiebedingten Besonderheiten der virtuellen Hauptversammlung nach dem COVID-19-G n. F. könnte die Vorverlagerung der Ausübung des Gegenantragsrechts auch nach Beendigung der Pandemie eine vielversprechende Möglichkeit darstellen, um die Funktionsfähigkeit und Effizienz einer zukünftigen virtuellen sowie der Präsenz-Hauptversammlung zu gewährleisten bzw. zu steigern. Bei einer dauerhaften Heraushaltung der Gegenantragsrechtsausübung aus der Hauptversammlung stellt der Rückgriff auf eine Fingierung der Antragstellung in der Hauptversammlung dogmatisch eine nur unbefriedigende Lösung dar. Angesichts der aktienrechtlichen Ausgestaltung des Gegenantragsrechts als versammlungsgebundenes Recht ist es aus dogmatischer Sicht vorzuziehen, die Versammlungsgebundenheit des Gegenantragsrechts aufzuheben, sodass nur noch die Behandlung des Gegenantrags, aber nicht mehr die Antragstellung in der Hauptversammlung zu erfolgen hat. Im Ergebnis unterscheidet die Vorverlagerung der Gegenantragstellung sich nicht von der Fingierung der Gegenantragstellung.

aa) Vorverlagerung der Gegenantragstellung in der Präsenz-Hauptversammlung

(1) Vereinbarkeit mit Art. 14 GG

Die Vorverlagerung der Gegenantragstellung ist zu dem Zweck der Steigerung der Effizienz der Präsenz-Hauptversammlung geeignet und erforderlich, indem sie das Störpotenzial etwaiger Gegenanträge in der Hauptversammlung ausschließt. Fraglich ist jedoch, ob die Vorverlagerung des Gegenantragsrechts die widerstreitenden Interessen der Beteiligten in einen angemessenen Ausgleich bringt. Dabei dürfte nicht zuletzt auch der zeitliche Aspekt der Vorverlagerung eine nicht unerhebliche Rolle spielen.

(a) Ausschluss spontaner Gegenanträge

Durch die Vorverlagerung des Gegenantragsrechts wird den Aktionären die Möglichkeit verwehrt, auf eine dynamische Entwicklung des Hauptversammlungsgeschehens mittels spontaner Gegenanträge reagieren zu können. Da die Hauptversammlung insbesondere auch der Informationsgewinnung der Aktionäre dient, ist es nicht fernliegend, dass das Bedürfnis der Stellung eines Gegenantrags erst aus dem Verlauf der Hauptversammlung heraus begründet wird. Allerdings darf nicht verkannt werden, dass Gegenanträge, die erst in der Hauptversammlung gestellt werden und keiner Publizität nach § 126 Abs. 1 AktG unterliegen, grundsätzlich nur äußerst geringe Erfolgschancen aufweisen. Der Großteil der privaten und institutionellen Anleger üben ihr Stimmrecht bereits weit im Vorfeld der Hauptversammlung (z. B. durch Briefwahl oder Weisungserteilung an den Stimmrechtsvertreter der Gesellschaft bzw. an Intermediäre oder Aktionärsvereinigungen) aus und ersparen sich insoweit die Verfolgung der Hauptversammlung.[988] Die Findung einer Stimmmehrheit ist daher bereits regelmäßig vor Beginn der Hauptversammlung abgeschlossen.[989] Darüber hinaus besteht für diese Aktionärsgruppe aus rechtlicher und/oder tatsächlicher Sicht oftmals keine Möglichkeit mehr, um auf unangekündigte Gegenanträge in der Hauptversammlung reagieren zu können.[990] Sofern Aktionäre ihr Stimmrecht mittels Briefwahl vor der Hauptversammlung ausüben, beschränkt die Stimmrechtsausübung sich auf die Beschlussvorschläge der Verwaltung und ggf. der zugänglich gemachten Gegenanträge nach § 126 AktG.[991] Insoweit sind Gegenanträge, die erst in der Hauptversammlung gestellt werden, der Briefwahl grundsätzlich nicht zugänglich.[992] Erfolgt die Stimmrechtsausübung vor der Hauptversammlung mittels Weisung an einen in der Hauptversammlung anwesenden Stimmrechtsvertreter der Gesellschaft, darf dieser nur bei einer ausdrücklichen Weisung zu einem Abstimmungspunkt die Aktien vertreten.[993] Angesichts der Ungewissheit, welche Gegenanträge in der Hauptversammlung

988 *Franzmann/Brouwer*, AG 2020, 921 (927); *Kocher*, BB 2014, 2317 (2318); *Seibt/Danwerth*, AG 2021, 369 (369 f.).

989 *Franzmann/Brouwer*, AG 2020, 921 (923).

990 *Kocher*, BB 2014, 2317 (2318).

991 *Arnold/Carl/Götze*, AG 2011, 349 (359).

992 *Arnold/Carl/Götze*, AG 2011, 349 (359); *Koch* in: Hüffer/Koch, AktG, 15. Aufl. 2021, § 118 Rn. 18.

993 OLG Karlsruhe, ZIP 1999, 750 (752 f.); *Koch* in: Hüffer/Koch, AktG, 15. Aufl. 2021, § 134 Rn. 26b; *Kocher*, BB 2014, 2317 (2318) *Rieckers* in: Spindler/Stilz, AktG, 4. Aufl. 2019, § 134 Rn. 55.

spontan gestellt werden, fehlt es aber oftmals an entsprechenden Weisungen. Gleiches gilt auch für die Stimmrechtsausübung durch Intermediäre und/oder Aktionärsvereinigungen.[994] Sofern ihnen keine ausdrückliche Weisung hinsichtlich des Abstimmverhaltens der vertretenen Aktionäre vorliegt, können sie das Stimmrecht nur entsprechend ihres vorgeschlagenen Abstimmverhaltens oder gemäß den Verwaltungsvorschlägen ausüben.[995] Zudem darf aus praktischer Sicht nicht verkannt werden, dass Aktionären, die sich für einen der vorgenannten Wege der Stimmrechtsausübung entschieden haben, grundsätzlich nicht daran gelegen ist, die Hauptversammlung zu verfolgen und ihr Abstimmverhalten von den Entwicklungen der Hauptversammlung abhängig zu machen.[996] Angesichts des Umstands, dass der Großteil der Aktionäre ihre Willensbildung bereits im Vorfeld der Hauptversammlung abgeschlossen hat und grundsätzlich keine Möglichkeit mehr hat, auf spontane Gegenanträge in der Hauptversammlung zu reagieren, besteht die Gefahr der Bildung von Zufallsmehrheiten zulasten der Aktionärsdemokratie.[997] Die Ernsthaftigkeit dieser Gefahr wird zudem dadurch deutlich, dass das vertretene Grundkapital der in der Hauptversammlung anwesenden Aktionäre und entsprechender Aktionärsvertreter – mit Ausnahme der Aktionäre, die ihre Stimmrechtsausübung durch den Stimmrechtsvertreter der Gesellschaft, den Aktionärsvereinigungen und der Intermediäre ausüben lässt – oftmals nur zwei bis fünf Prozent beträgt.[998] Ferner führt der Ausschluss des Gegenantragsrechts in der Hauptversammlung zu einer Reduzierung des Störpotenzials und somit zu einer Steigerung der Effizienz der Hauptversammlung als solche. Einerseits werden die begrenzten Ressourcen der Hauptversammlung geschont, indem den Aktionären die Möglichkeit verwehrt wird, die Hauptversammlung mit spontanen Gegenanträgen zu konfrontieren. Andererseits wird die Behandlung etwaiger Gegenanträge für die Gesellschaft bzw. den Versammlungsleiter wesentlich erleichtert, das Auswirkungen auf die Rechtssicherheit der gefassten Hauptversammlungsbeschlüsse entfaltet. Der Versammlungsleiter kann die Rechtmäßigkeit etwaiger Gegenanträge bereits vor Beginn der Hauptversammlung umfassend prüfen und anhand ihrer Zulässigkeit eine vertretbare

994 *Kocher*, BB 2014, 2317 (2318).

995 *Kocher*, BB 2014, 2317 (2318).

996 *Kocher*, BB 2014, 2317 (2318); *Noack/Zetzsche*, AG 2020, 721 Rn. 34.

997 *Franzmann/Brouwer*, AG 2020, 921 (927); *Quass*, NZG 2021, 261 (269); VGR, Reform der Hauptversammlung börsennotierter Gesellschaften, Vorschläge der Gesellschaftsrechtlichen Vereinigung – Wissenschaftliche Vereinigung für Unternehmens- und Gesellschaftsrecht VGR e. V., S. 9.

998 *Sünner*, AG 2000, 492 (494).

Abstimmungsreihenfolge in Bezug auf die Beschlussanträge der Verwaltung bzw. der Aktionäre festlegen. Vor dem Hintergrund, dass das Gegenantragsrecht den Aktionären nicht gänzlich abgesprochen wird, sondern durch die bloße Vorverlagerung lediglich in der zeitlichen Ausübung eingeschränkt wird, überwiegt das zugleich im Interesse der Allgemeinheit stehende aktionärsseitige Interesse an der Steigerung der Funktionsfähigkeit und Effizienz der Hauptversammlung. Die grundsätzliche Vorverlagerung des Gegenantragsrechts auf einen Zeitpunkt vor der Hauptversammlung ist daher nach Art. 14 GG nicht zu beanstanden.

(b) Zeitpunkt der Gegenantragstellung

Ausgehend von Art. 14 Abs. 1 GG und dem Verhältnismäßigkeitsgrundsatz im engeren Sinne ist der letztmögliche Zeitpunkt der Gegenantragstellung so zu wählen, dass die berechtigten Interessen der beteiligten Aktionäre in einen angemessenen Ausgleich gebracht werden.

Das Interesse potenzieller Gegenantragsteller erstreckt sich zunächst darauf, dass der Gesetzgeber ihnen eine ausreichende Vorbereitungszeit für die Einbringung von Gegenanträgen gewährt. Dabei ist zu berücksichtigen, dass die Vorbereitungszeit bei jährlich wiederkehrenden Tagesordnungspunkten, wie z. B. die Beschlussfassung über die Verwendung des Gewinns, die Entlastung der Verwaltung oder die Wahl des Abschlussprüfers, grundsätzlich kürzer ausfallen kann als bei außergewöhnlichen Gegenständen, wie z. B. bei wichtigen Strukturentscheidungen. Letztere erfordern aufgrund ihrer Komplexität und Auswirkung regelmäßig eine umfangreichere Vorbereitung, um die Sachlage hinreichend einschätzen zu können. Bei der Festlegung des konkreten Zeitpunkts der Gegenantragstellung spielt der Umstand, dass der Großteil der Aktionäre ihre Willensbildung und Stimmrechtsabgabe bereits im Vorfeld der Hauptversammlung vollziehen,[999] eine erhebliche Rolle. Der Gefahr der Bildung von Zufallsmehrheiten kann nur hinreichend vorgebeugt werden, indem die Einreichungsfrist sich an dem zeitlichen Abstimmverhalten des Großteils der Aktionäre orientiert.[1000] Die Praxis zeigt, dass vor allem ausländische institutionelle Anleger ihre Stimmrechtsabgabe bereits weit im Vorfeld der Hauptversammlung vornehmen.[1001]

---

999 *Bischoff/Orlik*, Link Market Services HV MAGAZIN, Sonderausgabe HV-Recht 2018, S. 36; *Franzmann/Brouwer*, AG 2020, 921 (927); *Seibt/Danwerth*, AG 2021, 369 (371), NZG 2020, 1241 (1248).

1000 *Franzmann/Brouwer*, AG 2020, 921 (927).

1001 *Bischoff/Orlik*, Link Market Services HV MAGAZIN, Sonderausgabe HV-Recht 2018, S. 36; *Seibt/Danwerth*, AG 2021, 369 (371), NZG 2020, 1241 (1248).

Ihre Stimmrechtsabgabe erfolgt regelmäßig mittels des sog. *proxy-voting.*[1002] Dabei übermittelten die institutionellen Anleger ihre Stimmabgabe zunächst an einen Dienstleister, der wiederrum die Stimmrechtsabgabe, zusammen mit der Anmeldung zur Hauptversammlung (spätestens sechs Tage vor der Versammlung, § 123 Abs. 2 Satz 2 AktG) der Gesellschaft zukommen lässt.[1003] Da die Möglichkeit der Stimmabgabe an den Dienstleister aufgrund technischer Gegebenheiten regelmäßig bereits zwei bis drei Tage vor der Weitergabe der Stimmen endet, hat der Großteil der ausländischen institutionellen Anleger seine Willensbildung und -kundgabe ca. zehn Tage vor der eigentlichen Hauptversammlung abgeschlossen.[1004] Die Bedeutung der ausländischen institutionellen Anleger für die Hauptversammlungen großer Publikumsgesellschaften ist mittlerweile erheblich. Im Jahr 2018 lag ihr Anteil bei den DAX30-Gesellschaften im Durchschnitt bei ca. 52 Prozent.[1005] Sie können insoweit nicht nur eine einfache Stimmenmehrheit hinsichtlich der anstehenden Beschlussfassungen bilden, sondern unter Berücksichtigung der anzutreffenden Hauptversammlungspräsenzen in den DAX30-Gesellschaften u. U. auch eine satzungsändernde Kapitalmehrheit begründen.[1006] Hinsichtlich des Zeitpunkts der Stimmrechtsabgabe zeichnet sich aber auch bei privaten Anlegern ein vergleichbares Bild ab. Bei Privatanlegern liegt der Volumenhöhepunkt der Stimmabgabe oftmals in der Anmeldeverarbeitung in zeitlicher Nähe zu dem Einladungsversand, sodass die Willensbildung und Stimmrechtsabgabe mehrere Wochen vor der Hauptversammlung erfolgt.[1007] Der Zeitpunkt der Meinungsbildung und -kundgabe des Großteils der Aktionäre hat zur Folge, dass Informationen, welche die Gesellschaft erst kurzfristig (eineinhalb Wochen) vor der Hauptversammlung veröffentlicht, grundsätzlich keinen signifikanten Einfluss mehr auf das Abstimmverhalten der Aktionäre entfalten.[1008] Entsprechendes gilt für den Verlauf der Hauptversammlung. Der Besuch der Hauptversammlung ist zum Zwecke der Informationsbeschaffung aufgrund der mittlerweile sehr umfassenden

---

1002 *Bischoff/Orlik*, Link Market Services HV MAGAZIN, Sonderausgabe HV-Recht 2018, S. 36; *Seibt/Danwerth*, AG 2021, 369 (371), NZG 2020, 1241 (1248).

1003 *Bischoff/Orlik*, Link Market Services HV MAGAZIN, Sonderausgabe HV-Recht 2018, S. 36; *Seibt/Danwerth*, AG 2021, 369 (371), NZG 2020, 1241 (1248).

1004 *Seibt/Danwerth*, AG 2021, 369 (371).

1005 IHS Markit/DIRK, Who owns the German DAX?, Studie v. Juni 2020; *Seibt/Danwerth*, AG 2021, 369 (371).

1006 *Seibt/Danwerth*, AG 2021, 369 (371).

1007 *Seibt/Danwerth*, AG 2021, 369 (371).

1008 *Seibt/Danwerth*, AG 2021, 369 (371).

Publizitätspflichten des Kapitalmarkts (insb. §§ 33 ff., 114 ff. WpHG, Art. 17 MMVO, §§ 111c, 161 AktG) nicht mehr erforderlich.[1009]

Sofern die zeitliche Anknüpfung der Gegenantragstellung sich an den Gegebenheiten des Meinungsbildungs- und Meinungsäußerungsprozesses des Großteils der Aktionäre orientiert, könnte diese Aktionärsgruppe zumindest theoretisch in die Lage versetzt werden, sich mit den eingereichten Gegenanträgen inhaltlich auseinanderzusetzen. Dies setzt voraus, dass die Gesellschaft die gestellten Gegenanträge vor dem Abschluss der Meinungsbildung und Stimmrechtsabgabe den Aktionären zugänglich macht. Die zeitliche Anknüpfung der Gegenantragstellung an die Gegebenheiten des Meinungsbildungs- und Meinungsäußerungsprozesses des Großteils der Aktionäre reduziert zudem die Gefahr, dass Zufallsmehrheiten sich hinsichtlich der eingereichten Gegenanträge zulasten der Aktionärsdemokratie bilden. Die Vorverlagerung der Gegenantragstellung führt allerdings dazu, dass den Aktionären die Möglichkeit genommen wird, erst auf der Grundlage einer neuen Erkenntnisgewinnung in der Hauptversammlung einen spontanen Gegenantrag zu stellen, der nicht im Vorfeld der Hauptversammlung hätte gestellt werden können. Angesichts der Gefahr der Bildung von Zufallsmehrheiten zulasten der Aktionärsdemokratie und des Umstands, dass eine inhaltliche Auseinandersetzung mit *adhoc* gestellten Gegenanträgen und eine Beeinflussung der Stimmabgabe zumindest bei dem Großteil der Aktionäre nicht mehr stattfinden wird, ist diese Beeinträchtigung aber hinzunehmen. Zumal die Beurteilung des Umstands, ob ein Gegenantrag lediglich auf neuen Erkenntnissen gestützt wird oder nicht, auch im Vorfeld der Hauptversammlung hätte gestellt werden können, mit erheblichen Abgrenzungsschwierigkeiten zulasten der Rechtsicherheit gefasster Beschlüsse belastet ist. In der Gesamtschau ist die grundsätzliche Anknüpfung der Gegenantragsstellung an eine Frist, die das Abstimmverhalten des Großteils der Aktionäre berücksichtigt, daher verfassungsrechtlich nicht zu beanstanden.

(c) Bindung der Gegenantragstellung an die Publizitätspflicht

Für die Bestimmung einer konkreten Frist für die Gegenantragstellung und die damit verbundene Veröffentlichung des Gegenantrags, um eine inhaltliche Auseinandersetzung und Reaktion des Großteils der Aktionäre zu gewährleisten, liegt es nahe – wie bei der Gegenantragsfiktion – an die in der Praxis bewährte Publizitätspflicht von Gegenanträgen nach § 126 AktG anzuknüpfen. Verfassungsrechtliche Bedenken bestehen insoweit nicht. Die 14-Tage-Frist des

1009 *Noack/Zetzsche*, AG 2020, 721 Rn. 34.

§ 126 Abs. 1 Satz 1 AktG erscheint zwar auf dem ersten Blick weit im Vorfeld der Hauptversammlung zu liegen. Sie wird den praktischen Gegebenheiten der Stimmrechtsausübung und der Bedürfnisse opponierender Aktionäre jedoch uneingeschränkt gerecht. Unter Berücksichtigung der Einberufungsfrist der Hauptversammlung nach § 123 Abs. 1 Satz 1, 5 AktG (mindestens 30 bzw. 36 Tage vor dem Tage der Versammlung) würde etwaigen Gegenantragstellern bei Ausschöpfung der 14-Tage-Frist über zwei Wochen Vorbereitungszeit für die Formulierung des Gegenantrags und einer entsprechenden Begründung gewährt werden. Dies erscheint selbst bei komplexen Beschlussgegenständen angesichts der im Vorfeld der Hauptversammlung zugänglichen Informationen angemessen zu sein. Darüber hinaus läuft der letztmögliche Zeitpunkt des Zugänglichmachens eines unter Ausschöpfung der 14-Tage-Frist übermittelten Gegenantrags zumindest mit dem letztmöglichen Zeitpunkt der Stimmabgabe der ausländischen institutionellen Anleger mittels *proxy-voting* (ca. zehn Tage vor der Hauptversammlung) weitgehend parallel. Denn sofern ein Gegenantrag der Gesellschaft unter Ausschöpfung der 14-Tage-Frist übersandt worden ist, besteht auch in diesem Fall nur die Verpflichtung der Gesellschaft, den Gegenantrag unverzüglich zugänglich zu machen, wodurch ihr ein angemessener Zeitraum – der regelmäßig wenige Tage nicht übersteigt – für die Rechtmäßigkeitsprüfung und Veröffentlichung des Gegenantragsrechts zusteht. Die 14-Tage-Frist ermöglicht aber auch Privatanlegern, die ihre Stimmrechtsabgabe mittels entsprechender Weisung an einen Bevollmächtigten im Vorfeld der Hauptversammlung ausüben, gestellte Gegenanträge zu berücksichtigen.[1010] In diesem Zusammenhang ermöglicht die 14-Tage-Frist den Gesellschaften zudem die gestellten Gegenanträge in ihren eigenen zur Verfügung gestellten Online-Formularen hinsichtlich der Ausübung der Briefwahl oder der Bevollmächtigung des Stimmrechtsvertreters der Gesellschaft entsprechend der gestellten und zugänglichgemachten Gegenanträge zu ergänzen.[1011] Sofern die Gegenantragstellung daher in das Vorfeld der Hauptversammlung verlagert wird, sollte die Gegenantragstellung an die Voraussetzungen der Publizitätspflicht des § 126 AktG geknüpft werden. Der Publizitätspflicht kommt insoweit keine eigenständige Bedeutung mehr zu.

1010 *Herrler* in: Grigoleit, AktG, 2. Aufl. 2020, § 126 Rn. 9; MüKoAktG/*Kubis*, 5. Aufl. 2022, § 126 Rn. 1; *Seibt/Danwerth*, NZG 2020, 1241 (1248).

1011 VGR, Reform der Hauptversammlung börsennotierter Gesellschaften, Vorschläge der Gesellschaftsrechtlichen Vereinigung – Wissenschaftliche Vereinigung für Unternehmens- und Gesellschaftsrecht VGR e. V., S. 19.

(2) Vereinbarkeit mit Art. 6 Abs. 1 lit. b ARRL

Europarechtliche Bedenken bestehen hinsichtlich der Anknüpfung der Gegenantragstellung an die Voraussetzungen des § 126 AktG nicht. Insbesondere steht die 14-Tage-Frist im Einklang mit der Gewährleistung des Beschlussvorschlagsrechts nach Art. 6 Abs. 1 lit. b ARRL. Sie ermöglicht dem opponierenden Aktionär eine ausreichende Vorbereitung hinsichtlich der Einbringung eines Beschlussvorschlags. Im Übrigen wird auf die bisherigen Ausführungen zur Europarechtskonformität der Gegenantragsfiktion in der virtuellen Hauptversammlung verwiesen.[1012]

bb) Vorverlagerung der Gegenantragstellung in der virtuellen Hauptversammlung

Für die Vorverlagerung der Gegenantragstellung in der virtuellen Hauptversammlung gelten die Ausführungen zur Präsenz-Hauptversammlung entsprechend.[1013] Dabei ist zu berücksichtigen, dass das Risiko einer ausufernden Wahrnehmung des Gegenantragsrechts in der virtuellen Hauptversammlung tendenziell höher ist als in der Präsenz-Hauptversammlung. Der Gewährleistung der Funktionsfähigkeit der virtuellen Hauptversammlung kommt insoweit eine außerordentlich hohe Bedeutung zu. Das Risiko, dass Zufallsmehrheiten sich in der virtuellen Hauptversammlung bilden, wird zudem nicht durch die Virtualität der Hauptversammlung reduziert. Einerseits ist das vertretene stimmberechtigte Grundkapital in der virtuellen Hauptversammlung weitgehend vergleichbar mit dem in der Präsenz-Hauptversammlung.[1014] Andererseits ist ein verändertes Abstimmungsverhalten der institutionellen Investoren nicht zu erwarten. Ihre persönliche Teilnahme an der Hauptversammlung wird durch die bloße Virtualität der Hauptversammlung nicht attraktiver. Aufgrund der Vielzahl der verschiedenen Beteiligungen, über die ein institutioneller Investor verfügt, erscheint eine persönliche Stimmabgabe in der Hauptversammlung aufgrund des zeitlichen Aufwands nicht praktikabel. Dies gilt insbesondere vor dem Hintergrund, dass die Verfolgung der Hauptversammlung zumindest für institutionelle Anleger keinen Mehrwert begründet.

1012 Siehe D. III. 2. a) bb).

1013 Siehe D. III. 2. b) aa).

1014 *Redenius-Hövermann/Bannier*, ZIP 2020, 1885 (1891).

3. Gegenantragstellung und Kapitalschwelle

Die Bindung der Ausübung des Gegenantragsrechts an ein Quorum und/oder an einen Mindestbesitz am Grundkapital der Gesellschaft ist eine weitere Möglichkeit, das Gegenantragsrecht einer Formalisierung zu unterziehen. Während das Quorum sich durch eine relative Bezugsgröße, nämlich den prozentualen Anteil am Grundkapital der Gesellschaft auszeichnet, bezieht sich die Mindestbeteiligung am Grundkapital auf eine absolute Zahl. Im Aktienrecht finden sich Mindestquoren bzw. Mindestbeteiligungen bei der Einberufung der Hauptversammlung auf Verlangen einer Aktionärsminderheit nach § 122 Abs. 1 Satz 1 AktG (zwanzigsten Teil des Grundkapitals), dem Verlangen zur Ergänzung der Tagesordnung nach § 122 Abs. 2 Satz 2 AktG (zwanzigsten Teil des Grundkapitals oder anteiliger Betrag i. H. v. 500.000 Euro am Grundkapital), der gerichtlichen Bestellung eines Sonderprüfers nach § 142 Abs. 2 Satz 1 AktG (hundertsten Teil des Grundkapitals oder anteiliger Betrag i. H. v. 100.000 Euro am Grundkapital), der gerichtlichen Bestellung eines besonderen Vertreters nach § 147 Abs. 2 AktG (zehnten Teil des Grundkapitals oder anteiliger Betrag i. H. v. 1.000.000 Euro am Grundkapital), der Vertretung in einem Freigabeverfahren nach § 246a AktG (anteiliger Betrag i. H. v. 1.000 Euro am Grundkapital) sowie der Durchführung einer Haftungsklage nach §§ 148, 149 AktG (hundertsten Teil des Grundkapitals oder anteiliger Betrag i. H. v. 100.000 Euro am Grundkapital). Mit der Bindung der Ausübung von Aktionärsrechten an eine Kapitalschwelle verfolgt der Gesetzgeber vor allem den Zweck, dass bestimmte Aktionärsrechte nur Aktionären mit einer gewichteten Beteiligungshöhe am Grundkapital der Gesellschaft vorbehalten sind.[1015] Nicht zuletzt, um wesentliche Rechte, die ihren Ursprung in der unternehmerischen Betätigung finden und einen erheblichen Einfluss auf die Geschäftspolitik der Gesellschaft entfalten können, vor einem Missbrauch durch Kleinst- und Kleinaktionäre zu schützen.

a) Einführung einer Kapitalschwelle für das Gegenantragsrecht

aa) Vereinbarkeit mit Art. 14, Art. 3 Abs. 1 GG

Die Besonderheit der verfassungsrechtlichen Rechtfertigung der Einführung einer Kapitalschwelle für die Ausübung des Gegenantragsrechts liegt darin, dass die Inhalts- und Schrankenbestimmung zugleich zu einer Ungleichbehandlung von Aktionärsgruppen führt. Denn die Bindung der Ausübung des Gegenantragsrechts an das Erreichen eines bestimmten Quorums oder einer

1015 BT-Drs. IV/171, S. 112, 132 zum AktG-E.

Mindestbeteiligung hat zur Folge, dass die Rechtsausübung nur noch Aktionären zugänglich ist, die selbst oder ggf. aufgrund eines Zusammenschlusses mit anderen Aktionären kumulativ die Kapitalschwelle für die Ausübung des Gegenantragsrechts erreichen. Einzelnen Kleinst- bzw. Kleinaktionären wird insoweit die Wahrnehmung des Gegenantragsrechts verwehrt. Daher muss die Einführung einer Kapitalschwelle nicht nur den verfassungsrechtlichen Anforderungen des Art. 14 GG gerecht werden, sondern auch eine zulässige Ungleichbehandlung der Aktionärsgruppen i. S. d. Art. 3 Abs. 1 GG darstellen. Angesichts des Umstands, dass die Bindung des Gegenantragsrechts an eine Kapitalschwelle zumindest auch Auswirkungen auf das Aktieneigentum von Kleinst- und Kleinaktionären i. S. d. Art. 14 Abs. 1 GG hat, beruht die strengere Prüfung des allgemeinen Gleichheitssatzes aus Art. 3 Abs. 1 GG auf der Wahrung des bekannten Verhältnismäßigkeitsgrundsatzes. Entscheidend ist insoweit, ob zwischen beiden Gruppen Unterschiede von solcher Art und solchem Gewicht bestehen, dass sie die ungleiche Behandlung rechtfertigen.[1016]

Für Kleinst- und Kleinaktionäre ermöglicht das Aktieneigentum eine individuelle Freiheit in finanzieller Hinsicht.[1017] Die hohe Verkehrsfähigkeit börsennotierter Aktien erfordert keine längerfristige Geldanlage, sodass Aktionäre ihre Aktien grundsätzlich nach freiem Belieben veräußern und ihr Kapital neu investieren können.[1018] Der Aktienbesitz stellt zumindest für Kleinst- bzw. Kleinanleger typischerweise nur eine Kapitalanlage dar.[1019] Aufgrund ihrer geringen Beteiligung an der Gesellschaft verfügen sie über keinen relevanten und grundsätzlich nur mittelbaren Einfluss auf die Unternehmenspolitik. Dieser beschränkt sich auf die Wahl des Aufsichtsrats gem. § 101 Abs. 1 Satz 1 AktG, der seinerseits nach § 84 Abs. 1 Satz 1 AktG über die Besetzung des Vorstands entscheidet. Eine unmittelbare Einflussnahme der Aktionäre auf die Geschäftspolitik besteht nach § 119 Abs. 2 AktG nur dann, wenn der Vorstand von der Hauptversammlung eine Entscheidung über Fragen der Geschäftsführung verlangt. Vor diesem Hintergrund entfalten die aktienrechtlich vermittelten Verwaltungsrechte für Kleinst- und Kleinaktionäre keine oder nur geringe Bedeutung.[1020] Soweit Kleinst- und Kleinaktionäre in der Vergangenheit von ihrem Gegenantragsrecht

---

1016 BVerfGE 55, 72 (88); 84,197 (199), 100,195 (205); 133, 377 (408).
1017 BVerfGE 100, 289 (305); BVerfG, NJW 2001, 279 (280).
1018 BVerfGE 100, 289 (305); BVerfG, NJW 2001, 279 (280).
1019 BVerfGE 14, 263 (283); BVerfG, NJW 2001, 279 (280); NJW 2007, 3268 (3270).
1020 BVerfGE 14, 263 (283); BVerfG, NJW 2007, 3268 (3270); BVerfG, NJW 2001, 279 (280).

in der Hauptversammlung Gebrauch gemacht haben, ist zu beobachten, dass die Gegenantragstellung nicht selten dafür genutzt wurde, um ihren Unmut gegenüber der Verwaltung öffentlichkeitswirksam zu dem Ausdruck zu bringen.[1021] Aber auch in den wenigen Fällen, in denen die eingebrachten Gegenanträge der Klein- bzw. Kleinstaktionäre inhaltlich auf die geplante Unternehmenspolitik abzielen, dürften sie vorrangig durch die Sorge um die Werthaltigkeit ihrer Geldanlage motiviert sein, und nicht aus dem Grund heraus, tatsächlich unternehmerisch tätig zu werden.[1022] Vor diesem Hintergrund kann der Gesetzgeber das Interesse an dem unveränderten Fortbestand des Gegenantragsrechts umso niedriger gewichten, je geringer die Beteiligung an der Gesellschaft ausfällt.[1023] Anders könnte dies nur dann zu bewerten sein, wenn ein berechtigtes Interesse an der Beteiligung zu erkennen ist, z. B. bei Aktionären aus dem Familienkreis bei Familienunternehmen oder bei einer Gesellschaft mit kleinem, dem Unternehmen persönlich verbundenen Aktionärskreis handelt.[1024] Bei börsennotieren Gesellschaften ist dieser Aspekt aufgrund des Streubesitzes jedoch zu vernachlässigen.

Fraglich ist, ab welcher Beteiligungshöhe ein Verweis der Kleinst- bzw. Kleinaktionäre auf ihre Vermögensinteressen verfassungsrechtlich noch zu rechtfertigen ist. Die Rechtsprechung geht zumindest davon aus, dass ab einer Beteiligungshöhe von mehr als der zwanzigste Teil am Grundkapital der Gesellschaft eine reale Einwirkungsmöglichkeit auf die Unternehmenspolitik der Gesellschaft einhergeht, wodurch eine Reduzierung des jeweiligen Aktionärs auf die vermögensrechtliche Komponente des Aktieneigentums grundsätzlich ausscheidet.[1025] Entsprechendes nimmt auch der Gesetzgeber an. Im Aktienrecht findet diese Annahme insbesondere in den Vorschriften über den *Squeeze-out* nach § 327a Abs. 1 AktG Einklang. Danach ermöglicht der Gesetzgeber dem Hauptaktionär, der mindestens 95 Prozent der Aktien an der Gesellschaft hält, unter strengen Voraussetzungen Minderheitsaktionäre gegen eine Barabfindung aus der Gesellschaft auszuschließen, um die Entfaltung der unternehmerischen Initiative zu stärken.[1026] Die Kapitalschwelle in Höhe des zwanzigsten Teils am

1021 *Sünner*, AG 2000, 492 (495).

1022 *Lenschow*, Verfassungsrechtliche Vorgaben für die Rechtsstellung von Minderheitsaktionären, S. 65.

1023 BVerfG, NJW 2007, 3268 (3270); BVerfGE 100, 289 (302 f.); BVerfG, NJW 2001, 279 (280).

1024 BVerfG, NJW 2007, 3268 (3270); OLG Hamburg, NZG 2003, 978 (979).

1025 BVerfG, NJW 2007, 3268 (3270).

1026 BT-Drs. 14/7034, S. 32 zum WpÜG-E.

Grundkapital bildet im Ergebnis die Grenze zu einer realen Einwirkungsmöglichkeit auf die Unternehmenspolitik der Gesellschaft. Insbesondere, weil erst diese Kapitalschwelle dazu berechtigt, äußerst bedeutende Aktionärsrechte wahrzunehmen, namentlich die Einberufung der Hauptversammlung nach § 122 Abs. 1 AktG oder die Ergänzung der Tagesordnung nach § 122 Abs. 1 AktG zu veranlassen. Eine Reduzierung der Kleinst- und Kleinaktionäre auf ihre Vermögensinteressen und damit die Bindung der Gegenantragstellung an eine bestimmte Kapitalschwelle ist somit dem Grundsatz nach mit Art. 14, Art. 3 Abs. 1 GG vereinbar.[1027]

bb) Vereinbarkeit mit Art. 6 Abs. 1 lit. b ARRL

Aus europarechtlicher Sicht bestehen hinsichtlich der Bindung der Ausübung des Gegenantragsrechts an ein Quorum oder eine Mindestbeteiligung am Grundkapital der Gesellschaft grundsätzlich keine Bedenken. Art. 6 Abs. 1 ARRL ermöglicht dem Gesetzgeber ausdrücklich, dass das Beschlussvorschlagsrecht den Aktionären einzeln oder gemeinsam zugesprochen werden kann und führt in Art. 6 Abs. 2 ARRL ergänzend aus, dass, falls das Beschlussvorschlagsrecht an die Bedingung geknüpft wird, der jeweilige Aktionär oder die jeweiligen Aktionäre eine Mindestbeteiligung an der Gesellschaft halten, die Mindestbeteiligungshöhe fünf Prozent des Aktienkapitals nicht übersteigen darf.

cc) Ausgestaltung der Kapitalschwelle

(1) Quorum und Mindestbeteiligung

Die Wahl zwischen Quorum und/oder Mindestbeteiligung am Grundkapital der Gesellschaft kann erhebliche Auswirkungen auf die Wahrnehmung des Gegenantragsrechts im Einzelfall haben. Da das Quorum in einem relativen Verhältnis zu dem Grundkapital der Gesellschaft steht, ist seine Überwindbarkeit bei Aktiengesellschaften, die über ein geringes Grundkapital verfügen, weniger schwierig als bei großen Publikumsgesellschaften, deren Grundkapital regelmäßig im dreistelligen Millionenbereich liegt.[1028] Ein umgekehrtes Bild zeichnet sich bei der Mindestbeteiligung am Grundkapital der Gesellschaft ab. Sie stellt bei Aktiengesellschaften mit geringem Grundkapital grundsätzlich eine höhere Hürde dar, die es zu überwinden gilt, als bei Aktiengesellschaften mit einem

---

1027 BVerfG, NJW 2001, 279 (280); *Depenheuer/Froese* in: v. Mangoldt/Klein/Starck, GG, 7. Aufl. 2018, Art. 14 Rn. 144.

1028 *Rieckers* in: Spindler/Stilz, AktG, 4. Aufl. 2019, § 122 Rn. 37.

hohen Grundkapital. Um der Bedeutung der konkreten Beteiligungshöhe der Aktionäre unabhängig von dem zugrundeliegenden Grundkapital der Gesellschaft gerecht zu werden, ist es vorzugwürdig, das Gegenantragsrechts nicht nur an ein Quorum, sondern auch an eine in einem Alternativverhältnis stehende Mindestbeteiligung am Grundkapital der Gesellschaft zu knüpfen. Die Bindung des Gegenantragsrechts an ein Quorum bzw. eine Mindestbeteiligung ist dabei derart auszugestalten, dass die Kapitalschwellen sowohl von einzelnen Aktionären als auch durch den Verbund mehrerer Aktionäre erreicht werden können. Andererseits wird der zugrundeliegenden Kapitalbeteiligung keine hinreichende Bedeutung zugemessen.

(2) Höhe des Quorums und der Mindestbeteiligung

Die Bestimmung der konkreten Höhe des Quorums und der Mindestbeteiligung beruht maßgeblich darauf, dass die Ausübung des Gegenantragsrechts sowohl für Aktionäre mit einem geringeren Aktienbesitz nicht durch prohibitive Anforderungen praktisch unmöglich gemacht werden soll als auch die Höhe der Kapitalschwelle angemessen sein soll, um die Effizienz der Hauptversammlung hinreichend zu steigern. Da aus verfassungs- und europarechtlicher Sicht ab einer Aktionärsbeteiligung von mehr als dem zwanzigsten Teil am Grundkapital der Gesellschaft ein Verweis auf die vermögensrechtliche Komponente des Aktieneigentums grundsätzlich ausscheidet, ist dieser Wert als Höchstgrenze für eine etwaige Beteiligungsschwelle anzusehen. Für das Gegenantragsrecht erscheint diese Schwelle relativ hoch gegriffen zu sein.[1029] Der Gesetzgeber bindet die Ausübung eines Aktionärsrechts üblicherweise nur an einen derart hohen Schwellenwert, sofern die Ausübung des zugrundeliegenden Aktionärsrechts zu einem erheblichen Aufwand für die Gesellschaft führt. Dementsprechend hat er die Einberufung der Hauptversammlung auf Verlangen einer Minderheit (§ 122 Abs. 1 AktG) und die Ergänzung der Tagesordnung auf Verlangen einer Minderheit (§ 122 Abs. 2 AktG) an den zwanzigsten Teil des Grundkapitals geknüpft. Gegenanträge entfalten für die Gesellschaft aber keinen vergleichbaren Aufwand. Sie führen insbesondere nicht zu einer bekanntmachungspflichtigen Erweiterung der Tagesordnung, sondern nur zur Einbringung eines Alternativvorschlags zu einem bereits bekanntgemachten Beschlussvorschlag. Darüber hinaus liegt die Motivation für die Einberufung der Hauptversammlung nach

---

1029 *Lenschow*, Verfassungsrechtliche Vorgaben für die Rechtsstellung von Minderheitsaktionären, S. 188; *Noack/Zetzsche*, AG 2020, 721 Rn. 49; *Saenger*, AG 2002, 536 (542).

§ 122 Abs. 1 AktG und die Ergänzung der Tagesordnung nach § 122 Abs. 2 AktG vorrangig im Aktionärsinteresse. Denn mit der Wahrnehmung der vorbenannten Rechte verfolgen (Minderheits-)Aktionäre maßgeblich eigene Interessen. Die Motivation für die Wahrnehmung des Gegenantragsrechts liegt hingegen nicht nur in dem Interesse des Aktionärs, sondern gleichermaßen auch in dem Interesse der Gesellschaft. Vor diesem Hintergrund wird eine Kapitalschwelle, die auf den zwanzigsten Teil des Grundkapitals zielt, der Bedeutung des Gegenantragsrechts nicht gerecht und ist daher abzulehnen.

Schwellenwerte i. H. v. vier und zwei Prozent des Grundkapitals sehen sich dem Vorwurf der Willkür ausgesetzt, da sie weder im AktG noch in den kapitalmarktrechtlichen Vorschriften eine Stütze finden. Sie sind auch keiner angemessenen Begründung zugänglich.[1030] Eine Stütze im AktG findet jedoch die Kapitalschwelle i. H. v. einem Prozent. Der Gesetzgeber sieht diese Kapitalschwelle für den Antrag auf gerichtliche Bestellung eines Sonderprüfers nach § 142 Abs. 2 Satz 1 AktG sowie für den Antrag auf Durchführung einer Haftungsklage nach §§ 148, 149 AktG vor. Dabei ist der Gesetzgeber insbesondere bei der Festlegung des Quorums für die Durchführung der Haftungsklage davon ausgegangen, dass bei einer Beteiligung von unter einem Prozent am Grundkapital der Gesellschaft, eine Motivation für die Ausübung des Aktionärsrechts nicht ernsthaft aus der wirtschaftlichen Beteiligung an der Gesellschaft hergeleitet werden kann.[1031] Dem ist zu folgen, sodass die Ein-Prozent-Schwelle zumindest als Mindestgrenze bei der Festlegung einer Kapitalschwelle anzusehen ist. Die Motivation für die Wahrnehmung der vorbenannten Rechte, die der Gesetzgeber an eine Ein-Prozent-Schwelle knüpft, liegt vordergründig in dem Interesse der Gesellschaft. Denn die Sonderprüfung nach § 142 AktG dient der Sicherung der Durchsetzung von Ersatzansprüchen der Gesellschaft aus Gründung und Nachgründung (§§ 46, 47, 53 AktG), aus Pflichtverletzungen der Mitglieder des Vorstands und Aufsichtsrats (§§ 93, 116 AktG) sowie der Schadensersatzpflicht aus § 117 AktG.[1032] Die Geltendmachung dieser Ansprüche zielt auf den Schutz des Vermögens der Gesellschaft ab. Entsprechendes gilt für die Durchführung einer Haftungsklage nach §§ 148, 149 AktG, der zugrunde liegt, dass der Gesetzgeber damit die Durchsetzung von Ansprüchen der Gesellschaft gegenüber Organmitgliedern erleichtern wollte.[1033] Im Vergleich zu den

---

1030 *Lenschow*, Verfassungsrechtliche Vorgaben für die Rechtsstellung von Minderheitsaktionären, S. 188; *Saenger*, AG 2002, 536 (542).

1031 BT-Drs. 15/5092, S. 20 zum UMAG-E.

1032 OLG Stuttgart, AG 2009, 169 (171); MüKoAktG/*Arnold*, 5. Aufl. 2022, § 142 Rn. 6.

1033 MüKoAktG/*Arnold*, 5. Aufl. 2022, § 148 Rn. 2.

benannten Rechten liegt das Gegenantragsrecht nicht ausschließlich in dem Interesse der Gesellschaft, sondern erlaubt auch eigene Interessen des Antragstellers. Angesichts dessen wird die Bindung der Ausübung des Gegenantragsrechts an eine Kapitalschwelle i. H. v. einem Prozent der Bedeutung des Rechts nicht hinreichend gerecht. Vielversprechender ist eine Kapitalschwelle i. H. v. drei Prozent des Grundkapitals der Gesellschaft. Sie trägt dem Umstand Rechnung, dass die Ausübung des Gegenantragsrechts weitgehend nicht nur in dem Interesse des Antragstellers liegt, wie es bei den Rechten, die an eine Fünf-Prozent-Schwelle geknüpft werden, der Fall ist, und zugleich berücksichtigt, dass die Motivation für die Antragstellung nicht primär in dem Interesse der Gesellschaft erfolgt, wie es bei den vorbenannten Rechten der Fall ist, die der Gesetzgeber an eine Ein-Prozent-Schwelle knüpft. Zudem findet die Drei-Prozent-Schwelle eine Stütze im Kapitalmarktrecht, sodass dem Willküreinwand entgegengetreten werden kann. Die Stimmrechtsmitteilungspflicht aus § 33 Abs. 1 Satz 1 WpHG sieht vor, dass derjenige, der durch Erwerb, Veräußerung oder auf sonstige Weise zumindest drei Prozent der Stimmrechte aus ihm gehörenden Aktien an einem Emittenten, für den die Bundesrepublik Deutschland der Herkunftsstaat ist, erreicht, überschreitet oder unterschreitet, einer Meldepflicht unterliegt. Sie ist derart ausgestaltet, dass zunächst die betroffene Gesellschaft und die Bundesanstalt für Finanzdienstleistungsaufsicht über die maßgeblichen Beteiligungsverhältnisse durch den Meldepflichtigen in Kenntnis zu setzen sind. Anschließend hat die Gesellschaft nach § 40 Abs. 1 WpHG die Meldung zu veröffentlichen, um auf diesem Wege das weitere wichtige Anliegen des Gesetzes, nämlich die Unterrichtung der Mitaktionäre und des Marktes, zu erreichen.[1034] Insoweit hat die Bindung des Gegenantragsrechts an eine Kapitalschwelle i. H. v. drei Prozent den Vorteil, dass Mitaktionäre aufgrund der Stimmrechtsmitteilungspflichten grundsätzlich Kenntnis über das Stimmgewicht erlangen können, das der Gegenantragstellung zugrunde liegt. Zwar wird durch die Bindung der Gegenantragstellung an eine Kapitalschwelle i. H. v. drei Prozent kein Gleichlauf der beiden Schwellenwerte herbeigeführt, da die Drei-Prozent-Schwelle der Stimmrechtsmitteilungspflicht sich auf das Stimmgewicht beschränkt, das zugrundeliegende Grundkapital und die Höhe des Stimmrechtsanteil werden aber häufig parallel laufen. Die Stimmrechtsmitteilungspflicht nach § 33 Abs. 1 Satz 1 WpHG beansprucht allerdings nur für das Stimmrecht in börsennotierten Gesellschaften Anwendung, sodass den Aktionären nicht börsennotierter Gesellschaften ein entsprechender Vorteil

1034 *Schneider* in: Assmann/Schneider/Mülbert, Wertpapierhandelsrecht, 7. Aufl. 2019, § 33 Rn. 3.

verwehrt wird. Zur Vermeidung einer gespaltenen Rechtsausübung ist dieser Umstand bei nicht börsennotierten Gesellschaften jedoch hinzunehmen, insbesondere da sich nichts an der Bedeutung des Gegenantrags, der sowohl in dem Interesse der Gesellschaft als auch des Antragstellers liegt, ändert. Für die Drei-Prozent-Schwelle spricht ferner, dass sie einerseits die Ausübung des Gegenantragsrechts für aktivistische Gegenantragsteller wesentlich erschwert, andererseits die Verfolgung berechtigter unternehmerischer Zwecke nicht unnötig verhindert. Zudem begegnet sie dem Einwand, dass aktivistische Aktionäre durch einen Zusammenschluss mit anderen Aktionären (sog. Aktien-Pooling) oder durch eine Aktienleihe entsprechende Kapitalschwellen leicht überwinden können. Denn selbst unter Inanspruchnahme der vorbenannten Möglichkeiten stellt die Drei-Prozent-Schwelle eine nicht unerhebliche Hürde dar, die es zunächst zu überwinden gilt.

Bei der Bindung des Gegenantragsrechts an eine Drei-Prozent-Schwelle ist für die alternative Beteiligung am Grundkapital der Gesellschaft ein Betrag i. H. v. 300.000 Euro vorzusehen. Wenngleich die Beteiligungshöhe auf den ersten Blick niedrig erscheint, darf nicht verkannt werden, dass der Wert der Aktie den zugrundliegenden anteiligen Betrag am Grundkapital der Gesellschaft regelmäßig um das 10 bis 20-fache übersteigt.[1035] Durch diese Größe wird dem Umstand Rechnung getragen, dass die Ausübung des Gegenantragsrechts auch in Aktiengesellschaften mit einem hohen Grundkapital nicht an unüberwindbare Hürden geknüpft wird. Andererseits entspricht sie dem gesetzlichen Leitbild, das die relativen und absoluten Bezugsgrößen in ein stringentes Verhältnis zueinander setzt. So sieht der Gesetzgeber bei einem Zehn-Prozent-Quorum eine alternative Beteiligung i. H. v. 1.000.000 Euro am Grundkapital der Gesellschaft vor (§ 147 Abs. 2 AktG), bei einem Fünf-Prozent-Quorum einen anteiligen Betrag i. H. v. 500.000 Euro (§ 122 Abs. 2 AktG) und bei einem Ein-Prozent-Quorum einen anteiligen Betrag i. H. v. 100.000 Euro (§§ 142 Abs. 2 Satz 1, 148 Abs. 1 Satz 1 AktG).

Zusammenfassend sollte die Ausübung des Gegenantragsrechts Aktionären vorbehalten werden, deren Anteile zusammen drei Prozent des Grundkapitals oder den anteiligen Betrag von 300.000 Euro erreichen.

(3) Vorbesitzzeit

Bei der Bindung von Aktionärsrechten an eine Kapitalschwelle besteht grundsätzlich die Gefahr, dass Aktien erst kurzfristig mit dem Ziel erworben werden,

---

1035 *Koch* in: Hüffer/Koch, AktG, 15. Aufl. 2021, § 122 Rn. 17.

Störungen der Hauptversammlung durch eine anschließende Ausübung des zugrundeliegenden Aktionärsrechts herbeizuführen.[1036] Um diesem Umgehungsrisiko entgegenzuwirken, greift der Gesetzgeber regelmäßig auf die Einführung einer sog. Vorbesitzzeit der Aktien zurück. Damit wird sichergestellt, dass entsprechende Kapitalschwellen nur mit Aktien erreicht werden können, die sich bereits seit einiger Zeit im Besitz der entsprechenden Aktionäre befinden. Entsprechendes ist auch für die Ausübung des Gegenantragsrechts vorzusehen, um weitere Einfallstore für aktivistische Aktionäre zu schließen. Denn die vorgesehene Kapitalschwelle von drei Prozent des Grundkapitals oder eines anteiligen Betrags i. H. v. 300.000 Euro mindert zwar das Risiko der Zweckentfremdung des Gegenantragsrechts erheblich, sie verhindert aber nicht, dass Aktionäre sich kurzfristig einen entsprechenden Aktienbesitz verschaffen, um in den Genuss der Wahrnehmung des Gegenantragsrechts zu kommen. In zeitlicher Hinsicht bietet sich – wie bei dem Einberufungsverlangen nach § 122 Abs. 1 AktG oder dem Tagesordnungsergänzungsverlangen nach § 122 Abs. 2 AktG – ein Vorbesitz der Aktien von mindestens 90 Tagen an. Eine kürzere Frist erscheint kaum geeignet zu sein, die Annahme einer längerfristigen Beteiligung an der Gesellschaft und damit regelmäßig eine unternehmerische Betätigung zu rechtfertigen.

(4) Zeitpunkt der Gegenantragstellung und des Kapitalnachweises

Sofern die Ausübung des Gegenantragsrechts an eine entsprechende Kapitalschwelle geknüpft wird, ist fraglich, ob an dem bisherigen Zeitpunkt der Gegenantragstellung festzuhalten ist. Die Kapitalschwelle wird im Ergebnis dazu führen, dass sich das Aufkommen von Gegenanträgen in der Hauptversammlung drastisch reduziert und sich grundsätzlich nur auf solche Gegenanträge beschränkt, dessen Motivation in der (berechtigten) unternehmerischen Beteiligung der Aktionäre zu finden ist. Insoweit werden die begrenzten Ressourcen der Hauptversammlung bereits durch die Einführung einer Kapitalschwelle hinreichend geschont. Spontane Gegenanträge begründen aber die Gefahr, dass sich Zufallsmehrheiten hinsichtlich der gestellten Gegenanträge zulasten der Aktionärsdemokratie bilden.[1037] Wie bereits dargestellt,[1038] übt der Großteil der Privat- und institutionellen Anleger ihr Stimmrecht bereits weit im Vorfeld der Hauptversammlung (z. B. durch Briefwahl oder Weisungserteilung an den

1036 BT-Drs. 13/9712, S. 17 zum KonTraG-E.
1037 *Franzmann/Brouwer*, AG 2020, 921 (927).
1038 Siehe D. III. 2. b) aa) (1) (b).

Stimmrechtsvertreter der Gesellschaft bzw. an Intermediäre oder Aktionärsvereinigungen) aus, wodurch ihnen grundsätzlich rechtlich und/oder tatsächlich keine Möglichkeit zusteht, um auf entsprechende Gegenanträge zu reagieren.[1039] Angesichts der Höhe der festgesetzten Kapitalschwelle kommt verstärkend hinzu, dass gestellte Gegenanträge nicht selten von wesentlicher Natur für die Willensbildung der Gesellschaft sind. Vorzugswürdig erscheint es daher auch in dem Fall der Einführung einer Kapitalschwelle, die Gegenantragstellung an das Abstimmverhalten des Großteils der Aktionäre zu orientieren. Zu berücksichtigen ist in diesem Zusammenhang auch, dass der letztmögliche Zeitpunkt der Gegenantragstellung, vor allem für Kleinst- und Kleinaktionäre, eine entscheidende Frist darstellt. Je weiter der Zeitpunkt der Gegenantragstellung von der Hauptversammlung entfernt ist, desto kürzer gestaltet sich der Zeitraum, den Kleinst- und Kleinaktionäre nutzen können, um mit Mitaktionären in Kontakt zu treten und durch entsprechende Zusammenschlüsse erforderliche Kapitalschwellen zu überwinden.

Für die Ausübung des Gegenantragsrechts könnte sich wiederum eine Anknüpfung an die Publizitätspflicht aus § 126 Abs. 1 Satz 1 AktG anbieten. Die 14-Tage-Frist ermöglicht einerseits eine gleichberechtigte Teilnahme des Großteils der Aktionäre an der Beschlussfassung über den Gegenantrag, die selbst nicht an der Hauptversammlung teilnehmen können oder möchten und daher ihr Stimmrecht bereits im Vorfeld der Hauptversammlung ausüben.[1040] Andererseits gewährt sie den opponierenden Kleinst- und Kleinaktionären einen angemessenen Zeitraum, um Mitaktionäre für die Mittragung ihres Gegenantrags gewinnen zu können. Ausgehend von dem letztmöglichen Zeitpunkt für die Bekanntmachung der Tagesordnung (grundsätzlich 36 Tage vor dem Tage der Versammlung, § 123 Abs. 1 Satz 1 und 5 AktG) und der Berücksichtigung der 14-Tage-Frist des § 126 Abs. 1 Satz 1 AktG stünde den Aktionären, die nicht selbst über eine erforderliche Kapitalschwelle verfügen, ca. drei Wochen für eine entsprechende Kontaktaufnahme und Werbung für ihr Vorhaben zur Verfügung. Unter Berücksichtigung der Einberufungspraxis und des gesetzlichen Umstands, dass die Bekanntgabe der Tagesordnung regelmäßig mindestens 36 Tage vor der Versammlung zu erfolgen hat (§ 123 Abs. 2 Satz 5 AktG),

1039 *Franzmann/Brouwer*, AG 2020, 921 (927); *Kocher*, BB 2014, 2317 (2318); *Seibt/Danwerth*, AG 2021, 369 (369 f.).

1040 VGR, Reform der Hauptversammlung börsennotierter Gesellschaften, Vorschläge der Gesellschaftsrechtlichen Vereinigung – Wissenschaftliche Vereinigung für Unternehmens- und Gesellschaftsrecht VGR e. V., S. 19.

sogar mehr als drei Wochen. Das Gegenantragsrecht ist daher sinngemäß an die zusätzlichen Voraussetzungen der Publizitätspflicht nach § 126 AktG zu knüpfen, wodurch der Publizitätspflicht konsequenter Weise keine eigenständige Bedeutung mehr zukommt.

Für den Nachweis des Kapitalbesitzes sollte auf den Zeitpunkt des Zugangs des Gegenantrags bei der Gesellschaft abgestellt werden. Insoweit braucht das Quorum bis zur Hauptversammlung bzw. bis zur Abstimmung über den Gegenantrag nicht bestehen bleiben. Dies hätte den Vorteil, dass nur Gegenanträge veröffentlicht werden, welche die Kapitalschwelle bereits erreicht haben. Zudem würde dem Versammlungsleiter nicht die Führung des Kapitalnachweises in der Hauptversammlung auferlegt.

b) Kommunikation der Aktionäre zur Erreichung der Kapitalschwelle

Die Anknüpfung der Ausübung des Gegenantragsrechts an eine Kapitalschwelle verleiht der Aktionärskommunikation im Vorfeld der Hauptversammlung eine entscheidende Bedeutung. Ohne die Bereitstellung einer angemessenen Kommunikationsmöglichkeit wäre es Aktionären, deren Anteilsbesitz unter der Kapitalschwelle liegt, praktisch unmöglich, sich mit anderen Aktionären zu dem Zwecke des Erreichens bestimmter Kapitalschwellen zusammenzuschließen. Aktionären ist die Identität ihrer Mitaktionäre grundsätzlich unbekannt. Anders als der Gesellschaft steht ihnen nicht die Möglichkeit zu, bei Namensaktien das Aktienregister (§ 67 AktG) einzusehen oder bei Inhaberaktien die Identität der Aktionäre über Intermediäre in Erfahrung zu bringen (§ 67d Abs. 1 AktG). Außerdem ist die Einsichtnahme in das Teilnehmerverzeichnis der Vorjahreshauptversammlung nicht zielbringend. Es ist nicht nur veraltet, sondern enthält zudem nur die Namen der Aktionäre ohne entsprechende Kontaktdaten. Umso wichtiger ist daher, dass ihnen im Vorfeld der Hauptversammlung eine angemessene Kommunikationsplattform zur Verfügung gestellt wird, um sich mit Mitaktionären zwecks Erreichens des Quorums vernetzen zu können.

aa) Aktionärsforum

(1) Allgemeines

Der Gesetzgeber hat im Jahr 2005 das sog. Aktionärsforum (§ 127a AktG) eingeführt. Damit verfolgte er den Zweck, Aktionären eine Vernetzung und Kommunikation im Vorfeld der Hauptversammlung zu ermöglichen und dabei insbesondere die Wahrnehmung von Minderheitsrechten, die an eine bestimmte Kapitalschwelle geknüpft sind, zu erleichtern und entsprechende

Stimmmehrheiten zu beschaffen.[1041] Nach § 127a Abs. 1 AktG können Aktionäre oder Aktionärsvereinigungen im Aktionärsforum des Bundesanzeigers andere Aktionäre auffordern, gemeinsam oder in Vertretung einen Antrag oder ein Verlangen nach dem AktG zu stellen oder in einer Hauptversammlung das Stimmrecht auszuüben. Aktionäre oder Aktionärsvereinigungen, die das Aktionärsforum nutzen möchten, haben sich zu diesem Zweck zunächst mit einer gültigen E-Mail-Adresse kostenlos bei dem elektronischen Bundesanzeiger zu registrieren. Anschließend können sie kostenpflichtig entsprechende Aufforderungen im Aktionärsforum veröffentlichen. Gegenständlich kann die Aufforderung nach § 127a Abs. 1 AktG sich ausschließlich auf einen Antrag oder ein Verlangen nach dem AktG sowie auf die Ausübung des Stimmrechts in einer Hauptversammlung beziehen. Inhaltlich muss die Aufforderung nach § 127a Abs. 2 AktG zwingend den Namen und eine Anschrift des Aktionärs oder der Aktionärsvereinigung, die Firma der Gesellschaft, den Antrag, das Verlangen oder einen Vorschlag für die Ausübung des Stimmrechts zu einem Tagesordnungspunkt und den Tag der betroffenen Hauptversammlung enthalten. Darüber hinaus ist nach § 3 Abs. 3 AktFoV in der Aufforderung eine E-Mail-Adresse des Auffordernden sowie eine Erklärung aufzunehmen, ob der Auffordernde als Aktionär oder als Aktionärsvereinigung handelt. Hinweise auf telefonische Auskünfte oder ähnliche Direktkontakte sind jedoch unzulässig.[1042] Die Aufforderung darf zudem nicht mit einer Begründung versehen werden.[1043] Damit bezweckt der Gesetzgeber, der Aufforderung eine gewisse Neutralität beizumessen.[1044] Allerdings kann die Aufforderung nach § 127a Abs. 3 AktG auf eine Begründung auf der Internetseite des Auffordernden hinweisen. Dabei darf die Begründung nach § 3 Abs. 5 Nr. 3 AktFoV keine irreführenden oder strafbaren Angaben oder falsche Angaben zur Person des Auffordernden enthalten. Da das Aktionärsforum nicht bei der Gesellschaft, sondern bei dem Bundesanzeiger liegt, ist die Reaktionsmöglichkeit der Gesellschaft auf die Aufforderung der Aktionäre bzw. Aktionärsvereinigungen stark beschränkt. Nach § 127a Abs. 4 AktG kann die Gesellschaft im Aktionärsforum auf eine Stellungnahme zur Aufforderung auf ihrer Internetseite hinweisen. Darüber hinaus steht ihr bei

---

1041 BT-Drs. 15/5092, S. 15 zum UMAG-E.

1042 GroßkommAktG/*Butzke*, 5. Aufl. 2017, § 127a Rn. 2; *Rieckers* in: Spindler/Stilz, AktG, 4. Aufl. 2019, § 127a Rn. 24.

1043 GroßkommAktG/*Butzke*, 5. Aufl. 2017, § 127a Rn. 23; *Herrler* in: Grigoleit, AktG, 2. Aufl. 2020, § 127a Rn. 4.

1044 *Herrler* in: Grigoleit, AktG, 2. Aufl. 2020, § 127a Rn. 4.

etwaigen Rechtsverletzungen der allgemeine zivilrechtliche Beseitigungs- bzw. Unterlassungsanspruch zu.[1045]

(2) Bedeutung und Aktivierung des Aktionärsforums für das Gegenantragsrecht

Das Aktionärsforum hat in der Praxis bisher keine nennenswerte Relevanz erlangt.[1046] Fraglich ist daher, ob die derzeitige Ausgestaltung des Aktionärsforums den Bedürfnissen der Aktionäre gerecht wird. Die mangelnde Akzeptanz des Aktionärsforums ist insbesondere dem Umstand geschuldet, dass das Aktionärsforum, entgegen dem Ziel des Gesetzgebers, keine direkte Kommunikation zwischen den Aktionären ermöglicht.[1047] Das Aktionärsforum fungiert vielmehr als Pinnwand für die bloße Veröffentlichung von Aufforderungen.[1048] Eine etwaige Kontaktaufnahme der Aktionäre mit dem Auffordernden kann nur über die in der Aufforderung angegebene elektronische Adresse erfolgen und nicht etwa über das Aktionärsforum selbst.[1049] Dadurch wird nicht nur die Kontaktaufnahme, sondern auch die Vernetzung der Aktionäre untereinander erschwert. Zudem ist die tatsächliche Reichweite des Aktionärsforums stark eingeschränkt. Sofern Aktionäre nicht selbst eine bestimmte unternehmerische Betätigung verfolgen, besteht für sie regelmäßig kein Anlass, das Aktionärsforum aktiv einzusehen. Zudem weist das Aktionärsforum als Ort für die Vernetzung von Aktionären nur geringe Gesellschaftsbezogenheit auf, da es lediglich als allgemeine Sammelstelle von Aktionärsaufforderungen ausgestaltet ist. In seiner derzeitigen Konzeption wird das Aktionärsforum der Aktionärskommunikation im Vorfeld der Hauptversammlung daher nur bedingt gerecht. Um die Attraktivität des Aktionärsforums für unternehmerisch betätigungswillige Aktionäre zu steigern, müsste der Gesetzgeber dem Aktionärsforum eine zentrale Bedeutung als Informations- und Kommunikationsinstrument zukommen lassen. In Betracht kommt insoweit das Aktionärsforum derart auszugestalten, dass es

---

1045 *Herrler* in: Grigoleit, AktG, 2. Aufl. 2020, § 127a Rn. 4.

1046 *Drinhausen* in: Hölters/Weber, AktG, 4. Aufl. 2022, § 127a Rn. 1; *Herrler* in: Grigoleit, AktG, 2. Aufl. 2020, § 127a Rn. 1; *Noack/Zetzsche*, AG 2020, 721 Rn. 48; *Rieckers* in: Spindler/Stilz, AktG, 4. Aufl. 2019, § 127a Rn. 3; *Seibt/Danwerth*, AG 2021, 369 (376).

1047 GroßkommAktG/*Butzke*, 5. Aufl. 2017, § 127a Rn. 3; *Seibt/Danwerth*, AG 2021, 369 (376).

1048 KölnerKommAktG/*Noack/Zetzsche*, 3. Aufl. 2010, § 127a Rn. 2; *Seibt/Danwerth*, AG 2021, 369 (376).

1049 KölnerKommAktG/*Noack/Zetzsche*, 3. Aufl. 2010, § 127a Rn. 2.

nicht nur als Plattform für die Veröffentlichung entsprechender Aufforderungen fungiert, sondern zugleich einen direkten Meinungsaustausch zwischen Aktionären ermöglicht. Dafür wäre Aktionären zunächst die Möglichkeit einzuräumen, ihre Aufforderung unmittelbar mit einer Begründung zu versehen. Zudem müsste der Gesetzgeber Mitaktionären die Gelegenheit bieten, eigene publizitätspflichtige Stellungnahmen hinsichtlich der veröffentlichten Aufforderungen abzugeben. Die Einführung einer direkten Kommunikation in das Aktionärsforum hätte allerdings eine erhebliche Steigerung des Missbrauchspotenzials des Aktionärsforums zur Folge. Um dem entgegenzutreten, bedürfte es einer umfassenden inhaltlichen Kontrolle der zu veröffentlichenden Aufforderungen und Begründungen sowie der dazu gehörigen Stellungnahmen. Angesichts der Vielzahl der bestehenden Aktiengesellschaften und der begrenzten personellen und finanziellen Ressourcen des Bundesanzeigers als Betreiber des Aktionärsforums erscheint ein solches Vorgehen wenig praktikabel zu sein. Die Verantwortung für eine entsprechende inhaltliche Kontrolle ist vielmehr bei den Gesellschaften selbst zu verorten, wobei der Rückgriff auf das bei dem Bundesanzeiger angesiedelte Aktionärsforum der Sache nicht gerecht wird.

bb) Bereitstellung eines Kommunikationsforums durch die Gesellschaft

Die fehlende Akzeptanz und die begrenzten Ressourcen des Aktionärsforums führen zu der Erwägung, die Gesellschaft kraft Gesetz zur Bereitstellung eines Kommunikationsforums zu verpflichten. Die Ansiedlung der Aktionärskommunikation i. S. d. § 127a AktG bei der Gesellschaft hat den Vorteil, dass sie eine stärke Gesellschaftsbezogenheit aufweist.[1050] Hinsichtlich des Orts der Etablierung des gesellschaftseigenen Forums bietet sich die Internetseite der Gesellschaft an. Für Aktionäre, die sich über die Gesellschaft und insbesondere über die bevorstehende Hauptversammlung informieren möchten, stellt sie regelmäßig die erste Anlaufstelle für die Informationsbeschaffung der Aktionäre dar. Börsennotierte Gesellschaften haben auf ihrer Internetseite eine Vielzahl von hauptversammlungsrelevanten Unterlagen und insbesondere publizitätspflichtige Gegenanträge und Wahlvorschläge zu veröffentlichen. Insoweit führt die Verortung der Aktionärskommunikation auf der Internetseite der Gesellschaft zu einer potenziell höheren Wahrnehmung und Nutzung dergleichen zugunsten der Aktionärsdemokratie. Die Ansiedlung der Aktionärskommunikation bei der Gesellschaft hat zudem den Vorteil, dass die Bereitstellung des Kommunikationsforums und die inhaltliche Kontrolle der bereitzustellenden direkten

1050 *Noack/Zetzsche*, AG 2020, 721 Rn. 50.

Kommunikationsmöglichkeit der Aktionäre in den Verantwortungsbereich der Gesellschaft verlagert werden kann. Dadurch wird der Gesellschaft zwar ein nicht unerheblicher Mehraufwand auferlegt, sie kann die Bereitstellung und Administration des Kommunikationsforums aber mittels Inanspruchnahme eines privaten Dienstleisters auslagern. Die bisherige virtuelle Hauptversammlungspraxis hat gezeigt, dass externe Hauptversammlungsdienstleister in der Lage sind, ein funktionierendes, gesellschaftsbezogenes Internetportal für die Aktionärskommunikation im Vorfeld bzw. während der Hauptversammlung zu implementieren. Hierauf können die Gesellschaften bzw. die Hauptversammlungsdienstleister aufbauen und die vorhandenen Internetportale um eine direkte Aktionärskommunikation im Vorfeld der Hauptversammlung erweitern.[1051] Wenngleich der Aufwand der Gesellschaft für die Bereitstellung eines Kommunikationsforums durch die Inanspruchnahme eines externen Hauptversammlungsdienstleisters überschaubar gehalten werden kann, dürften etwaige auftretende technische Störungen oder die inhaltliche Kontrolle der Aktionärsbeiträge den Gesellschaften beschlussanfechtungsrechtliche Sorgen bereiten. Diesen Aspekten kann durch eine stark formalisierte Anwendungsoberfläche des Kommunikationsforums sowie eine weitreichende Einschränkung des Anfechtungsrechts begegnet werden. Hinsichtlich der Gestaltung der Anwendungsoberfläche sollte insbesondere eine Begrenzung der Anzahl der Stellungnahmen pro Aktionär sowie eine Begrenzung der Zeichen pro Stellungnahme bestimmt werden. Entsprechendes ist für die Begründung hinsichtlich der Aktionärsaufforderung vorzusehen. Die Stützung einer Anfechtung auf eine, durch eine technische Störung des Kommunikationsforums verursachte, Verletzung von Rechten sollte ferner auf ein vorsätzliches Verhalten der Gesellschaft beschränkt werden.

Angesichts der Vielfalt der Aktiengesellschaften ist eine generelle Verpflichtung zur Etablierung eines gesellschaftseigenen Aktionärsforums jedoch nur bedingt erstrebenswert. Der Gesetzgeber sollte eine derartige Verpflichtung kraft Gesetz nur für börsennotierte Gesellschaften vorsehen. Die Rechtfertigung dafür liegt in der Höhe des Streubesitzes sowie der Höhe der Marktkapitalisierung und der damit einhergehenden Bedeutung der Gesellschaft im Wirtschaftssystem. Für nicht börsennotierte Gesellschaften wird der Aufwand für die Implementierung eines entsprechenden Kommunikationsforums oftmals außer Verhältnis zu der Größe der Gesellschaft stehen. Für sie sollte die Ansiedlung des Aktionärsforums bei dem Bundesanzeiger in der Gestalt des

---

1051 *Seibt/Danwerth*, AG 2021, 369 (376).

§ 127a AktG beibehalten werden. Der Gesetzgeber sollte dem Vorstand der nicht börsennotierten Gesellschaft jedoch die Entscheidung vorbehalten, ein gesellschaftseigenes Aktionärsforums entsprechend der Vorgaben für börsennotierte Gesellschaften zu implementieren. Dies hätte den Vorteil, dass insbesondere größere, nicht börsennotierte Gesellschaften sich der Implementierung eines gesellschaftsbezogenen Aktionärsforums i. S. e. guten Corporate Governance freiwillig unterwerfen könnten.

4. Einführung einer Aktiengattung ohne Gegenantragsrecht

Die Einführung einer Aktiengattung ohne Gegenantragsrecht ist eine weitere Gestaltungsmöglichkeit, der im Rahmen der Formalisierung des Gegenantragsrechts Beachtung zu schenken ist. Aktionäre verfolgen mit ihrem Aktienbesitz grundsätzlich unterschiedliche Ziele. Während Kleinst- und Kleinaktionäre regelmäßig auf ihr Kapitalanlageinteresse begrenzt sind, steht bei Aktionären mit gewichtetem Aktienbesitz grundsätzlich eine unternehmerische Betätigung an der Gesellschaft im Vordergrund. Naheliegend ist daher nur solchen Aktionären ein Gegenantragsrecht einzuräumen, deren Interesse auf eine Einflussnahme auf die Geschäftspolitik der Gesellschaft gerichtet ist. Dafür könnte sich die Schaffung einer besonderen Aktiengattung anbieten, welche die zugrundeliegenden wirtschaftlichen Begebenheiten und Notwendigkeiten berücksichtigt.

a) Keine gesetzliche Grundlage zur Schaffung von Aktien ohne Gegenantragsrecht

Das AktG sieht die Möglichkeit zur Schaffung besonderer Aktiengattungen nur unter eng begrenzten Voraussetzungen vor. In § 11 Satz 1 AktG führt der Gesetzgeber aus, dass Aktien verschiedene Rechte gewähren können, namentlich bei der Verteilung des Gewinns und des Gesellschaftsvermögens. Dabei bilden nach § 11 Satz 2 AktG Aktien mit gleichen Rechten eine sog. Aktiengattung. Die Begründung besonderer Aktiengattungen betrifft jedoch nur die Aktie in dem Sinne der aktienrechtlichen Mitgliedschaft und erlaubt insoweit nur eine unterschiedliche Ausgestaltung der Aktie mit Blick auf die mitgliedschaftlichen Rechte und Pflichten.[1052] Während die Mitgliedschaftspflichten durch den Satzungsgeber grundsätzlich frei ausgestaltet werden können, unterliegt der gesetzliche Umfang oder Gehalt der Verwaltungs- und Vermögensrechte

1052 MüKoAktG/*Heider*, 5. Aufl. 2019, § 11 Rn. 3; *Koch* in: Hüffer/Koch, AktG, 15. Aufl. 2021, § 11 Rn. 3.

strengen Grenzen. Aufgrund der Satzungsstrenge aus § 23 Abs. 5 Satz 1 AktG bleibt für den Satzungsgeber hinsichtlich der Ausgestaltung der Mitgliedschaftsrechte nur wenig Raum.[1053] Die Beschränkung oder Erweiterung von Verwaltungs- und/oder Vermögensrechten ist nur zulässig, soweit das Gesetz eine entsprechende Abweichung ausdrücklich vorsieht. Als satzungsfest ist bei den Verwaltungsrechten vor allem das Teilnahmerecht an der Hauptversammlung einschließlich des Rede- und Antragsrechts, das Auskunfts- und Stimmrecht und das Anfechtungsrecht dem Grundsatz nach zu qualifizieren.[1054] Eine Ausnahme sieht der Gesetzgeber lediglich für das Stimmrecht vor. Der Satzungsgeber kann nach § 12 Abs. 1 AktG unter den besonderen Voraussetzungen der §§ 139 ff. AktG sog. Vorzugsaktien ohne Stimmrecht begründen. Angesichts des Umstands, dass das Gegenantragsrecht als Ausfluss des Teilnahmerechts nicht dispositiv ist, obliegt dem Satzungsgeber nicht die Kompetenz, einen Ausschluss des Gegenantragsrechts im Wege der Schaffung einer neuen Aktiengattung zu beschließen. Entsprechendes gilt für sonstige versammlungsgebundene Antragsrechte, die unmittelbar aus dem Teilnahmerecht an der Hauptversammlung abgeleitet werden.

b) Einführung einer gesetzlichen Grundlage zur Schaffung einer Aktiengattung ohne Gegenantragsrecht

Angesichts der bestehenden Satzungsfestigkeit des Gegenantragsrechts müsste der Gesetzgeber gemäß § 23 Abs. 5 Satz 1 AktG eine ausdrückliche Regelung schaffen, wonach den Gesellschaften die Schaffung einer Aktiengattung ohne Gegenantragsrecht gestattet wird. Da der Gesetzgeber bei der Begründung einer besonderen Aktiengattung zumindest für das Stimmrecht einen vollständigen Ausschluss unter den in §§ 12, 139 ff. AktG genannten Voraussetzungen ermöglicht, bieten sich diese Vorschriften als Orientierung für einen entsprechenden Ausschluss des Gegenantragsrecht an. Insoweit können auch die praktischen Erfahrungen mit der Vorzugsaktie ohne Stimmrecht herangezogen werden, um die Praxistauglichkeit einer Vorzugsaktie ohne Gegenantragsrecht hinreichend zu qualifizieren.

1053 *Koch* in: Hüffer/Koch, AktG, 15. Aufl. 2021, § 11 Rn. 3; GroßkommAktG/*Mock*, 5. Aufl. 2017, § 11 Rn. 29; *Vatter* in: Spindler/Stilz, AktG, 4. Aufl. 2019, § 11 Rn. 12.

1054 *Ziemons* in: Schmidt/Lutter, AktG, 4. Aufl. 2020, § 11 Rn. 20 f.; *Vedder* in: Grigoleit, AktG, 2. Aufl. 2020, § 11 Rn. 3.

aa) Vorzugsaktie ohne Stimmrecht als Ausgangspunkt

(1) Begriffsbestimmung und Zweck

Die Vorzugsaktie ohne Stimmrecht ist in § 139 Abs. 1 Satz 1 AktG legaldefiniert. Danach kann für Aktien, die mit einem Vorzug bei der Verteilung des Gewinns ausgestattet sind, das Stimmrecht ausgeschlossen werden. Der Ausschluss des Stimmrechts muss insoweit zwingend mit einer Bevorzugung in der Gewinnverteilung kompensiert werden. Im Übrigen gewähren Vorzugsaktien dem Aktionär nach § 140 Abs. 1 AktG – mit Ausnahme des Ausschlusses des Stimmrechts und der Gewinnbevorzugung – alle aus der Aktie zustehenden Rechte. Durch die Ausgabe von stimmrechtslosen Vorzugsaktien werden Gesellschaften in die Lage versetzt, ihr Eigenkapital zu erhöhen, ohne zugleich die Mehrheitsverhältnisse in der Gesellschaft zu verschieben.[1055] Der Aspekt der Machtsicherung zielt insbesondere auf Familienunternehmen, aber auch auf sonstige Unternehmen, die über eine ähnlich enge Aktionärsstruktur verfügen, die zwar ihren Kapitalbedarf über den Kapitalmarkt decken möchten, Dritten aber keine bzw. keine wesentliche Einflussnahme auf die Unternehmensführung gewähren möchten.[1056] Die Vorzugsaktie ohne Stimmrecht ist hingegen auch für kapitalanlageorientierte Aktionäre von großer Bedeutung. Der versprochene Gewinnvorzug nimmt für sie einen höheren Rang ein als die theoretische Möglichkeit der Stimmrechtsausübung.[1057]

(2) Praktische Bedeutung

Während die Ausgabe von Vorzugsaktien ohne Stimmrecht insbesondere in den 80er-Jahren stark verbreitet war, ist ihre praktische Bedeutung heutzutage als rückläufig bzw. eher gering einzustufen.[1058] Diese Entwicklung ist vor allem darauf zurückzuführen, dass die Deutsche Börse AG die Aufnahme in die DAX-Indexfamilie (DAX, MDAX, SDAX, TecDAX) maßgeblich an die Höhe der Marktkapitalisierung des jeweiligen Unternehmens knüpft.[1059] Sofern ein Unternehmen mehrere Aktiengattungen, z. B. Stammaktien und Vorzugsaktien

1055 BT-Drs. IV/171, S. 161 zum AktG-E.

1056 MüKoAktG/*Arnold*, 5. Aufl. 2022, § 139 Rn. 4; *Bormann* in: Spindler/Stilz, AktG, 4. Aufl. 2019, § 139 Rn. 7; *Krebs* in: Hölters/Weber, AktG, 4. Aufl. 2022, § 139 Rn. 2.

1057 BT-Drs. IV/171, S. 161 zum AktG-E.

1058 MüKoAktG/*Arnold*, 5. Aufl. 2022, § 139 Rn. 5; *Krebs* in: Hölters/Weber, AktG, 4. Aufl. 2022, § 139 Rn. 2; *Koch* in: Hüffer/Koch, AktG, 15. Aufl. 2021, § 139 Rn. 3.

1059 MüKoAktG/*Arnold*, 5. Aufl. 2022, § 139 Rn. 5; *Krebs* in: Hölters/Weber, AktG, 4. Aufl. 2022, § 139 Rn. 2.

ohne Stimmrecht ausgegeben hat, wird die Marktkapitalisierungsberechnung ausschließlich bezogen auf die jeweils größte und liquideste Aktiengattung gestützt.[1060] Die Aufnahme in die DAX-Indexfamilie wird insoweit Unternehmen verwehrt, welche die erforderliche Marktkapitalisierung zwar in der Gesamtheit ihrer ausgegebenen Aktiengattungen erreichen, jedoch nicht bezogen auf die maßgebliche Aktiengattung. Letztendlich tragen auch weitere Faktoren, wie die Ansiedlung wesentlicher Verwaltungsmacht bei einem eng begrenzten Kreis von Stammaktionären, die aus rechtspolitischer Sicht kritisch gesehen wird, der erhöhte Finanzierungsbedarf durch die Gewährung eines Gewinnvorzugs oder das Risiko einer unterproportionalen Kursentwicklung aufgrund der fehlenden Bedeutung stimmrechtsloser Aktien bei Übernahmen zu einer eher geringen praktischen Bedeutung dieser Aktiengattung bei.[1061] Dennoch darf nicht verkannt werden, dass die Schaffung von Vorzugsaktien ohne Stimmrecht in der Praxis eine wichtige Möglichkeit bietet, das Eigenkapital der Gesellschaft zu erhöhen, ohne zugleich die Mehrheitsverhältnisse in der Gesellschaft zu ändern.

bb) Aktiengattung ohne Gegenantragsrecht

(1) Vorzugsaktie ohne Gegenantragsrecht

(a) Rechtliche Ausgestaltung

Das rechtliche Konstrukt der Vorzugsaktie ohne Stimmrecht lässt sich grundsätzlich auf eine neu einzuführende Aktiengattung ohne Gegenantragsrecht übertragen. Vor allem bei Aktionären, die ausschließlich ein Kapitalanlageinteresse verfolgen und damit an keiner unternehmerischen Betätigung interessiert sind, könnte das Interesse an einem Gewinnvorzug gegen Verzicht auf ihr Gegenantragsrecht geweckt werden. Die Kompensation für den Verzicht auf das Gegenantragsrecht sollte dabei wie bei der Vorzugsaktie ohne Stimmrecht in einer Vorabdividende und/oder Mehrdividende liegen. Andere Vorzüge, die nicht auf den Gewinn des Unternehmens abzielen, kommen zwar in Betracht, sind als Kompensation für das Gegenantragsrecht aufgrund des fehlenden unternehmerischen Interesses der kapitalanlageorientierten Aktionäre aber nicht erstrebenswert. Während der Gesetzgeber die Höhe der Ausgabe von Vorzugsaktien ohne Stimmrecht auf 50 Prozent des Grundkapitals beschränkt, ist eine entsprechende Restriktion für die Ausgabe von Vorzugsaktien ohne

---

1060 Deutsche Börse AG, Guide to the DAX Equity Indices, 09.06.2021, S. 29 f.

1061 MüKoAktG/*Arnold*, 5. Aufl. 2022, § 139 Rn. 5; *Koch* in: Hüffer/Koch, AktG, 15. Aufl. 2021, § 139 Rn. 3.

Gegenantragsrecht nicht erforderlich. Anders als bei der Ausgabe von Vorzugsaktien ohne Stimmrecht besteht bei gegenantragsrechtslosen Aktien nicht die Gefahr, dass eine Mehrheit von Kapitalgebern durch eine Minderheit von Stammaktionären beherrscht wird, da ihnen das Stimmrecht grundsätzlich nicht genommen wird. Die Ausgabe von Aktien ohne Gegenantragsrecht unterliegt im Übrigen den wesentlichen Entstehungsvoraussetzungen, die für die Einführung von Vorzugsaktien ohne Stimmrecht gelten. Sofern bestehende Stammaktien aufgrund einer entsprechenden Satzungsbestimmung in Vorzugsaktien ohne Gegenantragsrecht nachträglich umgewandelt oder Vorzugsaktionären ohne Stimmrecht nachträglich das Gegenantragsrecht aberkannt werden soll, ist dafür die Einzelzustimmung aller benachteiligten Aktionäre erforderlich. Der Gesetzgeber kann auf das Zustimmungserfordernis nicht verzichten oder es durch einen Sonderbeschluss, der eine Dreiviertel-Mehrheit vorsieht, ersetzen. Das Zustimmungserfordernis folgt aus dem verfassungsrechtlichen Schutz des Gegenantragsrechts als Bestandteil des Aktieneigentums (Art. 14 Abs. 1 GG). Insoweit gelten die Ausführungen hinsichtlich der Verfassungsmäßigkeit des Ausschlusses des Gegenantragsrechts durch den Gesetzgeber erst recht für den Ausschluss des Gegenantragsrechts durch den Satzungsgeber.[1062] Dabei ist zu berücksichtigen, dass die fehlende Einzelzustimmung der benachteiligten Aktionäre nicht durch einen Gewinnvorzug ersetzt werden kann. Denn die bloße Gewinnbevorzugung wiegt das fehlende Gegenantragsrecht unter Umständen nicht auf und wird insoweit den Bedürfnissen der unternehmerisch tätigen Aktionäre nicht gerecht. In diesem Zusammenhang ist auch auf die europarechtlichen Ausführungen hinsichtlich des Ausschlusses des Gegenantragsrechts in der Präsenz- und einer zukünftigen virtuellen Hauptversammlung zu verweisen, die ebenfalls einem Ausschluss des Gegenantragsrechts ohne Zustimmung des benachteiligten Aktionärs entgegenstehen.[1063]

(b) Potenzielle Bedeutung in der Praxis und rechtspolitische Erwägungen

Während die Einführung einer gesetzlichen Grundlage zur Schaffung von Vorzugsaktien ohne Gegenantragsrecht grundsätzlich zulässig ist, bedarf es der Klärung, ob ein solches Vorgehen aus praktischer und rechtspolitischer Sicht zu begrüßen ist. Für die Einführung einer Vorzugsaktie ohne Gegenantragsrecht spricht zunächst, dass der Gesellschaft ermöglicht wird, ihr Eigenkapital zu erhöhen, ohne den jungen Aktien ein Gegenantragsrecht gewähren zu müssen.

1062 Siehe D. III. 1. b) aa).

1063 Siehe D. III. 1. b) bb).

Ferner trägt der insoweit erzielte Ausschluss des Gegenantragsrechts dazu bei, dass das Potenzial von Gegenanträgen in der Hauptversammlung verringert wird. Dennoch wird das Risiko einer zweckfremden Wahrnehmung des Gegenantragsrechts durch die Schaffung von Vorzugsaktien ohne Gegenantragsrecht nur bedingt verringert. Denn die Umwandlung von bestehenden Stammaktien in Vorzugsaktien ohne Gegenantragsrecht verlangt die Einzelzustimmung aller benachteiligten Aktionäre. Aktionäre, die vorrangig eigennützige Interessen verfolgen, werden insoweit kaum freiwillig auf eine für sie nachteilige Aktiengattung ausweichen. Im Vergleich zur Vorzugsaktie ohne Stimmrecht dürfte die Vorzugsaktie ohne Gegenantrag sich aber einer größeren praktischen Akzeptanz erfreuen. Da das Gegenantragsrecht für den Großteil der Aktionäre lediglich von theoretischer Natur ist, sind die mit dem Verzicht des Gegenantragsrechts verbundenen Auswirkungen weniger einschneidend als bei einem Verlust des Stimmrechts. Vor diesem Hintergrund wird die Kompensation für das Gegenantragsrecht von wesentlich geringerer Höhe sein als es bei der Vorzugsaktie ohne Stimmrecht der Fall ist. V. a. entspricht dieser Umstand dem Interesse der verbleibenden Stammaktionäre, sodass die erforderliche Kapitalmehrheit hinsichtlich der Einführung von Vorzugsaktien ohne Gegenantragsrecht im Vergleich zu der Vorzugsaktie ohne Stimmrecht leichter zu erreichen sein wird. Der Mehrwert einer Aktiengattung, die nur das Gegenantragsrecht ausschließt, dürfte sich angesichts des mit der Verwaltung mehrerer Aktiengattungen verbundenen Aufwands dennoch in Grenzen halten. Dies gilt umso mehr, als der Satzungsgeber das Gegenantragsrecht nur für Aktionäre ausschließt, die freiwillig auf dieses Recht verzichten und insoweit ohnehin kein Interesse an einer unternehmerischen Betätigung aufweisen.

(2) Vorzugsaktie ohne Stimm- und Gegenantragsrecht

(a) Rechtliche Ausgestaltung

Eine weitere Möglichkeit ist die bestehende Rechtsgrundlage zur Schaffung von Vorzugsaktien ohne Stimmrecht (§§ 12, 139 ff AktG) dahingehend zu erweitern, dass neben dem Stimmrecht auch das Gegenantragsrecht und ggf. weitere versammlungsgebundene Antragsrechte ausgeschlossen werden können. Die Möglichkeit der Ausgabe von Aktien ohne Stimm- und Gegenantragsrecht kann eine nicht unbedeutende Flexibilität in der Ausgestaltung von Aktien bieten. Sofern Aktionäre an keiner unternehmerischen Beteiligung interessiert sind, spricht grundsätzlich nichts dagegen, ihnen sowohl das Stimm- als auch das Gegenantragsrecht zu verwehren. Des Weiteren wird die Gesellschaft regelmäßig ein Interesse daran haben, die unternehmerische Einflussmöglichkeit von Aktionären bei der Ausgabe von Aktien ohne Stimmrecht weitgehend zu beschränken. Dem Satzungsgeber sollte bei der Ausgabe von Aktien ohne Stimmrecht aber dennoch die Entscheidung obliegen, ob der Verlust des Stimmrechts mit dem Verlust des Gegenantragsrechts einhergeht. Dies gewährt eine im Einzelfall ggf. notwendige Flexibilität, um die individuellen Bedürfnisse der Gesellschaft bei der Ausgestaltung der Vorzugsaktie zu berücksichtigen. Im Rahmen der Ausgabe von Vorzugsaktien ohne Stimm- und Gegenantragsrecht wird jedoch zu beachten sein, dass die Ausgabe auf 50 Prozent des Grundkapitals beschränkt ist, um der Gefahr vorzubeugen, dass eine Mehrheit von Kapitalgebern durch eine Minderheit von Stammaktionären beherrscht wird.

(b) Potenzielle Bedeutung in der Praxis und rechtspolitische Erwägungen

Die Vorzugsaktie ohne Stimm- und Gegenantragsrecht hat gegenüber der Vorzugsaktie ohne Gegenantragsrecht und der Vorzugsaktie ohne Stimmrecht den Vorteil, dass der Satzungsgeber die unternehmerische Einflussnahme von Aktionären umfassender begrenzen kann. Außerdem beugt der kumulative Ausschluss des Stimm- und Gegenantragsrecht dem Umstand vor, dass der Aufwand der Gesellschaft hinsichtlich der Ausgabe und Verwaltung der besonderen Aktiengattung nicht außer Verhältnis zu dem Nutzen der Gesellschaft steht. Durch die gesetzliche Einführung von Vorzugsaktien ohne Stimm- und Gegenantragsrecht dürfte zudem die Fungibilität der Aktie nicht maßgeblich beeinträchtigt werden. Dafür spricht insbesondere das US-amerikanische Aktienrecht, das eine hohe Individualität in der Ausgestaltung von Vorzugsaktien gewährleistet.[1064] Die dortige Praxis zeigt, dass es Investoren grundsätzlich zuzumuten ist, sich mit den Besonderheiten der jeweils ausgegebenen Aktiengattungen auseinanderzusetzen. Dennoch darf nicht verkannt werden, dass auch bei der gesetzlichen Einführung von Vorzugsaktien ohne Stimm- und Gegenantragsrecht die Umwandlung von bestehenden Stammaktien aus verfassungs- und europarechtlicher Sicht die Einzelzustimmung aller benachteiligten Aktionäre bedarf. Insoweit gilt auch hier, dass Aktionäre, die vorrangig eigennützige Interessen verfolgen regelmäßig auf keine für sie nachteilige Aktiengattung ausweichen werden.

1064 *Butzke* in: Marsch-Barner/Schäfer, HdB börsennotierte AG, 4. Aufl. 2017, § 6 Rn. 6.40 ff.; *Daske*, Vorzugsaktien in Deutschland, S. 166 ff.; *Loges/Distler*, ZIP 2002, 467 (467).

5. Abwägung der Formalisierungsmöglichkeiten des Gegenantragsrechts

Für die Formalisierung des Gegenantragsrechts steht dem Gesetzgeber eine Vielzahl von Gestaltungsmöglichkeiten offen. Die Zulässigkeit mehrerer Gestaltungsmöglichkeiten erfordert insoweit eine Abwägung aller in Betracht kommenden Formalisierungsmöglichkeiten des Gegenantragsrechts. Von entscheidender Bedeutung ist welche verfassungs- und europarechtlich zulässige Formalisierungsmöglichkeit dem Formalisierungszweck hinreichend gerecht wird und zugleich die Interessen der Beteiligten in angemessener Weise Rechnung trägt. Dabei sind insbesondere auch rechtspolitische Erwägungen zu berücksichtigten. Da der vollständige Ausschluss des Gegenantragsrechts, sowohl bei der Präsenz- als auch bei der virtuellen Hauptversammlung bzw. einer zukünftigen virtuellen Hauptversammlung aus verfassungs- und europarechtlicher Sicht nicht zulässig ist, beschränkt die Abwägung der Formalisierungsmöglichkeiten sich auf die Verlagerung der Gegenantragstellung auf einen Zeitpunkt vor der Hauptversammlung, die Bindung dergleichen an eine Kapitalschwelle sowie die Änderung des AktG hinsichtlich der Zulässigkeit von Vorzugsaktien ohne Stimm- und Gegenantragsrecht.

Die Einführung einer gesetzlichen Grundlage zur Ausgabe von Vorzugsaktien ohne Stimm- und Gegenantragsrecht eignet sich für die Verfolgung des Formalisierungszwecks des Gegenantragsrechts nur bedingt. Im Ergebnis wird sie dem eigentlichen Problem, nämlich der zweckfremden Wahrnehmung des Gegenantragsrechts, nicht hinreichend gerecht. Sie kann vielmehr eine zusätzliche Flexibilität in der Ausgestaltung von Aktien besonderer Gattung gewähren, die zumindest dann von Bedeutung ist, wenn der Satzungsgeber ohnehin beabsichtigt, Vorzugsaktien ohne Stimmrecht auszugeben. Sofern die Formalisierung des Gegenantragsrechts in der Form der Bindung an eine Kapitalschwelle erfolgt, ist die Notwendigkeit der Einführung einer gesetzlichen Grundlage für die Ausgabe von Vorzugsaktien ohne Stimm- und Gegenantragsrecht äußerst gering, da das Gegenantragsrecht einem nur sehr begrenzten Aktionärskreis zusteht. Insoweit wird insbesondere den eigennützig agierenden Kleinst- und Kleinaktionären das Gegenantragsrecht ohnehin schon vorenthalten.

Vielversprechend erscheint die Verlagerung des Gegenantragsrechts auf einen Zeitpunkt vor der Hauptversammlung, wobei die Gegenantragstellung nicht nur den Voraussetzungen des § 126 Abs. 1 AktG unterworfen, sondern auch die Versammlungsgebundenheit des Gegenantragsrechts als solches aufgehoben wird. Die Vorverlagerung des Gegenantragsrechts hat den Vorteil, dass den Aktionären spontane Gegenanträge in der Hauptversammlung verwehrt werden.

Dies hat zur Folge, dass einerseits die begrenzten Ressourcen der Hauptversammlung geschont und andererseits ihre Funktionsfähigkeit und Effektivität gesteigert werden, indem das von *adhoc* gestellten Gegenanträgen ausgehende Störpotenzial ausgeschlossen wird. Zudembietet die Anknüpfung des Gegenantragsrechts an die Voraussetzungen des § 126 Abs. 1 AktG ein formalisiertes Verfahren, das eine gleichberechtigte Teilnahme aller Aktionäre ermöglicht. Die Publizitätspflicht und die 14-Tage-Frist des § 126 Abs. 1 AktG führen dazu, dass Aktionären, die ihre Meinungsbildung und Stimmabgabe bereits weit im Vorfeld der Hauptversammlung vollziehen, eine gleichberechtigte Partizipation an den gestellten Gegenanträgen offensteht. Zudem beugt sie der Gefahr der Bildung von Zufallsmehrheiten in der Hauptversammlung zugunsten der Aktionärsdemokratie vor. Die Schwachstelle der Vorverlagerung des Gegenantragsrechts unter Anknüpfung an die Voraussetzungen des § 126 Abs. 1 AktG liegt in einem (weiterhin) bestehenden Missbrauchspotenzial. Durch den Ausschluss spontaner Gegenanträge in der Hauptversammlung wird zwar die Hauptversammlung als solche von einer entsprechenden Gegenantragstellung verschont, das Gegenantragsrecht bleibt *de facto* aber einer missbräuchlichen Wahrnehmung zugänglich. Denn das Gegenantragsrecht steht weiterhin jedem Aktionär zu, der mindestens eine Aktie hält. Um in den Genuss der Vorteile der Vorverlagerung des Gegenantragsrechts zu kommen, ohne zugleich das Risiko einer zweckfremden Wahrnehmung des Gegenantragsrechts aufrecht zu erhalten, bietet sich eine Kombination der Vorverlagerung des Gegenantragsrechts mit der Bindung desselben an eine bestimmte Kapitalschwelle an. Insoweit kann gewährleistet werden, dass nur Aktionäre, die eine gewichtete Beteiligung an der Gesellschaft halten, Gegenanträge stellen können. Dabei ist das Interesse an der Ausübung des Gegenantragsrechts in ein proportionales Verhältnis zu der Beteiligungshöhe zu stellen. Um die Ausübung des Gegenantragsrechts weder durch zu hohe Kapitalschwellen unnötig zu erschweren noch durch zu niedrige Hürden einer zweckfremden Wahrnehmung zugänglich zu lassen, ist ein Quorum i. H. v. drei Prozent des Grundkapitals und ein alternativer anteiliger Betrag i. H. v. 300.000 Euro am Grundkapital sachgerecht. Die ausschließliche Bindung der Ausübung des Gegenantragsrechts an eine Kapitalschwelle ist insoweit abzulehnen, als dass sie keine gleichberechtigte Teilnahme aller Aktionäre ermöglicht. Die Einführung einer Kapitalschwelle reduziert zwar die Anzahl der gestellten Gegenanträge, indem nur noch Aktionäre, die über eine gewichtete Beteiligung verfügen, das Gegenantragsrecht ausüben können. Sie lässt jedoch den Umstand unberücksichtigt, dass die Hauptversammlung regelmäßig nur noch aus der Willensfeststellung in Form der Stimmenauszählung und Beschlussfeststellung besteht.[1065] Da bei einem Großteil der Aktionäre die Willensbildung und Stimmrechtsabgabe regelmäßig bereits weit im Vorfeld der Hauptversammlung erfolgt, verbleibt zudem das Risiko, dass sich hinsichtlich unangekündigter Gegenanträge Zufallsmehrheiten in der Hauptversammlung zulasten der Aktionärsdemokratie bilden.

Im Ergebnis ist die Stellung von Gegenanträgen daher nicht nur an die Voraussetzungen des § 126 Abs. 1 AktG zu knüpfen, sondern auch an ein Quorum i. H. v. drei Prozent des Grundkapitals bzw. einen alternativen anteiligen Betrag i. H. v. 300.000 Euro am Grundkapital der Gesellschaft.

6. Formalisierung des Wahlvorschlagsrechts und sonstiger Antragsrechte

a) *Wahlvorschläge*

Die Formalisierung des Gegenantragsrechts lässt die Einbringung von aktionärsseitigen Wahlvorschlägen i. S. d. § 127 AktG in der Hauptversammlung grundsätzlich unberührt. Um das davon ausgehende Störpotenzial mit Blick auf die Hauptversammlung ebenfalls zu reduzieren, bietet sich eine dem Gegenantragsrecht entsprechende Formalisierung an. Zwar stellen Wahlvorschläge aufgrund der gesetzlichen Systematik keine Gegenanträge dar, beide Aktionärsrechte weisen aber eine vergleichbare Rechtsnatur und eine nahezu deckungsgleiche praktische Bedeutung hinsichtlich der Hauptversammlungsdurchführung auf.[1066] Insoweit erklärt der Gesetzgeber gemäß § 127 AktG die Voraussetzungen der Publizitätspflicht für Gegenanträge nach § 126 AktG auch für Wahlvorschläge sinngemäß für anwendbar. Aufgrund der Vergleichbarkeit von Gegenanträgen und Wahlvorschlägen erscheint eine unterschiedliche Handhabung der Aktionärsrechte sachfremd zu sein. Die Grundsätze der Reformierung des Gegenantragsrechts sind daher auch auf die Einbringung von Wahlvorschlägen in der Hauptversammlung zu übertragen, um die Funktionsfähigkeit und Effektivität der Präsenz- und einer zukünftigen virtuellen Hauptversammlung insoweit sicherzustellen bzw. zu steigern. Verfassungs- und europarechtliche Besonderheiten ergeben sich aufgrund der Vergleichbarkeit der Rechte nicht.

1065 *Seibt/Danwerth*, AG 2021, 369 (371).

1066 MüKoAktG/*Kubis*, 5. Aufl. 2022, § 127 Rn. 1 f.

b) Verfahrensanträge

Die Stellung von Verfahrensanträgen in der Hauptversammlung könnte ebenfalls einer Formalisierung entsprechend dem Gegenantragsrecht zu unterziehen sein. Dabei ist zu berücksichtigen, dass Verfahrensanträge unter Umständen zugleich als Gegenanträge zu qualifizieren sind. Insbesondere ist dies der Fall, soweit der Verfahrensantrag auf die Vertagung bzw. Abberufung von Tagesordnungspunkten gerichtet ist. In diesen Fällen wird die Formalisierung der Verfahrensanträge bereits von dem Umfang der Formalisierung des Gegenantragsrechts erfasst. Bei sonstigen Verfahrensanträgen, die nicht von dem Gegenantragsbegriff erfasst sind, ist fraglich, ob sie solchen Besonderheiten unterliegen, die eine unterschiedliche Handhabung rechtfertigen. Dabei handelt es sich um Verfahrensanträge, die auf die Abwahl und Neuwahl des Versammlungsleiters, die Änderung der Abstimmungsform sowie auf eine Einzelentlastung der Mitglieder des Vorstands und/oder des Aufsichtsrats abzielen. Für diese Verfahrensanträge ist zunächst festzuhalten, dass sie ähnlich wie das Gegenantragsrecht nicht selten von Aktionären zu eigennützigen Zwecken missbraucht werden.[1067] Oftmals werden Verfahrensanträge von aktivistischen Aktionären dazu genutzt, um den Ablauf der Hauptversammlung zu stören, die Autorität des Versammlungsleiters zu schwächen oder beschlussanfechtungsrelevante Fehler bei dem Versammlungsleiter zu provozieren, die anschließend Gegenstand eines gerichtlichen Verfahrens sind.[1068] Das Störpotenzial von Verfahrensanträgen ist insoweit vergleichbar mit dem der Gegenanträge.[1069] Im Gegensatz zu dem Gegenantragsrecht besteht bei der Stellung von Verfahrensanträgen jedoch die Besonderheit, dass Aktionäre mit der Antragstellung grundsätzlich keinen Einfluss auf die Geschäftspolitik der Gesellschaft nehmen können. Da Verfahrensanträge gegenständlich auf das Verfahren der Hauptversammlung beschränkt sind, entfaltet ihre Formalisierung entsprechend dem Gegenantragsrecht eine weniger einschneidende Wirkung als die Formalisierung des Gegenantragsrechts. Die Ausführungen zur Formalisierung des Gegenantragsrechts gelten daher entsprechend für Verfahrensanträge.[1070] Eine Ausnahme könnte lediglich für die Stellung eines Verfahrensantrags hinsichtlich der Ab- und

1067 *Schwartzkopf/Hoppe*, Handhabung von Aktionärsanträgen und Verlangen in der HV, 23.01.2013, S. 1.

1068 *Schwartzkopf/Hoppe*, Handhabung von Aktionärsanträgen und Verlangen in der HV, 23.01.2013, S. 1.

1069 Siehe B. III. 1.

1070 Siehe D. III. 5.

Neuwahl des Versammlungsleiters in Betracht kommen. Der Ausschluss einer spontanen Antragstellung würde nämlich verhindern, dass die Hauptversammlung auf ein grobes Fehlverhalten des Versammlungsleiters nicht mehr im Wege des Austausches des Versammlungsleiters reagieren könnte. Gegen die Ermöglichung einer entsprechenden *Adhoc*-Antragstellung spricht jedoch der Umstand, dass eine kurzfristige Auswechslung des Versammlungsleiters die erfolgreiche Durchführung der Hauptversammlung erheblich erschwert, da selbst erfahrene Versammlungsleiter regelmäßig auf eine angemessene Vorbereitungszeit angewiesen sind.[1071] Zudem werden Aktionäre bei Fehlern des Versammlungsleiters bereits durch ihr Beschlussanfechtungsrecht umfassend geschützt.[1072] Im Übrigen hat die virtuelle Hauptversammlungspraxis gezeigt, dass eine Notwendigkeit für eine spontane Verfahrensantragstellung aus praktischer Sicht nicht besteht. Die Formalisierung des Gegenantragsrechts ist daher auf die Stellung von Verfahrensanträgen entsprechend zu erstrecken.

c) *Ergänzende Sachanträge*

Abschließend ist zu klären, ob der Gesetzgeber die noch verbleibenden Sachantragsmöglichkeiten in der Hauptversammlung ebenfalls einer vergleichbaren Formalisierung unterziehen sollte. Angesichts des Umstands, dass die beschlussfähigen Gegenstände der Hauptversammlung nach § 124 Abs. 4 Satz 1, 2 AktG durch die Reichweite der ordnungsgemäß bekanntgemachten Gegenstände der Tagesordnung begrenzt werden, besteht neben den Gegenanträgen nur wenig Platz für die Zulässigkeit weiterer Sachanträge. Sofern die Stellung von Sachanträgen zu nicht ordnungsgemäß bekanntgemachten Tagesordnungspunkten erfolgt, bedarf ihre Antragstellung einem vorherigen Verlangen auf Ergänzung der Tagesordnung nach § 122 Abs. 2 AktG. Nicht bekanntmachungspflichtige Sachanträge, die nicht zugleich als Gegenanträge zu qualifizieren sind, beschränken sich insoweit auf Sachanträge, die lediglich einen bekannt gemachten Tagesordnungspunkt ergänzen. In Betracht kommen nur Anträge über die Bestellung von Sonderprüfern nach § 142 Abs. 1 AktG sowie Anträge über die Geltendmachung von Schadensersatz gegen einzelne oder alle Organmitglieder nach § 147 Abs. 1, 2 Satz 1 AktG, sofern die Vorlage eines Sonderprüfungsberichts als Tagesordnungspunkt ordnungsgemäß bekannt gemacht worden ist.[1073] Die praktische Bedeutung und das Störpotenzial der Stellung von ergänzenden Sachanträgen

---

1071 *Rose*, NZG 2007, 241 (241).
1072 MüKoAktG/*Kubis*, 5. Aufl. 2022, § 119 Rn. 115.
1073 MüKoAktG/*Kubis*, 5. Aufl. 2022, § 124 Rn. 67.

in Bezug auf den Ablauf der Hauptversammlung sowie die Rechtssicherheit gefasster Hauptversammlungsbeschlüsse entsprechen im Wesentlichen den Ausführungen zur Gegenantragstellung.[1074] Da die Stellung von ergänzenden Sachanträgen weder an eine Kapitalschwelle noch der Hauptversammlung vorgelagert ist, wird sie ebenfalls nicht selten von Kleinst- und Kleinaktionären dazu genutzt, um eigennützige Ziele mit einer entsprechenden Antragstellung zu verfolgen. Sofern der Gesetzgeber lediglich die Stellung von Gegenanträgen und Verfahrensanträgen sowie die Einbringung von Wahlvorschlägen vor die Hauptversammlung verlagert und an eine Kapitalschwelle bindet,[1075] besteht die Gefahr, dass aktivistische Aktionäre vermehrt auf die Stellung von ergänzenden Sachanträgen ausweichen. Um dies zu verhindern, und das von den ergänzenden Sachanträgen ausgehende Störpotenzial insgesamt angemessen zu reduzieren, ist die Formalisierung des Gegenantragsrechts auch auf die Stellung ergänzender Sachanträge auszuweiten. Hinsichtlich der Verfassungs- und europarechtlichen Bedenken gelten die Ausführungen in Bezug auf die Formalisierung des Gegenantragsrechts entsprechend.

7. Formalisierung kraft Gesetz

Die Formalisierung der versammlungsgebundenen Antragsrechte und des Wahlvorschlagsrechts kann der Gesetzgeber entweder selbst vornehmen oder durch die Schaffung einer entsprechenden Satzungsermächtigung auf die Hauptversammlung delegieren. Ersteres hat den Vorteil, dass der Gesetzgeber die Ausgestaltung des Gegenantragsrechts abstrakt-generell und insoweit allgemeingültig regeln kann. Ermächtigt der Gesetzgeber hingegen die Hauptversammlung, die Ausgestaltung des Gegenantragsrechts unmittelbar selbst vorzunehmen oder eine entsprechende Vornahme an den Vorstand der Gesellschaft zu delegieren, besteht die Gefahr, dass ein wesentliches Aktionärsrecht bei grundsätzlich vergleichbaren Aktiengesellschaften unterschiedlich ausgestattet ist. Angesichts der hohen Bedeutung des Gegenantragsrechts für unternehmerisch agierende Kapitalgeber könnte ein zusätzlicher Blick in die Satzung die Fungibilität der Aktie beeinträchtigen.[1076] Außerdem ist zu beachten, dass der satzungsändernde Beschluss nach § 179 Abs. 2 Satz 1 AktG einer Zustimmung von mindestens drei Viertel des bei der Beschlussfassung vertretenen Grundkapitals bedarf. Dieses Erfordernis dürfte die Erfolgsaussichten einer entsprechenden Beschlussfassung

1074 Siehe B. III. 1.

1075 Siehe D. III. 5. sowie D. III. 6. a) und D. III. 6. b).

1076 MüKoAktG/*Pentz*, 5. Aufl. 2019, § 23 Rn. 158.

und damit die praktische Bedeutung einer Formalisierung des Gegenantragsrechts schmälern. Letztendlich besteht für die Delegation der Ausgestaltung des Gegenantragsrechts auf den Satzungsgeber bzw. den Vorstand keine Notwendigkeit. Insbesondere haben die praktischen Erfahrungen mit der virtuellen Hauptversammlung nach dem COVID-19-G gezeigt, dass es bei der Ausgestaltung des Gegenantragsrechts keiner Satzungsermächtigung bedarf, um den individuellen Bedürfnissen der Gesellschaften ausreichend Rechnung zu tragen.[1077] Die Einräumung einer entsprechenden Satzungsautonomie begründet keinen wesentlichen Mehrwert, sondern erschwert vielmehr die Formalisierung des Gegenantragsrechts. Eine entsprechende Satzungsermächtigung könnte allenfalls bei kleinen Aktiengesellschaften, die sich nicht über den Kapitalmarkt finanzieren, vorteilhaft sein, da die Fungibilität der Aktien insoweit weniger stark ausgeprägt ist. Eine unterschiedliche Handhabung bei börsen- und nicht börsennotierten Gesellschaften ist mit Blick auf die Veorbeugung einer gespaltenen Rechtsausübung sowie wegen des Erfordernisses einer drei Viertel Mehrheit abzulehnen. Die Ausgestaltung des Gegenantragsrechts durch den Gesetzgeber selbst ist daher vorzugswürdig.

IV. Vorschlag zur Neuregelung des AktG

Das Gegenantragsrecht ist im AktG von einer Formalisierung weitestgehend verschont geblieben. Angesichts des Umstands, dass das Gegenantragsrecht nicht selten zu eigennützigen Zwecken in Anspruch genommen wird und insoweit erhebliche negative Auswirkungen auf die Effizienz der Hauptversammlung entfaltet, erscheint die gesetzliche Anknüpfung des Gegenantragsrechts an strengere Voraussetzungen hinsichtlich Aktionärsstellung, Verfahren, Form und Frist längst überfällig zu sein. Dies gilt umso mehr, als der Gesetzgeber sich aufgrund der praktischen Erfahrungen aus den zurückliegenden virtuellen Hauptversammlungssaisons dem Druck der Einführung einer zukunftsfähigen, virtuellen Hauptversammlung ausgesetzt sehen dürfte. Eine Neuregelung des AktG erscheint daher geboten. Die Zuständigkeit für die Änderung des AktG liegt gem. Art. 74 Abs. 1 Nr. 11 (Recht der Wirtschaft), 72 Abs. 1 und 2 GG bei dem Bundesgesetzgeber.[1078]

1077 VGR, Reform der Hauptversammlung börsennotierter Gesellschaften, Vorschläge der Gesellschaftsrechtlichen Vereinigung – Wissenschaftliche Vereinigung für Unternehmens- und Gesellschaftsrecht VGR e. V., S. 17 f.

1078 Zu den Einzelheiten siehe D. II. 1. a) cc) (1).

1. Wortlaut der Neuregelung im AktG

Angezeigt erscheint es, § 126 Abs. 1 AktG wie folgt neu zu fassen:

> *(1) Aktionäre, deren Anteile zusammen drei Prozent des Grundkapitals oder den anteiligen Betrag von 300.000 Euro erreichen, können einen Antrag gegen einen Vorschlag von Vorstand und Aufsichtsrat zu einem bestimmten Punkt der Tagesordnung stellen, indem der Antrag mindestens 14 Tage vor der Versammlung der Gesellschaft an die in der Einberufung hierfür mitgeteilte Adresse oder über ein von der Gesellschaft eingerichtetes elektronisches Portal übermittelt wird. Der Tag des Zugangs des Antrags ist nicht mitzurechnen. Die Antragsteller haben nachzuweisen, dass sie seit mindestens 90 Tagen vor dem Tag des Zugangs des Antrags Inhaber der Aktien sind. Der Antrag ist einschließlich des Namens des Aktionärs oder der Aktionäre, der Begründung und einer etwaigen Stellungnahme der Verwaltung den in § 125 Absatz 1 bis 3 genannten Berechtigten unter den dortigen Voraussetzungen zugänglich zu machen. Bei börsennotierten Gesellschaften hat das Zugänglichmachen über die Internetseite der Gesellschaft zu erfolgen. § 125 Abs. 3 gilt entsprechend.*

Hinsichtlich § 126 Abs. 2 Satz 1 AktG erscheint es geboten, die Ausschlusstatbestände Nr. 6 und 7 ersatzlos zu streichen.

§ 126 AktG sollte um einen Absatz 4 ergänzt werden:

> *(4) Für* Anträge zum Verfahren der Hauptversammlung und Anträge, die die ordnungsgemäß bekanntgemachten Tagesordnungspunkte *ergänzen, gelten die Absätze 1 bis 3 entsprechend.*

2. Steigerung der Effizienz und Funktionsfähigkeit der Hauptversammlung

Durch die vorgeschlagene Gesetzesänderung wird die Effizienz und Funktionsfähigkeit der Hauptversammlung erheblich verbessert. Die Neufassung des § 126 Abs. 1 AktG beabsichtigt, dass von den Gegenanträgen ausgehende Störpotenzial in der Hauptversammlung zu verringern sowie die Effizienz der Hauptversammlung und insbesondere die Rechtssicherheit gefasster Hauptversammlungsbeschlüsse zu erhöhen. Die Vorverlagerung des Gegenantragsrechts hat zur Folge, dass Aktionäre keine spontanen Gegenanträge mehr in der Hauptversammlung stellen können. Darüber hinaus hat diese Änderung Auswirkungen auf die Rechtsnatur des Gegenantragsrechts, da insoweit die Versammlungsgebundenheit des Rechts aufgehoben wird. Um den Aktionären und insbesondere den Aktionären, welche die Willensbildung und Stimmrechtsabgabe bereits weit im Vorfeld der Hauptversammlung vollziehen, eine gleichberechtigte Teilnahme hinsichtlich der gestellten Gegenanträge zu gewähren, wird die Antragstellung an eine 14-Tage-Frist geknüpft und der Publizität durch die Gesellschaft unterworfen. Die Übermittlung des Gegenantrags hat an die in der

Einberufung hierfür mitgeteilte Adresse oder über ein von der Gesellschaft eingerichtetes elektronisches Portal zu erfolgen. Letzteres ermöglicht der Gesellschaft, die Stellung eines Gegenantrags in etwaig bestehende oder zu errichtende gesellschaftsbezogene Hauptversammlungsportale zu implementieren. Die Bindung des Gegenantragsrechts an ein Quorum i. H. v. drei Prozent des Grundkapitals oder einen anteiligen Betrag i. H. v. 300.000 Euro am Grundkapital hat zur Folge, dass das Gegenantragsrecht Aktionären vorbehalten ist, die einen gewichteten Aktienbesitz an der Gesellschaft halten und damit ein ernstzunehmendes unternehmerischen Interesse mit ihrer Beteiligung verfolgen. Kleinst- und Kleinaktionäre, die aufgrund ihrer Beteiligungshöhe keinen relevanten Einfluss auf die Willensbildung der Gesellschaft im Rahmen der Hauptversammlung haben, werden insoweit auf ihr Kapitalanlageinteresse verwiesen. Dies beugt dem Umstand vor, dass das Gegenantragsrecht oftmals von Kleinst- und Kleinaktionären in Anspruch und u. U. missbraucht wird. Einer missbräuchlichen Überwindung der Kapitalschwelle wird zudem durch die Anknüpfung des erforderlichen Anteilsbesitzes an eine Vorbesitzzeit i. H. v. 90 Tagen entgegengewirkt. Der Nachweis über das Erreichen der Kapitalschwelle und der Vorbesitzzeit der Aktien ist mit Übermittlung des Gegenantrags zu erbringen.

Die Ausschlusstatbestände in § 126 Abs. 2 Satz 1 Nr. 6 und 7 AktG sind ersatzlos zu streichen. Aufgrund der Aufhebung der Versammlungsgebundenheit des Gegenantragsrechts besteht kein Bedürfnis, die Antragstellung an die Teilnahme an der Hauptversammlung zu binden.

Angesichts des Umstands, dass § 127 Satz 1 AktG den § 126 AktG für Vorschläge eines Aktionärs zur Wahl von Aufsichtsratsmitgliedern oder von Abschlussprüfern § 126 AktG sinngemäß für anwendbar erklärt, gelten die Ausführungen auch für entsprechende Wahlvorschläge. Dies berücksichtigt die Tatsache, dass von Wahlvorschlägen von Aktionären ein vergleichbares Störpotenzial ausgeht.

§ 126 Absatz 4 erklärt die Abs. 1–3 für Anträge zum Verfahren der Hauptversammlung und für Anträge, welche die ordnungsgemäß bekanntgemachten Tagesordnungspunkte ergänzen, für entsprechend anwendbar. Von diesen Antragsrechten geht ein mit dem Gegenantrag vergleichbares Störpotenzial aus. Insoweit wird die Versammlungsgebundenheit dieser Anträge aufgehoben und die Antragstellung an die in den Abs. 1–3 normierten Voraussetzungen geknüpft. Anträge zu dem Verfahren der Hauptversammlung können auf die Abwahl und Neuwahl des Versammlungsleiters, die Änderung der Abstimmungsform, die Einzelentlastung von Vorstand und/oder Aufsichtsrat oder die Vertagung bzw. Abberufung von Tagesordnungspunkten abzielen. Für Sachanträge, welche die ordnungsgemäß bekanntgemachten Tagesordnungspunkte lediglich ergänzen, finden die Abs. 1–3 entsprechend Anwendung. In Betracht kommen insoweit insbesondere Anträge über die Bestellung von Sonderprüfern nach § 142 Abs. 1 AktG und Anträge auf Geltendmachung von Schadensersatz gegen einzelne oder alle Organmitglieder nach § 147 Abs. 2 Satz 2 AktG, soweit sie gegenständlich von der Tagesordnung umfasst sind.

3. Vereinbarkeit mit dem Verfassungs- und Europarecht

Ändert der Gesetzgeber die aktienrechtliche Ausgestaltung des Gegenantragsrechts bzw. sonstiger versammlungsgebundener Antragsrechte, beeinträchtigt dies unmittelbar das verfassungsrechtlich geschützte Aktieneigentum aus Art. 14 GG, sodass die Neuregelung als Inhalts- und Schrankenbestimmung die Interessen der Beteiligten in einen angemessenen Ausgleich bringen muss.[1079] Der benannte Gesetzesvorschlag zur Änderung des § 126 AktG und insbesondere die Verlagerung der Stellung von Gegen-, Verfahrens- und ergänzenden Sachanträgen vor die Hauptversammlung sowie die Bindung der Antragstellung an die benannte Kapitalschwelle stehen im Einklang mit den verfassungsrechtlichen Anforderungen.[1080] Gleiches gilt mit Blick auf die europäischen Vorgaben.[1081]

1079 Zu den Einzelheiten siehe D. II. 1. a).
1080 Zu den Einzelheiten siehe D. III. 2. b) aa) (1).
1081 Zu den Einzelheiten siehe D. III. 2. b) aa) (2).

E. Schlussbetrachtung in Thesen

Die in dieser Arbeit gewonnen Erkenntnisse lassen sich abschließend in den nachfolgend aufgestellten Thesen zusammenfassen:

1. Die Hauptversammlung ist ein notwendiges Organ der Aktiengesellschaft durch das die Aktionäre kraft ihres Mitgliedschaftsrechts für die Gesellschaft willensbildend tätig werden. Nach dem aktienrechtlichen Leitbild ist die Hauptversammlung eine physische Zusammenkunft der Aktionäre und der Funktionsträger an einem bestimmten Ort zu einer bestimmten Zeit. Den Aktionären steht ein unabdingbares Recht auf physische Teilnahme an der Hauptversammlung zu. Die Durchführung einer virtuellen Hauptversammlung unter Ausschluss der physischen Präsenz der Aktionäre und ihrer Bevollmächtigten ist nach den geltenden aktienrechtlichen Bestimmungen unzulässig.

2. Neue Medien wecken zunehmend die Hoffnung, die Schwächen der Präsenz-Hauptversammlung zu minimieren. Seit Jahrzehnten leidet die Hauptversammlung unter Präsenzproblemen zulasten der Aktionärsdemokratie. Ein Grund dafür dürfte darin liegen, dass der Aufwand an Zeit und Geld, der für eine physische Teilnahme an der Hauptversammlung von den Aktionären aufzubringen ist, regelmäßig außer Verhältnis zu dem Mehrwert einer Hauptversammlungsteilnahme steht. Die ortsungebundene virtuelle Teilnahme an der Hauptversammlung beugt diesem Missverhältnis vor. Die Durchführung einer virtuellen Hauptversammlung wirkt sich aber nicht nur auf den Aufwand hinsichtlich der Hauptversammlungsteilnahme aus, sondern ist grundsätzlich auch in der Lage, die Kosten, die auf Seiten der Gesellschaft für die Durchführung der Hauptversammlung entstehen, im Vergleich zur Präsenz-Hauptversammlung um mehr als 50 Prozent zu reduzieren.

3. Die Effizienz der Hauptversammlung und insbesondere die Rechtssicherheit gefasster Hauptversammlungsbeschlüsse werden zu einem nicht unerheblichen Teil durch die Publizität und Stellung von Gegenanträgen tradiert. Die überwiegende Mehrheit der großen deutschen börsennotierten Gesellschaften wird alljährlich mit Gegenanträgen gegen bekanntgemachte Beschlussvorschläge der Verwaltung konfrontiert. Dabei treten insbesondere Aktionäre mit geringen Beteiligungen am Grundkapital der Gesellschaft in Erscheinung. Oftmals ist die Gegenantragsankündigung und -stellung Ausdruck einer (vermeintlichen) Ohnmacht bzw. eines Protests der Klein- bzw.

Kleinstaktionäre oder ihrer Vereinigungen zur Erzielung eines Öffentlichkeitseffekts. Nicht selten wird die Publizitätspflicht von Gegenanträgen nach § 126 AktG oder die Stellung von Gegenanträgen in der Hauptversammlung zudem missbraucht, um gezielt formelle oder materielle Rechtsverstöße bei der Gesellschaft bzw. dem Versammlungsleiter herbeizuführen, um sie anschließend zu der Befriedigung eigennütziger Zwecke im Wege von Anfechtungsklagen nutzen zu können.

4. Das Gegenantragsrecht ist ein wesentliches Aktionärsrecht, mit dem Aktionäre auf die Geschäftspolitik der Gesellschaft Einfluss nehmen können. Als versammlungsgebundenes Recht wird es unmittelbar aus dem Teilnahmerecht an der Hauptversammlung abgeleitet, das wiederum Ausfluss aus der aktienrechtlichen Mitgliedschaft ist und durch die Aktie selbst verkörpert wird. Aufgrund der Versammlungsgebundenheit des Gegenantragsrechts muss die Antragstellung zwingend in der Hauptversammlung erfolgen.

5. Während viele Aktionärsrechte im AktG bereits stark formalisiert sind, hat das Gegenantragsrecht eine vergleichbare Formalisierung noch nicht erfahren. Das Gegenantragsrecht unterliegt grundsätzlich keinen besonderen Voraussetzungen hinsichtlich Verfahren, Form und Frist. Dies führt nicht zuletzt zu einem wesentlichen Stör- und Missbrauchspotenzial. Durch eine Formalisierung des Gegenantragsrechts kann einerseits bezweckt werden, dass das Störpotenzial in der Hauptversammlung reduziert wird und andererseits die Rechtssicherheit gefasster Hauptversammlungsbeschlüsse gesteigert wird. Darüber hinaus kann die Gefahr der Bildung von Zufallsmehrheiten in der Hauptversammlung bei *adhoc* gestellten Gegenanträgen zugunsten der Aktionärsdemokratie ausgeschlossen werden.

6. Der vollständige Ausschluss des Gegenantragsrechts ist sowohl in der Präsenz- als auch in der virtuellen Hauptversammlung verfassungs- und europarechtlich grundsätzlich unzulässig. Eine Ausnahme besteht für den vorübergehenden Ausschluss der Stellung von Gegenanträgen in der virtuellen Hauptversammlung nach Art. 2 § 1 Abs. 2 COVID-19-G. Die pandemiebedingten Gegebenheiten, insbesondere die Alternativlosigkeit der Einführung einer virtuellen Hauptversammlung zur Wiederherstellung der Handlungsfähigkeit der Gesellschaften unter Wahrung der Gesundheit der Hauptversammlungsteilnehmer sowie der Volksgesundheit, sind von derart hoher Bedeutung, dass sie einen vorübergehenden Ausschluss des Gegenantragsrechts in der virtuellen Hauptversammlung verfassungs- und europarechtlich rechtfertigen.

7. Die Vorverlagerung des Gegenantragsrechts auf einen Zeitpunkt vor Beginn der Hauptversammlung ist verfassungs- und europarechtlich grundsätzlich nicht zu beanstanden. Sie führt zu einem Ausschluss der Stellung spontaner Gegenanträge in der Hauptversammlung. Ausgehend von Art. 14 GG und dem Verhältnismäßigkeitsgrundsatz im engeren Sinne ist der letztmögliche Zeitpunkt der Gegenantragstellung so zu wählen, dass die berechtigten Interessen der beteiligten Aktionäre in einen angemessenen Ausgleich gebracht werden. Da der Großteil der privaten und institutionellen Anleger sein Stimmrecht bereits weit im Vorfeld der Hauptversammlung (z. B. durch Briefwahl oder Weisungserteilung an den Stimmrechtsvertreter der Gesellschaft bzw. an Intermediäre oder Aktionärsvereinigungen) ausübt, gewährleistet die Anknüpfung der Gegenantragstellung an die 14-Tage-Frist und die Publizität des § 126 Abs. 1 Satz 1 AktG eine gleichberechtigte Teilnahme aller Aktionäre hinsichtlich der gestellten Gegenanträge. Insoweit wird zudem der Gefahr der Bildung von Zufallsmehrheiten in der Hauptversammlung zugunsten der Aktionärsdemokratie vorgebeugt.

8. Eine Schwachstelle der Vorverlagerung des Gegenantragsrechts, unter Anknüpfung an die Voraussetzungen des § 126 Abs. 1 AktG, ist ein (fort-)bestehendes Missbrauchspotenzial des Gegenantragsrechts. Durch den Ausschluss spontaner Gegenanträge in der Hauptversammlung wird zwar die Hauptversammlung als solche von entsprechenden Gegenanträgen verschont, das Gegenantragsrecht bleibt *de facto* aber einer missbräuchlichen Wahrnehmung zugänglich. Denn das Gegenantragsrecht steht weiterhin jedem Aktionär zu, der mindestens eine Aktie hält.

9. Um dem Risiko einer zweckfremden Wahrnehmung des Gegenantragsrechts stärker vorzubeugen, sollte neben der Vorverlagerung des Gegenantragrechts auch auf die Einführung einer Kapitalschwelle zurückgegriffen werden. Kleinst- und Kleinaktionäre können verfassungs- und europarechtlich auf die vermögenrechtliche Komponente des Aktieneigentums verwiesen werden. Dabei ist der Verweis von Aktionären auf die vermögensrechtliche Komponente des Aktieneigentums ab einer Aktionärsbeteiligung von mehr als fünf Prozent am Grundkapital der Gesellschaft aber unzulässig.

10. Das Gegenantragsrechts sollte zudem an eine Kapitalschwelle i. H. v. drei Prozent des Grundkapitals der Gesellschaft und eine alternative Mindestbeteiligung von 300.000 Euro am Grundkapital der Gesellschaft geknüpft werden. Diese Kapitalschwelle wird dem Interesse der Gesellschaft und

des Aktionärs am besten gerecht. Die Drei-Prozent-Schwelle findet zudem eine Stütze in der Stimmrechtsmitteilungspflicht nach § 33 Abs. 1 Satz 1 WpHG. Insoweit hat die Festlegung einer Drei-Prozent-Schwelle den Vorteil, dass zumindest Aktionäre von börsennotierten Gesellschaften einsehen können, welches Stimmrechtsgewicht dem jeweiligen Gegenantragsteller zugrunde liegt.

11. Für Wahlvorschläge, Verfahrensanträge und die Tagesordnung ergänzende Sachanträge, die jeweils in der Hauptversammlung einzubringen bzw. zu stellen sind, bietet sich ebenfalls die Anknüpfung der Antragstellung an die Voraussetzungen des § 126 AktG sowie die Bindung an eine Kapitalschwelle i. H. v. drei Prozent des Grundkapitals der Gesellschaft und eine alternative Mindestbeteiligung von 300.000 Euro am Grundkapital der Gesellschaft an. Die praktische Bedeutung der vorbenannten Rechte ist mit dem Gegenantragsrecht in wesentlichen Punkten vergleichbar.

12. Der *status quo* des AktG steht der Einführung einer Aktiengattung ohne Gegenantragsrecht bzw. einer Aktiengattung ohne Stimm- und Gegenantragsrecht entgegen. Aus der Satzungsstrenge des § 23 Abs. 5 Satz 1 AktG folgt, dass der Gesetzgeber das AktG zunächst um eine entsprechende Rechtsgrundlage ergänzen müsste. Dies ist aus verfassungs- und europarechtlicher Sicht grundsätzlich nicht zu beanstanden. Vorzugswürdig ist insoweit die gesetzliche Einführung einer Vorzugsaktie ohne Stimm- und Gegenantragsrecht. Die Ausgabe solcher Aktien durch die Gesellschaft beugt einem Missbrauch des Gegenantragsrechts aber nur bedingt vor. Sie ist daher vielmehr als zusätzliche, ergänzende Ausgestaltungsmöglichkeit zu sehen, die den Gesellschaften eine höhere Flexibilität gewährt.

Literatur- und Quellenverzeichnis

Amberger, Claus-Peter: Die Missbrauchskontrolle im Rahmen des aktienrechtlichen Squeeze-out, Diss. Berlin 2007

Andres, Ingrid/Kujović, Adela: Anfechtungs- und Haftungsrisiken bei Hauptversammlungen nach dem COVID-19-Gesetz, GWR 2020, S. 213–216

Angerer, Lutz/Geibel, Stephan/Süßmann, Rainer (Hrsg.): Wertpapiererwerbs- und Übernahmegesetz (WpÜG), Kommentar, 3. Auflage, München 2017

Arnold, Michael/Steffen, Peter/Götze, Cornelius: Aktuelle Fragen bei der Durchführung der Hauptversammlung, AG 2011, S. 349–362

Assmann, Heinz-Dieter/Schneider, Uwe H./Mülbert, Peter O. (Hrsg.): Wertpapierhandelsrecht, 7. Auflage, Köln 2019

Atta, Yasmin: Ausgewählte Fragestellungen virtueller und hybrider Hauptversammlungen nach dem COVID-19-Gesetz, WM 2020, S. 1047–1052

Barkow Consulting: Untersuchung v. 24.09.2020, abrufbar unter: https://www.barkowconsulting.com/neuer-rekord-bei-hv-praesenz-2020-im-dax-30, zuletzt abgerufen am 19.11.2021

Baums, Theodor/Drinhausen, Florian/Keinath, Astrid: Anfechtungsklagen und Freigabeverfahren. Eine empirische Studie, ZIP 2011, S. 2329–2352

Bayer, Walter/Hoffmann, Thomas: Beschlussmängelklagen-Monitor 2019/2020, AG 2021, S. R147–R151

dies.: Beschlussmängelklagen-Monitor 2017/2018, AG 2019, S. R113–R117

Beck, Lukas: Aktuelles zur elektronischen Hauptversammlung, RNotZ 2014, S. 160–168

Bischoff, Andrea/Orlik, Bernhard: SRD II – Mehr Transparenz auf Ihrer Hauptversammlung. Nur wenn es muss, geht es!, Link Market Services HV MAGAZIN, Sonderausgabe HV-Recht 2018, abrufbar unter: https://www.linkmarketservices.de/files/presse/HCE-in-der-Presse/HV-Magazin-HV-Recht-2018-Ansicht_36-37.pdf, zuletzt abgerufen am: 19.11.2021

Bücker, Thomas/Kulenkamp, Sabrina/Schwarz, Simon/Seibt, Christoph H./von Bonin, Gregor: Praxisleitfaden zur virtuellen Hauptversammlung (COVID-19-Pandemie-AuswBekG), DB 2020, S. 775–783

Bürgers, Tobias/Körber, Torsten/Lieder, Jan (Hrsg.): Aktiengesetz, Kommentar, 5. Auflage, Heidelberg 2021

Bork, Reinhard: Fristablauf für Gegenanträge zu einer Hauptversammlung/„Atlanta", EWiR 1/98, S. 819–820

Claussen, Carsten P.: Hauptversammlung und Internet, AG 2001, S. 161–171

Danwerth, Christopher: Die erste Saison der virtuellen Hauptversammlung börsennotierter Unternehmen. Eine empirische Untersuchung und Auswertung der Modalitäten und Gestaltungsvarianten aller 326 seit April 2020 bis zum 28.09.2020 veröffentlichten Einberufungen präsenzloser Versammlungen, AG 2020, S. 776–789

ders.: Modalitäten und Gestaltungsvarianten der virtuellen Hauptversammlung. Eine empirische Untersuchung aller im April 2020 veröffentlichten Einberufungen präsenzloser Versammlungen von börsennotierten Unternehmen, AG 2020, S. 418–432

Daske, Stefan: Vorzugsaktien in Deutschland – Historische und rechtliche Grundlagen, ökonomische Analyse, empirische Befunde, Diss. Wiesbaden 2018

Dauner-Lieb, Barbara: Aktuelle Vorschläge zur Präsenzsteigerung in der Hauptversammlung, WM 2007, S. 9–16

Deutsche Börse AG: Guide to the DAX Equity Indices, 09.06.2021, abrufbar unter: https://www.dax-indices.com/document/Resources/Guides/Guide_to_the_DAX_Equity_Indices.pdf, zuletzt abgerufen am: 19.11.2021

Deutsche Schutzvereinigung für Wertpapierbesitz e. V.: HV-Präsenzen der DAX 30 Unternehmen (1998–2005) in Prozent, abrufbar unter: https://www.dsw-info.de/fileadmin/Redaktion/Dokumente/PDF/Presse/HV-Praesenz_2005.pdf, zuletzt abgerufen am 19.11.2021

Deutscher Investor Relations Kreis (Hrsg.): Handbuch Investor Relations, Wiesbaden 2004

Deutscher Investor Relations Verband (Hrsg.): DIRK-IR-Guide, Band XV, 9/2020, Virtuelle HV: Notlösung oder Zukunftsmodell? – Studie zu den HVen der DAX- und MDAX-Unternehmen, abrufbar unter: https://www.gaulyadvisors.com/site/assets/files/1/20200903_gauly_studie_virtuelle_hv.pdf, zuletzt abgerufen am 19.11.2021

Dreier, Horst (Hrsg.): Grundgesetz, Kommentar, Band 1: Präambel, Art. 1–19 GG, 3. Auflage, Tübingen 2013

Drinhausen, Florian/Eckstein, Hans-Martin (Hrsg.): Beck'sches Handbuch der AG. Gesellschaftsrecht – Steuerrecht – Börsengang, 3. Auflage, München 2018

ders./Keinath, Astrid: Referentenentwurf eines Gesetzes zur Umsetzung der Aktionärsrichtlinie (ARUG) – Ein Beitrag zur Modernisierung der Hauptversammlung, BB 2008, S. 1238–1245

Dubovitskaya, Elena: Das Krisengesetz als Ideengrube für die künftige virtuelle Hauptversammlung, NZG 2020, S. 647–653

Dürig, Günter/Herzog, Roman/Scholz, Rupert (Hrsg.): Grundgesetz, Kommentar, Loseblattsammlung, Band 2: Art. 6–16a GG, München 1958, Stand: 95. EL Juli 2021

Ebenroth, Carsten Thomas/Koos, Stefan: Die Verfassungsmäßigkeit des Auskunftsverweigerungsrechts gem. § 131 Abs. 3 AktG bei Aktionärsanfragen bezüglich stiller Reserven, BB 1995, Beilage Nr. 8, S. 1–14

Faßbender, Karl-Josef: Die Hauptversammlung der Aktiengesellschaft aus notarieller Sicht, RNotZ 2009, S. 429–457

Fest, Timo: Zu den verfassungsrechtlichen Vorgaben der Eigentumsgarantie für die Ausgestaltung des Gesellschaftsrechts in: Festschrift für Johannes Hager zum 70. Geburtstag am 09.07.2021, hrsg. v. Fest, Timo/Gomille, Christian, Berlin 2021, S. 355–370

Franzmann, Georg/Brouwer, Tobias: Wege zu einer verbesserten Aktionärsbeteiligung – Überlegungen und Vorschläge zur Reform der Hauptversammlung, AG 2020, S. 921–929

Frodermann, Jürgen/Jannott, Dirk (Hrsg.): Handbuch des Aktienrechts, 9. Auflage, Heidelberg 2017

Gesellschaftsrechtliche Vereinigung – Wissenschaftliche Vereinigung für Unternehmens- und Gesellschaftsrecht (VGR) e. V.: Reform der Hauptversammlung börsennotierter Gesellschaften, Vorschläge der Gesellschaftsrechtlichen Vereinigung – Wissenschaftliche Vereinigung für Unternehmens- und Gesellschaftsrecht VGR e. V., 26.04.2021, abrufbar unter: https://www.gesellschaftsrechtlichevereinigung.de/fileadmin/pdf/VGR_Reform_der_Hauptversammlung.pdf, zuletzt abgerufen am: 19.11.2021

Goette, Wulf/Habersack, Mathias (Hrsg.): Münchener Kommentar zum Aktiengesetz, Band 1: §§ 1–75, 5. Auflage, München 2019; Band 2: §§ 76–117, MitbestG, DrittelbG, 5. Auflage, München 2019; Band 3: §§ 118–178, 5. Auflage, München 2022; Band 4: §§ 179–277, 5. Auflage, München 2021

Götze, Cornelius: Die Änderungen im Recht der virtuellen Hauptversammlung nach dem Gesetz zur weiteren Verkürzung des Restschuldbefreiungsverfahrens, NZG 2021, S. 213–216

ders./Roßkopf, Gabriele: Die Hauptversammlung nach dem Gesetz zur Abmilderung der Folgen der COVID-19-Pandemie im Zivil-, Insolvenz- und Strafverfahrensrecht, DB 2020, S. 768–774

Grigoleit, Hans Christoph (Hrsg.): Aktiengesetz, Kommentar, 2. Auflage, München 2020

ders.: Reform des Beschlussmängelrechts. Normative Grundlagen – empirische Rahmenbedingungen – wesentliche Reformelemente, AG 2018, S. 645–662

Guntermann, Lisa Marleen: Das Recht der Aktionäre zur Teilnahme an der Hauptversammlung – Eine Betrachtung aus Anlass der COVID-19-Pandemie –, ZGR 2021, S. 436–475

Handelsrechtsausschuss des Deutschen Anwaltvereins: Stellungnahme zum Referentenentwurf eines Gesetzes zur Umsetzung der Aktionärsrechte-Richtlinie (ARUG), NZG 2008, S. 534–544

Hasselbach, Kai/Schumacher, Stephan: Hauptversammlung im Internet, ZGR 2000, S. 258–286

Heller, Arne/Sadeghi, Salmeh/Dretzki, Teresa/Ruhe, Catharina L.: Die Online-Hauptversammlung. Überlegungen zur unmittelbaren Ausübung der Aktionärsrechte via Internet, CR 2002, S. 592–598

Helm, Thorsten/Manthey, Nikolaus Vincent: Missbräuchliche Anfechtungsklagen im Aktienrecht – Rechtsvergleich und Lösungsansätze, NZG 2010, S. 415–418

Henssler, Martin/Strohn, Lutz (Hrsg.): Gesellschaftsrecht, Kommentar, 5. Auflage, München 2021

Herb, Anja/Merkelbach, Matthias: Die virtuelle Hauptversammlung 2020 – Vorbereitung, Durchführung und rechtliche Gestaltungsoptionen, DStR 2020, S. 811–817

Herrler, Sebastian: Die virtuelle Hauptversammlung nach dem COVID-19-Gesetz, DNotZ 2020, S. 468–505

ders.: Praxisfragen rund um die virtuelle Hauptversammlung iSv Art. 2 § 1 Abs. 1 COVID-19-Gesetz, GWR 2020, S. 191–194

Hippeli, Michael: Die Hauptversammlung im Corona-Zeitalter. Temporäre Sonderregeln nach COVFAG / COVMG, DZWIR 2020, S. 263–269.

Hirte, Heribert/Mülbert, Peter O./Roth, Markus (Hrsg.): Aktiengesetz Großkommentar, Erster Band, §§ 1–22; 5. Auflage, Berlin 2017; Siebter Band, Teilband 1, §§ 118–130, 5. Auflage, Berlin 2017

Hölters, Wolfgang/Weber Markus (Hrsg.): Aktiengesetz, Kommentar, 4. Auflage, München 2022

Höreth, Matthias: Virtuelle Hauptversammlung 2021 – Praxisfragen zu Gegenanträgen, GWR 2020, S. 411–413

Hoffmann-Becking, Michael (Hrsg.): Münchener Handbuch des Gesellschaftsrechts, Band 4, Aktiengesellschaft, 5. Auflage, München 2020

Hüffer, Uwe/Koch, Jens (Hrsg.): Aktiengesetz, Kommentar, 15. Auflage, München 2021

Hüther, Mario: Aktionärsbeteiligung via Internet. Zum Regierungsentwurf eines Gesetzes zur Namensaktie und zur Erleichterung der Stimmrechtsausübung (NaStraG), MMR 2000, S. 521–526

Huprich, Maximilian: Die Umsetzung der Aktionärsrechterichtlinie (2007/36/EG) in Deutschland und Europa, Diss. Baden-Baden 2020

IHS Markit/Deutscher Investor Relations Verband:

Who owns the German DAX? The Ownership Structure of the German DAX 30 in 2019 – A joint study of IHS Markit and DIRK, Studie vom Juni 2020, abrufbar unter: www.dirk.org/wp-content/uploads/2020/11/200608-Investoren-der-Deutschland-AG-7-0-Who-owns-the-German-DAX.pdf, zuletzt abgerufen am: 19.11.2021

Isensee, Josef/Kirchhof, Paul (Hrsg.): Handbuch des Staatsrechts der Bundesrepublik Deutschland, Band VIII: Grundrechte: Wirtschaft, Verfahren, Gleichheit, 3. Auflage, Heidelberg 2010

Jarass, Hans D./Pieroth, Bodo (Hrsg.): Grundgesetz für die Bundesrepublik Deutschland, Kommentar, 15. Auflage, München 2020

Jung, Peter: Individualschutz durch Wirtschaftsgrundrechte im Gesellschaftsrecht, JZ 2001, S. 1004–1017

Kersting, Christian: Das Auskunftsrecht des Aktionärs bei elektronischer Teilnahme an der Hauptversammlung (§§ 118, 131 AktG), NZG 2010, S. 130–135

Kindler, Peter: Der Aktionär in der Informationsgesellschaft. Das Gesetz zur Namensaktie und zur Erleichterung der Stimmrechtsausübung, NJW 2001, S. 1678–1691

Kocher, Dirk: Der Einfluss festgelegter Stimmen auf Hauptversammlungen. Einschränkungen des Prinzips der ergebnisoffenen Präsenzversammlung?, BB 2014, S. 2317–2323

ders.: Zur Bedeutung von Beschlussvorschlägen der Verwaltung für die Fassung und Anfechtung von Hauptversammlungsbeschlüssen, AG 2013, S. 406–414

Kort, Michael: Infotechnologie im Aktienrecht – Zum Stand der „elektronischen Hauptversammlung", NZG 2007, S. 653–656

Kruchen, Carsten: Virtuelle Hauptversammlungen. § 1 des Gesetzes über Maßnahmen im Gesellschafts-, Genossenschafts-, Vereins-, Stiftungs- und Wohnungseigentumsrecht zur Bekämpfung der Auswirkungen der COVID-19-Pandemie (COVMG), DZWIR 2020, S. 431–465

Lenschow, Olaf: Verfassungsrechtliche Vorgaben für die Rechtsstellung von Minderheitsaktionären, Diss. Hamburg 2012

Lenz, Christopher/Leinekugel, Rolf: Eigentumsschutz beim Squeeze-out, Köln 2004

Leuschner: Gibt es das Anteilseigentum wirklich?, NJW 2007, S. 3248–3250

Lieder, Jan: Virtuelle Hauptversammlung im Jahre 2021 und danach, ZIP 2021, S. 161–171 *ders.:* Unternehmensrechtliche Implikationen der Corona-Gesetzgebung. Präsenzlose Versammlungen und stabilisierende Kapitalmaßnahmen, ZIP 2020, S. 837–851

LINK Market Services: Hauptversammlung 2020 und der Coronavirus – 7. Update, Vorbereitungen und aktuelle Empfehlungen, 08.05.2020, abrufbar unter: https://www.linkmarketservices.de/files/pdf/HV2020_und_der_Coronavirus_Update_VII.pdf, zuletzt abgerufen am 19.11.2021

Linnerz, Markus: Zur Untersagung der Abhaltung der im Hinblick auf die COVID-19-Pandemie virtuellen Hauptversammlung einer AG per einstweiliger Verfügung, EWiR 2020, S. 429–430

Loges, Rainer/Distler, Wolfram: Gestaltungsmöglichkeiten durch Aktiengattungen, ZIP 2002, S. 467–474

Marsch-Barner, Reinhard/Schäfer, Frank A. (Hrsg.): Handbuch börsennotierte AG. Aktien- und Kapitalmarktrecht, 4. Auflage, Köln 2017

Mayer, Barbara/Jenne, Moritz/Miller, Matthias: Die virtuelle Hauptversammlung – 40 Praxisfragen zu Grundlagen, Planung, Einberufung und Durchführung der Hauptversammlung nach dem COVID-19-GesR-G, BB 2020, S. 1282–1294

Mülbert, Peter O.: Grundsatz- und Praxisprobleme der Einwirkungen des Art. 14 GG auf das Aktienrecht in: Festschrift für Klaus J. Hopt zum 70. Geburtstag am 24. August 2010 – Unternehmen, Markt und Verantwortung 1, hrsg. v. Grundmann, Stefan u.a., Berlin 2010, S. 1039–1078

ders./Leuschner, Lars: Die Verfassungsrechtlichen Vorgaben der Art. 14 GG und Art. 2 Abs. 1 GG für die Gesellschafterstellung – wo bleibt die Privatautonomie? Zu den objektiv-rechtlichen Gestaltungsvorgaben der Art. 2 Abs. 1, 14 GG nach den Entscheidungen des BVerfG zur Kapitallebensversicherung, ZHR 170 (2006), S. 615–672

N. N.: Online-Hauptversammlung kostet weniger als die Hälfte, 29.04.2020, abrufbar unter: https://www.faz.net/aktuell/wirtschaft/unternehmen-online-hauptversammlung-kostet-weniger-als-die-haelfte-16747185.html; zuletzt abgerufen am 19.11.2021

ders.: 15. Locations-Studie 2019, Bewegung in der Szene, GoingPublic HV-Magazin Sonderausgabe September 2019, S. 23 abrufbar unter: https://www.goingpublic.de/wp-content/uploads/epaper/FinancialLocations1920/#22, zuletzt abgerufen am 19.11.2021

Noack, Ulrich/Zetzsche, Dirk: Die virtuelle Hauptversammlung nach dem COVID-19-Pandemie-Gesetz 2020, AG 2020, S. 265–278

dies.: (Virtuelle) Hauptversammlung mit und nach Corona. Überlegungen zur modernen Aktionärsteilhabe, AG 2020, S. 721–729

Noack, Ulrich: ARUG – das nächste Stück der Aktienrechtsreform in Permanenz, NZG 2008, S. 441–447

ders.: Das neue Recht der Gegenanträge nach § 126 AktG, BB 2003, S. 1393–1297

ders.: Online-Hauptversammlung. Stand der Dinge und wichtige Reformvorschläge, NZG 2001, S. 1057–1065

ders.: Stimmrechtsvertretung in der Hauptversammlung nach NaStraG, ZIP 2001, S. 57–63

ders.: Hauptversammlung und Neue Medien, BB 1998, S. 2533–2536

Ossenbühl, Fritz: Die Freiheiten des Unternehmers nach dem Grundgesetz, AöR 115 (1990), S. 1–32

Pechstein, Matthias/Nowak, Carsten/Häde, Ulrich (Hrsg.): Frankfurter Kommentar zu EUV, GRC und AEUV, Band 4: AEUV, Art. 216–358, Tübingen 2017

Quass, Guido: Gestaltungen für die Teilhabe der Aktionäre an der virtuellen Hauptversammlung. Vitalisierung der Online-HV durch Aktionärsreden und Nachfragen in der Versammlung, NZG 2021, S. 261–270

Redenius-Hövermann, Julia/Bannier, Christina: (Online) Hauptversammlungssaison 2020: Nachlese und Ausblick, ZIP 2020, S. 1885–1896

Ridder, Olaf: Virtuelle Hauptversammlung kommt Bayer 2,5 Millionen Euro billiger, 28.04.2020, abrufbar unter: https://www.finanzen.net/nachricht/aktien/geld-gespart-virtuelle-hauptversammlung-kommt-bayer-2-5-millionen-euro-billiger-8796378, zuletzt abgerufen am 19.11.2021

Rieckers, Oliver: Nachlese zur Hauptversammlungssaison 2018 und Ausblick auf 2019, DB 2019, S. 107–119

Riegger, Bodo: Hauptversammlung und Internet, ZHR 2001, S. 204–219

Robert Koch Institut: Täglicher Lagebericht zur Coronavirus-Krankheit-2019 (COVID-19), 04.03.2020, abrufbar unter: https://www.rki.de/DE/Content/InfAZ/N/Neuartiges_Coronavirus/Situationsberichte/2020-03-04-de.pdf?__blob=publicationFile, zuletzt abgerufen am: 19.11.2021

ders.: Täglicher Lagebericht zur Coronavirus-Krankheit-2019 (COVID-19) 31.03.2020, abrufbar unter: https://www.rki.de/DE/Content/InfAZ/N/Neuartiges_Coronavirus/Situationsberichte/2020-03-31-de.pdf?__blob=publicationFile, zuletzt abgerufen am: 19.11.2021

Rose, Michael: Anträge auf Abwahl des durch die Satzung bestimmten Versammlungsleiters, NZG 2007, S. 241–245

Rubner, Daniel/Pospiech, Lutz: Modifikation für die virtuelle Hauptversammlung 2021, NJW-Spezial 2021, S. 79–80

Sachs, Michael (Hrsg.): Grundgesetz, Kommentar, 9. Auflage, München 2021

Säcker, Jürgen/Rixecker, Roland/Oetker, Hartmut/Limperg, Bettina (Hrsg.): Münchener Kommentar zum Bürgerlichen Gesetzbuch, Band 1, 9. Auflage, München 2021

Saenger, Ingo: Aktienrechtliche Anfechtungsklagen – Verfahrenseffizienz und Kosten, AG 2002, S. 536–543

Sasse, Marc: § 126 AktG – Rechtsunsicherheiten bei der Behandlung von Gegenanträgen, NZG 2004, S. 153–157

Sattler, Andreas: Der Einfluss der Digitalisierung auf das Gesellschaftsrecht, BB 2018, S. 2243–2253

Schäfer, Carsten: Die virtuelle Hauptversammlung nach dem Corona-Gesetz. Aktionärsrechte und Anfechtungsmöglichkeiten, NZG 2020, S. 481–488

Schindler, Hendrik/Schaffner, Petra (Hrsg.): Virtuelle Beschlussfassung in Kapitalgesellschaften und Vereinen, München 2021

Schmidt, Karsten/Lutter, Marcus (Hrsg.): Aktiengesetz, Kommentar, Band 1: §§ 1–132; Band 2: 133–410, SpruchG, 4. Auflage, Köln 2020

Schoppe, Bastian: Aktieneigentum – Verfassungsrechtliche Strukturen und gesellschaftsrechtliche Ausprägungen der Aktie als Gegenstand des Art. 14 GG, Diss. Köln 2011

Scholz, Kai-Steffen: Unzulässigkeit der Beschlussfassung der Hauptversammlung gem. § 124 Abs. 4 AktG, AG 2008, S. 11–17

Schüppen, Matthias/Schaub, Bernhard (Hrsg.): Münchener Anwaltshandbuch Aktienrecht, 3. Auflage, München 2018

Schutzgemeinschaft der Kapitalanleger e. V.: SdK-Präsenzstatistik DAX, 30.09.2015, abrufbar unter: https://sdk.org/assets/Statistiken/HV-Praesenzen/praesenz-dax15.pdf, zuletzt abgerufen am 19.11.2021

Schwartzkopf, Michael/Hoppe, Axel: Handhabung von Aktionärsanträgen und Verlangen in der HV, 23.01.2013, abrufbar unter: https://www.goingpublic.de/going-public-und-being-public/sichere-handhabung/, zuletzt abgerufen am: 19.11.2021

Schwarz, Günter Christian: Neue Medien im Gesellschaftsrecht. Von der Präsenz- zur virtuellen Mitgliederversammlung, MMR 2003, S. 23–29

Seeger, Axel M.: Die Online-Hauptversammlung. Internetbasierte Ausübung von Aktionärsrechten auf der Hauptversammlung der deutschen Publikumsaktiengesellschaft, Diss. Wiesbaden 2002

Seibert, Ulrich: Das „TransPuG". Gesetz zur weiteren Reform des Aktien- und Bilanzrechts, zu Transparenz und Publizität (Transparenz- und Publizitätsgesetz) – Diskussion im Gesetzgebungsverfahren und endgültige Fassung, NZG 2002, S. 608–617

Seibt, Christoph H./Danwerth, Christopher: Aktionärskommunikation und (Online-) Hauptversammlung: Das Vorfeld ist das Hauptfeld!, AG 2021, S. 369–379

dies.: Die Zukunft der virtuellen Hauptversammlung während und nach der COVID-19-Pandemie. Erkenntnisse der Hauptversammlungssaison 2020, Trends und Ausblick, NZG 2020, S. 1241–1250

Semler, Johannes/Volhard, Rüdiger/Reichert, Jochem (Hrsg.): Arbeitshandbuch für die Hauptversammlung, 5. Auflage, München 2021

Simons, Cornelius/Hauser, Johanna: „Corona-Hauptversammlung", die Zweite. Zweifelsfragen bei der Durchführung virtueller Hauptversammlungen nach der Verlängerungs-VO, NZG 2020, S. 1406–1411

dies.: Die virtuelle Hauptversammlung. Aktuelle Praxisfragen unter dem Regime der „Corona"-Gesetzgebung, NZG 2020, S. 488–500

Simons, Cornelius: Zur Begründung(spflicht) bei Gegenanträgen (§ 126 AktG), NZG 2019, S. 127–133

Spindler, Gerald/Stilz, Eberhard (Hrsg.): Kommentar zum Aktiengesetz, Band 1, §§ 1–149, 4. Auflage, München 2019

ders./Hüther, Mario: Das Internet als Medium der Aktionärsbeteiligung in den USA, RIW 2000, S. 329–336

Stumpf, Christoph A.: Grundrechtsschutz im Aktienrecht, NJW 2003, S. 9–15

Sünner, Eckart: Effizienz von Unternehmensorganen als Grundsatz der Corporate Governance, AG 2004, S. 492–498

Teichmann, Christoph: Digitalisierung und Gesellschaftsrecht, ZfPW 2019, S. 247–272

Tröger, Tobias: Virtuelle Hauptversammlung 2020 und Aktionärsinteressen, BB 2020, S. 1091–1098

Unmuth, Nikolai: Anwesenheitspflicht der Organmitglieder in der Hauptversammlung, NZG 2020, S. 448–450

Vetter, Eberhard/Tielmann, Jörgen: Unternehmensrechtliche Gesetzesänderungen in Zeiten von Corona, NJW 2020, S. 1175–1180

von Holten, Matthias/Bauerfeind, Tobias: Die Online-Hauptversammlung in Deutschland und Europa. Ausgewählte Themen zwischen Briefwahl, virtueller Abstimmungsmöglichkeit und echter Innovation, AG 2018, S. 729–738

dies.: Die digitale Revolution im Aktienrecht? Die Möglichkeiten der Online-Hauptversammlung nach § 118 AktG, AG 2015, S. 489–493

von Mangoldt, Hermann/Klein, Friedrich/Starck, Christian (Begr.): Grundgesetz, Kommentar, Band 1: Präambel, Artikel 1–19, 7. Auflage, München 2018

von Münch, Ingo/Kunig, Philip (Hrsg.): Grundgesetz, Kommentar, Band 1: Präambel bis Art. 69, 7. Auflage, München 2021

Wicke, Hartmut: Die virtuelle Hauptversammlung während der Corona-Pandemie – aktienrechtlicher Ausnahmezustand, DStR 2020, S. 885–889

Wilken, Laurenz: Die virtuelle Mitgliederversammlung, Diss. Münster 2016

Zetzsche, Dirk: NaStraG – ein erster Schritt in Richtung Virtuelle Hauptversammlung für Namens- und Inhaberaktien, ZIP 2001, S. 682–691

ders.: Prinzipien der kollektiven Vermögenslage, Tübingen 2015

Zöllner, Wolfgang/Noack, Ulrich (Hrsg.): Kölner Kommentar zum Aktiengesetz, Band 3 – 2. Teillieferung, §§ 121–130, 3. Auflage, Köln 2010

www.ingramcontent.com/pod-product-compliance
Ingram Content Group UK Ltd.
Pitfield, Milton Keynes, MK11 3LW, UK
UKHW021933290926
8980IPUK00016B/1600

9 783631 889954